普通高等教育"十一五"国家级规划教材

化学教学论实验

（第四版）

任红艳　程　萍　李广洲　编著

科学出版社

北　京

内 容 简 介

本书为普通高等教育"十一五"国家级规划教材。全书共分五个部分：中学化学实验教学概述、中学化学基础与演示实验研究、中学化学探究与设计实验研究、中学化学定量与测定实验研究和附录。全书的重点是训练未来的中学化学教师从事实验教学和探究性实验设计的基本技能，培养他们指导中学生开展化学综合实践活动进行专题研究的能力。

本书可作为高等师范院校化学专业本专科学生、硕士研究生有关课程的教材，也可作为课程与教学论(化学)研究生、教育硕士(学科教学·化学)和中学化学教师学习提高的参考书。

图书在版编目(CIP)数据

化学教学论实验/任红艳,程萍,李广洲编著. —4 版. —北京:科学出版社,2024.6

普通高等教育"十一五"国家级规划教材
ISBN 978-7-03-078542-8

Ⅰ.①化… Ⅱ.①任…②程…③李… Ⅲ.①中学化学课-教学研究-高等学校-教材 Ⅳ.①G633.82

中国国家版本馆 CIP 数据核字(2024)第 101608 号

责任编辑:丁 里 / 责任校对:杨 赛
责任印制:赵 博 / 封面设计:无极书装

科 学 出 版 社 出版
北京东黄城根北街16号
邮政编码: 100717
http://www.sciencep.com

三河市春园印刷有限公司印刷
科学出版社发行 各地新华书店经销
*

1999 年 7 月第一版 开本:787×1092 1/16
2006 年 2 月第二版 印张:17 1/2
2015 年 2 月第三版 字数:458 000
2024 年 6 月第四版 2024 年 12 月第三十次印刷

定价:75.00 元
(如有印装质量问题,我社负责调换)

《化学教学论实验》(第三版)自 2015 年出版至今已经走过了近十年,在此期间,党和国家对科学教育更加重视和关心。习近平总书记强调:"要在教育'双减'中做好科学教育加法"。党的二十大报告指出,"高质量发展是全面建设社会主义现代化国家的首要任务""教育、科技、人才是全面建设社会主义现代化国家的基础性、战略性支撑。必须坚持科技是第一生产力、人才是第一资源、创新是第一动力,深入实施科教兴国战略、人才强国战略、创新驱动发展战略,开辟发展新领域新赛道,不断塑造发展新动能新优势"。随着《教育部关于加强和改进中小学实验教学的意见》《新时代基础教育强师计划》等系列文件的颁布,实验教学和基础教师教育的重要地位更加彰显。同时,化学前沿新知识的发现、实验教学新技术的开发、化学教育新课标的修订,都为中学化学实验注入了新鲜活力。为了回应这些变化,融入化学实验教学的新进展,更好地适应新时代化学师范生培养和在职教师专业发展的实际需要,我们再次对本书进行了修订。

总的来说,此次修订延续了第三版的框架,对具体内容做了更新、补充和完善。第一部分"中学化学实验教学概述"根据《普通高中化学课程标准(2017 年版 2020 年修订)》《义务教育化学课程标准(2022 年版)》进行了修订,反映了新课标提出的新目标、新要求,也更新了一些案例。

第二、三、四部分(实验案例部分)补充和更新了相关实验内容,进一步拓展实验范围,为教学论实验教学内容提供了更多可自主选择的资源。此次实验内容修订的主要特点是反映了可视化技术(摄影技术)、手持技术、大型仪器等现代技术在化学实验改进中的应用。过去,最常见的实验创新方法是"组合式创新",即通过改变实验仪器的组装方式改进实验效果。近几年,由于技术的进步、政策的引导和成本的降低,现代技术的融合成为了实验创新的热点。例如,将可视化技术(摄影技术)应用于化学实验的观察中,实现宏观现象的清晰辨识,帮助学生发现更多原本无法获得的证据。本次修订融入了许多可视化实验案例,如实验二十一"碳酸钠与碳酸氢钠性质的比较"采用延时摄影技术观察过慢的反应过程,实验二十二"双水解反应"采用微距摄影技术观察微小的气泡和沉淀纹理,实验三十九"乙醇与钠的反应"采用热成像摄影技术观察乙醇与钠反应的放热现象。可视化实验带给学生更丰富、更细节的实验事实,有利于学生建立宏观与微观的桥梁,发展证据推理能力,还能帮助学生获得审美体验。手持技术是近年来蓬勃发展的实验技术,本书在首次出现该技术的实验二十一"碳酸钠与碳酸氢钠性质的比较"中对手持技术做了整体介绍。实验二十三"铁的电化学腐蚀"综合运用氧气传感器、压强传感器和 pH 传感器分析铁的析氢腐蚀和吸氧腐蚀,实验二十七"几种抗酸胃药抗酸效果的比较"用 pH 传感器测量抗酸胃药在加酸时的 pH 变化,实验三十四"食醋中乙酸含量的测定"用电导率传感器测量乙酸电离程度随温度的变化,实验三十七"中和反应过程中溶液 pH 和温度的变化"用 pH 传感器和温度传感器探究中和反应的 pH 和温度变化,实验三十八"探究化学反应速率的影响因素"用氧气传感器测量过氧化氢分解产生的氧气浓度,探究反应条件对化学反应速率的影响。此外,还在"研究与讨论"部分新增了电感耦合等离子体质谱分析、X 射线荧光光谱分析、原子吸收光谱分析等一些现代分析技术。

实验案例部分的修订还反映了新课标的要求。新课标对实验的重视程度更加彰显，不仅明确了初中、高中的必做实验，还提出了加强实践性和跨学科性等新要求。作为回应，本次修订不仅新增了"二氧化碳的制取""简单配合物的制备和性质"等新课标中明确规定的必做实验，而且在实验二十六"化学电池的制作与回收"新增了浓差电池的制作、电池拆解回收，在实验二十九"偶氮染料的制备与应用风险探究"新增了文身墨水的健康风险探究，还新增了实验二十三"铁的电化学腐蚀"和实验二十七"几种抗酸胃药抗酸效果的比较"等。这些都是实践性强、贴近生活且具有跨学科特征的实验，可以应用于化学实践或跨学科实践活动。

全书由任红艳提出修订原则，最后修改定稿。任红艳编写了第一部分第一节、第三节、第四节，实验四、八、十五、十九、二十、二十二、二十四、二十五、二十九、三十、三十三、三十九、四十；程萍编写了第一部分第二节，实验十二、十六、十七、十八、二十三、二十七、三十五；陆真编写了实验三十二和部分附录，并与任红艳合写了实验七、九、十、十一、十三；其余的实验及附录均为李广洲编写。凌一洲同学协助整理文稿，并对实验二十一、二十六、三十四、三十七、三十八进行了补充修订。参加实验室工作的还有张贝宁、侯意如、蒋伯涵、朱彦博、张嘉滢、李苏霖、徐轶、陈俞艳、尚彤彤等同学。

本书的再版得益于读者、同行们的关注和支持，书中的一些案例引用了国内外专家的成果，在此一并表达谢意。由于水平所限，书中仍有疏漏和未能反映化学教学论实验研究新进展之处，恳请广大读者不吝指正，我们将在再版时加以修正。

任红艳

2023 年 8 月

第三版前言

自《化学教学论实验》(第二版)2006年面世以来，国内社会经济发生了很大的变化，培养中学化学教师师范性质的化学教育面临着较大的挑战。尽管中学化学(实验)具有基础性，但根据时代的发展、培养中学化学教师的实际需要以及使用者的意见，适时进行修订以体现实验教材的时代性和继承性，就是很自然的了。

在分析了兄弟院校的意见和建议并参考有关化学实验教学研究成果以后，我们对第一部分"中学化学实验教学概述"进行了改写。在介绍了"中学化学实验教学的功能"、"中学化学实验教学的内容"和"中学化学实验教学的要求"的基础上，针对中学化学实验教学的现状，就实验设计、实验教学的策略等进行了初步的讨论，编写了第四节"中学化学实验教学研究"，从而使本书能够与刘知新教授主编的《化学教学论》理论教材更好地配套。

随着时代的发展、技术的进步，人们越来越讲究工具理性、追求效率的解放。现代化学与现代技术(尤其是数字技术)紧密结合，反映了化学学科的特点；实验仪器逐渐向自动化、智能化方向迈进，反映了现代化学实验技术的发展。现代化学实验装备，如基于传感器的传感实验设备，部分原为大学的实验设备，也越来越多地出现在中学实验室，促进了中学实验教学的现代化。传感实验可以减轻实验者繁琐的操作(和计算)负担，让其"有时间"深入思考、促进其思维，从而帮助学生更好地了解现代化学，有利于其形成化学观念。因此，本书选取了四个基于传感器的实验。具体包括实验二十一"碳酸钠与碳酸氢钠水解的区别"、实验二十二"金属活动性顺序的判断"、实验三十五"乙醇与钠的反应"以及实验三十六"反应级数的测量"。这几个实验均已经过我们实验验证。当然，这样尝试的结果还有赖于使用者实践的检验。

关于有毒有害的实验，我们认为，在师范生的培养和中学生学习化学时，实验内容的选择有所侧重是正常的。化学实验教学研究所关注的是如何优化实验环境，尽可能地减小伤害、减轻污染，而不是消极地回避所谓"有毒有害"的但却具有重要教学价值的实验。了解问题、正视问题，才有可能解决问题。因此，为全面培养师范生的能力，"中学化学基础与演示实验研究"部分保留了"氯气的制取与性质"和"氯化氢的制取与性质"，同时增加了"一氧化碳还原氧化铁"。

鉴于每个实验中"讨论与研究"栏目在进一步帮助使用者获得知识、联系操作、形成观念方面的作用，这次再版还对多数实验的此栏目进行了更新，尽可能地方便使用者。

总的来说，这次再版延续了第二版的基本思路和骨架，但实验内容有所调整，编入的实验总数增加到36个。全书仍然分为五个部分：第一部分"中学化学实验教学概述"；第二部分"中学化学基础与演示实验研究"选编了16个实验；第三部分"中学化学探究与设计实验研究"和第四部分"中学化学定量与测定实验研究"则各选编了10个实验(较第二版各增加了2个)；第五部分为必要的附录。

全书由李广洲、任红艳讨论并提出修订原则，最后由李广洲修改定稿。任红艳编写了第一部分第一节、第三节、第四节，实验四、八、十九、二十、二十二、二十六、二十九、三十、三十五、三十六；程萍编写了第一部分第二节，实验十二、十六、十七、十八、二十一、三十一、三十

三、三十四；陆真编写了实验二十八以及部分附录，并和任红艳合写了实验七、九、十、十一、十三；其余的实验及附录均为李广洲编写。参加实验室工作的还有张娅、殷晓捷、王小丽、刘畅、丁志广、王良、吕咏玉等同学。

衷心感谢长期关注、使用并提出修改建议的诸多同行们，你们的意见和研究成果使我们获益良多。有未能全面反映化学教学论学科理论和实验研究的新进展之处，还请赐教。

实践没有止境，理论创新也没有止境。我们将坚持守正创新，坚持问题导向，坚持系统观念，在化学教学论实验研究的道路上继续探索和前进。

李广洲
2014 年 11 月于休斯敦

第二版前言

承蒙国内同行的鼓励与支持,《化学教学论实验》自 1999 年 7 月第一版已数次印刷。自本书初版以来,国内教育战线的形势发生了较大的变化。

20 世纪 90 年代后期,随着我国改革开放的深入、经济社会的进一步发展,高等教育大发展已初现端倪。伴随着世纪之交的我国高等教育大众化,国内原先的师范专科学校纷纷升格为本科师范学院;与此同时,师范大学则酝酿着或推进着目的在于脱掉师范帽子的或明或暗的"改革"。教师资格证书制度的推行,使得高等院校的培养目标有了交叉,新世纪的基础教育师资可以是来自各级各类院校的本专科毕业生、硕士研究生乃至博士研究生。可见,21 世纪国内中学化学教师的来源多元化了。

在新世纪之初即轰轰烈烈开始的我国基础教育课程改革过程中,教育部主持制定的初高中《化学课程标准》明确了中学化学课程目标,以内容标准、活动及探究建议的形式规定了中学化学课程的教学内容及应达到的要求,并从教学、评价、教科书编写等方面给出了实施建议,从而指明了 21 世纪初我国基础教育的化学课程与教学改革的方向。不管《化学课程标准》以后会做怎样的修改和完善,已经从事和将要从事中学化学教学工作的人,应该而且能够从中看出新世纪基础教育的发展会对中学化学教师提出什么样的要求。初高中《化学课程标准》明确提出:"化学实验对全面提高学生的科学素养有着极为重要的作用","化学实验是进行科学探究的主要方式",要"突出化学学科特征,更好地发挥实验的教育功能"。高中《化学课程标准》还规定要专门设置"实验化学"课程。显然,新世纪的基础教育对于中学化学教师的实验教学技能的要求更明确了,并且比以前更强调了。这些都是《化学教学论实验》出版以来出现的新形势。

化学教学论实验以实验者已有的化学基础知识和基本实验技能(智力技能、操作技能)为基础,着重训练和培养其独立从事中学化学实验教学工作的基本技能和研究实验教学的能力,包括演示实验、设计和改进实验、指导学生开展综合实践活动进行探究等。为适应化学教师来源多元化以及基础教育更加强调化学实验教学的实际,这次再版首先在选材上更加重视科学技术社会理念的渗透,对于人们极为关心的环境、资源(材料)、食品等问题均有涉及。重视科学技术社会理念的渗透,不仅体现在实验内容的选择,还体现于每个实验之后的"研究与讨论"部分的编写。让学生们能实实在在地体会到:化学就在我们身边,人们的生活、社会的进步离不开化学。化学不是"一个针尖上能站几个天使"之类的编造出来的应试试题,也不是由无用加歪曲了的陈述性事实堆砌而成的"圣经"! 相应地,在实验目标上化学强调过程与方法的体验、情感态度价值观的养成。其次,实验操作技能的要求和初版相比较明显地提高了,增加了色谱方法、生物物质的分离、溶液的标定和滴定(含多种滴定剂)等。但是考虑到中等化学教育的基础性,大学化学教学论实验室、中学化学实验室的现状及近期发展前景,那些涉及较先进仪器的实验及操作暂未编入。再次,新版中每个实验之后的"讨论与研究"部分较前更加丰满:一是突出联系生产、生活、科技发展的实际,解释现象介绍进展;二是突出反应原理或机理的挖掘,同时兼顾方法的习得。这样做,从某种程度上可以体现"中级化学教学论实验"的色彩,方便不同类型院校中从事化学教学论实验教学的教师使用以及化学专业不同方向的学生查阅。

新版的《化学教学论实验》共分五个部分。

第一部分"中学化学实验教学概述"介绍中学化学实验教学的一般理论,使实验教学研究能和刘知新先生主编的《化学教学论》的理论课相衔接,同时介绍中学化学实验教学的内容体系和中学化学实验教学的基本要求;第二部分"中学化学基础与演示实验研究"选编了 16 个或实验仪器装置或实验操作或实验现象典型的中学化学基础实验,目的主要是训练未来的中学化学教师的实验操作及演示技能,培养其进行化学实验教学的基本技能;第三部分"中学化学探究与设计实验研究"旨在拓宽未来的中学化学教师的视野,培养他们开展中学化学探究性实验的设计和研究的能力,对他们在中学开展专题探究或化学综合实践活动有较强的指导意义;第四部分"中学化学定量与测定实验研究"则试图在测定操作、结果的处理等方面对未来的中学化学教师的实验操作和综合实验技能作进一步的提升,对他们在中学开展科学方法、科学态度教育有参考指导价值;第五部分为必要的附录,可供使用者随时查询。

本书可以和刘知新先生主编的《化学教学论》理论教材配合使用,作为将要从事中学教学工作的大学化学专业和应用化学专业本专科学生、硕士研究生学习相关课程时的教材,也可以作为课程与教学论(化学)硕士研究生、教育硕士专业学位(学科教学·化学)研究生以及化学教学论研究生课程进修班学员相关课程的参考书。由于书中实验各有特点,内容繁简不一,所需教学时数不必也难以统一,使用者可以根据自己学校的实际开课情况作适当的调整。

全书由李广洲提出写作框架及编写原则,并最后修改定稿。任红艳编写了第一部分第一节,实验十八、二十三、二十四、二十七、二十八;程萍编写了第一部分第二节,实验十、十五、十七、二十九、三十一、三十二;陆真编写了第一部分第三节,实验六、七、八、九、十一、十二、十六、二十六以及部分附录。其余的实验及附录均为李广洲编写。参加实验室工作的还有王良、沈晓云、王伟、丁志广、吕咏玉、谈萍等同学。

编写过程中,我们参考和引用了国内外一些专家、老师的成果,在此谨表谢意。限于自身的水平,本书仍未能全面反映化学教学论学科理论和实验研究的新进展,敬请广大师生给予指正。

李广洲

2005 年 12 月于南京师范大学随园校区

1992年11月国家教委师范司曾安排在北京师范大学举行了"全国理科学科教学论课程研讨会"。会议纪要指出：学科教学论课程是研究学科教学理论及其应用的一门专业课，是实现高师理科培养目标的重要课程，其设课目的是使高师学生掌握理科学科教学的基本规律并具有从事中等学校理科学科教学的初步能力。鉴于实验教学是中学化学教学的重要内容，它对于中学生的观察能力、思维能力及实验操作技能的培养有独特的作用。因此，会议纪要建议化学学科教学论的基本理论教学和实验等技能训练各为54学时左右，以培养高师学生从事中学化学课堂以及实验教学的能力。

南京师范大学化学系化学教学论教研室有着研究中学化学实验教学的好传统。孙公望、张德钧、张同文等教授都曾为提高中学化学实验教学的质量作出过令人称道的努力。为了满足高师化学教学论实验教学的需要，我们对教研室数十年来使用的实验讲义作了认真的梳理和较大的修改，并加以补充，形成《化学教学论实验》一书。为了能和刘知新先生的《化学教学论》一书相配套，作为高师院校化学教育专业学生的教材使用，本书的第一部分为中学化学实验教学的一般理论，内容包括中学化学实验教学的地位、作用、内容，中学化学教学实验的基本要求，中学化学实验教学中学生的兴趣与学习迁移等。

化学教学论实验以学生已有的化学基础知识和基本技能为基础，着重训练和培养师范生独立从事中学化学实验教学的基本技能和实验能力。本书的第二部分"中学化学演示实验研究"编入了20个实验。选择这些实验的目的是和本书的第一部分相呼应，使高师学生对中学化学实验教学的特点和基本要求能有进一步的体会，并学会和熟悉一些重、难点演示实验的操作技术及典型实验仪器装置的使用方法。此部分实验基本参照中学化学教材顺序安排，从无机到有机，再到综合性的实验设计，最后为投影实验。每个实验的讨论与研究部分都编入了较为丰富的参考研究性材料，包括实验机理、现象解释、存在问题等，具有较强的实用性。这也是本书的成书特点之一。

近年来，我国的中等教育改革不断深入。1996年颁布实行的《全日制普通高级中学课程计划（试验）》明确了今后普通高中的办学模式和课程设置，高中化学课程将分设为必修、选修和活动课3个部分。根据新的九年制义务教育教学计划，现行的初中化学教学大纲和教材也已作了相当幅度的修订和调整。为了使师范生能适应中等教育中不断推进素质教育的新形势，本书的第三部分编入了10个系列实验，以培养师范生在毕业之后指导中学生在综合实践活动中进行专题研究的能力，有关的实践活动设计多来自作者最近几年的实验室研究工作。这是本书成书的又一个特点。

本书可供师范院校本专科学生、本专科函授学生作为教材，也可作为课程与教学论（化学）硕士研究生、教育硕士专业学位（学科教学·化学）研究生及化学教学论研究生课程进修班学员作为有关课程的参考书。由于书中实验各有特点，内容繁简不一，所需教学时数难以统一，使用者可根据自己学校的实际开课情况作适当的增减。

本书第一部分第二节、第二部分实验四、实验七至十五、第三部分系列实验Ⅰ、Ⅳ、Ⅹ以及部分附录由陆真执笔,其余均为李广洲编写,全书由李广洲修改定稿。

在成书过程中,我们参考和引用了国内外一些专家、老师的研究成果,在此谨表谢意。同时,限于作者自身的水平,恐仍未能全面反映化学教学论学科理论和实验研究的新进展,书中缺点和错误难免,敬请广大师生给予指正。

作 者

1998 年 11 月

目 录

第一部分　中学化学实验教学概述

化学是一门实验科学,实验是化学的灵魂和生命。化学实验是化学科学产生和发展的基础,化学科学的每一次重大突破,都与实验方法的改革密切相关。任何化学的原理、定律以及规律无一不是从实验中得出的结论。

17世纪中叶,波义耳使化学从炼金术和医药学的附属下独立了出来,为化学发展成为真正的科学奠定了基础。他根据大量的实验提出了元素的概念,并且认为只有运用严密和科学的实验方法才能够把化学确立为科学。18世纪下半叶,拉瓦锡利用汞进行的定量方法研究空气的成分,建立了燃烧氧化理论,否定了统治化学达100多年的错误的燃素说,且将近代化学实验推进到了定量研究的水平。19世纪初,道尔顿以质量守恒定律等为基础提出了原子论,阿伏伽德罗以盖·吕萨克的气体反应体积关系实验为基础提出了分子假说,形成了完整的原子-分子学说。19世纪下半叶,门捷列夫发现的元素周期律和无数化学家们的元素化学实验研究结下了不解之缘。20世纪以来,尽管理论化学的研究获得了惊人的发展,数学方法等被广泛引入化学,但是理论推导和数学计算的结果是否正确,仍然需要用实验来验证,实验手段逐渐从经典的方法向仪器化、自动化、微型化发展。正如著名科学家李政道所说:"实验无论怎么强调都不能说过分。"

第一节　中学化学实验教学的功能

化学实验是化学科学研究的重要方法,也是化学教学的重要手段。教师可以通过化学实验展现化学现象,反映化学规律,验证化学理论;学生可以在化学实验过程中进行观察、质疑、思考、分析、综合、比较、抽象、概括、具体化等思维活动,在体验知识的形成和发展过程中,形成科学的思维习惯和方法。著名的化学教育家戴安邦先生曾说:"化学实验教学是实施全面的化学教育的一种最有效的教学形式。"

一、化学实验、化学教学实验和化学实验教学

化学实验是人们以化学事物为作用对象的实验活动。根据实验主体和实验目的的差异,可以将化学实验划分为两大类型:科研类化学实验和教学类化学实验。科研类化学实验的实验主体是化学学科的科学研究人员,目的是研究和认识人类未知的化学事物及其规律,其大部分的研究结果不仅对于研究者本人而言具有创新性,对于整个人类而言也具有创新性的贡献。除化学学科科学研究外,还存在化学教育科学研究。在化学教育教学领域进行科学研究时,人们也经常采用实验的方法来开展研究活动,并称之为"化学教育实验"或"化学教学实验"。这类实验,其实验主体是从事化学教育教学及研究工作的人,研究对象是人(教师或学生),研究内容是化学教育教学的过程,并具有上述科学研究的基本属性。因此,科研类化学实验有上述两类之分。教学类化学实验的实验主体是各级各类化学教育教学中的教师和学生,是为化学教学目的服务的,向下一代传递人类已有化学知识和经验,其大部分的实验过程

和结果是巩固或者拓展学生的认知结构,对学生而言可能是崭新的,但对人类社会而言基本不具有创新性贡献,是一种简约的、高效的、重复的再现或模拟。当实验内容为中学化学教学内容时,这种教学类化学实验也就是人们通常所说的中学化学教学实验。

由此可见,化学教学实验有广义和狭义之分。广义的化学教学实验既包含化学教育教学研究领域的化学教学实验(科研类化学实验),也包含化学教学领域中的化学教学实验(教学类化学实验)。而狭义的化学教学实验仅指后者,即等同于教学类化学实验。我们所指的化学教学实验属于狭义的概念。

化学实验教学是指教师将化学实验置于一定的化学教学情景下,为实现一定的化学教学目的而展开的一系列教学活动。化学实验教学是化学教学的重要组成部分,要服从和服务于化学教学的总体安排。需要指出的是,化学教学实验和化学实验教学是密切相关的。前者特指化学教学活动中的实验,而后者指以化学教学实验为媒介的整个化学教学活动,两者是局部和整体的关系,互为依赖。

二、化学实验的教学功能

以实验为基础的化学学科特征决定了化学实验在化学教学中发挥着不可替代的教育教学功能。《普通高中化学课程标准(2017年版2020年修订)》指出:"以实验为基础是化学学科的重要特征之一。化学实验对全面提高学生的科学素养有着极为重要的作用。化学实验有助于激发学生学习化学的兴趣,创设生动活泼的教学情境,帮助学生理解和掌握化学知识和技能,启迪学生的科学思维,训练学生的科学方法,培养学生的科学态度和价值观。"因此,在化学教学过程中要突出化学学科特征,加强实验教学,更好地发挥实验的教育教学功能。

1. 学习知识、培养技能

知识是学生发展之本。著名教学论专家王策三先生指出:"教学中'注重知识传授',根本、永远不存在'过于'的问题,而是根本、永远不够、要不断加强的问题。"新课程改革提出的"改变过于注重知识传授的倾向"的观点其实也没有否定知识本身,而主要是针对知识的片面传授方式进行了批判。因此,我们应该坚定地认识到知识的重要性,更应该正确地认识到学习知识的最佳途径和方法,即将外在知识内化为学生认知结构的途径和过程。

化学学科中广泛使用的概念是化学基础知识的单体。化学概念的形成直接影响中学化学教学的效果。总的来说,中学生的形象思维强于抽象思维,采用化学实验这样的直观手段易于使其理解抽象的概念。换言之,化学实验是学生学习化学概念和知识的有效途径之一。例如,元素化合物是中学化学教学的一个重要内容,但学生往往在没有任何感性经历(看不到实物)的情况下被要求去识记相关物质的性质,由此逐渐产生惧怕心理。其实如果教学中教师尽可能地利用化学实验,或许情况会大有改观。在卤素单质溴和碘的物理性质的教学中,教师可以从商店购买的最初的包装开始来吸引学生,让学生自己分析为何一点点溴要如此复杂的包装,从而既能真实地看见溴的外观,又能加深对溴的物理性质的理解。学生通过对实验药品的观察和分析,将溴的相关信息在轻松愉快的氛围中内化到自己原有的认知结构中,建构了有效且牢固的知识[①]。又如,在电解质概念的学习中,学生可以使用便携式显微镜观察氯化钠固体和向其中加水发生的变化,想象氯化钠固体在逐渐溶于水的过程中发生的变化,再结合导电性实验验证想象,从而建构了电解质的概念和电离模型[②]。

技能是指运用一定的知识和经验顺利完成某种任务的活动方式。广义上说,实验技能包括操作技能(又称动作技能)和智力技能(又称心智技能或认知技能)。操作技能是运用已有的知识和经验,借助骨骼、肌肉和相应的神经活动所实现的一系列通过练习形成和巩固起来的外显动作。智力技能是指人们运用已有的知识和经验,借助内部语言在头脑中进行的认知活动的操作方式,包括感知、记忆、想象和思维等。操作技能和智力技能之间既有联系、又有区别,在实验教学过程中也是相互联系、相互促进的。外显动作是智力技能形成的最初依据,也是智力技能的体现和反映。初级的、简单的活动主要依靠操作技能来实现,而高级的、复杂的活动则要靠智力技能和操作技能的科学结合才能实现。所以有人认为,实验技能主要包括对实验操作方法、仪器装置的原理及有关数据、现象处理等方面的认识、理解。

技能属于动作经验,不同于属于认知经验的知识。通常我们可以认为:知识的学习是解决陈述性知识、程序性知识等需要掌握的问题,即知与不知的问题;而技能的学习所要解决的则是完成活动要求的动作,即会不会及熟练不熟练的问题。但是,知识和技能绝不是截然二分的,两者有密切联系。例如,关于萃取的学习,学生如果能够理解为什么分液漏斗的形状设计成这样,就能更好地理解和解释为什么两种互不相溶的液体可以利用分液漏斗进行分离,才能在此基础上进行有意义的萃取操作练习,并逐渐达到动作定位,最后形成熟练的实验技巧。学生通过对基本操作的准确理解、协调训练,从而达到自动化的程度,操作技能也得以熟练掌握。因此,教师应该认识到"实验是手段,思维是核心"。在实验技能的培养过程中,要防止过分强调操作技能训练,导致学生不理解技能要领而只是机械模仿的现象出现。作为教师,不仅要注重学生的实验技能本身的形成,更应该提醒学生思考为什么要这样操作,即要让学生知其然,也能知其所以然。

2. 经历过程、体验方法

美国著名的科学教育学家布鲁纳认为:"所谓求知,是过程,不是结果。"在进行化学实验教学活动时,要兼顾实验的过程和实验的结果,因为实验的过程价值并不亚于实验结果的本身价值。

能否实现实验的过程价值,教师的教学观念至关重要,教师所具备的教育观念将直接决定其会采取怎样的实验教学设计并进而采用相应的实验教学活动,从而产生不同的教学效果。如果教师对知识持客观主义态度,即认为知识是客观存在的,将知识等同于信息,知识就是权威,那么该教师在进行实验教学时很可能会侧重于结果而忽视实验过程,往往会将其兴趣集中于验证性实验,在较短时间成功获取实验结果,以此来"强化"学生对知识的"识记",从而达到所谓的"理解"。如果教师对知识持建构主义的观点,即认为知识是由学习者主动内在建构的,而不是由教师单向传授的;知识的意义不是客观存在的,而是由学习者自主建构产生的,不同的学习者对于同样的外来信息将会产生不同的理解,那么该教师往往会进行探究式

[①]　南京师范大学附属中学保志明老师教学案例。
[②]　金陵中学江敏老师教学案例。

教学设计,努力寻找和创设适宜的实验情境帮助学生进行积极良好的建构,实验过程也将可能多以学生的讨论、师生间和生生间的思维碰撞为主要形式,学生成为实验教学活动的真正主体。

因此,在实验教学过程中,教师要能够给予学生主动地位,切实转变学生的学习方式,让学生能够主动地参与、主动地思考。如果仅让学生"照方抓药式地做实验",或者"看实验",甚至于"听实验",而不让他们根据实验情境进行设计并亲手"做实验",那么学生只能是"隔岸观花"而无法"身临其境"。心理学的有关研究成果表明:听和看虽然可以帮助学生获得一定的信息和学识,但远不如动手操作给人的印象深刻,不如动手操作掌握得牢固,不如动手操作更能将有关知识转化为实践行为和能力。国际学习科学研究领域中也有句名言:听来的忘得快,看到的记得住,动手做更能学得好。也就是说,仅仅是听到的很容易忘记,如果是看到的则记忆比较深刻,但是通过亲手操作甚至相互争论后得出的结论更会让人刻骨铭心。在实验教学中,要尽可能创设情境和机会,让学生由"旁观者"变为真正的"参与者",使学生的学习方式从认知走向体验。体验,是一种鲜活的化学实验教学方式,是认知内化的催化剂,突显了学生的主体地位。没有体验,感知不会深刻;没有体验,就不会有自我建构;没有体验,就没有真正意义上的学习;没有体验,就不会有创造的发生。而过程性的体验和结果性的体验都具有巨大的学习功效。

通过体验,不仅可以"学会",而且能够"会学",还可以"愿意学"。结果性的体验侧重的是知识,即"学会";过程性的体验侧重的是方法,即"会学"。通过实验,可以体验化学科学研究的基本方法,如观察、测量和误差分析、控制变量和条件等。实验的控制是实验成败的关键,在实验设计阶段要反复思考成熟之后方可开展实验,在实验过程中要按照实验设计方案进行合理操作,在此不再详细介绍。下面我们以观察为例加以阐述。

化学实验离不开观察,观察是认识事物的开始,是进行积极思维的触角。由于不同学生的认知结构和个体经历都有所差异,不同学生面对同样的实验现象也将会产生不同的兴奋点和兴奋程度,同样的外在实验现象经过不同学生的个体建构在其脑海中产生的图像也将会是不完全相同的。作为教师,要引导学生逐步学会有目的地、全面而又层次清晰地观察实验,要引导学生把观察和思维结合起来,对物质及其变化的现象进行分析比较,找出特点,区分异同,并透过现象认识事物变化的本质和规律。化学实验中的观察能力主要有:会观察演示实验过程中的实验步骤、仪器使用及规范化操作的技能;会观察实验对象的颜色、大小、状态、气味等稳定的外部属性;会观察稍纵即逝的或者微弱缓慢的实验现象,观察实验过程中产生的颜色变化、沉淀或气体的生成、放热或发光等各种化学现象和事实;会观察实验中的图表,实验数据的变化等。实验中的现象无论巨细,都是极为重要的,有时一个极为细小的细节往往会产生一个重要的结论。因此,进行化学实验观察时,一定要做个有心人,要学会观察且敢于提出实验中所产生的各种"异常"现象,这些"异常"现象中蕴含着很多的化学奥妙。化学科学发展史上的许多事例也证实,只有那些思维活跃、求知欲望强烈、又有良好实验习惯和动手能力并能注意观察现象的人,才有可能成为化学科学研究的成功者。这样的道理同样存在于化学教学实验中。例如,在电解水的实验中,细心的同学会发现氢气和氧气的体积比不是等于而是大于2:1,由此提出问题而展开讨论,并提出各种可能的解释。有同学提出氢气和氧气在水中溶解度不同,氧气的溶解度要大于氢气的溶解度;有同学提出气体在管内所承受水压不同等。又如,实验过程中也有同学提出不同浓度的氯化铜溶液颜色不同,在稀溶液中呈蓝色,浓溶液中呈绿色,却无法解释原因。但经过查阅资料才发现是形成不同配离子的缘故,$[CuCl_4]^{2-}$呈绿色,而$[Cu(H_2O)_4]^{2+}$呈蓝色。可见,一方面观察离不开知识,另一方面观察又可以促进新知识的生成和巩固。

3. 发展兴趣、养成态度

化学实验兴趣是个体对化学实验特殊的活动倾向,是为了获得关于化学实验的知识、经验、体验或者解决化学问题而带有情绪色彩的意向活动。兴趣是形成学习动机的重要因素,是主动学习的前提。我国古代著名教育家孔子曾说:"知之者不如好之者,好之者不如乐之者。"泰勒也曾说过:"当学习是被迫的,不是从学习者真正的兴趣出发时,学习往往是无效的。"国内外教育界问卷调查的统计结果表明,学生因喜欢做实验而喜爱学化学的人数占被调查人数的70%以上,不少化学家就是在中学学习阶段受教师的感染和被化学学科特有的魅力吸引,而走上化学科学研究之路的。因此,在化学教学过程中,教师要充分发挥实验的激趣功能以发展学生学习化学的兴趣。

我国心理学家潘菽把学习兴趣分为四种类型:直观的兴趣、操作的兴趣、探求原因的兴趣和概括的兴趣。之后,也有学者将兴趣按水平高低分为:感觉兴趣、操作兴趣、探究兴趣和创造兴趣。两者可谓异曲同工,都反映了化学学习兴趣的形成和发展。相比较而言,感觉兴趣和操作兴趣都属于直接兴趣,在化学实验教学中表现出不稳定、不持久的特征。探究兴趣属于间接兴趣,具有稳定、持久的特点,是推动学生发挥实验能动性的最基本和最重要的动力。而创造兴趣是实验兴趣的最高水平,是推动和促进学生充分发挥实验能动性的最强劲的动力。

在化学实验教学中,为了有效地激发学习兴趣,教师应该针对不同的教学内容选择不同的化学教学实验。对于初学化学者,如初三学生,要注重直观兴趣和操作兴趣的培养,从化学和生活、生产的联系,从化学实验的直观、生动等角度来激发学生的兴趣(如利用镁带燃烧的耀眼白光,氨气、氯化氢等气体的喷泉实验等特殊现象;又如利用"魔棒点灯""水底火花""白糖变黑面包""滴水生烟""烧不坏的手帕""白纸显字"等趣味实验)。对于高中学生,则不能再一味地拘泥于直观和操作兴趣。这是由于高中学生已经具备较好的抽象和逻辑思维能力,外部的刺激是暂时的,往往无法培养学生的兴趣,只有内在的思维所带来的乐趣才是持久的。因此,对于高中学生的化学实验教学,要注重学生探究兴趣和创造兴趣的培养。例如,可以通过实验设计、实验探究验证假设来获得结果(如废弃泡沫塑料的回收、海带中碘元素的测定、生活污水中化学需氧量的测定、补铁剂中铁元素的存在价态、茶叶中咖啡因的提取、湿木材干馏、驾车司机是否饮酒的分析检测、肥皂的制备、不同洗涤剂洗涤能力的比较等多种与生活联系密切的探究课题)。

态度是指人对事物的看法和采取的行动。化学实验不仅可以激发学生的化学兴趣,还可以帮助学生养成科学的态度。

首先,可以帮助学生养成实事求是、严肃认真、勇于质疑的态度。实事求是、严肃认真,就是要尊重事实,如实反映实验中观察到的现象和事实,即使是和预期的现象相比有出入,数据有偏差,也绝不允许臆造或修改。勇于质疑,就是要批判性地看待自己和他人的实验结果,拒绝盲目迷信权威结果,针对有疑问的数据大胆提出质疑。科学来不得半点虚假,如不严格按照规程进行实验,不仅有可能导致实验失败,还往往会引起事故。科学发展史上的很多重大发明都是科学家谨慎实验、认真操作的结果,很多旧理论的推翻、新理论的建立都是科学家群体批评、质疑的结果。中学化学教学实验不是为了创立新理论、发现新现象或是制备新物质,多数实验都只是一些已知化学知识的运用。但实验者必须认真对待,无论是仪器的使用和装配、药品的取用和添加,还是操作步骤和手法、现象和数据的记录等,均必须实事求是、严肃认真。《义务教育化学课程标准(2022年版)》中强调要注重实证、严谨求实的科学态度和批判性思维的培养,在化学实验过程中保证结果的真实性、推理的严密性,不盲目迷信权威结果,敢于提出问题、创新思考。

其次,可以培养学生勤学好问、勇于探索的科学精神。我国的古代著作《中庸》就指出教学要"博学之,审问之,慎思之,明辨之,笃行之"。其中的"审问之"就包含了学与问之间的关系。古人就把学与问联系在一起,称为"学问",专门指某人的文化修养水平,可见学习与问题之间自古就有密切联系。化学实验一般包含三大原理:反应原理(为什么能做)、装置原理(用什么去做)、操作原理(怎样去做),学生在实验之前要问问自己明白与否。在化学实验过程中,学生更要善于思考、敢于提问。例如,实验现象说明了什么?为什么会产生?有相关的理论知识来解释吗?实验成败的关键是什么?还要注意些什么?为什么?实验失败的原因是什么?出现异常现象的原因又是什么?实验数据为什么会有误差?如何减少误差?这次实验成功吗?实验中可能有哪些改进和完善之处?能不能尝试做做看看?在实验开展前、实验过程中和实验结束后不断地提出问题、分析问题和解决问题,可以将理论和实践较好地联系起来,也可以不断优化和拓展学生的认知结构,并提高学生科学探究的意识和能力。

最后,可以培养学生团队合作的愿望和意识。联合国教育、科学及文化组织(简称联合国教科文组织)提出要"学会相处"。在教学中存在多种关系的合作,即合作主体有多个维度(包括师生之间的合作和生生之间的合作等),而且合作形式多样化。合作学习是一种较为新型的学习方式,包括同伴互助合作学习、小组合作学习、全员合作教学三种主要形式。同伴互助合作学习通常是指同桌两位同学之间的合作,常发生在两人一个小组的合作实验过程中;小组合作学习通常是按照预先组成的小组成员进行小组学习,化学实验课堂教学中通常是前后两排四位学生之间的合作;全员合作教学是指在教师与全班同学之间形成的一种良好的合作关系中开展教学活动,以教学班级的全员为合作对象进行师生、生生间的合作,常出现在教师的演示实验中,学生对实验现象进行相互补充和辩论。不管采用何种合作方式,都需要合作者之间能够积极互赖(positive interdependence)且具备个人责任(personal responsibility),让每个学生都能在平等自由、轻松愉快的氛围中进行自我解释、相互辩解和讨论,进行观点的交流、思维的碰撞和生命的对话,让师生、生生之间的思维不断地从相遇、相撞走向相容,从"互不认可"走向"共识"。师生共同努力创设的这种学习氛围不仅有利于学生的学习,也有利于学生的成长和发展,还有利于教师的成长和发展。因此,这种多维度的合作可以说是一种在"讨价还价"中的"互惠互赢",是在多维度的争论和辩解中的共识、共享和共进。

当然,通过化学实验教学还可以培养学生各方面的能力和态度。例如,通过对实验室安全教育及实验药品、实验过程的说明可以培养学生的安全意识;通过对实验装置的解释,对不同类型实验废弃药品的处理要求可以培养学生的环保意识;通过对实验中有意制造的困难的解决,实验的复杂过程和实验失败后的进一步探究可以培养学生刚毅顽强、百折不挠的科学精神。

第二节　中学化学实验教学的内容

"以实验为基础"是化学学科的重要特征之一,也是化学教学的重要特征。选择能够说明化学学科中代表性的观念、能够说明化学学科所使用的探究方法、能够唤起学生想象的教学实验内容,对于全面发展学生的核心素养,提高化学教学质量,具有其他化学课程内容不可替代的作用。因此,化学实验一直是中学化学教学内容的一个重要组成部分。

一、中学化学实验教学的内容

化学实验研究的对象是物质,这里的物质既可以是天然存在的,未经人工改造过的物质,如自然界的空气、石油、煤等;也可以是天然存在,但需经一定的物理或化学方法提取、制备才能得到的物质,如氧气、铝、尿素等;还可以是人们用化学方法创造的,在自然界中原本并不存在的新物质,如合成橡胶、塑料等。为了获取、研究物质,化学实验的研究内容涉及物质的制备(或合成),物质的分离、提纯,物质的检验,物质的性质与应用等方面。中学化学作为启蒙性、基础性的课程,其实验内容从化学实验研究的对象和研究内容的角度分析,大致也包括上述几个方面。

1. 物质的制备(或合成)

从主要生成物的类别看,中学化学实验涉及的物质的制备包括以下两个方面。

1) 无机物的制备

例如,氧气、二氧化碳、氨气、氯气等气体的制备,硫酸亚铁、简单配合物的制备等。

2) 有机物的制备

例如,乙酸乙酯的制备,对氨基苯磺酸的合成等。

关于气体的制备,从反应物的状态和反应条件看,可以分为四种类型:

(1) 固体-固体加热(或固体加热)。适用的气体有氧气(加热氯酸钾和二氧化锰的混合物,或者加热高锰酸钾晶体)、氨气等。

(2) 固体-液体不加热。适用的气体有二氧化碳、氧气(用过氧化氢加催化剂如二氧化锰制取)、氯气(将浓盐酸滴入高锰酸钾固体制取);若是利用块状固体与液体发生反应制取气体,且反应不需要加热,则可以利用启普发生器,特别是制取较多量的气体更为适宜。

(3) 固体-液体加热。适用的气体有氯气(用浓盐酸和二氧化锰反应制取)。

(4) 液体-液体加热(或液体加热)。适用的气体有乙烯、一氧化碳(甲酸脱水)、乙酸乙酯等。

2. 物质的分离和提纯

分离和提纯既有联系又有区别,物质的分离是将混合物中的组分各自分开,从而得到几种较纯净的物质的过程;而物质的提纯(有时也称物质的除杂)则是将物质中混有的杂质分离出来或除去的过程。分离和提纯之间最显著的区别在于:物质的分离对于被分离出来的物质都有纯度要求,即分离出来的物质必须都是纯净物;而提纯对分离出来的杂质并无纯度要求,而且还经常利用化学变化使杂质变为其他较易被分离的物质而被除去。分离和提纯物质的方法很多,在中学阶段介绍的主要有以下几种。

1)过滤和结晶

根据混合物中各物质溶解性的差异,采用过滤、结晶等方法分离提纯物质。除去液体中不溶性的固体杂质,采用过滤的方法使液体和不溶性的固体杂质分离;根据两种固体在水中溶解度随温度变化的不同,采用结晶法加以分离。结晶的方法又分为蒸发溶剂法和冷却热饱和溶液法。蒸发溶剂法适用于溶解度受温度影响变化不大的固体物质,如从海水中提取食盐;冷却热饱和溶液法适用于溶解度受温度影响变化较大的固体物质,如分离 KNO_3 与 $NaCl$ 的混合物,首先配制较高温度下的 KNO_3 饱和溶液,然后降温,先析出的是 KNO_3 晶体。

2)蒸馏

对于液态混合物,根据其中各物质沸点的不同,采用蒸馏的方法除去其中难挥发或不挥发的物质。例如,通过蒸馏的方法可以在实验室中用自来水制取蒸馏水。

3)萃取

对于液态混合物,还可以利用混合物中一种物质在互不相溶的溶剂中溶解性的差异,采用萃取的方法将物质分离。例如,单质碘在四氯化碳、苯等有机溶剂中的溶解度比其在水中的溶解度大,用四氯化碳或苯等不溶于水的有机溶剂可以将碘水中的碘萃取出来。

4)层析

利用混合物中各组分性质(如吸附力、分子的大小、分配系数等)的差异,使各组分在两相(一相为固定相,与待分离的物质进行可逆的吸附、溶解、交换等作用;另一相为流动相,推动固定相上待分离的物质朝着一个方向移动)中的分布程度不同,通过层析法(又称色谱法)使各组分以不同的速率移动而达到分离的目的。例如,叶绿体中色素的提取和分离等。

5)渗析

渗析是利用半透膜使溶胶和其中所含的离子或分子分离的过程。渗析主要用来提纯、精制胶体溶液。这是利用半透膜的孔隙能让胶体溶液中的离子或分子通过但不能让胶体粒子透过的特性,从而达到提纯、精制胶体溶液的目的。例如,淀粉溶液中混入了食盐,利用渗析的方法可以除去其中的 Na^+、Cl^-。

6)洗气

对于气体混合物,一般是利用气体混合物中各种气体在水或其他吸收剂中的溶解度或反应情况的差异,通过洗气装置加以分离提纯。例如,实验室用石灰石与盐酸反应制取的二氧化碳气体中常混有氯化氢气体和水蒸气,要除去这两种杂质气体,可以让气体依次通过盛有饱和碳酸氢钠溶液、浓硫酸的洗气瓶。

7)其他方法

根据某些物质的特殊性质,可以通过一些特定的物理方法或化学方法进行分离提纯。例如,根据铁的磁性,可以用磁铁将铁屑从它与一些没有磁性的物质的混合物中分离出来;根据单质碘易升华的性质,将它从混合物中分离出来;根据杂质受热易分解的性质,通过加热把杂质除去;通过化学反应把杂质转化成主要成分等。

进行混合物的分离或提纯,必须分析组成混合物的各种成分的物理性质和化学性质,根据它们之间的差异和联系,决定选用何种试剂和操作。在整个分离或提纯的过程中必须注意:①不能引入新的杂质;②选用的试剂只能与杂质发生反应,不能与欲提纯的主要成分反应;③与杂质反应生成的产物容易和主要成分分离开来。为了达到分离或提纯的目的,通常需要根据具体情况综合运用以上分离或提纯的方法。

3. 物质的检验

在生活、生产和科学研究中，经常需要对一些物质的组成成分进行检验。现代化学分析测试中，通常借助一些仪器分析物质的组成。例如，用元素分析仪测定物质中是否含有 C、H、O、N、S 等元素，以及测定物质中这些元素原子的最简单整数比；用红外光谱仪确定有机物分子中含有何种化学键或官能团；用核磁共振波谱仪推测有机物分子含有几种不同类型的氢原子及它们的数目等。除利用仪器分析物质的组成外，还可以利用物质的物理、化学性质，通过实验方法检验某些物质的存在。在进行物质的检验时，一般先对物质的外观如颜色、状态、气味等进行观察，然后进行进一步的检验。中学阶段物质的检验可以分为鉴定、鉴别和推断三种类型。

1）鉴定

物质的鉴定是指根据物质的某些特性，用实验方法加以确认（肯定它一定是什么物质）；或者确定被检验物质中含有或不含某种成分。鉴定时，要逐一检验出物质中的各种成分。例如，要鉴定某白色固体是硫酸钠，应先进行焰色反应，火焰呈黄色，确定有 Na^+ 存在。再取少量固体溶于蒸馏水，把溶液分成两份，一份中先加盐酸，如无现象，再加氯化钡溶液，有白色沉淀，证明原固体中有 SO_4^{2-}；另一份中加入紫色石蕊试液无变化[若原固体是硫酸氢钠（$NaHSO_4$），则加石蕊试液变红]，证明原固体肯定是硫酸钠。

2）鉴别

物质的鉴别通常是指对分别存放的两种或两种以上的物质进行定性辨认，根据物质的不同性质，用实验方法区别它们各是什么物质。鉴别物质时，如待鉴别的是两种物质，检出其中一种；或者待鉴别的是三种物质，检出其中两种，就达到鉴别的目的。依此类推，鉴别 n 种物质时，只要检出其中 $(n-1)$ 种物质，就达到鉴别的目的。例如，对于两瓶无色液体 $NaNO_3$ 溶液和 $NaCl$ 溶液，可分别向两溶液中加入 $AgNO_3$ 溶液，有白色沉淀生成的是 $NaCl$ 溶液，无现象的则是 $NaNO_3$ 溶液。

3）推断

物质的推断是根据已知的实验事实（检验步骤、实验现象、实验结论等），运用物质特性的知识，进行分析、推理、判断，从而确定未知物中存在什么物质，不存在什么物质。

无论是鉴定、鉴别还是推断，都要求实验者熟悉相关物质的特性。中学阶段涉及的物质检验有常见气体的检验、常见阳离子的检验、常见阴离子的检验、常见有机物的检验。常见气体有氧气、氢气、二氧化碳、氯气、二氧化硫、氯化氢、氨气、甲烷、乙烯、乙炔等；常见阳离子有氢离子、铝离子、钠离子、钾离子、银离子、钙离子等；常见阴离子有氢氧根离子、氯离子、溴离子、碘离子、硫酸根离子、亚硫酸根离子、碳酸根离子等；常见有机物有甲烷、乙烯、乙炔、苯、甲苯、乙醇、甘油、苯酚、甲醛、乙酸、葡萄糖、淀粉、蛋白质等。以上物质的性质，尤其是这些物质的特性，是检验这些物质的基本依据。

物质的检验要求方法简便易行且便于操作，注意排除杂质的干扰，所选择的试剂和添加试剂的顺序合理，现象明显且具有典型特征。在操作过程中，鉴定、鉴别物质时一定要分别取少量待检物质进行实验，切不可在原试剂中直接加试剂进行检验。因为这样做会使下步检验无法进行，即使检出其中的某一成分，也会使被检物质因污染而报废，不符合科研和生产的实际要求。

4. 物质的性质与应用

物质的性质是由其组成和结构决定的,不同组成、结构的物质具有不同的性质。即使组成相同但结构不同的物质,其性质也不完全一样。例如,互为同素异形体或互为同分异构体的物质,它们的物理性质不同。物质的性质决定了物质的用途,人们只有在了解物质性质的基础上,才可以有效地利用各种物质。

物质的性质,尤其是化学性质,只有借助一定的实验手段,在人为控制的条件下,使物质发生化学变化时才显露出来。化学主要从物质的化学变化的角度研究物质的性质,中学化学教材中含有大量有关物质性质的实验内容。例如,典型的非金属元素、金属元素的单质及其化合物的性质,烷烃、烯烃、炔烃、芳香烃、卤代烃、醇、酚、醛、羧酸、酯的代表物的结构和性质,糖类、氨基酸、蛋白质的组成和性质等都是中学化学实验教学的重要内容。这些内容不仅让学生能够通过化学实验认识物质的性质,而且通过对物质性质的掌握,进而理解与性质相对应的物质的结构和用途、物质的存在形式和保存方式、物质的检验等;通过对物质性质的分析,还能帮助学生归纳出重要的化学反应定律、原理;通过对物质在生活、生产中的应用的了解,认识化学对人类生活和社会发展的价值等。

二、课程标准中的化学实验内容

1. 义务教育化学课程标准中的化学实验

1) 课程目标的要求

《义务教育化学课程标准(2022年版)》在"课程目标"中对实验所提的要求是:

认识实验是科学探究的重要形式和学习化学的重要途径,能进行安全、规范的实验基本操作,独立或与同学合作完成简单的化学实验任务。

初步学会运用观察、实验、调查等手段获取化学事实,能初步运用比较、分类、分析、综合、归纳等方法认识物质及其变化,形成一定的证据推理能力。

2) 课程内容的要求

"课程内容"包括5个学习主题,即"科学探究与化学实验""物质的性质与应用""物质的组成与结构""物质的化学变化""化学与社会·跨学科实践",在每个学习主题下都包含学生必做实验及实践活动的规定。在学习主题5中,"围绕学生核心素养的目标要求,设计了10个跨学科实践活动供选择使用,建议与各学习主题中的核心内容及学生必做实验的教学进行整合"。

在"科学探究与化学实验"主题下包含"实验探究""化学实验探究的思路与方法""学生必做实验及实践活动"等主题内容,并对"基本的化学实验技能"和"学生必做实验及实践活动"做了明确规定。

(1) 基本的化学实验技能。

《义务教育化学课程标准(2022年版)》指出:知道化学实验是进行科学探究的重要方式,具备基本的化学实验技能是学习化学和进行探究活动的基础和保证。对于化学实验技能,应达到如下基本要求:

a. 熟悉化学实验室安全警示标志,学会正确使用安全防护设施,学习妥善应对实验安全问题的必要措施。

b. 学会试剂的取用、简单仪器的使用和连接、加热等实验基本操作。

c. 初步学会在教师指导下根据实验需要选择实验试剂和仪器,并能安全操作。

d. 初步学会配制一定溶质质量分数的溶液。

e. 学会用酸碱指示剂、pH 试纸检验溶液的酸碱性。

f. 初步学会根据某些性质检验和区分一些常见的物质。

g. 初步学习使用过滤、蒸发的方法对混合物进行分离。

h. 初步学习运用简单的装置和方法制取某些气体。

i. 初步学会观察实验现象,并如实记录、处理实验数据,撰写实验报告等技能。

上述 9 个方面的技能可以分为 3 种类型:一是对实验安全的基本认知,包括熟悉化学实验室安全警示标志,学会正确使用安全防护设施,学习妥善应对实验安全问题的必要措施;二是实验药品和仪器的选择和使用技能,即学会试剂的取用、简单仪器的使用和连接、加热;要求学生能在教师指导下根据实验需要选择实验药品和仪器,并能安全操作;三是实验操作综合运用技能,包括“配制一定溶质质量分数的溶液”“用酸碱指示剂、pH 试纸检验溶液的酸碱性”“根据某些性质检验和区分一些常见的物质”“使用过滤、蒸发的方法对混合物进行分离”“运用简单的装置和方法制取某些气体”“初步学会观察实验现象,并如实记录、处理实验数据,撰写实验报告等技能”等。

（2）基础的学生实验。

与 2011 年版相比,2022 年版《义务教育化学课程标准》将“溶液酸碱性的检验”整合到“常见酸、碱的化学性质”,增加“水的组成及变化的探究”(本实验承载了探究物质组成的基本认识、基本技能、基本经验的教育教学功能),并将“燃烧的条件”改为“燃烧条件的探究”,要求“充分发挥学生必做实验的功能,给学生提供充分的动手实践和动脑思考的机会,经历完整的探究过程;引导学生在反思和交流的基础上,提炼研究物质性质的一般思路与方法”。此外,特别增加了“跨学科实践活动”,并指出跨学科实践活动所用课时不少于本学科总课时的10%。可见,2022 年版《义务教育化学课程标准》更加强调科学探究与实践,重视跨学科实践活动,要求“积极创造条件,开足、开好必做实验和跨学科实践活动,倡导‘做中学’‘用中学’‘创中学’,充分发挥必做实验和跨学科实践活动的教学功能及育人价值。在完成必做实验的基础上,努力创造条件,为学生提供更多的动手实验机会。”具体实验和跨学科实践活动为:

a. 粗盐中难溶性杂质的去除。

b. 氧气的实验室制取与性质。

c. 二氧化碳的实验室制取与性质。

d. 金属的物理性质和某些化学性质。

e. 常见酸、碱的化学性质。

f. 一定溶质质量分数的氯化钠溶液的配制。

g. 水的组成及变化的探究。

h. 燃烧条件的探究。

i. 跨学科实践活动(原则上从学习主题 5 中选择,所用课时不少于本学科总课时的 10%)。

学习主题 5 中所给的跨学科实践活动为:

a. 微型空气质量"检测站"的组装与使用。

b. 基于特定需求设计和制作简易供氧器。

c. 水质检测及自制净水器。

d. 基于碳中和理念设计低碳行动方案。

e. 垃圾的分类与回收利用。

f. 探究土壤酸碱性对植物生长的影响。

g. 海洋资源的综合利用与制盐。

h. 制作模型并展示科学家探索物质组成与结构的历程。

i. 调查家用燃料的变迁与合理使用。

j. 调查我国航天科技领域中新型材料、新型能源的应用。

(3) "学习活动建议"中的化学实验内容。

除"科学探究与实践"主题规定了基本的化学实验技能和基础的学生实验外,《义务教育化学课程标准(2022 年版)》在相应的【教学提示】"学习活动建议"中提供了 26 条与化学实验相关的内容(表 1-2-1)。

表 1-2-1　《义务教育化学课程标准(2022 年版)》【教学提示】"学习活动建议"中的化学实验内容

学习主题	【教学提示】"学习活动建议"中的化学实验内容
科学探究与化学实验	(1) 探究过氧化氢分解反应中二氧化锰的催化作用 (2) 探究铜片在空气中灼烧后发生的变化 (3) 探究二氧化碳与水或氢氧化钠稀溶液的反应 (4) 测定并比较氯化钠、硝酸铵、氢氧化钠在水中溶解时溶液的温度变化 (5) 探究铁钉生锈的条件 (6) 探究氢氧化钠溶液和稀盐酸发生中和反应时的温度变化、pH 变化
物质的性质与应用	(1) 探究空气中氧气的含量 (2) 制取蒸馏水 (3) 探究活性炭和明矾等净水剂的净水作用 (4) 观察氯化钠、硝酸铵、氢氧化钠在水中溶解时溶液的温度变化 (5) 查阅溶解度数据,绘制溶解度曲线 (6) 探究铁钉生锈的条件 (7) 自制酸碱指示剂并观察其在不同溶液中的颜色变化 (8) 使用 pH 试纸等检测生活中常见溶液的酸碱性
物质的组成与结构	(1) 观察并解释氨水挥发使酚酞溶液变红,红墨水分别在冷水和热水中扩散的实验现象 (2) 观察水的三态变化和水分解的实验现象,并用图示表征变化的微观过程 (3) 通过蜡烛、甲烷、乙醇的燃烧实验了解探究物质元素组成的方法
物质的化学变化	(1) 探究燃烧的条件 (2) 探究常见酸溶液、盐溶液与金属发生的置换反应及规律 (3) 通过实验论证物质是否发生了化学变化 (4) 结合实验说明质量守恒定律 (5) 使用传感器等多种技术手段表征化学反应中的物质变化
化学与社会·跨学科实践	(1) 模拟从海水中获取淡水的实验 (2) 模拟酸雨对植物、建筑等的影响 (3) 用简单的实验区分棉纤维、羊毛纤维和合成纤维 (4) 检测人体呼出气体中的酒精含量

3）学业要求

《义务教育化学课程标准（2022年版）》不仅对学生必做实验及实践活动做了规定，而且还给出了具体的学业要求，例如：

"科学探究与化学实验"主题中所给的与实验有关的学业要求是"能设计简单的实验方案或实践活动方案；能独立或与他人合作开展化学实验，收集证据；能基于事实，分析证据与假设的关系，形成结论；能撰写简单的实验报告，并与他人交流和评价探究过程及结果""能严格遵守实验室安全规则，能识别实验室安全警示标志和常用危险化学品标志，具有预防化学实验安全事故的意识""能正确选取实验试剂和仪器，依据实验方案完成必做实验，并能全面、准确地记录实验过程和现象；能说明必做实验的基本思路与方法，分析实验实施的合理性，能体现严谨求实、敢于质疑的科学态度""能基于必做实验形成的探究思路与方法，结合物质的组成及变化等相关知识，分析解决真实情境中的简单实验问题""能通过小组合作，有意识地应用化学、技术、工程及其他学科知识，完成实验探究及跨学科实践活动，能体现创新意识和勇于克服困难的品质"。

"物质的性质与应用"主题与实验有关的学业要求是"能通过实验说明氧气、二氧化碳，以及常见的金属、酸和碱的主要性质""能设计简单实验，制备并检验氧气和二氧化碳；能检验溶液的酸碱性。能运用研究物质性质的一般思路与方法，从物质类别的视角，依据金属活动性顺序、中和反应等，初步预测常见的金属、酸和碱的主要性质，设计实验方案，分析、解释有关的实验现象，进行证据推理，得出合理的结论"。

"物质的化学变化"主题中所给的与实验有关的学业要求是"能运用变量控制思想设计燃烧条件等实验探究方案；能利用化学反应及绿色环保理念设计实验方案，完成常见物质的制备、检验等任务"。

4）教学建议

《义务教育化学课程标准（2022年版）》在课程实施的教学建议部分指出：

"要充分认识化学实验的价值""建议教师在教学中高度重视和加强实验教学，充分发挥实验的教育功能""教师应认真组织学生完成好必做实验，重视培养学生有关物质的制备、分离、提纯和检验等实验基本技能，引导学生树立安全意识，严格遵守实验室安全规则。有条件的学校尽可能多地为学生提供动手实验的机会，条件有限的学校可采取演示实验或利用替代品进行实验，鼓励实验的绿色化设计，开展微型实验。注重发挥现代信息技术的作用，积极探索现代信息技术与化学实验的深度融合，合理运用计算机模拟实验，但不能用来完全替代真实的化学实验"。

总之，《义务教育化学课程标准（2022年版）》丰富完善了学生必做实验，融合了跨学科实践活动，有助于师生高度关注化学实验的科学研究功能和教育功能，落实课程目标。

2. 普通高中化学课程标准中的化学实验

1）课程目标的要求

《普通高中化学课程标准（2017年版2020年修订）》（以下简称"高中课标"）在"课程目标"中对实验所提的要求是：

能发现和提出有探究价值的化学问题，能依据探究目的设计并优化实验方案，完成实验操作，能对观察记录的实验信息进行加工并获得结论；能和同学交流实验探究的成果，提出进一步探究或改进的设想。

2）课程内容的要求

（1）课程内容对化学实验的相关规定。

为了促进学生在"宏观辨识与微观探析""变化观念与平衡思想""证据推理与模型认知""科学探究与创新意识""科学态度与社会责任"等化学学科核心素养的各个方面的发展，"高中课标"在课程内容部分对化学实验提出了具体的要求。

例如，在必修课程"主题1：化学科学与实验探究"的【内容要求】中有关化学实验的要求是："认识化学实验是研究和学习物质及其变化的基本方法，是科学探究的一种重要途径。初步学会物质检验、分离、提纯和溶液配制等化学实验基础知识和基本技能。学习研究物质性质，探究反应规律，进行物质分离、检验和制备等不同类型化学实验及探究活动的核心思路与基本方法。体会实验条件控制对完成科学实验及探究活动的作用"，"发展对化学实验探究活动的好奇心和兴趣，养成注重实证、严谨求实的科学态度，增强合作探究意识，养成独立思考、敢于质疑和勇于创新的精神。树立安全意识和环保意识。熟悉化学品安全使用标识，知道常见废弃物的处理方法，知道实验室突发事件的应对措施，形成良好的实验工作习惯"。

在相关【教学提示】的"教学策略"中特别指出：

（i）整体规划实验及探究教学，发挥典型实验探究活动的作用。

（ii）改变在实验中注重动手但缺少思考的现状，强调高级思维过程。

（iii）重视开展高水平的实验探究活动。

（2）"学生必做实验"和学习活动建议中的"实验及探究活动"。

"高中课标"在相关主题安排了"学生必做实验"，且各主题【教学提示】的"学习活动建议"中也给出了"实验及探究活动"（表1-2-2和表1-2-3）。

表1-2-2　必修课程中的"学生必做实验"和"学习活动建议"中的实验及探究活动

学习主题	学生必做实验	"学习活动建议"中的实验及探究活动
主题1 化学科学与实验探究	（1）配制一定物质的量浓度的溶液 （2）完成各主题的必做实验（见各主题）	配制一定物质的量浓度的溶液；常见气体的实验室制取（如氢气、氯气）；硫酸亚铁的制备；化工生产模拟实验（如制硫酸、制硝酸）；物质成分的检验（如补铁剂中的铁元素）
主题2 常见的无机物及其应用	（1）铁及其化合物的性质 （2）不同价态含硫物质的转化 （3）用化学沉淀法去除粗盐中的杂质离子	胶体的丁达尔实验；电解质的电离；探究溶液中离子反应的实质及发生条件（测定电流或溶液电导率的变化）；氧化还原反应本质的探究；过氧化氢的氧化性、还原性的探究；金属钠的性质；碳酸钠与碳酸氢钠性质的比较；铁及其化合物的性质实验；氢氧化亚铁的制备；氯气的制备及性质；氯水的性质及成分探究；氨气的制备及性质；铵盐的性质；浓、稀硝酸的性质；氮氧化物的性质与转化；不同价态含硫物质的转化；某些含硫物质（如硫、二氧化硫、硫酸等）的性质；浓硫酸的性质；溶液中 Fe^{3+}、NH_4^+、CO_3^{2-}、Cl^-、SO_4^{2-} 等离子的检验；用化学沉淀法去除粗盐中的杂质离子
主题3 物质结构基础与化学反应规律	（1）同周期、同主族元素性质的递变 （2）化学反应速率的影响因素 （3）化学能转化成电能	自主设计制作元素周期表；焰色试验；探究反应的可逆性；几个常见反应（如镁、铝与盐酸反应；碳酸氢铵或碳酸氢钠与醋酸或柠檬酸反应）的热效应；设计制作简易即热饭盒；用生活中的材料制作简易电池；探究干电池的构成

续表

学习主题	学生必做实验	"学习活动建议"中的实验及探究活动
主题 4 简单的有机化合物及其应用	(1) 搭建球棍模型认识有机化合物分子结构的特点 (2) 乙醇、乙酸的主要性质	乙烯的化学性质;乙醇中碳、氢元素的检测;固体酒精的制备;乙酸乙酯的制备;淀粉水解产物中葡萄糖的检验;蛋白质的变性、显色实验;吸水性高分子材料与常规材料吸水能力的比较;不同塑料遇热软化的难易程度的比较
主题 5 化学与社会发展		实验室模拟海水提溴、镁;实验室模拟金属的冶炼;测定空气中二氧化硫等污染物的含量;补铁剂、抗酸性胃药中有效成分的检验;不同水果中维生素 C 含量的比较

表 1-2-3 选择性必修课程中的"学生必做实验"和"学习活动建议"中的实验及探究活动

模块	学习主题	学生必做实验	【教学提示】"学习活动建议"中的化学实验内容
化学反应原理	主题 1 化学反应与原理	(1) 简单的电镀实验 (2) 制作简单的燃料电池	双液电池的构成及其工作原理;制作一个简单的燃料电池;锌锰干电池的探究;电解氯化铜溶液;电解饱和食盐水;简单的电镀实验;吸氧腐蚀;暖贴的设计
	主题 2 化学反应的方向、限度和速率	探究影响化学平衡移动的因素	浓度对氯化铁与硫氰化钾反应平衡的影响;温度对二氧化氮-四氧化二氮平衡的影响;测定某化学反应的速率;浓度、温度对硫代硫酸钠溶液与稀硫酸反应速率的影响;探究影响硫酸酸化的草酸溶液与酸性高锰酸钾溶液反应速率的原因;温度对加酶洗衣粉的洗涤效果的影响
	主题 3 水溶液中的离子反应与平衡	(1) 强酸与强碱的中和滴定 (2) 盐类水解的应用	测定溶液 pH;强酸与强碱的中和滴定;探究促进或抑制氯化铁的水解;盐类水解的应用;沉淀的转化
物质结构与性质	主题 1 原子结构与元素的性质		利用自制分光镜或者光谱仪查看不同元素的原子光谱;利用计算机作图,描述原子序数与原子半径、第一电离能、电负性等数据的关系,认识原子结构与元素性质变化的关系;根据原子结构和元素性质的变化规律自主设计、绘制元素周期表
	主题 2 微粒间的相互作用与物质的性质	简单配合物的制备	"相似相溶"规则的实际应用;水、四氯化碳等分子极性的比较;简单配合物的制备,如银、铜、铁等金属离子所形成的配合物的制取与性质;制作典型的金属晶体、离子晶体结构模型;利用模型分析金刚石晶体与石墨晶体的结构特点,讨论两者性质的差异
	主题 3 研究物质结构的方法与价值		模拟利用 X 射线衍射研究物质微观结构的方法;借助物质熔、沸点变化与范德华力的关系探究影响范德华力的因素;探究发现氢键和建立氢键理论模型的过程;研究氢键对物质性质的影响;探究分子的价电子数目与空间结构的关系

模块	学习主题	学生必做实验	【教学提示】"学习活动建议"中的化学实验内容
有机化学基础	主题 1 有机化合物的组成与结构		用球棍模型搭建常见有机化合物的分子结构;多媒体软件展示有机化合物分子的空间结构和异构现象;以苯酚、苯和乙醇化学性质的比较为例,实验探究有机化合物分子中的基团与化学性质的关系,以及基团之间存在相互影响
	主题 2 烃及其衍生物的性质与应用	(1) 乙酸乙酯的制备与性质 (2) 有机化合物中常见官能团的检验	一组烃的性质(如乙炔的化学性质、甲苯与酸性高锰酸钾溶液的反应);一组烃的衍生物的性质(如醛基的性质与检验);苯的溴代或硝化反应;1-溴丁烷的取代和消去反应;乙醇的消去反应;乙酸乙酯的制备与性质;苯酚的化学性质及其检验;纤维素的水解;油脂的皂化反应与肥皂的洗涤作用;有机化合物(如阿司匹林的有效成分)中常见官能团的检验
	主题 3 生物大分子及合成高分子	糖类的性质	蔗糖的水解;葡萄糖的性质;酶的催化作用;聚乙烯、聚氯乙烯、聚苯乙烯的区分;聚苯乙烯的热分解;氨基酸的检验(与茚三酮的反应),蛋白质含量的检测(氨基与亚硝酸的反应);酚醛树脂的合成

由表 1-2-2 和表 1-2-3 可以看出,"高中课标",对化学必修课程和选择性必修课程都明确规定了"学生必做实验",必修课程和选择性必修课程各 9 个,共 18 个。"学习活动建议"中给出的化学实验内容丰富、具体,除了经典的化学学科实验,还给出了贴近生活实际的化学实验内容,并且强调设计、制作,如"设计制作简易即热饭盒""用生活中的材料制作简易电池""暖贴的设计"等,使化学实验更具有实践性、应用性、可操作性。这样的"学生必做实验"和"学习活动建议"对教科书的中实验内容的选择和编排以及教师的化学实验教学都有很好的引导和指向作用。

不仅如此,"高中课标"还设定了选修课程"系列 1 实验化学",系列 1 包括"基础实验""化学原理探究""化工生产过程模拟实验""STSE(科学・技术・社会・环境)综合实验"4 个主题。"高中课标"对每个主题有较为详细的内容建议,如其中的"主题 3:化工生产过程模拟实验",强调以真实的化工生产过程为研究对象,借助相关资料对化工生产的原理、流程进行复原和模拟。供参考的实验活动为:"纯碱的制备,氨氧化法制硝酸,铁、铜等金属冶炼的模拟,电解熔融盐制备金属,肥皂的制备,粮食酿酒,化妆品的制备,聚合物(如尼龙-66、酚醛树脂、胶水)的制备"。该课程"有助于学生更深刻地认识实验在化学科学中的地位和对化学学习的重要作用,掌握基本的化学实验方法和技能,进一步体验实验探究的基本过程,进一步发展学生解决综合实验问题的能力,对发展学生的化学学科核心素养有独特的价值"。

3) 学业要求和学业质量水平

(1) 学业要求。

"高中课标"不仅对学生必做实验做了规定,而且给出了具体的学业要求。例如,必修课程"主题 1:化学科学与实验探究"中与实验有关的学业要求是"能依据实验目的和假设,设计解决简单问题的实验方案,能对实验方案进行评价""能运用实验基本操作实施实验方案,具有安全意识和环保意识。能观察并如实记录实验现象和数据,进行分析和推理,得出合理的结论。能与同学合作交流,对实验过程和结果进行反思,说明假设、证据和结论之间的关系,用恰当形式表达和展示实验成果""能根据不同类型实验的特点,设计并实施实验。能预测物质的某些性质,并进行实验验证;能运用变量控制的方法初步探究反应规律;能根据物质性质的差异选择物质分离的实验方法;能根据物质的特征反应和干扰因素选取适当的检验试剂;能根据反应原理选取实验装置制取物质"。必修课程"主题2:常见的无机物及其应用"中与实验有关的学业要求是"能从物质类别、元素价态的角度,依据复分解反应和氧化还原反应原理,预测物质的化学性质和变化,设计实验进行初步验证,并能分析、解释有关实验现象""能利用典型代表物的性质和反应,设计常见物质制备、分离、提纯、检验等简单任务的方案"等。

（2）学业质量水平。

"高中课标"以学科核心素养及其表现水平为主要维度,结合课程内容,将学生的学业质量划分为不同水平。化学学业质量水平分为4级（前面的数字代表水平,后面的数字3表示该条目侧重对应"科学探究与创新意识"素养）,以下是与化学实验相关的学业质量水平:

1-3　能依据化学问题解决的需要,选择常见的实验仪器、装置和试剂,完成简单的物质性质、物质制备、物质检验等实验;能与同伴合作进行实验探究,如实观察、记录实验现象,能根据实验现象形成初步结论。

2-3　能通过实验探究物质的性质和变化规律,能提出有意义的实验探究问题,根据已有经验和资料作出预测和假设,能设计简单实验方案,能运用适当的方法控制反应条件并顺利完成实验;能收集和表述实验证据,基于实验事实得出结论。

3-3　能根据解决问题的需要提出实验探究课题;能设计实验方案探究物质和能量的转化、影响反应速率和化学平衡的因素、有机化合物的主要性质等;能选择合适的实验试剂和仪器装置,控制实验条件,安全、顺利地完成实验;能收集并用数据、图表等多种方式描述实验证据,能基于现象和数据进行分析推理得出合理结论。

4-3　能列举测定物质组成和结构的实验方法,能根据仪器分析的数据或图表推测简单物质的组成和结构;能在复杂的化学问题情境中提出有价值的实验探究课题,能设计有关物质转化、分离提纯、性质应用等的综合实验方案;能运用变量控制的方法探究并确定合适的反应条件,安全、顺利地完成实验;能用数据、图表、符号等描述实验证据并据此进行分析推理形成结论;能对实验方案、实验过程和实验结论进行评价,提出进一步探究的设想。

4）教学建议

"高中课标"在实施建议部分指出,要充分认识化学实验的独特价值,以实验为基础是化学学科的重要特征之一,化学实验对于全面发展学生的化学学科核心素养有着极为重要的作用。

在化学教学中,可从以下几方面发挥化学实验的教学功能:引导学生通过实验探究活动学习化学;重视通过典型的化学实验事实引导学生认识物质及其变化的本质和规律;利用化学实验史实引导学生了解化学概念、化学原理的形成和发展,认识实验在化学科学发展中的重要作用;引导学生综合运用所学的化学知识和技能,进行实验设计和实验操作,分析和解决与化学有关的实际问题。

"高中课标"强调,教师应认真组织学生完成本标准中要求的必做实验,重视培养学生物质的分离、提纯和检验等实验技能,树立安全意识,形成良好的实验室工作习惯。应根据学校实际情况合理地选择实验教学形式,有条件的学校尽可能多地为学生提供动手做实验的机会;条件有限的学校,可采取教师演示实验或利用替代品进行实验,鼓励实验的绿色化设计,开展微型实验;注重发挥现代信息技术的作用,积极探索现代信息技术与化学实验的深度融合,合理运用计算机模拟实验,但不能完全替代真实的化学实验。教师应依据"科学探究与创新意识"素养发展水平和学业质量标准,结合学生的认知发展特点,精心设计实验探究活动,有效地组织和实施实验探究教学,增进学生对科学探究的理解,发展科学探究能力。实验探究教学要讲求实效,不能为了探究而探究,应避免探究活动泛化、探究过程程式化和表面化;应把握好探究的水平,避免浅尝辄止或随意提升知识难度的做法;应避免实验探究过程中教师包办代替或对学生放任自流的现象。

三、教科书中实验内容的选择和编排

根据"高中课标"编写的中学化学教科书(2019 年版),实验内容在选材、设计、组织与呈现方面有以下特点。

1. 严格落实课标要求的"学生必做实验"

"高中课标"明确规定了"学生必做实验",这些实验对于培养学生的科学探究素养和实践能力具有重要意义和价值。各版本高中化学教科书对"高中课标"要求的"学生必做实验"都做了精心安排。

1) 鲁科版化学教科书中的"学生必做实验"的编排

山东科技出版社的化学教科书(简称鲁科版)对学生必做实验采取的是分散编排,即相关实验分散在各对应章节内容中,并加上"学生必做实验"的特殊标记。这种编排方式方便教师根据自己学校的实际情况灵活安排教学,或集中开展,或分散进行。

鲁科版化学必修教科书中的"学生必做实验"的编排见表 1-2-4。

表 1-2-4 鲁科版化学必修教科书中的"学生必做实验"的编排

册次	实验名称	章		节/页码
必修第一册	配制一定物质的量浓度的溶液	第 1 章	认识化学科学	第 3 节 化学中常用的物理量——物质的量/25
	食盐的精制	第 2 章	元素与物质世界	第 2 节 电解质的电离 离子反应/59
	亚铁盐和铁盐的性质	第 3 章	物质的性质与转化	第 1 节 铁的多样性/83
	补铁剂中铁元素价态的检验	第 3 章	物质的性质与转化	第 1 节 铁的多样性/88
	不同价态硫元素之间的转化	第 3 章	物质的性质与转化	第 2 节 硫的转化/96
必修第二册	第 3 周期元素原子得失电子能力的比较	第 1 章	原子结构 元素周期律	第 3 节 元素周期律的应用/20
	探究卤族元素性质的相似性和递变性	第 1 章	原子结构 元素周期律	第 3 节 元素周期律的应用/23
	设计一个简单的原电池	第 2 章	化学键 化学反应规律	第 2 节 化学反应与能量转化/51
	探究化学反应速率的影响因素	第 2 章	化学键 化学反应规律	第 3 节 化学反应的快慢和限度/57
	搭建有机化合物分子的球棍模型	第 3 章	简单的有机化合物	第 1 节 认识有机化合物/79
	探究乙醇的化学性质	第 3 章	简单的有机化合物	第 3 节 饮食中的有机化合物/104
	探究乙酸的化学性质	第 3 章	简单的有机化合物	第 3 节 饮食中的有机化合物/107

鲁科版化学教科书将"学生必做实验"放在"活动·探究"栏目中呈现,且对个别必做实验内容进行了细化,如将"铁及其化合物的性质"的实验细化成"铁盐和亚铁盐的性质"和"补铁剂中铁元素价态的检验"两个实验,这样实验数目有所增加。必做实验包含"实验目的""实验用品""实验方案设计及实施"和"思考",还有"方法导引""安全提示"等配套内容。

【案例1】鲁科版化学必修第一册"第1章　认识化学科学　第3节　化学中常用的物理量——物质的量"的"三、物质的量浓度"中编排了"配制一定物质的量浓度的溶液"这一学生必做实验。

2)苏教版化学教科书中的"学生必做实验"的编排

江苏教育出版社的化学教科书(简称苏教版)对学生必做实验采取的也是分散编排＋特殊标记。苏教版在开篇"写给同学们的话"中指明"基础实验"是"要求同学们在学习中同步完成的必做实验,不仅要了解这些实验的基本原理,还要学会动手操作,切实提高自己观察、记录和分析实验现象的能力"。以"基础实验"栏目编排的"学生必做实验"分散在各对应专题的单元内容中,并加上特殊标记,实验条目与"高中课标"中要求的必做实验基本相同。

【案例2】苏教版化学必修第一册"专题3　从海水中获得的化学物质　第3单元　海洋化学资源的综合利用"的"粗盐提纯"中编排了学生必做实验"粗盐中杂质离子的去除"。

3)人教版化学教科书中的"学生必做实验"的编排

人民教育出版社的化学教科书(简称人教版)中的"学生必做实验"相对独立,必修课程总共9个"学生必做实验"(实验名称和数目都和课标的规定相同),且均以"实验活动"栏目的形式放在相应章节的末尾,实验活动独立编号,每个"实验活动"包含"实验目的""实验用品""实验步骤""问题和讨论"几个方面,比较具体,便于实施。

【案例3】人教版化学必修第一册"第三章　铁　金属材料"中编排了"实验活动2　铁及其化合物的性质"。

以上案例是各版本化学必修教科书中学生必做实验的编排示例。"高中课标"对选择性必修课程的"学生必做实验"也做了规定,这些实验在各版本化学选择性必修教科书中也得到了充分落实。

2. 精心编排课标"学习活动建议"中给出的化学实验

如前所述,"高中课标"不仅对学生必做实验做了规定,还在各主题【教学提示】的"学习活动建议"中给出了很多化学实验,各版本教科书对这些实验也做了精心设计与编排,充分体现实验的诸多功能:通过实验为学生提供生动、真实的学习情境,促进学生对知识的理解和建构;使学生经历科学实验的一般过程,体验科学探究过程;强化学生实验安全意识,形成绿色化学的观念;让学生认识实验在化学学科发展中的重要作用,引导学生认识科学本质,培养学生严谨求实、勇于实践的科学态度,培养科学精神等。

1)利用实验提供生动、真实的学习情境,促进学生对知识的理解和建构

【案例4】人教版化学必修第一册"第一章　物质及其变化　第二节　离子反应"增加了"实验1-2　试验物质的导电性"。

在旧版教科书中,只是说在初中曾观察过酸、碱、盐在水溶液中导电的实验现象,并说"如果将氯化钠、硝酸钾、氢氧化钠等固体加热至熔化,它们也能导电",然后直接给出了电解质及电离的定义。新版教科书结合生活常识"给电器通电时,湿手操作易发生触电事故"创设情

境,引发思考,然后通过以上"实验1-2"呈现事实,提供证据。此实验表明:干燥的 NaCl、KNO₃ 固体,蒸馏水都不导电(此处加了脚注"严格地说,蒸馏水也能导电,只是导电能力非常弱,用上述实验装置不能测出"),但是 NaCl 溶液、KNO₃ 溶液都能够导电,实验现象直观、明显,再结合初中做过的物质导电性实验,以及 NaCl、KNO₃、NaOH 等固体熔化时也能导电的现象,便于学生构建电解质这一相对比较抽象的概念,也促使学生理解宏观现象背后的微观本质,为之后电离概念的建立提供了证据支持。

2) 让学生参与设计实验方案、开展实验探究等活动,体验科学探究过程

【案例5】 鲁科版化学必修第一册"第二章 元素与物质世界 第三节 氧化剂和还原剂""三、氧化还原反应的应用"中设置了[活动·探究]"探究物质的氧化性或还原性"。

此[活动·探究]选取学生比较熟悉的物质过氧化氢为研究对象,给学生几种常见的试剂和仪器等实验用品,并给出"方法导引"——研究物质氧化性或还原性的思路,让学生设计实验方案并完成实验,整个过程有一定的开放度,在教学中可以发挥此类实验的多重价值。首先,这样的实验活动能让学生理解其中所包含的氧化还原反应知识,并认识化学概念理论(此前学习的氧化还原反应知识)对实践(实验方案的设计)的指导作用;其次,可以让学生体会该过程体现的科学实验的一般思路,认识科学探究过程包含发现并提出问题、提出假设、设计实验、通过实验进行验证、实验条件控制、收集证据、得出结论等环节;最后,该实验过程可以让学生认识到像过氧化氢这样既有氧化性又有还原性(内因)的物质,何时体现氧化性或还原性,取决于它遇到的物质所具备的性质,遇到的物质氧化性更强(外因),它显还原性,反之则显氧化性。这样从内因与外因结合的视角考察、设计化学反应,认识物质的变化是有条件的(核心观念),使知识技能的获得、方法策略的掌握与核心观念的形成有机地统一起来。

3) 增加有关实验安全和绿色化学的内容,有助于强化学生实验安全意识,形成绿色化学的观念

与旧版教科书相比,各版本新教科书均增加了有关实验安全和绿色化学的内容。

【案例6】 苏教版化学必修第一册中增加了"实验安全与基本规范"的内容:

良好的安全防护意识和必要的实验安全措施是进行化学实验的前提。同学们在进入实验室之前,应做好预习和实验准备,熟悉实验所需的药品,掌握仪器、药品安全使用的要领,取用前须仔细核对所需药品与试剂瓶上的标签是否一致。仔细阅读使用说明,严格按规范操作。

在实验过程中集中注意力,规范操作,仔细观察实验现象,如实记录,认真处理实验数据,分析实验结果,写好实验报告。同组实验的同学之间要分工协作,共同完成实验任务。遇到突发状况时,应沉着冷静,采取正确的处理方法,并及时报告老师。

在实验中应注意环境保护,减少实验排出的废气、废液和固体废物对环境的影响。实验后应将药品和所用仪器收拾干净,保持实验室整洁卫生。

同时给出了"常见危险化学品的分类标识"。

【案例7】 鲁科版化学教科书中对存在安全隐患的实验均增加了"安全提示"。例如,在必修第一册"观察金属钠及金属钠与水反应的现象"中有[安全提示]"金属钠与皮肤接触会腐蚀皮肤,千万不要用手直接接触金属钠!"

人教版化学必修第一册第一章第一节中有"与实验有关的图标及说明"的[提示],包括"护目镜、洗手、用电、排风、热烫、明火、锐器",这些均与实验安全密切相关,同时增加了两个附录,即"附录Ⅰ 实验室突发事件的应对措施和常见废弃物的处理方法"和"附录Ⅱ 一些

化学品使用标识"。可见,各版本新教科书都十分强调实验安全。

绿色化学又称环境无害化学、环境友好化学、清洁化学,倡导用化学技术和方法减少或停止对人类健康、社区安全、生态环境有害的原料、催化剂、溶剂和试剂以及生产过程中的产物、副产物等的使用和产生。绿色化学的核心内容是原子经济性和"5R"原则。原子经济性指充分利用反应物中的各个原子,既充分利用资源又防止污染。"5R"原则包括:reduction,减量使用原料,减少实验废弃物的产生和排放;reuse,循环使用,重复使用;recycling,资源的回收利用;regeneration,变废为宝,资源和能源再利用;rejection,拒用有毒有害品。"绿色"是环境意识的革命,"绿色化学"则是化学学科的又一次飞跃。中学化学教科书一方面在化学实验内容的选择、设计和呈现体现绿色化,如关于一些有毒气体如氯气的性质实验提示要在通风条件下(如在通风橱中)进行;另一方面,在实验过程中通过有效的措施使化学实验对实验场所和环境的污染降低,如铜片与浓硫酸反应增加对生成物二氧化硫气体的收集装置等。以上有关实验安全和绿色化学的内容有助于强化学生实验安全意识,形成绿色化学的观念。

4) 利用化学实验史实引导学生认识实验在化学科学发展中的重要作用

教科书中安排了多个包含化学实验史实的"科学史话""交流·研讨",这些实验史实能让学生了解在化学发展的历史进程中化学家是如何研究物质及其转化的,化学概念、化学原理是如何形成和发展的,化学是如何造福人类的。

苏教版化学必修第一册中编排了多个"科学史话",以下是其中2例。

【案例8】"专题1 物质的分类与计量 第1单元 物质及其反应的分类"中设置了[科学史话]"人类首次将无机化合物转化为有机化合物"。

【案例9】"专题2 研究物质的基本方法 第1单元 研究物质的实验方法"中设置了[科学史话]"屠呦呦提取青蒿素的研究"。

鲁科版化学必修第一册第1章重点介绍了屠呦呦的成就和"青蒿素的发现、研究与应用"过程。

【案例10】鲁科版化学必修第一册"第一章 认识化学科学 第一节 走进化学科学二、化学学科的特征"中编排了"青蒿素的发现、研究与应用之旅",并安排了以下交流研讨的问题:

1. 对屠呦呦启发很大的古代药方中使用了怎样的药物提取方法?这种提取方法与屠呦呦创造性采用的提取方法有何异同?青蒿素的提取利用了物质的哪些性质?屠呦呦工作的主要创新点表现在哪些方面?

2. 对青蒿素的相关研究经历了怎样的过程?这对于你了解化学科学的研究内容和重要特征有哪些启示?

3. 通过了解青蒿素的发现、研究与应用过程,你对科学家的科学态度和社会责任产生了哪些新的认识?

苏教版化学必修第一册"科学史话"除以上2例外,还有"戴维用电解法发现新元素""侯氏制碱法"等。人教版化学必修第一册有关"钠及其化合物"的内容中编排了[科学史话]"侯德榜和侯氏制碱法"以及[研究与实践]"了解纯碱的生产历史"。

可见,不同版本教科书都选取了意义重大的化学史实,这些史实描述了科学家的相关实验研究过程和科学家分析解决问题的思路方法。例如,"提取青蒿素的研究",其中包含了基本的实验方法,也蕴含着物质分离提纯的思想方法,同时折射出科研人员对科学研究的专注、执着和恒心、奉献精神、团结合作和创新精神。这些史实能让学生认识实验在化学科学发展中的重要作用,激发学生化学学习的兴趣;也能帮助学生从科学家的角度去思考问题,培养学生严谨求实、勇于实践的科学态度;让学生体会化学在促进人类文明发展中发挥的巨大作用,同时感受中外科学家的创新精神,体会科学事业的特征,培养社会责任感。

第三节　中学化学实验教学的要求

实验是化学的灵魂,是学习化学知识的主要源泉,更是培养和发展学生各种能力和提高化学教学质量的重要方法和手段。俗话说:"百闻不如一见,百见不如一做。"生动有趣的化学实验,不仅能揭示物质变化的本质,还能激发学生对化学学习的兴趣与爱好,培养其探索精神。用实验的方法学习化学,既符合化学的学科特点,也满足学生的认知需求,是化学教学的重要途径之一,更是化学教学不可或缺的组成部分。因此,中学化学教师需要熟知化学实验教学的特点与要求、优化中学化学演示实验、提高化学实验教学的效果与效率,从而帮助学生掌握化学基础知识与基本技能、体验实验探究的过程与方法、认识实验在化学科学研究和化学学习中的重要作用、养成实践中反思的意识,这对于中学化学教学具有极其重要的现实意义。

一、中学化学实验教学的特点

化学实验教学内容及其学习对象(中学生)是化学实验教学系统的两个主要构成要素。根据中学化学学习目标而开展的化学实验教学内容设置旨在从"少而精"达到"博而通",而中学生的生理发展和心理发展决定了大部分学生处于"具体思维"到"形式化思维"的过渡阶段。因此,中学化学实验教学的内容设置体现出以下几个特点。

1. 基础性与时代性

中学化学实验教学在实验目标、实验内容和实验手段三个方面都体现了基础性与时代性的结合。从实验目标看,中学化学实验教学不仅注重传统的基础知识与基本技能,还关注学生的化学实验素养的培养,遵循新课程改革所倡导的理念与要求;从实验内容看,中学化学实验教学不仅涉及化学史中曾经出现的经典化学实验,还增加了与学生生活、社会生产等密切相关的实验内容;从实验手段看,以玻璃器皿与加热装置等为标志的"瓶瓶罐罐"所代表的传统化学实验手段仍是中学化学实验的主要手段,同时引入了以传感器等为标志的"数字化实验"和密切联系科技发展前沿的一些大型仪器所代表的现代化实验设备。可见,中学化学实验教学改革在夯实基础的同时,也在逐步迈向"现代化"。

2. 科学性与探究性

作为研究泛分子(包括分子及类分子)的科学,"宏观描述-微观解释-符号表征"(常称为"化学三角形"或"三重表征")是化学学科的重要特征。其中"宏观描述"即"通过宏观看现象",这个过程就离不开实验。可以说,化学是一门实验性的科学,而实验是实现"宏观-微观-符号"三者之间联系与转换的基础和保证。化学实验是化学科学发展的关键,不但为化学科学中概念和假说的形成提供基础材料,为化学科学的形成和发展提供科学事实,而且可以检验科学假说,否定错误的假说,支持和完善科学理论。可以说,化学实验是化学科学发展的必要手段,更是化学科学的重要组成部分,科学性是其重要特征之一。尽管对理论推导或科学假设的验证通常都由化学实验来完成,但是人们还必须承认化学实验所得出的结论都具有不同程度的不确定性(探究性),而且把这种认识视为科学素养的重要内涵。发现实验结论或科学理论的不确定性,并设法减少或去除不确定性的探究性思维和实践,是化学实验活动的核心内容,也是化学实验的魅力所在。

3. 应用性与趣味性

化学是一门应用性和实践性很强的科学,它与人类的生产、生活实际紧密联系。化学课程标准强化了实验的应用性,将化学实验与日常生产、生活实际紧密联系起来,让学生从身边熟悉的事物入手,对化学实验产生浓厚的兴趣,并积极参加化学实验,从中获益提高。因此,实验教学也要强化应用性,如污水中化学需氧量(COD)的测定以及污水的处理实验,目的是让学生了解化学在工业生产、生活中的应用,提高他们对化学的学习热情。同时,化学实验以其奇妙无穷的变化、多姿多彩的现象吸引着学生,激发起学生浓厚的学习兴趣。在中学化学实验教学中,选择一些富有情趣的化学实验,不仅能激发学生的学习兴趣,还可以推动学生愉快主动地学习,寓教于乐,让学生克服畏难情绪,促进化学教学,提高化学教学质量。

4. 跨学科性与情境性

《义务教育化学课程标准(2022年版)》在"学生必做实验及实践活动"中新增了10个跨学科实践活动,并明确规定跨学科实践活动所用课时不少于本学科总课时的10%,旨在实现化学课程的综合育人、实践育人功能。这些跨学科实践活动所涉及的实验具有明显的跨学科性,整合了化学、物理、生物、数学、工程、技术等多学科知识和方法,需要学生综合运用知识解决问题。这些实验还具有明显的情境性,均考虑了情境中的特定场景、特定需求,如"基于特定需求设计和制作简易供氧器"要求根据登山吸氧、病人吸氧等不同情境,运用气体制备、除杂、收集等化学知识和流量流速、气密性、人体工程学等其他学科知识综合性地解决问题,这是对学生必做实验的拓展与提升。

二、中学化学实验教学的一般要求

中学化学实验教学的方式有多种,如教师演示实验、师生共同实验、学生分组实验等。无论哪一种形式都需要遵循化学实验教学的一般要求。

1. 明确目的、做好准备

化学实验都蕴含着丰富的原理。在进行化学实验教学时,应该和化学知识教学一样,明确实验目的,体现化学实验所承载的多元的教学功能。因此,为了达到实验所要求的目标,无论哪种类型的实验,在实验开始之前都要进行精心的准备。首先要明确实验目的、实验方法和原理。例如,在做银镜反应时,要明确葡萄糖与银氨溶液反应的实质是氧化还原反应,了解具体的实验步骤,实验中需要注意的事项,以保证实验能够正常有序地进行。其次,要明确所需仪器及规格、药品种类和用量。例如,在配制一定体积的某一物质的量浓度的溶液时,要计算所需要的药品的质量,并准备好与所要求体积一致容量的容量瓶。最后,要明确反应条件和反应速率。化学反应总是在一定的条件下进行的,温度、压强、浓度、催化剂等都会影响反应的进行。例如,在做一氧化碳还原氧化铁这个实验时,温度要达到600℃以上才能保证还原产物中有铁生成,因此要选择酒精喷灯(或煤气灯)而不是酒精灯。最后,要明确反应中可能出现的问题,做到实验时心中有数,避免出现意外。例如,在做浓硫酸的稀释实验前,要知道若浓硫酸不小心溅到眼睛里或皮肤上时的解决办法。这些都是实验教学最基本的要求,但却是实验成功的基础与保障。

2. 规范操作、注意安全

化学实验教学具有直观性和实践性。因此,在实验教学时必须突出规范性。首先,实验装置必须规范化。例如,在进行固体加热的实验时,试管口必须稍向下倾斜;灼烧时要用坩埚而不用蒸发皿。其次,操作程序必须规范化。例如,在做氢气还原氧化铜的实验时,加热前要先通氢气,实验结束后先停止加热,一段时间后再停止通氢气,防止生成物被氧化;氢气具有可燃性,在点燃之前需要验纯等。最后,药品用量、反应条件的控制要严格规范化。例如,在做氯气制取的实验时,所用的盐酸必须为浓盐酸;金属除杂时必须控制好溶液的 pH 等。义务教育化学课程中提出化学实验应高度关注安全问题,规范化是保证实验安全和成功的重要手段。

3. 注意观察、培养能力

化学是一门以实验为手段来研究物质及其变化的科学。学生学习化学,是以观察物质及其变化为特征的。所以,在中学化学教学中,培养和发展学生的观察能力显得尤为重要。观察实验现象有以下几个重要步骤:提供观察条件;制订观察计划;明确观察目的;掌握观察方法;观察和思考结合。例如,在进行酸碱中和滴定实验时,要时刻注意观察锥形瓶中溶液的颜色变化,以判断反应的终点。又如,在进行过氧化氢分解制备氧气的实验过程中,可以通过产生气泡的数量变化来记录反应速率的变化;同时要引导学生观察实验过程中温度的变化及观察温度变化的方式。

4. 重视总结、注重反思

要达到实验预期的目的,关键在于对观察实验现象所得到的感性材料进行加工,经过分析和综合,作出推理和判断,从而能够较为深刻地解释和理解实验过程中获得的数据。首先,要学会整理,即把实验过程中记录的实验现象或数据中最实质性的东西提炼出来并系统化。例如,在进行钠与水反应的实验时,引导学生总结"浮、熔、游、响、红"的实验现象,可为下一步分析原因做准备。其次,要学会归纳和推理,有时候可能无法从现象或实验数据直接得出实验结论,这时就需要运用所学知识进行进一步的推理和思考,方可得出结论并形成化学概念或理论。例如,对钠与水反应时所产生的这些现象的解释。另外,化学实验过程中往往含有很多不确定性,可能会出现一些意想不到的现象。对这些生成性的数据资料进行及时的总结和反思也显得极为重要。

三、教师演示实验的基本特点和要求

教师演示实验是指配合化学课堂的教学内容,由教师示范操作或个别学生做演示,而其他学生观察思考的一种实验形式。此类实验操作简便、现象明显,具有很强的直观性和示范性。演示实验是中学化学课堂教学中最生动、最有效的直观教学,也是应用最广泛的一种教学手段,是学生学习化学的重要手段,也往往是学生对相关化学知识的第一次感知。演示实验不仅有利于帮助学生形成正确的化学概念和化学理论,解释和巩固化学知识,更重要的是可以培养学生积极的探究心理,是一种基本的科学教育方法。

演示实验往往出现在新授课教学过程中,其适用的范围主要包括:验证重要的化学原理和化学概念的实验;装置复杂、操作要求高,不适宜学生操作的实验;有一定毒性或者学生操作存在风险的实验;实验试剂需要量较大的实验等。随着科技的进步和化学教育工作者的不断创新与实践,很多原有实验的仪器和装置已经得到了简化和改进,所开发的微型实验更是降低了毒性与污染、达到节约试剂和绿色安全环保的效果。因此,现代中学化学演示实验的目的更多地关注于通过课堂实时实验、讲解和讨论等过程,帮助学生树立对相关知识鲜明而深刻的印象,培养学生学习化学的兴趣和信心,并提升学生的高阶思维水平。加强中学化学演示实验的教学策略研究是提高课堂教学效益的有效方法之一,尤其在进行抽象理论、微观知识的教学时,化学教师充分利用各种资源开发演示实验,可以达到事半功倍的效果。

1. 注意开发,微观知识直观化

考虑到中学生对于知识的理解水平还处于由具体知识向抽象知识转化的时期,对于一些微观抽象概念的理解需要具体的实验过程作为辅助,教师可以根据实际需要开发直观可视的演示实验,促进学生对于微观知识的理解。

例如,为了帮助学生理解"相同条件下为何 1mol 不同的固体和液体的体积不同,而 1mol 不同的气体体积却大致相同"这一抽象的知识点,教师可以采用干冰气化的演示实验。实验时将干冰敲碎,用量杯粗略地量取一定体积的干冰置于热水中,迅速用塑料袋罩在烧杯上,学生立即能观察到干冰转变成气体时体积的巨大变化。又如,为了帮助学生将沉淀溶解平衡的知识和已有的化学平衡、电解质电离平衡、盐类水解平衡知识之间构建联系,可以设计由 $Mg(OH)_2$ 固体出发的一系列实验(图 1-3-1)。首先,$Mg(OH)_2$ 固体加水溶解后的溶液滴加酚酞变浅红,证明 $Mg(OH)_2$ 有微量溶解,引出沉淀溶解平衡及 $K_{sp}^{\ominus}$;其次,已知酚酞的变色范围为 pH=8~10,可以对 $Mg(OH)_2$ 饱和溶液的离子浓度进行简单计算;最后,将待测溶液分成四份进行如图 1-3-1 所示的四个实验,根据实验现象讨论温度、相关离子和固体对平衡移动的影响。通过这一系列的演示实验,学生自然会将之前所学习的平衡知识迁移过来帮助理解沉淀溶解平衡的相关知识,在此基础上进行难溶电解质相互转化的教学,从而降低学生学习的难度。

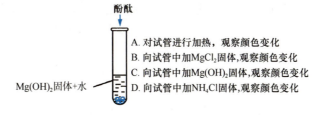

图 1-3-1　$Mg(OH)_2$ 固体的系列实验

2. 采取对比,注重前后联系

教师可以巧妙地将演示实验穿插到逻辑授课过程中,通过对比实验,加深学生对新知识的理解,并帮助学生在新、旧知识之间搭起桥梁。

以"物质的分散系"这一部分的教学过程为例,如果只是向学生单一地呈现$Fe(OH)_3$胶体,由于学生对其性质并不熟悉,即便在观察胶体和溶液的简单对比现象后,学生对胶体的认识还是不够深入。因此,在教学中可以设计下列三组对比实验,让学生对于这三类不同的液体(图 1-3-2)进行直观的比较。

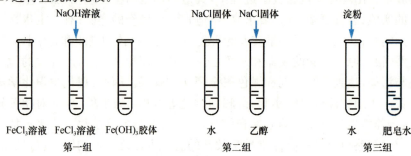

NaOH溶液　　NaCl固体　NaCl固体　　淀粉

$FeCl_3$溶液　$FeCl_3$溶液　$Fe(OH)_3$胶体　　水　　乙醇　　　水　　肥皂水
第一组　　　　　　　　第二组　　　　　　第三组

图 1-3-2　浊液、胶体、溶液的对比实验示意图

第一组对比实验可以明显观察到浊液和胶体、溶液之间的区别。实验操作时,可以将氢氧化铁胶体(在沸水中滴加氯化铁溶液)的颜色、氯化铁溶液的颜色、氢氧化铁沉淀(在氯化铁溶液中滴加过量的氢氧化钠溶液)的颜色进行对比,从颜色变化的角度直观比较出分散质颗粒聚合度的不同,进而通过丁达尔效应等性质验证,让学生感受到因为微观体系中微粒大小的变化所引发的宏观体系性质的变化。第二组实验设计的前提在于学生对氯化钠溶液非常熟悉,而当氯化钠溶于乙醇时形成了胶体,学生会自然联想到由于溶剂的变化导致溶质聚合程度的不同。第三组实验设计的目的在于让学生联系生活实际,认识到生活中常见的胶体。在上述讨论基础上,还可以引导学生发现浊液、胶体、溶液这三者之间的关系并不是割裂的,而是可以相互转化的。例如,从氯化钠溶液和硝酸银溶液反应生成氯化银沉淀出发,在操作过程中不断稀释氯化钠溶液,可以发现当氯离子浓度足够低时可以和硝酸银溶液反应形成氯化银胶体,实现由浊液向胶体的转化。可以发现,在整个教学过程中演示对比实验的引入可以活跃课堂氛围,调动学生讨论的积极性。在新、旧知识发生联系和比较的过程中,学生对新知识的掌握也可以由感性的实验观察上升到理性的理论解释。

3. 改进方案,发挥主观能动性

演示实验的成功与否,还需要发挥教师的主观能动性和创造性。教师可以在原有实验的基础上进行"二次加工",使得反应现象更明显、反应途径更灵敏、反应过程更环保。

钠

乙醇与四氯化碳

图 1-3-3　无水乙醇与金属钠反应的
改进装置示意图

例如,无水乙醇和金属钠的反应,按照教材提供的方案,在实际操作中钠的用量不易掌握,不利于课堂演示。若改为微型演示实验,则可以使实验效果和安全性都得到提高。用一次性注射器作为反应容器,可以储存产生的氢气并易于检测。另外,也可以从改进实验过程的角度出发,具体操作如图 1-3-3 所示。由于钠的密度比乙醇大,在 U 形管中钠会沉到底部,使部分气体向左侧逃逸,不利于气体的收集;当加入适量 CCl_4 提高液体的密度后,钠浮于右侧液面上,收集的气体相对集中,利于检测。

此外,一些课程标准未提及但对学生理解化学反应过程有利的实验,教师可以创造条件设计相应的实验方案。例如,在讨论硝酸的不稳定性时,可以设计如图1-3-4所示的实验方案,以充分考虑控制硝酸的挥发和实验温度。先点燃酒精灯1,加热浓硝酸溶液使其沸腾,当看到长导管下端有液体回流后,点燃酒精灯2加热试管中部,使回流的硝酸(以及硝酸蒸气)受热,加热半分钟左右即可看到大量红棕色气体充满试管。通过该实验可以验证反应方程式:$4HNO_3 \xlongequal{\triangle} 4NO_2\uparrow + O_2\uparrow + 2H_2O$。

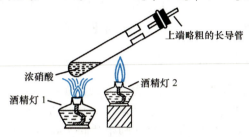

图 1-3-4　验证硝酸的不稳定性装置示意图

对于教材中所涉及的可供选择的演示实验,教师也应该进行充分的准备,明确并改进相应的实验条件,确保演示实验的成功。例如,教材中关于电镀铜的实验操作中包括"在溶液中加入一些氨水,制成铜氨溶液"。教师应该积极思考以下几个问题:第一,可否不用氨水,直接在 $CuSO_4$ 溶液中电镀 Cu;第二,对于一定量的 $CuSO_4$ 溶液,需要加多少氨水才合适;第三,实验装置需改进,不必刻意指明要用大烧杯盛放 $CuSO_4$ 溶液;第四,有无必要把这个实验安排成学生分组实验或边讲边实验。

经过仔细思考以及查阅资料后发现:在一定量的 $CuSO_4$ 溶液中逐滴加入氨水,再浸入光亮铁片测试,加入氨水的量以在数分钟之内不见铁片上有 Cu 置换出来为度。一般说来,Fe 可以置换 $CuSO_4$ 溶液中的 Cu,但不能置换铜氨溶液中的 Cu。演示实验装置如图1-3-5所示,试管内装 1/3 试管体积的铜氨溶液,把一根两端都剥去胶皮的 Cu 导线的一端与干电池的正极(碳棒)相连,另一端浸入试管内铜氨溶液液面下作阳极,电镀槽的阴极挂一个待镀的铁螺钉,用导线与电池的负极(Zn 壳)相连。接通电源不到1min,铁螺钉表面即有光亮的紫红色的 Cu 镀层。

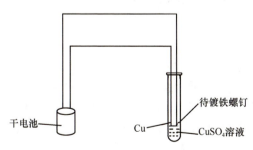

图 1-3-5　电镀铜演示实验示意图

4. 规范操作,演示与讲解相结合

学生通过观察和模仿演示实验过程中教师的行为动作,初步学会仪器使用、药品取用和实验的正确规范操作等基本技能。因此,要求实验者在演示实验的设计和随堂展示的过程

中,做到现象准确鲜明、便于观察;装置美观整洁、重点突出;操作规范严格、速度适中。如果遇到因条件限制和客观原因而必须简化的不规范步骤,也要在演示实验过程中进行必要的说明。

除技术层面的操作要求外,教师在演示实验的过程中还必须将演示动作与讲解、讲授密切结合起来,引导学生将观察和感觉转化为积极的思维活动。演示实验不能脱离课堂,更不能为了实验而实验;实验的目的是让学生更好地理解知识、培养学生的科学探究能力。教师的作用就是在学生和化学学科知识、化学实验之间建构起一座理解与沟通的桥梁。

四、师生共同实验的基本特点和要求

国家新一轮基础教育课程改革提出,教育要实现两个根本转变,即实现教师教学方式和学生学习方式的根本转变,也就是师生角色的转变。体现在实验教学中,师生角色转变表现为更多地鼓励学生自己动手去做实验,鼓励在师生共同实验中突出学生的主体地位。师生共同实验(又称边讲边实验、并进实验)是指在教学过程中先由教师讲授,然后学生根据课堂讲授内容再分组进行实验的实验方式。与演示实验相比,这种实验拉近了学生与实验的距离,零距离的观察会使学生对实验现象有更强烈的感受,获取更加清晰的实验现象,有利于培养学生的基本操作能力。

师生共同实验的实验教学方式有助于学生对化学知识的学习和理解,也有助于学生实验技能的提高,还使得一些被认为是无所谓或被忽略的常规操作得到及时纠正。通过适当的提问,教师引导学生在解决问题的过程中进一步深化所学的知识,进而提高观察问题、分析问题和解决问题的能力。从实验内容的角度,师生共同实验通常适用于那些与化学基础知识有密切联系,又能培养学生基本实验技能的实验;或者是那些适合学生水平、操作较为简单、学生能独立完成并易获得正确现象的实验。这种实验模式多用于教授新课,在复习课上为了加深化学概念的理解,也能适当采用。

师生共同实验有利于促进学生对课堂知识的掌握。同时,为了促进学生的独立思考和实践能力,教师在实际教学过程中可创设适合的学习情境并鼓励学生间的合作与交流,可尝试改进相关的演示实验以提升课堂的参与度并活跃课堂气氛,可通过引入手持技术等现代化实验手段以提高学习效率并促进学生高阶思维的形成。

1. 创设情境,促进交流

教师在学生做实验的过程中要因势利导,鼓励学生相互交流,引导学生针对实验中遇到的问题展开讨论与争辩,对相关资源和信息进行加工与整合,帮助学生逐渐形成团队合作的愿望与意识。教师还应该为学生创设合作交流的氛围,鼓励学生在组内发表自己的见解,并认真倾听其他同学的踊跃发言,展开思维的碰撞和争锋,对不同的观点进行修正、补充和磋商,积极吸纳同组学生的合理创新见解。

2. 改进演示,鼓励参与

师生共同实验的实验教学方式是演示实验教学改革的趋势。在实验教学过程中,教师可以根据实际情况,将一些没有危险又不容易观察清楚的演示实验设计为师生共同实验。对于许多演示实验,坐在后排的同学看不清楚,这时教师可选择师生共同实验的方法来完成教学

任务。例如,在演示"氢氧化亚铁的制备"实验时,开始生成的白色絮状沉淀会迅速氧化生成红褐色的氢氧化铁沉淀。若将该实验在试管中演示,学生通常无法观察到白色的氢氧化亚铁沉淀。因此,可以将该演示实验改为师生共同实验。教师可以将学生自然分组,由三到五个学生作为一个实验小组共同观察,以确保每个学生对实验现象都看得非常清楚,这比仅由教师做演示实验的效果自然就好得多。

又如,探究燃烧的条件时,有的演示实验是将铜片上的红磷和白磷直接暴露在空气中燃烧,所产生的有毒的五氧化二磷白烟会逸散到空气中而造成环境污染。为了体现"绿色化学"的理念,可将该实验转化为微型实验,在此基础上可以让教师边讲学生边做实验。实验装置如图 1-3-6 所示,使用不同注射器抽取相同体积的氧气后,通过改变漏斗与注射器之间形成的密封环境的温度、含氧量等条件,探究白磷的燃烧所需要的条件。当通入氧气以及在烧杯中加入生石灰时,热水中的白磷燃烧,但燃烧产生的五氧化二磷白烟会被水吸收,可避免白烟扩散所造成的对环境的污染。

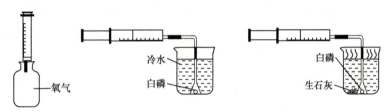

图 1-3-6　探究燃烧条件的微型实验示意图

3. 引入新技术,提高效率

手持技术是将传感器、数据采集器与计算机三者进行连接,把温度、色度等连续变化的物理量转化为电信号,从而对化学实验进行定量研究的装置。将手持技术传感器引入中学化学实验课堂中,能有效地解决原有测量手段和工具在准确性、便捷性、实时性方面的缺陷。将手持技术与化学实验融合在一起,可以创设一种科学探究的实验环境,能够满足学生自主探究合作学习的氛围,培养学生的问题意识和独立思考意识,在实际应用中培养创新思维,从而在一定程度上弥补了师生共同实验的缺陷。

中学化学实验中,常用的传感器有温度传感器、pH 传感器、色度传感器、压力传感器等。传感器可将传统的化学实验现象转化成可视的、直观的、同步的数字或图像,从而促进学生对化学实验现象和本质原理有更深入的认识和理解,同时也可以提高化学教师对现代化科学技术的运用技能以及教师的专业化素养。对于初中化学"人体吸入气体和呼出气体的差异"这一实验,教材是借助燃着的木条、澄清石灰水和对着玻璃片哈气这 3 个方法收集现象证据开展定性探究。为了定量直观地呈现吸入气体与呼出气体的差异,可以应用手持技术数字化实验开展定量探究,借助氧气传感器、二氧化碳传感器、相对湿度传感器检测人体吸入和呼出气体中氧气、二氧化碳和水蒸气含量的差异,从而获取准确的数据,促进学生证据推理素养的发展。又如,在氢氧化亚铁的保存与制备过程中,为了证明溶液中溶解氧与氢氧化亚铁的反应过程,可以使用溶解氧传感器对整个反应体系的溶解氧浓度进行实时检测。

4. 组合教学行为,改善效果

化学实验的教学效果在很大程度上取决于教师采取怎样的行为来教和学生采取怎样的行为来学。教学行为既包括教师教的行为,也包括学生学的行为,两种行为互相依存、同生共振。从系统论的角度看,教学行为组合就是由教的行为和学的行为按照一定方式交叉排列而形成的具有不同结构和功能的序列。在化学常态课教学中,对于同样的实验内容,专家和新手教师可能会采取不同的引发行为,由此导致不同的教学行为组合。

已有的研究显示,在实验的内容上,新手教师以显性的方式强调实验目的,集中于结果性目标,实验教学过程的封闭性和指向性都比较强,实验教学过程就是预定方案的线性展开过程;专家教师以隐性的方式强调实验目的,实验教学过程中的开放性和生成性较强,实验教学过程存在较多分叉。在实验的方式上,专家教师善于提出探究性实验问题并和学生共同设计实验方案,容易促使远离平衡状态的学习系统经过逐级分叉最终达到多样化的实验教学目标;相反,新手教师倾向于提出验证性问题或者由教师设计实验方案,从而失去逐级分叉的可能性。研究专家和新手两类教师化学实验教学行为组合的结构特征,对于改进化学实验教学行为、提高化学实验教学质量具有重要意义。

五、学生分组实验的基本特点和要求

学生分组实验是完全由学生自己动手做的一种实验教学方式,通常安排在学完一章内容或一个单元的教学内容之后。其目的在于巩固和加深理解已学过的教材,把知识运用于实际情境中,训练学生化学实验的基本技能,以及运用实验方法解决一些不太复杂的实际问题。因此,学生分组实验是训练学生实验基本技能,养成科学态度和科学研究方法的重要教学形式,对于提升学生的思维能力和创新能力也会有很大的帮助。

在教师演示实验中,学生往往是一个被动的观察者,且通常因距离太远,所观察到的现象不明显;分组实验则是学生与化学物质及反应的近距离接触,学生自己操作,身临其境地体验化学实验的全部过程。例如,"蜡烛的燃烧"是初中化学教学中一个重要的探究实验(九年级化学的沪教版教材和人教版教材均把该实验安排为第一章第一个学生探究实验,其重要性不言而喻),该实验设计和组织的成败将直接影响到学生对化学探究实验的兴趣。为了让刚刚接触化学的初中学生对化学学科留下深刻而美好的第一印象,可以采用学生分组实验的方法,让学生慢慢体会化学实验带来的乐趣。

分组实验本身蕴含着丰富的教学资源。正如严谨的验证性实验本身蕴含着科学实证精神一样,学生分组实验的内容中也蕴含着丰富的实验方法、实验设计、环保意识等,需要教师充分认识和深入挖掘。例如,在进行"蜡烛的燃烧"包含的"探究石蜡的燃烧产物"这个学生分组实验(图 1-3-7)的过程中,有学生可能会发现教材中提供的方法"用烧杯直接收集石蜡燃烧生成的二氧化碳气体"会导致较多的二氧化碳气体的泄漏。因此,可在实际操作中加玻璃片后再倒转入烧杯;而在改进后实验方案的实施过程中,学生又可能会发现烧杯本身的尖嘴漏气会导致二氧化碳气体的泄漏,于是可进一步把烧杯换成集气瓶再进行实验。又如,在进行"蜡烛的燃烧"包含的"点燃蜡烛刚熄灭时的白烟"这个实验环节时,按照教材上的方法"用火柴点燃蜡烛刚熄灭时的白烟",由于吹灭蜡烛到点燃火柴的时间较长,白烟很快散尽,蜡烛很难被重新引燃。此时,可以引导学生对实验进行改进:熄灭蜡烛前将打火机靠在蜡烛旁,吹灭蜡烛同时按下打火机。蜡烛即刻由点燃的白烟引燃,效果明显。通过引导学生对实验细节的不断分析与改进,学生发现问题、分析问题和解决问题的能力也将逐步提升,这也是逐步培养学生科学探究能力的一个切入点。

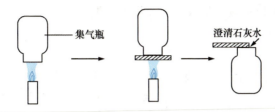

图 1-3-7　蜡烛燃烧产物的观察与检测实验

为了提高分组实验的效率、发挥分组实验的教学价值,教师可在以下几个方面对学生开展分组实验提出要求。

1. 落实预习、提高认识

采取课前预习制,不预习不实验。要求学生利用实验手册和课本,针对相关实验主题,撰写预习报告,形式不限。实验预习过程中要求做到:

(1) 熟悉实验步骤。正确的操作步骤是实验成功的关键,学生应该熟悉每一个实验步骤和操作方法,对每一步操作可能出现的现象有明晰的预见,并能对实际现象进行对比分析。

(2) 解决疑难问题。实验操作步骤中有许多疑难问题,需要学生用心思考,如焰色反应时铂丝的洗涤为什么选择盐酸,银镜反应为什么用氢氧化钠溶液洗净试管,配制银氨溶液为什么不用浓氨水而用稀氨水,中和滴定时哪些仪器需润洗,检验铁片吸氧腐蚀为什么使用 $K_3[Fe(CN)_6]$ 溶液等。

(3) 归纳实验方法。任何实验探究活动的设计和实施都离不开相应的实验方法。例如,葡萄糖分子结构的确定中的假设与验证,化学反应速率和化学平衡实验中的控制实验条件,碳酸钠与碳酸氢钠性质的对比实验,中和滴定中的表格化数据的处理,溶解度测定中的线图的绘制等。

通过预习,可以促使学生充分认识到化学实验过程中所包含的实验方法、实验设计、实验步骤、实验现象和实验结论等基本要素。为了提高预习效果,教师要适时布置预习提纲,提出预习思考,组织预习讨论,解答预习疑问,及时批改学生预习报告以促进学生形成良好的预习习惯。

对于学生整体水平较好的学校,教师还可以利用"实验预习学案"提高学生分组实验的有效性。"学案"顾名思义是供学生使用的学习方案。学生应当是学习的主体,因此"学案"的设计应该符合学生主体性学习的需要和规律。换言之,"学案"应能促进学生理解学习的任务,弄清需要解决的问题,明确学习目标,应能引发学生对学习思路和学习过程的思考,按照一定的顺序提示如何展开主体性学习活动,适应学生自主学习的需要。

"实验预习学案"中的栏目通常包括:①实验目的;②实验药品及仪器;③实验步骤;④实验结果及分析;⑤实验反思及拓展;⑥实验知识链接(与本实验有联系的知识回忆)等。例如,"配制一定物质的量浓度的溶液"的实验预习学案设计过程中,除实验目的、实验知识链接、实验步骤、注意事项等常规模块外,还可以增加问题探究、实验拓展、实验反思等模块。以"问题探究"栏目为例,可以针对"能否计算配制 100mL 1mol·L⁻¹ 的 NaCl 溶液所需的固体 NaCl 的质量,所需的水的质量和体积"这个问题,要求学生写出推理的过程;以"实验拓展"栏目为例,可以要求学生以"物质的量"为中心,画出该节的思维导图,并引导学生在实验完成后及时总结自己的实验体会和疑惑,逐渐形成实验反思的习惯。

2. 放大异常、引导反思

学生分组实验也并非个个实验现象明显,人人成功。失误的操作、试剂的纯度、条件的变化、知识的局限性等原因经常会使实验过程偏离预设的结论,产生不可多得的生成性学习资源,而这些突发的问题恰恰是进行探究实验的最好题材和最佳时机。教师要善于挖掘和充分利用这些生成性资源。一些看似不起眼的小异常、小问题,其实很可能具有极好的探索空间和研究价值。

例如,学生在进行"铜与浓硫酸反应"的分组实验过程中,常会发现体系中产生灰黑色物质,从而难以观察到蓝色的硫酸铜溶液。教师可以适时引导学生进行推测并设计系列实验进行验证,从而发现灰黑色沉淀物的主要成分是硫酸铜固体和少量铜的硫化物,并指导学生自主查阅资料,了解铜与浓硫酸共热时能发生的主要反应:

$$Cu + 2H_2SO_4(浓) \xrightarrow{\triangle} CuSO_4 + SO_2\uparrow + 2H_2O \tag{1}$$

$$4Cu + 4H_2SO_4(浓) \xrightarrow{\triangle} CuS\downarrow + 3CuSO_4 + 4H_2O \tag{2}$$

这两个反应发生的温度均为 0~270℃,但反应(2)在 0~100℃ 时反应趋势增加,在 100~270℃ 时反应趋势减小。因此,在实验过程中,可以把浓硫酸进行适当的稀释(浓度为 91%~95%),并在开始时先对浓硫酸进行预热,从而减少上述灰黑色物质的产生。对于由"意外的现象"引发的一系列科学探究过程,学生在解决其中问题的过程中把理论和实践结合起来,既可掌握基本的科学原理和科学方法,又可增强探究意识与实证精神,从而提高科学素养。

3. 加强指导、培养技能

操作技能是构成实验能力的重要因素,规范的实验操作是实验成功的基本保障。学生分组实验是学生习得实验技能的最佳时机。因此,教师首先要创造安全、宽松的实验环境,让每一个学生都能积极参与并大胆动手。切不可因"实验安全"而让学生受到"恐吓",导致学生在实验过程中承受过大的"心理负担"而"缩手缩脚",若如此则简直等同于"因噎废食"了。同时,在学生动手实验的过程中,教师要不停地巡视全体学生,融入学生的实验中,有"耐心、细心和责任心",重点关注学生的操作细节和难点。正确的操作"千人一面",而错误的操作则是"千人千面",教师要及时发现、提醒、示范,甚至可以手把手地校正学生的不良操作,帮助学生养成规范的实验操作习惯。例如,试剂的用量、试管振荡的要领、胶头滴管滴液的姿势、液体的转移、沉淀的洗涤、蒸发程度的把握、容量瓶的定容、滴定管尖嘴的排气以及滴液的控制等都是学生实验过程中会涉及的一些基本操作,要引导学生在关注实验过程与结果的同时,努力规范实验操作并使之熟练化和习惯化,从而帮助学生养成严谨的实验态度和规范的操作技能。

第四节　中学化学实验教学研究

《义务教育化学课程标准(2022年版)》和《普通高中化学课程标准(2017年版2020年修订)》都明确指出,化学实验对全面提高学生的科学素养有着极为重要的作用。化学实验教学是化学教学重要且不可或缺的组成部分,是化学教学的重要子系统。开展中学化学实验教学研究的目的在于提高中学化学教学质量,提升中学生的化学素养。凡是以此为目的的研究活动都可以划归中学化学实验教学研究的范畴。因此,中学化学实验教学研究不仅包括关于中学化学实验教学的研究,还包括开展实验教学时必须使用的中学化学实验本体的研究[①]。其研究内容具体包括:认识中学化学实验系统的各要素;了解并掌握实验的基本原理;设计和改进实验方案;采用合理的策略或模式开展实验教学;了解中学化学实验发展的趋势等。当然,也有文章从相对具体的维度提出,所谓中学化学实验教学研究,主要是指有关中学(含初中)化学实验教学现状、化学实验教学的作用与价值、化学实验教学条件、化学实验教学管理、化学实验教学有效性、基于新课程的化学实验教学、教师和学生的化学实验教学观念及其相关问题的研究。下面我们将选择其中的若干方面展开讨论。

一、中学化学实验教学的现状

实验是化学学科的基础,也是化学教学的基础,化学教学离不开实验。化学实验的重要性早已在从事化学教学及化学教育研究者中达成共识。因此,理想中的化学教学应该是课堂教学与化学实验教学浑然一体,共生共长的。然而,现实中的化学实验教学状况如何呢?从教学实践的常态化观察及与大量一线中学化学教师的交流情况来看,近年来化学实验教学质量不高已成为一个毋庸讳言的问题,甚至可以说中学化学实验教学已经到了一个岌岌可危的状态,"应然"与"实然"之间存在着巨大的差距。

实验室等硬件环境的建设,由于各地区经济发展水平的不同而有很大的差别。有的学校还没有独立的化学实验室,而有的学校已经配备了现代化的传感器实验设备等。然而,从现实情况来看,一方面,大多数学校的化学实验室尤其是"数字化实验室"是"装点门面"的,是为了应付所谓的"评星级学校"等硬指标的建设而设置的。这些实验室往往利用率极低,造成资源的极大浪费。另一方面,教师往往为了实现教学的"效益"最大化而尽量少做实验或者不做实验,出现了将观察仪器装置改为板书图示而直接在黑板上"画实验"或在白板上"搭实验"、将实验现象的观察改为多媒体演示而在荧屏上"亮实验"、将化学过程简化为相关的化学反应式等让学生在教室里"背实验"或在试卷上"写实验"等现象。造成这种普遍采用的应对方法的原因可能是多方面的。化学课程内容的变化以及应试的压力、化学实验学时较少与实验教学费时费力见效慢的矛盾、化学实验经费不足、缺少专门的化学实验室辅助人员以及化学实验仪器的售后培训服务无法及时跟进等问题都是客观存在的因素。但是,作为教师,仍需要从自身进行反思,寻找主观的问题因素。

其实,最根本的问题还是很多教师对化学实验教学的功能价值的模糊,对化学实验教学

---

① 当然,也有学者将中学化学实验研究广义化,将其等同于广义的中学化学实验教学研究。

在化学教学中的作用认识不清。而这种认识或许又是从师生直接且高度关注的"教考评"关系中生长出来的。实验在化学教学中作用的评价虽然未必相同，但现阶段的实验教学的评价方式仍更多地处于"纸笔考试"阶段，实验试题的命题也可以说有点儿"黔驴技穷"了，"熟悉的情景""相似的问题""类八股的操作步骤"等，似乎都可以无需实验操作直接背诵即能作答。考核方式更着重于背诵某些实验事实、名词定义、各式各样的化学计算题、脱离了化学本身的推理题和那些只适合化学专业学习阶段才能够正确回答的所谓探究性试题。或许正是由于这样，才导致有些教师认为化学教学可以远离"真实的"化学实验教学，可以用"读写背"的"书本实验"来替代"实验室实验"，才导致学生也逐渐失去了对实验的兴趣与热情，不得不为了"考出高分数"而练习大量的所谓的"实验试题"。

《义务教育化学课程标准（2022年版）》提出的"科学探究与化学实验"学习主题更全面、更突出地反映了化学科学研究的重要方法和主要方式，有助于师生高度关注化学实验的科学研究功能，通过化学实验开展科学探究活动。在原规定8个学生必做实验的基础上，还提出了10个供选择的跨学科实践活动。在通过必要的"规定性"和"强制性"实验确保化学实验的开出率和实验课时数等基础上，又设置一些跨学科的"探究性实验"和"开放性实验"等，为教有余力的教师提供更多的教学空间和创新机会，体现一定的灵活性和拓展性。通过合理处理对实验要求的"刚性"与"弹性"关系，逐渐改变"听化学、看化学、练化学"为"看化学、做化学、用化学"。这是我们思考并实践化学实验教学改革的依据。

当然，现实中也有相当一部分教师坚守着"化学实验教学"的学科基础，尽量多地开展实验教学。这是应该而且必须承认并且鼓励的，但是仍需要教师在实践中不断地反思，以更好地提高实验教学的质量。我们发现，尽管教师承认化学是一门实验性科学，并且努力开展化学实验教学，但是往往将化学实验的作用囿于培养学生的动手能力、学习几种简单仪器的基本操作、了解把仪器组合成能够完成某个化学过程的装置时的要点等有限的几个方面。这种做法仅停留于实验的"工具理性"层面。实验是科学和技术的结晶，有很强的技术性，需要讲究实验理性。对于实验活动来说，不仅要讲究价值理性，还要讲究工具理性。基础教育阶段的化学学习的任务，不仅在于学习一些基本的化学知识、以元素符号等为基础的化学语言体系、以相对原子质量（相对分子质量）、物质的量等为基础的化学计量关系以及化学常用仪器的使用方法和操作技术，作为化学学科的启蒙和以培育科学素养为首要任务的学段，更为重要的是通过学习，帮助学生把握住化学学科最为基本的学科观念，从而能够从化学视角来认识我们周围的物质世界和恰如其分地评价化学对人类社会的发展与进步所起的作用。因此，在化学实验教学中，帮助学生、引导和鼓励学生深入地思考实验的目的，通过"透过现象看本质"以充分发挥实验的认知功能和启迪思维的功能，而不是仅仅满足于让学生"照方抓药"或"依葫芦画瓢"获得预期的实验结果就大功告成了。正如宋心琦先生所述：一个化学实验，无论是演示实验还是教学实验，都可以归纳为三个方面，即作为实验对象的物质体系；适当的仪器装置和必要的安全措施；合理的实验步骤和规范的操作技术。虽然三者不可或缺，但是从学科教育的角度来看，它们的重要性并不是等同的，而是依次递减的。化学是一门研究物质及其变化的学科，化学物质是其研究的对象，学习或探究的目标决定了物质体系的选定，这是实验教学的开端、基础、更是核心。因此，教师在化学实验教学中要对实验目标及对象进行"二次开发"方可发挥其更大的功效。

二、中学化学实验设计的内容

对于中学化学实验本体的研究是化学实验教学研究的重要组成部分,通常认为可以分为两种重要的类型:认知性研究和技术性研究。认知性研究,以获得、探索设计和改进实验所需要的科学认识为目的,通常以实验的化学变化原理、条件、装置原理、操作原理等为主要内容,故又称为实验原理研究;技术性研究,以应用已有知识进行设计、改进,形成良好的实验方案为目的,又称为实验的方案研究或开发研究。随着课程改革的不断推进,与传统演示实验相应的另一类实验——探究性实验设计成为了实验研究的热点。探究性实验设计是在熟练掌握专业基础知识和基本技能的基础上综合解决实际问题的一种手段,是科学探究的一个重要环节,具有较强的综合性,即不仅对学生的认知有较高的要求,还要求学生有较强的实验设计能力。探究性实验设计的思路可以用图 1-4-1 表示。

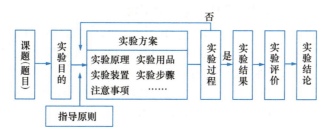

图 1-4-1　探究性实验设计的思路

开展"研究"当然首先是从"研"开始,即从发现问题和提出问题开始。若要开展一个实验设计研究,首先需要思考实验从何而来,即实验的来源问题。这个问题属于认知性实验问题范畴,即要从学习的矛盾或各种情景中寻找并发现。发现问题后进入实验设计阶段,此时仍需要尽量多地提出问题,找出方案中可能存在的问题或缺陷,通过反思不断地改进和完善实验方案。这类问题更多的属于技能性实验问题范畴。

1. 认知性问题

问题的来源有很多。有学者提出,要设计具有良好教学功能的探究性实验,需要用目的性、科学性、发展性、创新性、可行性、简约性、安全性、趣味性、启发性和最优化等原则作为探究性实验设计的指导思想。我们赞同熊言林教授的观点,可以从五个方面进行探究性实验设计的认识。

1) 将"化学教学中的一些问题"设计成探究性实验

对于化学教学中的有些问题,教材和参考书上给出的结论很笼统,人们对其研究得很少,认识也较为简单。对这样一类问题,可以设计成探究性实验,让学生通过实验探究得出符合客观实际的结论。例如,"Zn 和 $FeCl_3$ 溶液反应"这一知识,教材和参考书上笼统地用"$Zn + 2FeCl_3 \!=\!\!=\!\!= 2FeCl_2 + ZnCl_2$"来表示反应结果,但实际情况却很复杂。随着 $FeCl_3$ 溶液浓度的不同,反应现象、反应产物、反应表达式也不相同。又如,在学习"氨的化学性质——还原性"时,可能有学生会与氢气的还原性进行类比、迁移、联系并假设:氨气能否与氢气一样还原氧化铜。由此可以引导学生根据提供的仪器和药品试剂选择性地设计实验方案,验证假设的正确性。

2) 将"影响因素多又不易成功的实验"设计成探究性实验

在中学化学演示实验和学生实验中,有很多实验受多种因素影响,其实验现象不明显,甚至会出现失败或异常现象。对于此类实验问题,可设计成探究性实验,让学生探究出最佳实验条件。例如,"纤维素水解实验"可设计成"维生素水解实验最佳条件的探究"。又如,"银镜反应最佳条件的探究""硫酸亚铁制备条件的探究""氢氧化亚铁沉淀制备条件的讨论"等,都可以设计成探究性实验。

3) 将"实验中异常物质的成分鉴别"设计成探究性实验

化学实验中经常可以看到有异常物质生成,其物质的成分究竟是什么,人们难以给出明确答案。例如,铜跟浓硫酸在加热条件下反应时,总有大量黑色物质生成,并悬浮在硫酸中,该黑色物质的成分是什么,可设计成探究性实验,让学生进行实验探究。又如,"氢气还原氧化铜"的产物,"一氧化碳还原氧化铁"的产物,也都可以设计成探究性实验。

4) 将"贴近生活、生产的问题"设计成探究性实验

学习的目的是应用。化学教学中,很多的化学知识与生活、生产有着密切的联系。如果将其中有些问题设计成探究性实验,可激发学生的学习兴趣和热情,使他们真切地感受到化学知识有用武之地。例如,现在假酒、假碘盐等伪劣产品充斥市场,就此可设计成"真假白酒鉴别实验设计"和"真假碘盐鉴别实验设计"等研究性课题让学生进行实验探究。又如,"茶叶中有效成分的提取""食醋中乙酸含量的测定""海带中碘的测定"等都可以设计成探究性实验。

5) 将"演示实验"设计成探究性实验

现行中学化学课本中的演示实验,绝大多数是一种培养学生形成概念、理解和巩固化学知识的验证性实验,缺少探究性实验,不利于学生创新思维和创新能力的培养。因此,要多进行探究性实验设计。例如,镁粉与溴水反应的验证性演示实验可设计成探究性演示实验。又如,在用乙醇与浓硫酸混合加热到 170℃ 制取乙烯时,发现得到的乙烯往往有刺激性气味,而教材中明确说明乙烯是无色稍有气味的气体,那就说明通过该方法制取的乙烯不纯,有杂质。那么,杂质气体是什么? 是怎样产生的? 又该怎样处理把杂质除去而得到较纯净的乙烯气体呢? 带着这些问题,就可以引导学生进行实验探究了。

2. 技能性问题

在实验设计过程中,熊言林教授认为问题的提出可以根据实验设计与操作进行的顺序逐步提出,即可以从思考问题的顺序、思考仪器连接的顺序以及思考实验操作的顺序这三个方面进行不断反思。

1) 思考问题的顺序

(1) 围绕主要问题思考。例如,选择的实验路线、方法是否适当;实验条件的控制是否恰当;所用的药品、仪器是否简单易得;实验过程是否快速安全;实验现象是否明显;实验是否经济。

(2) 思考有关物质的制备、净化、吸收、存放和鉴别等问题。例如,制备在空气中易水解的物质(如 Al_2O_3、$AlCl_3$、Mg_3N_2 等)及易受潮的物质时,往往在装置末端再接一个干燥装置,以防空气中的水汽进入;鉴别时,是否除去了干扰物等。

(3) 思考实验的种类(有制备、性质和鉴别等)及如何合理地组装仪器,并将实验与课本

中的实验比较、联系。例如,涉及气体的制取和性质实验设计时,对这类实验的操作程序及装置的连接顺序一般可概括为:气体发生→除杂→干燥→(收集)→反应→尾气处理。

(4) 思考实验中的"八防"问题。所谓"八防",是指防倒吸、防爆炸、防氧化、防吸水、防挥发、防堵塞、防污染和防腐蚀。

2) 思考仪器连接的顺序

(1) 所用仪器是否恰当,所给仪器是全用还是选用。

(2) 仪器是否齐全。例如,制备有毒气体和涉及有毒气体的实验是否有尾气的处理装置。

(3) 安装顺序是否合理。例如,仪器安装与拆卸是否遵循"自下而上,从左到右,先里后外"与"自上而下,从右到左,先附后主"的一般规则;气体净化装置中不应先经干燥,后又经过水溶液洗涤。

(4) 仪器间连接顺序是否正确。例如,洗气与排水集气时"进气管长,出气管短"与"进气管短,出气管长";干燥管除杂时"大进小出""固体干燥剂两端要有脱脂棉固定"等。

3) 思考实验操作的顺序

(1) 按照实验目的和设计要求连接仪器的操作是否正确。

(2) 涉及气体制取及处理要检查气密性。在整套仪器连接完毕后,应先检查装置的气密性,然后装入药品。检查气密性的方法要依装置而定。

(3) 装药品的操作是否正确,加热操作先后顺序是否正确。例如,可燃性气体的生成需要加热(如 CO 还原 Fe_2O_3 实验)时,应先用酒精灯加热气体的发生装置,等基本排尽装置内的空气后,再给需要加热的固体物质加热。实验结束时,熄灭酒精灯的顺序则相反。目的是:①防止爆炸;②保证产品纯度,防止反应物或生成物与空气中其他物质反应。

三、中学化学实验教学的策略

1. 阅读经典、品味历史

长期以来,阅读一直是人们获取知识的主要途径。阅读是否必要,似乎并不成为问题。阅读什么,以及化学实验教学中是否需要阅读,倒是一个值得探讨的问题。由于中学化学教学内容的基础性特点,中学化学实验教学中所涉及的很多实验内容也都是基础的,都是化学史上极为经典的一些实验。如果在化学教学过程中,能够提供学生相关实验的史料资源,则不仅可以激发学生学习化学的兴趣,夯实化学基础知识,还可以让学生慢慢体验化学的发展进程和科学本质,重温化学文化之旅。教师则可以和学生一起阅读化学史,品味经典。表 1-4-1 列出了一些与中学化学实验教学内容密切相关的化学史的经典实验。

表 1-4-1　一些经典化学实验的简况

实验及内容	首次实验者或重要改进者	时间
用蜡烛燃烧测定空气成分	费洛(Philo,拜占庭) 梅(Mayow,1641—1679,英)	公元前 2 世纪 1674 年
"化学花园"	格劳伯(Glauber,1604—1670,德)	17 世纪
排水集气法	波义耳(Boyle,1627—1691,英) 普利斯特里(Priestley,1733—1804,英)	17 世纪 18 世纪

续表

实验及内容	首次实验者或重要改进者	时间
用石灰石与酸作用制取二氧化碳	海尔孟特(Helmont,1579—1644,比利时) 布莱克(Black,1728—1799,英)	17 世纪 1755 年
用硝酸与金属作用制取二氧化氮	海尔孟特 普利斯特里	17 世纪 1779 年
用熟石灰与氯化铵作用制取氨	孔克尔(Kunkel,1630—1702,德)	17 世纪
用石蕊等植物染料作酸碱指示剂及试纸	波义耳	1664 年
火焰的结构	胡克(Hooke,1635—1703,英)	1677 年
用硝酸银检验盐酸及其盐	波义耳	1685 年
酸碱中和滴定	日夫鲁瓦(Geoffroy,法) 富朗索瓦(Francois,法) 德克劳西(Descroizilles,法)	1729 年 1750 年 1786 年
用澄清石灰水检验二氧化碳	布莱克	1755 年
在密闭容器内煅烧金属验证质量守恒定律	罗蒙诺索夫(Ломоносов,1711—1765,俄) 拉瓦锡(Lavoisier,1743—1794,法)	1756 年 1774 年
用焰色反应鉴别钠盐和钾盐	马格拉夫(Marggraf,1709—1782,德)	1762 年
用铁、锌等与酸作用制取氢气	卡文迪许(Cavendish,1731—1810,英)	1766 年
氧化汞受热分解制取氧气	舍勒(Scheele,1742—1786,瑞典) 普利斯特里	1773 年 1774 年
用二氧化锰与浓盐酸作用制取氯气	舍勒	1774 年
用氯化钡检验硫酸及其盐	贝格曼(Bergman,1735—1784,瑞典)	1779 年
用电火花使氢氧合成水	普利斯特里 卡文迪许	1781 年 1784 年
用酸催化淀粉水解	帕明梯尔(Parmentier) 基尔霍夫(Kirchhoff,1764—1833,俄)	1812 年
氯水在日光下分解	贝托雷(Berthollet,1748—1822,法)	1785 年
铜锌原电池	伏特(Volta,1745—1827,意大利)	1799 年
电解水	尼科尔森(Nicholson,1753—1815,英) 卡里斯尔(Carlisle,1768—1840,英)	1800 年
钠与水反应	戴维(Davy,1778—1829,英)	1807 年
加热或光照使氯氢化合	盖·吕萨克(Gay-Lussac,1778—1850,法) 泰纳(Thenard,1777—1857,法)	1809 年
蒸气密度法测相对分子质量	杜马(Dumas,1800—1884,法)	1827 年
用滤纸和 60°漏斗制过滤器	伯齐利厄斯(Berzelius,1779—1848,瑞典)	1841 年
丁达尔现象	法拉第(Faraday,1791—1867,英)	1857 年

2. 预习实验、检查回顾

习惯的力量是巨大的。只有养成良好的学习习惯,才能真正使学生的化学素养得到内化。对于学生实验而言,除实验的基础知识和基本技能的培养外,实验预习习惯的培养也是重要的教育内容之一。"凡事预则立,不预则废"。预习,是锻炼学生独立思考,调动学生实验过程中积极主动性的有效手段。

首先,指导学生预习的过程中应当要求学生明确实验的目的和采用的处理方法和步骤,以及事后检查是否达到预期目标。当然,对于不同学段的学生,预习的要求和程度必然有所差别,要依据学生的实际水平(包括学科知识和从事科学实验活动的经验两个方面)来提出具体的预习要求。例如,对于初中学生,作为学习化学的启蒙阶段,不可要求过高。但是也不可只要求粗读一遍实验讲义及所附报告格式,而要求结合实验的目的和步骤思考实验的目的和重点,逐渐引导学生在实验预习中多提问题。另外,对于不同层次的实验,预习的要求也是不同的。例如,对于验证性实验,要求学生在认真阅读和仔细推敲实验内容后要写清实验目的,简述实验原理,列出实验仪器,自定实验步骤,画出实验数据表格,设想实验可能的现象、决定实验成败的关键点和注意问题,甚至敢于质疑原实验方案等;对探究性实验,关键是要求学生查阅资料,设计实验方案,画出必要的原理图,开出实验仪器和清单,拟定实验步骤,预测实验结果和可能出现的现象等。不管是哪个学段或是哪种实验,引导学生学会提出问题、分析问题是实验预习中极其重要的一个环节和方面。

"知之者不如好之者,好之者不如乐之者"。让学生乐于学习,莫过于在学习过程中展示化学学科的魅力。化学的学科魅力不应只是一种感官上的冲击力,更应是一种能够从理性上带给学生一些触动和感悟的体验过程。下面以《义务教育化学课程标准(2022年版)》中规定的8个必做实验中的"粗盐中难溶性杂质的去除"为例,说明实验预习中如何提问、如何促进体验的生成。

"粗盐提纯"是一个传统的初等化学实验,"粗盐中难溶性杂质的去除"只相当于原来的"粗盐提纯"实验的前半部分(可能是考虑到目前有些学校实验设备较差和学生实验操作熟练程度较低的实际情况)。实验目的在于依据氯化钠和杂质在水中溶解度的差别使之分离并获得纯净的氯化钠晶体。既然实验目的是粗盐提纯,那么最后应当从产物纯净情况和产率两个方面对实验目标完成情况进行自我检查和评价。基于初等化学的要求,建议增加验纯和观察所得氯化钠晶体(外形和晶体内是否含有水)两个方面的探究内容,并引导学生思考有关物理变化与化学变化、物理性质与化学性质、纯净物等概念在这个实验中的应用。

实验后可供思考的问题请根据学生情况进行选择,可以采用学生自行研讨和探究的方式,也可以采取教师边提问边讲解的方式,还可以选择直接讲解的方式。具体问题列举如下:

(1) 本实验想除去的杂质具有什么特点? 实验建议采用的方法依据了什么原理?

(2) 在实验过程中,要经过两次过滤,一次是为了除去不溶性杂质;另一次是为了把纯净的氯化钠固体从母液中分离出来。完成两次过滤时,都要对滤纸上的滤出物用少量蒸馏水淋洗。这是为什么? 它们的目的相同吗?(一次是为了除去滤出物上沾附的食盐溶液;另一次是为了除去食盐晶体上沾附的可溶性杂质)

(3) 去除粗盐中所含不溶性杂质的方法,除这个实验用的过滤法外,还有其他方法可用吗?(还可以用离心法和倾析法,这些在化学实验中都是常见的方法)

(4) 所得氯化钠晶体中会有水存在吗？如何证明你的结论？（加热前后保持恒量；加热时上方的玻璃片上无水汽；碾碎后无水迹等，也都是实验中常用的方法）

(5) 假如粗盐中含有可溶性有色物质，现在用的方法也一定有效吗？（建议由学生自己探究，实验方法基本相同，更能体现化学的特点和科学精神的教育）

(6) 残液是否一定是废弃物？（进行化学和环保、资源相关联的教育）

3. 加强联系、渗透观念

在化学实验教学过程中，还需要理清化学实验教学与化学知识教学之间的关系。现实中，不少教师认为实验教学无非就是为了服务于知识教学的。正如教学论学术界关于知识教学的"钟王之争"，或许可以在化学教学论学术界开展一场关于实验教学与知识教学的学术争论：是实验教学为知识教学服务还是相反？以期在争论中越辩越明，越看越清。有学者直接指出：把实验仅仅看作知识教学服务的工具，很容易造成实验像"使唤丫头"那样"用则唤来，不用挥去"的状况。实际上，实验教学不仅为学生建构化学知识提供直接和间接的经验基础，为学生学习、应用化学知识提供实际的情境和场所，是学生自主建构化学知识的必要条件，而且是完整地了解化学、学习化学必不可少的方式，必须明确作为化学课程过程方法目标的主要内容之一。确实，在化学教学的过程中，无论怎样强调化学实验都不过分。通过化学实验教学，在帮助学生巩固基础知识学习的同时，教师更需要关注的是实验过程中的体验，帮助学生逐渐学习体验知识间的联系、实验操作背后蕴含的化学原理、整个实验过程所承载的学科观念，从而不断提升学生的化学学科素养。

化学元素观是化学学科基本观念之一。宋心琦先生以"氧气的制取与性质"实验为例，来说明如何通过实验帮助学生建构元素观。这是一个利用化学方法从含氧化合物中分离出氧元素并制备氧单质的实验。对大多数学生来说，利用化学变化制取某种物质的科学实验可能是第一次。实验所选择的化学体系和所用到的仪器及基本操作都比较简单，但却最能体现化学特色，这也是本教材为何在第二部分的"中学化学基础与演示实验研究"中将其放在第一个特殊位置的原因之一。

从含氧化合物中获取单质氧的实验是化学元素观的有力佐证。直接加热或同时加入某种催化剂的方法对于其他含氧化合物并非都可以奏效，表明在不同的含氧化合物中，氧所处化学环境（结合的方式和强度）不同，结果可以不同。它们之间的差别包含在化学性质不同的含义之中。因此，仅仅关注排水集气法的装置原理和相关操作，而对实验体系中所包含化学本身的思考和探究有所缺失，是值得认真研究和改进的一个重要方面。可以选取一些不能用类似方法制取氧气的化学体系进行对比。例如，实验中用于加热和作为反应容器的玻璃仪器（二氧化硅为主要组分的玻璃）中也包含氧，却能够经历整个反应过程而安全无恙！二者之间的差别所形成的鲜明对照，可以使得学生在物质性质取决于它的组成与结构，以及物质的变化可以用外界条件来控制这两个方面有实际的体验，从而体现出初中化学的启蒙作用。如果把探究的视角扩展到水、石英砂和陶瓷，内涵就更丰富。

在书写反应方程式、绘制仪器装置简图、叙述所观察到的实验现象的同时，还可以引导学生思考和研讨以下问题：

(1) 在这个实验中，通过氧气的实验室制取和对氧气性质的探究，你对氧气的性质有了哪些认识？和你此前对氧气的认识相比，是否基本一致？又有了哪些新的认识？

（2）在这个实验中，我们有了把氧从含氧化合物中分离出来和通过反应（如氧化、燃烧）使氧进入生成的含氧化合物两个方面的体验，你对化学元素论是否有了新的体会？

（3）如果有人说，只要化学物质的组成中含有氧元素，就一定可以从它制得氧气。你同意这种说法吗？为什么同意或不同意？如果不完全同意，请试着给出一个你认为更合理的说法。

（4）带火星的木条、细细的铁丝等在空气中和在纯氧中氧化（或燃烧）时，发生反应的物质相同（化学反应式也相同），为什么现象并不相同？

（5）类似于上面的事例，在日常生活中并不少见，你能够举出几个实例吗？

（6）综合（3）和（4）的事例，你能够得出一个具有普遍性的结论吗？

四、中学化学实验教学研究历程与热点

尽管人们早已认识到化学实验是化学学科产生和发展的基础，在化学教学中占有重要地位，但是由于历史原因，化学实验在很长一段时间内一直未得到应有的重视。改革开放后的"全国中学化学教学讨论会"（1981，桂林）上，化学教育工作者首次就化学实验及实验教学达成了比较一致的认识："化学实验是中学化学教学的基础，实验教学对提高化学教学质量具有决定性的意义""加强实验教学应是提高教学质量的长远努力目标，也是当前应下大力气解决的问题"；与此同时，《化学教育》等期刊相继开辟"实验"专栏（1980）、各种经验交流会深入探讨……由此揭开了中学化学实验研究和发展的新序幕。

从 1979 年到 20 世纪 80 年代中后期，广大化学教育工作者围绕化学实验教学内容、体系的重构展开了一系列开发和普及研究。这些研究大多以介绍开发出的化学教材基本实验为主，包括教材实验内容介绍、化学实验教材介绍、实验基本操作介绍三个方面。这一阶段的研究带有特定历史条件的烙印，具有强烈的普及、宣传意义，虽然研究视角相对狭窄，但却奠定了我国化学实验教学的基本体系和结构，为化学实验教学研究的质性转变打下了坚实基础。

随后，我国化学实验研究大致经历了基本实验的改进和优化、探究实验的开发、技术支持实验的兴起等三个发展阶段。

1. 基本实验的改进和优化

根据化学实验教学的目的，合理改进实验条件、优化实验操作、突出实验现象，使学生获得更全面、正确的感性认识，是发挥化学实验作用的基础。这也是化学实验研究的热点内容之一。

这些改进和优化多是基于教材实验的"瑕疵"而展开的，几乎每次教材更换都会引发一轮实验改进和优化的热潮，如阿伏伽德罗常量的测定改进、乙醇催化脱氢制乙醛改进、卤素活动性比较的演示实验改进、甲烷制法改进及催化剂的改进研究、乙烯的实验室制法及性质检验实验的改进、喷泉实验烧瓶的优化、$Fe(OH)_2$实验的改进研究、乙酸乙酯制备实验改进等。在实验改进和优化的同时，人们逐渐开始关注实验优化和改进背后的本质探源。酚酞滴加到氢氧化钠溶液中一定显红色吗？酒精灯焰心、内焰和外焰的温度依次升高吗？这些都成为研究者关注的视角。与此同时，全面实验法、简单对比法、正交设计法、SPSS 实验法等实验研究方法的运用，也为实验优化和研究设计增添了更多理性依据。

一些实验改进体现了研究者某种理念和追求,逐渐形成实验改进的研究方向。例如,"绿色化学"实验的研究最早源于"无污染化"化学实验的研究,近年来的研究主要集中在化学实验绿色化途径的探索,可从化学试剂、溶剂、催化剂、反应类型、反应产物、剂量、末端处理、装置改进等方面着手改进和优化。微型化学实验于1988年引入我国后呈现出繁荣的态势,如今微型化学实验设计逐渐由单一实验向综合实验设计转变,即在一个(套)微型实验装置中整合多个化学实验。化学家庭实验产生于20世纪80年代,是化学课堂教学的重要延伸和补充,成为因地制宜、以土代洋开展化学实验的一剂良方,符合课程改革所倡导的"自主、合作、探究"的学习理念。

2. 探究实验的开发

2003年课程改革明确提出"自主、合作、探究"的理念,2018年新一轮课程改革进一步将"科学探究与创新意识"确定为化学学科核心素养,探究实验的开发成为经久不衰的热点。探究实验是实验者在不知晓实验结果的前提下,通过自己实验、探索、分析、研究得出结论,从而形成科学概念的一种认知活动。探究实验充分体现并发挥了学生在化学学习活动中的主体地位。目前探究实验往往在基础实验、真实情境和STEM的背景下开展。

1) 基础实验转化为探究实验

为了更好地激发和培养学生的学习兴趣和主观能动性,化被动学习为主动学习,一些研究者尝试将传统的验证实验转化为探究实验。根据开放度的不同,有的实验仅开放了结论,有的实验进一步开放了假设、实验设计等环节,学生有机会提出不同的假设,从而设计不同的实验方案。同时,研究者根据实际需要,优化实验药品、装置、内容,便于学生在自主思考的基础上有足够机会做出个性化的实验尝试,不仅习得了实验基础知识和基本技能,还发挥了学生的主动性和积极性,培养了创新能力和创新精神。

2) 真实情境中的探究实验

探究实验提倡从真实世界的真实问题入手,联系生产生活实际,将实验教学内容与易引起学生兴趣、深入启发学生思考的真实情境相结合,通过实验现象与科学论证、推理相结合的方法培养学生的探究意识、体会探究过程、发展探究能力。例如,从身边的生锈现象引发对铁的电化学腐蚀问题的探究,从农场植物长势不一引发对化肥性质与失效问题的探究等。真实情境中的探究实验帮助学生在生活中发现问题,并利用化学学科知识解决问题,实现"从做中学"。

3) STEM综合实验

STEM(科学、技术、工程和数学)教育是一种多学科融合的跨学科整合式教育,有利于培养新时代全面发展的应用型人才,推动我国素质教育的发展。STEM教育的核心概念是跨学科、项目式学习以及解决问题特点。近年来,我国研究者开展了大量以化学实验为载体的STEM教育探索。例如,STEM理念下的"自制新型保鲜膜"用化学反应合成保鲜膜,使用分光光度计、热风干燥机等技术,利用工程思维改进材料性能,用数学方法计算最佳试剂配比。类似的STEM项目还有"柠檬精油的提取工艺""国画颜料传统制作""制备pH响应海藻酸钠微球"等。但目前国内对STEM实验的研究还在发展阶段,STEM教育与化学实验的融合还需要进一步本土化和实践性发展。

3. 技术支持实验的兴起

近年来，新技术发展迅猛，被广泛应用于创新实验设计中。有代表性的研究方向有手持技术实验、现象可视化实验、虚拟实验等。

1）手持技术实验

手持技术实验使用数据采集器、各种传感器或探头，以便快速、定量地获取测量数据，探究变量之间的关系。其装置体积小、质量轻，拿在手里就可以做实验，因此也称为"掌上实验室"。

手持技术在化学学科教学中的应用研究起步于 21 世纪初。研究者利用手持技术实验装置，对溶解氧、熔化热、温室效应影响因素、摩尔质量测定、酸碱滴定等教学内容进行了实验探究。在开发手持技术实验的同时，研究者开始关注基于手持技术的理论建构、课堂整合、中学生化学学习的心理机制等。经过数年的研究积累，手持技术在化学实验教学中的应用已经取得了较为丰富的成果，实现了由引进、介绍到使用、整合的转变，为研究化学实验教学提供了全新的视角。

2）现象可视化实验

现象可视化实验是指利用一些技术手段，使学生能够观察到实验中原本难以观察的现象，从而促进学生的认知。现象可视化实验可采用微距摄影或显微摄影技术放大实验现象中的微小细节，用慢动作摄影或延时摄影将过快或过慢的反应过程调整为便于感知的速度，用热成像摄影可视化实验中的温度变化，还可以通过改变反应载体、使用凝胶介质等方法改变生成物形貌。现象可视化实验带给学生更丰富、更细节的实验事实，有利于学生建立宏观与微观的桥梁，发展证据推理能力，还能帮助学生获得审美体验[①]。

3）虚拟实验

虚拟实验是指通过设定好的实验场景、实验内容，对现实世界中的化学实验进行模拟。虚拟实验的场景可通过 VR（虚拟现实）、AR（增强现实）、Unity 3D、Flash 等多种方式建构，实验者使用交互设备硬件和虚拟实验系统与虚拟仪器进行交互，完成与真实实验相似的各种操作，并对实验现象进行观察和记录。虚拟实验可以突破时间、空间的限制，使学生能够体验危险性大、成本高或不便亲自动手完成的实验，是一种新的实验教学尝试。

目前，由国内自主开发的虚拟实验还在起步阶段，已经开发出了基于 Unity 3D 的"水解法制备纳米氧化铁"虚拟实验，基于 AR 的"氢氧化铝的两性"虚拟实验，基于 VR 的"铵盐中氮含量的测定（甲醛法）"虚拟实验等。更多的研究者旨在引荐和介绍国外开发的虚拟实验。例如，美国科罗拉多大学开发的 PhET 互动仿真模拟程序，容纳了上百个虚拟实验，免费供全球的教育工作者使用。虚拟实验虽然无法完全代替动手实验，但其具有成本低、安全性高、具身体验等优点，可以作为动手实验的有益补充。需要认识到，虚拟实验只是一种互动学习辅助工具，本身没有"有效""无效"之分，而是受到课程知识、学习者、执教者个体差异的影响。无论是国内开发还是国外引进虚拟实验，都需要考虑本土化特征，以适合具体情境的方式应用虚拟实验。

---

① 2017 年以来，凌一洲在 *Journal of Chemical Education*、《化学教育》和《化学教学》等期刊发表 20 余篇系列论文，系统介绍了现象可视化实验的技术方法、教学价值和应用案例。

　　化学实验教学研究是化学教学研究永恒的主旋律。从教育的目标来看,所有的教学行为都是为了促进学生的全面发展;从发展的具体过程来看,实验教学的每一个具体环节都包含对学科知识体系的认识以及对学生成长的期待和追求。改革开放 40 多年来,化学实验教学的研究成果丰硕。但人们也要看到多数研究还处于基础性的实验技术层次,如何发挥化学实验的教与学功能的认知性研究不多,研究的整体水平有待提高。从研究化学实验本身及改进转向研究实验的教学功能及模式从而突出实验的价值理性,从侧重实验的教的功能转向同时注重学生学习的思维及过程从而体现学生为本,将是化学教育教学研究工作者的努力方向。

第二部分　中学化学基础与演示实验研究

本部分选取了 16 个中学化学教学中的基础性实验。在中学化学教学中,"通过典型的化学实验事实来帮助学生认识物质及其变化的本质和规律"是很重要的。对于那些将要从事中学化学教学工作的大学生乃至硕士研究生来说,这些实验的规范化演示操作是其教学技能的必要组成部分。在这些实验中,要求实验者以中学化学教师的身份按照中学化学课堂演示实验的要求去完成实验,熟悉并掌握这些重、难点实验的规范化操作及典型实验仪器装置的使用,体会中学化学实验教学的特点和一般规律。进而在此基础上研究仪器和试剂的选用,装置和方法的改进,实验方案的选择,切实培养自己的实验教学能力。

实验一　氧气的制取与性质

一、实验目的

(1) 熟悉氧气的实验室制取及性质实验,掌握气体制取实验的技术关键。

(2) 熟练掌握排水集气操作。

二、实验用品

仪器和材料:硬质试管、具支试管、分液漏斗、水槽、玻璃棒、导管、集气瓶、毛玻璃片、研钵、托盘天平、煤气灯(或酒精灯)、铁架台、铁夹、燃烧匙、铁盘、镊子、火柴、橡胶管、橡胶塞、砂纸、马粪纸、棉花、细沙。

药品:10%过氧化氢溶液、10%氢氧化钠溶液、澄清石灰水、固体氯酸钾、二氧化锰、固体高锰酸钾、氧化汞、硫粉、木炭、细铁丝、蓝色石蕊试纸、氢氧化钠溶液、氧化铜。

三、实验内容

1. 氧气的制取

1) 氯酸钾加热分解法

取 1.5g 二氧化锰放入铁盘,用煤气灯加强热,不断地用玻璃棒搅拌直至二氧化锰微红,以除去其中可能混有的有机杂质和炭屑。取 6g 氯酸钾,在研钵中轻轻压碎(切不可研磨)。把二氧化锰和氯酸钾混合均匀,倒入预先准备好的干燥试管中,用手指轻弹试管底部,使混合物尽可能平铺在试管底部附近。这样在加热时易于控制氯酸钾分解的速率,以利于氧气的均匀生成。

按图 2-1-1 所示搭好装置,制取和收集氧气。预热后,从试管的中下部开始加热并逐渐移向试管底部加热,收集完氧气后应先将导管撤出水槽,再撤掉受热仪器。

图 2-1-1　氯酸钾加热分解法

氯酸钾受热分解所放出的氧气中，常含有少量氯气和微量的二氧化氯与臭氧等，通入水中时往往会产生白雾。氯酸钾受热分解后的剩余固体中，可能含有少量的高氯酸钾。

实验中加热 6g 氯酸钾，可收集 1200～1600mL 的氧气（理论上可收集 1796mL，25℃时）。

2）高锰酸钾加热分解法

此方法所用的实验装置和氯酸钾加热分解法相同。为防止高锰酸钾因受热沿导管逸出，可在导管的管口塞一团棉花或玻璃棉。

高锰酸钾受热分解时，反应进行得比较平稳，所以此法适用于学生实验。但由于高锰酸钾所含的氧不能全部放出，故利用率较低。

实验中加热 15g 高锰酸钾可收集氧气约 1000mL（理论上可收集 1160mL，25℃时）。

3）过氧化氢分解法

实验装置如图 2-1-2 所示。在具支试管（或锥形瓶）中加入 0.5～1.5g 二氧化锰作为催化剂并加入少量水。

过氧化氢的分解反应不需要加热且反应速率较快，因此在操作时，过氧化氢宜用分液漏斗逐滴滴入。此外，过氧化氢的浓度一般采用 10％～15％为宜，以免反应过于剧烈而引起爆炸事故。

4）氧化汞加热分解法

在硬质试管内盛0.5g干燥的红色氧化汞（均匀地平铺在试管底部，铺得薄些、面宽些）。氧化汞在 500℃以上可分解为汞和氧气。装置如图 2-1-3 所示。

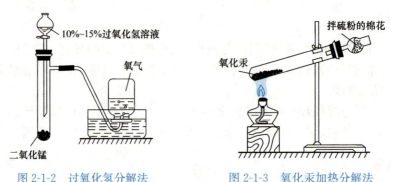

图 2-1-2　过氧化氢分解法　　　图 2-1-3　氧化汞加热分解法

由于汞呈液态，故本装置采用试管口稍向上倾斜的形式。为了防止汞蒸气污染空气，可在试管口加装一个盛有拌了少量硫粉或碘粉的棉花的干燥管。这样少量逸出的汞蒸气可以化合生成硫化汞或碘化汞。

2. 氧气的性质

1）木炭在氧气中燃烧

取一小块木炭，用镊子夹着，在酒精灯上将木炭加热到发红，观察其在空气里燃烧的情况。趁木炭还红热时放在燃烧匙内，然后将燃烧匙放入盛有氧气的集气瓶里（注意：从瓶口慢慢地伸到底部，以充分利用上部的氧气），此时可观察到木炭燃烧得很剧烈并发出白光。待集气瓶里的氧气基本耗尽、木炭熄灭以后，取出燃烧匙并立即向集气瓶中倒入一些澄清的石灰水并振荡，可看到澄清的石灰水变浑浊，从而证明木炭和氧气化合后生成了二氧化碳。

2）铁丝在氧气中燃烧

细铁丝可取自废旧的铁丝网、石棉铁丝网或市售的 24 号铁丝,太粗则不易点燃。将铁丝用砂纸打磨光亮并在火柴梗上绕成螺旋形。引发反应时一定要等火柴梗烧到没有火焰而只有余烬时,才可将铁丝伸入盛有氧气的集气瓶中,以免部分氧气消耗于火柴梗的燃烧中。

集气瓶底必须垫一张润湿的马粪纸或放一层湿的细沙。若是仅在集气瓶里面盛有少量水,瓶底仍会破裂。因为生成的四氧化三铁温度很高,落到水中后即被一层传热性很差的水蒸气所包围;落到瓶底时,仍是处于高温熔化状态,它会粘在瓶底,使集气瓶破裂。

3）硫在氧气中燃烧

取一洁净的燃烧匙,底部铺上细沙,放入少量硫粉,加热到发生燃烧。硫在空气中燃烧只有微弱的淡蓝色火焰。将燃烧的硫从收集有氧气的集气瓶口慢慢地伸向瓶底。硫在氧气里燃烧时发出明亮的蓝紫色火焰,并生成有刺激性气味的二氧化硫气体。待硫的火焰熄灭后,取出燃烧匙,向集气瓶中注入少量蒸馏水并振荡。此时用蓝色石蕊试纸检验,有红色出现。用 10% 氢氧化钠溶液吸收二氧化硫。

如果仍有燃烧的硫,可以将燃烧匙浸入水中或把它拿到通风处使硫燃烧完全。

四、注意事项

（1）用氯酸钾分解的方法制取氧气,取用的氯酸钾和二氧化锰的质量比以 5∶1 为最佳,此时反应速率适中。教师课堂演示可用 6∶1,中学生实验可用 10∶1。研细氯酸钾晶体时,要用研杵慢慢压碎,不可研磨,以防其中混有还原性物质引起爆炸。此外,由于棉花易燃,氯酸钾分解放出氧气的速率较高锰酸钾的快,因此不能在导管口塞一团棉花,以免发生危险。

（2）对试管中的氯酸钾或高锰酸钾加热时,灯焰应该从试管前部往试管底部移动,以防剧烈反应时将固体反应物喷散。

（3）为防止过氧化氢在保存时分解,可以加入少量磷酸作为稳定剂,使用时再加入少量的碱;也可用焦磷酸钠($Na_4P_2O_7$)作为稳定剂。稳定剂的作用是抑制过氧化氢溶液中所混入杂质的催化作用。

（4）做铁丝和硫在氧气中燃烧的实验时,燃着的铁丝、硫应放置在集气瓶的中央,不要太靠近或触及瓶壁,以防集气瓶瓶壁炸裂。

五、讨论与研究

1. 氯酸钾的受热分解

氯酸钾俗称白药粉,有毒。在无催化剂时加热氯酸钾,368℃时氯酸钾熔化。用带火星的木条在试管口检验,发现放出的氧气并不多。加热到较高的温度（395℃左右）,氯酸钾按下式分解:

$$4KClO_3 \xmedskip{=\!=\!=}\limits^{\triangle} 3KClO_4 + KCl$$

同时有少量的氯酸钾分解产生氧气:

$$2KClO_3 \xmedskip{=\!=\!=}\limits^{\triangle} 2KCl + 3O_2 \uparrow$$

2. 氯酸钾热分解反应的催化剂

研究表明,几乎所有金属氧化物如二氧化铅、氧化铜、氧化镁、二氧化锰、三氧化二铬、氧化铁、氧化铝等对氯酸钾的热分解反应都具有催化作用，其中二氧化锰和氧化铜的催化性能最好。氯酸钾在几种催化剂存在时开始发生分解反应和反应最剧烈时的温度如下所示：

温度/℃ 氧化物 反应程度	MnO_2	Fe_2O_3	Al_2O_3	PbO_2	CuO	MgO
缓慢反应	370	470	515	380	305	490
剧烈反应	405	490	540	440	350	545

3. 二氧化锰的催化机理

对于二氧化锰的催化机理，已有人提出，二氧化锰对氯酸钾分解的催化作用是由于产生了容易分解的中间产物。一种解释是

$$2KClO_3 + 2MnO_2 \xrightarrow{\triangle} 2KMnO_4 + Cl_2 + O_2 \uparrow$$

$$2KMnO_4 \xrightarrow{\triangle} K_2MnO_4 + MnO_2 + O_2 \uparrow$$

$$K_2MnO_4 + Cl_2 \xrightarrow{\triangle} 2KCl + MnO_2 + O_2 \uparrow$$

另一种解释是

$$2KClO_3 + 4MnO_2 \xrightarrow{\triangle} 2KCl + 2Mn_2O_7$$

$$2Mn_2O_7 \xrightarrow{\triangle} 4MnO_2 + 3O_2 \uparrow$$

也有人认为是

$$2KClO_3 + 9MnO_2 \xrightarrow{\triangle} 3Mn(MnO_4)_2 + 2KCl$$

$$Mn(MnO_4)_2 \xrightarrow{\triangle} 3MnO_2 + O_2 \uparrow$$

但也有研究者认为，以上机理并不完善。北京大学傅鹰教授当年曾告诫："提出一种机理解释一种现象并不困难，困难的是如何以实验证明它是正确的，而且是唯一正确的。"

实验二　氢气的制取与性质

一、实验目的

（1）熟悉启普发生器和简易启普发生器的构造，熟练掌握其安装和安全操作。

（2）熟悉氢气的性质实验，掌握向下排空气法收集气体的操作和使用氢气的安全操作。

二、实验用品

仪器和材料：启普发生器、与启普发生器球形漏斗配套的橡皮塞、蜡烛、烧杯、漏斗、15mm×75mm试管、硬质试管、具支试管、酒精灯、水槽、集气瓶、毛玻璃片、蒸发皿、导管、玻璃棒、玻璃管（直径为0.3cm）、铁架台、铁夹、塑料试剂瓶、橡胶管、橡皮筋、砂皮纸、火柴、纸杯。

药品：1∶4硫酸溶液、海鸥洗涤剂、甘油、凡士林、铜丝、锌粒、高锰酸钾（固体）、硫酸铜粉末、细木条。

三、实验内容

1. 启普发生器的使用

启普发生器由三部分组成：上面一部分是大的球形漏斗，下面一部分是玻璃球体和玻璃半球体（或空心圆柱）所组成的容器，第三部分是导气管。容器上部的玻璃球体有两个开口，上方的开口是球形漏斗插入的孔道，旁边一个开口是气体的出口，配有橡胶塞和带活栓的导气管就装在这个开口上。玻璃半球体旁侧有一个小口，是倾倒废液用的，用磨砂玻璃塞塞紧。球形漏斗的长颈几乎伸到玻璃半球体的底部，它和容器上玻璃球体相接处都是磨砂的，很密合，可防止漏气。

启普发生器的安装和使用如图2-2-1所示。

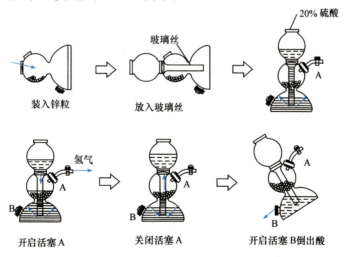

图 2-2-1　启普发生器的使用

装锌粒的方法，也有人主张拔开导气管的橡胶塞，从该处的开口装入。

图 2-2-2　简易启普发生器

多孔隔板

2. 简易启普发生器的使用

简易启普发生器由大号试管、长颈漏斗、多孔隔板、导管和弹簧夹组成,如图 2-2-2 所示。检验装置气密性良好后,打开试管塞,将锌粒装在多孔隔板上,塞好试管塞,向长颈漏斗中加入20% 硫酸,以反应时能浸没锌粒为宜。打开弹簧夹,长颈漏斗中的硫酸进入试管内与锌粒接触反应放出氢气;关闭弹簧夹,硫酸被重新压入长颈漏斗与锌粒脱离,反应停止。

3. 氢气纯度的检验

空气中只要含有 4% ～74.2%(体积分数)的氢气,点燃时就会爆炸。因此,使用氢气之前,须进行纯度检验。使用容积较大的(200mL 以上)发生器,务必十分小心。

扭开导气管活塞,用排水法收集一试管氢气,管口向下移近火焰,如听见尖锐的爆鸣声,就表示氢气不纯,需再收再试。此时应换一支试管或用拇指堵住试管一会儿,然后再收集氢气,检验纯度(为什么),直至发出轻微的"噗"声为止,此时氢气已纯,可以使用。

4. 氢气吹泡

把通氢气的橡胶管口,在加有几滴甘油的洗涤剂溶液(1∶1)中蘸一下,管口仍朝向下方。通氢气,待泡泡有蚕豆大时,将管口迅速反转朝上。泡胀大到一定程度时,平移振动,泡泡就脱离管口而上升。用嘴对管口轻轻吹一下,也能使泡泡脱离管口。

本实验不宜用玻璃管吹泡,因为它表面光滑,沾不到洗液,而且泡泡容易从管口滑落。用海鸥洗涤剂或洗发香波的效果比用钠肥皂或其他合成洗涤剂要好。

5. 氢气和空气混合气的爆炸

用排水法收集 1/5～1/3 瓶的氢气,提出水面后立即盖好,颠倒一两次(每次 5s)就成为混合气体。

用抹布包裹集气瓶,迅速移向灯焰引爆。

若用体积为 20～120mL 的广口塑料试剂瓶为爆炸容器,实验时非常安全,可不用抹布包裹。

氢气和氧气的混合气体,当体积比为 2∶1 时,爆炸最猛烈。氢气和空气的混合气体,当体积比为 2∶5 时,爆炸最猛烈。

6. 氢气和空气扩散相混合的爆炸

取 120mL 的塑料试剂瓶,在底部烫一个圆孔,把一短玻璃管(直径为 0.3cm)紧插入圆孔,即成为爆炸瓶,如图 2-2-3 所示。若漏气可用胶布缠绕一圈贴在塑料试剂瓶上。

将塑料试剂瓶竖立在桌面上,接上通氢气的橡胶管,用向下排空气法由启普发生器通入氢气。氢气流要大,当估计塑料试剂瓶内氢气纯度已很高时,停止通氢气,将橡胶管从玻璃管

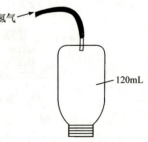

氢气

120mL

图 2-2-3　氢气和空气扩散相混合的爆炸

口拔去,改用左手的食指堵住管口。左手提住瓶子,右手立即把引火棒移到玻璃管口点燃。由于氢气比空气轻,瓶内氢气就不断通过玻璃管在管口燃烧。而空气不断从下部瓶口扩散到瓶中,成为氢气和空气的混合气体,当氢气浓度小于 74.2%(氢气的爆炸上限)时,即发生爆炸。点燃到爆炸的时间由尖嘴口的大小而决定。

也可使用在底部穿了一个小孔的纸杯或塑料杯完成此实验。

7. 氢气点燃生成水

(1) 点燃前务必要检验氢气的纯度,确保安全。

(2) 用烧杯作冷凝器,在烧杯壁上沾上微量的高锰酸钾粉末,将烧杯罩在氢焰上方,开始可以看到水汽,过一会儿,就可观察到高锰酸钾紫色溶液顺着烧杯壁往下流。

为了加强观察效果,可在烧杯下面垫一张干燥的滤纸,让流下的高锰酸钾溶液滴在滤纸上,产生紫色积痕。

氢焰本来接近无色(极淡的蓝紫色),但在玻璃管口点燃时,由于玻璃中钠离子的挥发,使火焰呈黄色。可以在管口套上一短段干净的铝质尖嘴管,使火焰呈淡蓝紫色。可用火柴梗、棉花等放在氢焰上点燃,以显示其存在。氢焰虽不易吹熄,但只要把橡胶管一捏,气流中断,氢焰自然熄灭。

8. 氢气还原氧化铜

将黑色氧化铜粉末放入干燥的试管底部,把导管伸入试管底部,使管口稍向下倾斜,装置如图 2-2-4 所示。

通入氢气,排尽空气,片刻后加热试管,不久看到黑色氧化铜开始像着火似的发红,慢慢由土红色变成紫红色。同时试管口有水滴凝聚并有水蒸气逸出,生成的土红色物质是氧化亚铜,紫红色的是铜。

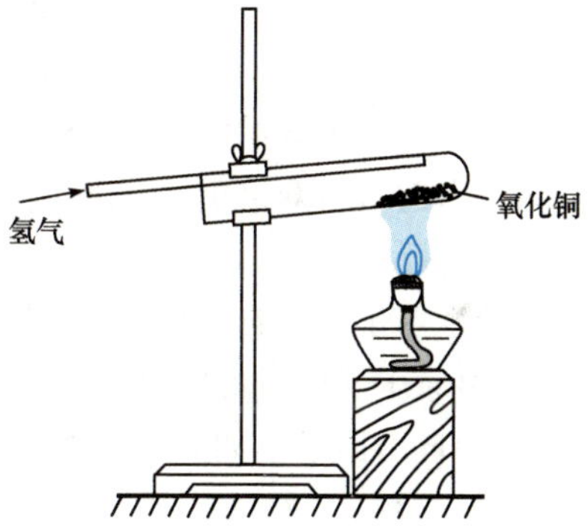

图 2-2-4 氢气还原氧化铜

四、注意事项

(1) 做氢气的燃烧和氢气还原氧化铜实验前一定要检验氢气的纯度。

(2) 在启普发生器导管口放一团防爆铜丝,起防爆作用,但在点燃时,仍需检验氢气的纯度。

(3) 做氢气和空气扩散相混合爆炸所用的带尖嘴的塑料试剂瓶一定不能漏气。

(4) 氢气还原氧化铜时,通入的氢气要纯,而且加热前必须排净试管中的空气,以免引起爆炸;冷却时应在还原环境下进行(停止加热后,可继续通一会儿氢气),以免还原出的铜再被氧化。

五、讨论与研究

1. 锌粒与酸的反应

如果使用的锌和酸的纯度都较高,开始时反应很慢,可加少量硫酸铜溶液或加一些铜丝,使形成微电池,从而加快反应速率。

因为使用纯度较高的锌,反应时在锌表面会附着氢气,锌是对氢超电势比较高的金属,产生的超电势影响反应的继续进行。如用粗锌,因含有杂质,超电势较小,且所含的杂质微粒可和锌形成许多微小的原电池,因此可使反应能够继续进行。有时为了使反应迅速进行,除用粗锌外,还常加少量硫酸铜。这时锌和铜离子发生氧化还原反应,析出的铜沉积在锌的表面,从而形成无数微小的原电池。当锌继续溶解时,过剩的电子通过铜传递给 H^+,氢就在铜表面逸出,使反应继续进行。粗锌反应后残余的锌粒表面附着一层黑色的物质(若锌粒全部溶解,也可看到有黑色物质残留在液体中),这是由于不纯锌粒中含有的 Pb、Bi、Cu、Sn 等杂质游离出来形成微粒并沉积在残余锌粒的表面,而这些金属的微粒呈黑色。

2. 氢氧混合气体的爆炸机理

氢气与氧气(或空气)混合后能否爆炸,主要取决于混合气体的组成、温度和压强等条件。

氢气与氧气(或空气)的混合气体爆炸时发生以下支链反应:

$$H_2 \longrightarrow \cdot H + \cdot H \tag{1}$$
$$\cdot H + O_2 + H_2 \longrightarrow H_2O + \cdot OH \tag{2}$$
$$\cdot OH + H_2 \longrightarrow H_2O + \cdot H \tag{3}$$
$$\cdot H + O_2 \longrightarrow \cdot OH + \cdot O \tag{4}$$
$$\cdot O + H_2 \longrightarrow \cdot OH + \cdot H \tag{5}$$

在(1)式中链开始时,氢分子解离成氢的自由原子,然后自由原子(H·)作为连锁反应的传递者,引起数目众多的连锁反应。在(2)、(3)两个基元反应中,自由原子既不增殖也未销毁,属直链反应。在(4)、(5)两个基元反应中,每一个自由原子参加反应后可以产生两个自由原子,即增殖了一个自由原子,属支链反应。因而在反应气体中的自由原子的浓度就会上升,这些自由原子又可以参加直链反应或支链反应,所以反应速率也就相应地加快,这样又会增殖更多的自由原子。如此迅速发展,很快使反应加速而达到爆炸的程度。

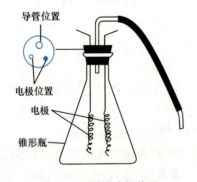

图 2-2-5　制爆鸣气装置

3. 中学爆鸣气实验的改进

(1)爆鸣实验中氢气与氧气的最佳混合比为 2:1。如何能制得这一最佳比例的混合气体? 采用图 2-2-5 装置,在锥形瓶中加入 $1.5\sim2.5\,mol\cdot L^{-1}$ 的氢氧化钠溶液作为电解液,电解水即可制得所需的混合气体。

将制得的氢氧混合气通入肥皂液中鼓泡(有四五个爆鸣气泡即可),如图 2-2-6 所示。用点燃的长木条接触气泡,立即产生较剧烈的爆鸣声。

此实验方法安全、简便,重现性好。

(2)也可采用下面方法引爆混合气,如图 2-2-7 所示。

实验优点:①现象明显,爆炸声大,能看到爆炸瞬间的火光;②操作简便;③由于导线较长,教师操作、学生观察均可远离爆炸点,较安全。

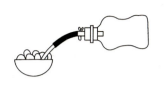
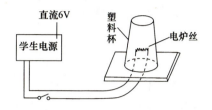

图 2-2-6 通入爆鸣气　　　　图 2-2-7 引爆混合气装置

4. 氢气还原氧化铜实验的研究

（1）也可用如图 2-2-8 的装置将氢气的制取与还原氧化铜合二为一。反应原理为

$$Zn+2NaOH \xrightarrow{\triangle} Na_2ZnO_2+H_2\uparrow$$

$$CuO+H_2 \xrightarrow{\triangle} Cu+H_2O$$

实验时，锌和固体氢氧化钠的质量比取 4：5，而氧化铜的用量要尽可能少一些。该实验装置简单、操作简便、安全可靠、成功率高、省时、省事、科学性强。

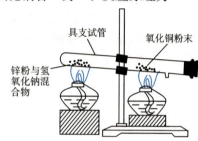

图 2-2-8 氢气还原氧化铜装置

（2）氢气还原氧化铜的实验中，若氢气量不足，会生成氧化亚铜。而在温度超过 1000℃时，氧化铜也会分解生成氧化亚铜同时放出氧气。

$$2CuO \xrightarrow[>1000℃]{\triangle} Cu_2O+\frac{1}{2}O_2\uparrow$$

高温时，熵增大了，故 Cu(Ⅰ) 比 Cu(Ⅱ) 稳定。反应条件不同时，氧化亚铜可呈现黄、橙、红等不同的颜色。氧化亚铜是一种呈弱碱性的有毒物质，其热稳定性很好，在 1235℃熔化时，也不分解。

但在溶液中，Cu^+ 很不稳定，可歧化为 Cu^{2+} 和 Cu，即

$$2Cu^+ \rightleftharpoons Cu+Cu^{2+}$$

这是因为在 $Cu^{2+} \xrightarrow{+0.158} Cu^+ \xrightarrow{+0.522} Cu$ 中，$\varphi^{\ominus}_{右} > \varphi^{\ominus}_{左}$。上面歧化反应中

$$K^{\ominus}=[Cu^{2+}]/[Cu^+]^2=1.4\times10^6$$

氧化亚铜溶于稀硫酸的反应如下：

$$Cu_2O+H_2SO_4 == CuSO_4+Cu+H_2O$$

5. 二氧化碳的制取

启普发生器和简易启普发生器均可作为固体颗粒与液体反应物在常温条件下反应的气体发生装置，可根据需要随时控制反应的发生和停止，对实验现象的观察大有裨益。因此，实验室还常用启普发生器或简易启普发生器制取二氧化碳，反应原理为

$$CaCO_3+2HCl == CaCl_2+CO_2\uparrow+H_2O$$

在用于制取氢气的启普发生器或简易启普发生器装置的基础上，只需将固体颗粒反应物锌粒替换为大理石块，将液体反应物 20% 硫酸替换为稀盐酸，即可用于制取二氧化碳。需要特别注意的是，由于二氧化碳可溶于水，只能使用向上排空气法进行收集。

实验三   氯气的制取与性质

一、实验目的

(1) 掌握有毒气体——氯气的制取与性质实验的操作。
(2) 掌握用向上排空气法收集气体的操作。

二、实验用品

仪器和材料:分液漏斗、具支试管、启普发生器、漏斗、集气瓶、毛玻璃片、研钵、燃氢的尖嘴弯管、酒精灯、导管、水槽、托盘天平、铁圈、铁夹、铁架台、坩埚钳、镊子、小刀、石棉网、橡胶管、橡胶塞、塑料瓶、塑料板、火柴、滤纸。

药品:浓盐酸、1:4硫酸溶液、10%氢氧化钠溶液、固体高锰酸钾、二氧化锰、金属钠、锌粒、镁条、细铜丝、细铁丝。

三、实验内容

1. 氯气的制取

1) 用二氧化锰和浓盐酸制取

(1) 在干燥的具支试管中加入10g二氧化锰,从分液漏斗注入浓盐酸(浸没二氧化锰即可),微热,关闭B处弹簧夹,打开A处弹簧夹,用向上排空气法收集氯气(收集4~5瓶),如图2-3-1所示。

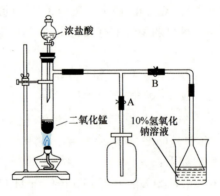

图 2-3-1   氯气的制备

(2) 可通过观察或用蘸了氨水的小木条来检验氯气是否收满。氯气充满集气瓶后,用涂凡士林的毛玻璃片盖好备用。停止收集氯气时,关闭A,打开B。

(3) 加热的温度不应超过90℃。加热时要经常移动火焰,否则制得的氯气会含有大量的氯化氢和水蒸气。

(4) 为制备干燥的氯气,可在氯气发生器与集气瓶之间增装浓硫酸洗气瓶,如需收集较为纯净的氯气(如用于氢气-氯气爆炸),可用排饱和食盐水法集气。

(5) 氯气发生器停止使用时,应及时移到通风橱内或室外作清洗处理。先将导管没入热的稀碱液中,使热的稀碱液倒吸入具支试管中,具支试管内壁黏附的二氧化锰污迹可加少量浓盐酸温热后刷洗。

2) 用高锰酸钾和浓盐酸制取氯气

此法比上法方便,因为反应不需加热,所以氯气含氯化氢及水蒸气较少,若用冷却或加热处理,可断断续续地制取氯气。

用 5g 高锰酸钾和约 30mL 浓盐酸反应,可制得氯气约 1800mL。仪器装置和图 2-3-1 类似,但不需加热用的酒精灯。高锰酸钾要研细,以加速反应。实验中,要注意控制浓盐酸的滴加速率,不要让反应过于剧烈。

制氯气时,用热水加热反应器,浓盐酸滴入时,反应剧烈、迅速。当用冷水冷却,并停止滴酸,则反应几乎立即停止。再次制取氯气时,只需用开水升温,并滴加浓盐酸即可。

2. 氯气的性质

1) 钠在氯气中燃烧

(1) 取少量金属钠,金属钠一定要先刮除淡黄色的外皮,否则钠燃烧不起来,用滤纸吸去煤油,放在石棉网上,加热,钠熔化后撤火。

(2) 将充满氯气的集气瓶,倒放在有熔融钠的石棉网上,钠立即在氯气中燃烧,火焰呈黄色,燃尽后取出观察,石棉网上生成白色的氯化钠固体,如图 2-3-2 所示。

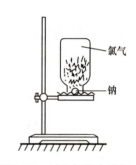

图 2-3-2　钠在氯气中燃烧

2) 铜在氯气中燃烧

将铜丝(粗的用一根,细的用一束)加热到红热时,立即插入充满氯气的集气瓶中,红热的铜丝在氯气里燃烧,瓶里充满棕色的烟。把少量水注入瓶里,振荡,氯化铜溶于水生成绿色溶液。

3) 铁在氯气中燃烧

用一束细铁丝,烧红后伸入氯气瓶中,氯气与铁发生反应,瓶内充满棕色的烟。把少量水注入瓶里,振荡,氯化铁溶于水生成黄色溶液。

4) 氢气在氯气中燃烧

用启普发生器制取氢气,验纯后,装一燃氢的尖嘴弯管。点燃,调小氢焰,慢慢送入氯气瓶中,可看到火焰为苍白色,并有大量酸雾生成,如图 2-3-3 所示。

图 2-3-3　氢气在氯气中燃烧　　　图 2-3-4　氯气和氢气的光化反应

5) 氢气-氯气混合气的光化反应

在同一水槽内用排饱和食盐水法收集纯净的氯气和氢气,在收集前要分别排放掉 5 倍反应器体积的氯气或氢气。用两个相同的塑料试剂瓶分别收集氯气、氢气,然后用口对口混合法混合。混合后如图 2-3-4 所示,用塑料板盖在瓶口。天晴时,用日光即可引爆,也可用镁焰照射(距离约 2cm)引爆。收集气体时也可以用一只塑料试剂瓶,先收集半瓶氯气(或略大于半瓶),再收集氢气。

四、注意事项

(1) 铜在氯气中燃烧:①铜丝温度要高,否则不能燃烧;②集气瓶要干燥,否则生成的棕色的烟($CuCl_2$ 颗粒)就很快消失而转变成近于白色的烟雾($CuCl_2 \cdot 2H_2O$ 颗粒)。

(2) 氢气-氯气混合气的光化反应:①氯气和氢气纯度要高,为此可用排饱和食盐水法进行收集,因为普通的自来水中溶有较多的氧气、二氧化碳等气体;②利用同一容器收集氢气和氯气成功率较高;③不同容器收集混合后,用原收集氯气的容器进行实验,成功率较高。

(3) 钠在氯气中燃烧:①集气瓶要干燥;②钠表面的煤油要除净,否则煤油燃烧,产生黑烟,影响实验效果;③钠屑要注意处理(可烧掉)。

(4) 因氯气有毒,在实验时要注意用稀的氢氧化钠溶液来吸收尾气,防止污染空气。

(5) 做氢气-氯气的光化反应时,最好用塑料试剂瓶进行实验,如用集气瓶,宜用 125mL 的集气瓶,若用大的集气瓶,需要加一个防护罩,否则因剧烈爆炸易发生危险。

五、讨论与研究

1. 氯气的解毒措施

(1) 实验应在通风橱内或通风之处进行,必要时戴上防毒口罩。
防毒口罩的制法:
a. 取薄一些的纱布口罩,浸以热的饱和硫代硫酸钠溶液(加少量甘油或蜂蜜),取出后稍加挤压,再晒干即成,使用时在里面衬一层普通纱布。硫代硫酸钠可吸收氯气,生成氯化钠、硫酸氢钠等无毒物质。

$$Na_2S_2O_3 + 4Cl_2 + 5H_2O == 2NaCl + 2H_2SO_4 + 6HCl$$
$$Na_2S_2O_3 + 4Cl_2 + 5H_2O == 2NaHSO_4 + 8HCl$$

b. 也可以用棉花蘸取碳酸钠溶液,把普通口罩的外层涂湿,再撒上一层碳酸钠粉末。

(2) 如果空气中氯气浓度较大,应及时加强通风,还可以把氨水洒在地上进行消毒。

$$3Cl_2 + 2NH_3 == 6HCl + N_2$$
$$HCl + NH_3 == NH_4Cl$$

(3) 如果不慎吸入了较多的氯气,可嗅闻等体积乙醇和 10% 氨水的混合液的蒸气来解毒。也可单独嗅闻氨水或乙醇的蒸气。

2. 关于实验室制取氯气的研究

1) 用二氧化锰和浓盐酸制氯气

原理: $$MnO_2(固) + 4HCl(浓) \xrightarrow{\triangle} MnCl_2 + Cl_2\uparrow + 2H_2O$$
查表得

$$MnO_2 + 4H^+ + 2e^- == Mn^{2+} + 2H_2O \qquad \varphi^\ominus = 1.228V$$

$$Cl_2(g)+2e^- = 2Cl^- \qquad \varphi^\ominus=1.358V$$

$$E^\ominus=\varphi^\ominus_{MnO_2/Mn^{2+}}-\varphi^\ominus_{Cl_2/Cl^-}=1.228-1.358=-0.130V<0$$

故二氧化锰和 $1mol \cdot L^{-1}$ 的盐酸制取氯气的反应，正向不能自发进行。

实际上使用浓盐酸并且加热，反应可以进行。设取 30mL 浓盐酸，制得实验所需的氯气量后，约消耗盐酸 0.2mol，盐酸浓度降低了 $\dfrac{0.2}{30\times10^{-3}}=6.67(mol \cdot L^{-1})$。溶液中的 $[Mn^{2+}]$ 约为 $1mol \cdot L^{-1}$。此时

$$\varphi_{MnO_2/Mn^{2+}}=\varphi^\ominus_{MnO_2/Mn^{2+}}+\frac{0.059}{2}lg\frac{[H^+]^4}{[Mn^{2+}]}$$

$$\varphi_{Cl_2/Cl^-}=\varphi^\ominus_{Cl_2/Cl^-}+\frac{0.059}{2}lg\frac{1}{[Cl^-]^2}$$

$$E=\varphi_{MnO_2/Mn^{2+}}-\varphi_{Cl_2/Cl^-}$$

$$=\varphi^\ominus_{MnO_2/Mn^{2+}}+\frac{0.059}{2}lg\frac{[H^+]^4}{[Mn^{2+}]}-\varphi^\ominus_{Cl_2/Cl^-}-\frac{0.059}{2}lg\frac{1}{[Cl^-]^2}$$

因为 $[Mn^{2+}]$ 为 $1mol \cdot L^{-1}$，$[H^+]\approx[Cl^-]$，故

$$E=1.228+\frac{0.059}{2}lg[H^+]^4-1.358-\frac{0.059}{2}lg\frac{1}{[H^+]^2}$$

$$=-0.130+0.1776lg[H^+]$$

若反应能够正向进行，则 E 必须大于零，故 $[H^+]>5.42mol \cdot L^{-1}$。

因此，开始时 $[H^+]$ 应大于 $(6.67+5.42)mol \cdot L^{-1}$，即盐酸浓度应大于 $12.09mol \cdot L^{-1}$，实验室的浓盐酸可达到此物质的量浓度。

2）用高锰酸钾和浓盐酸来制取氯气

原理：　$2KMnO_4(固)+16HCl(浓) = 2MnCl_2+2KCl+5Cl_2\uparrow+8H_2O$

查表得

$$MnO_4^-+8H^++5e^- = Mn^{2+}+4H_2O \qquad \varphi^\ominus=1.491V$$

$$Cl_2(g)+2e^- = 2Cl^- \qquad \varphi^\ominus=1.358V$$

$$E^\ominus=\varphi^\ominus_{MnO_4^-/Mn^{2+}}-\varphi^\ominus_{Cl_2/Cl^-}=1.491-1.358=0.133V>0$$

所以，该反应可以正向自发进行，不必加热。

3）可用重铬酸钾、氯酸钾或漂白粉跟浓盐酸反应制备氯气

$$\varphi^\ominus_{HClO/Cl_2}=1.63V, \qquad \varphi^\ominus_{ClO_3^-/Cl_2}=1.43V, \qquad \varphi^\ominus_{Cr_2O_7^{2-}/Cr^{3+}}=1.23V$$

从这些数据可知，用漂白粉作氧化剂可以不必加热，用氯酸钾作氧化剂水浴加热，而用重铬酸钾作氧化剂，除加热外，还必须用很浓的盐酸。有关反应如下：

$$Ca(ClO)_2(固)+4HCl(浓) = CaCl_2+2Cl_2\uparrow+2H_2O$$

$$KClO_3(固)+6HCl(浓) = KCl+3Cl_2\uparrow+3H_2O$$

$$K_2Cr_2O_7(固)+14HCl(浓) \xrightarrow{\triangle} 2KCl+2CrCl_3+3Cl_2\uparrow+7H_2O$$

3. 氢、氯混合气体光化反应的研究

（1）氢、氯混合气体的爆炸极限是 9.8%～52.8%。当氯气和氢气的体积比为 1∶1 时，最易引起爆炸。用爆鸣法检验氢气的纯度在这里已不适用，因为氢气和空气混合物的爆炸极限

为 4.0%～74.2%,所以氢气和氯气都要待排出 5～6 倍发生器体积的气体后,再行收集。因为氯气的密度比氢气大,所以要先收集氯气,后收集氢气,使它们容易扩散。气体收集好后,要在液面下把塞子塞好,取出后还要等待 1～2min,让它们充分混合,塞子不要塞得太紧。

(2) 在紫外光照射下,氢气和氯气的反应是直链反应。氯气分子吸收光子后化学键发生均裂,形成自由原子(Cl·),从而引起下列的连锁反应:

$$Cl_2 \xrightarrow{\text{光}} 2Cl\cdot$$
$$Cl\cdot + H_2 = HCl + H\cdot$$
$$H\cdot + Cl_2 = HCl + Cl\cdot$$

反应在瞬间放出大量的热,反应热使反应体系的温度急剧上升,而温度又使这个放热反应的速率再按指数规律增大,这样放出的热量也随之增多……最后就会引起爆炸。

实验四　一氧化碳还原氧化铁

一、实验目的

（1）掌握实验室制备一氧化碳及其还原氧化铁的实验基本操作。

（2）通过实验理解一氧化碳的还原性。

二、实验原理

1. 一氧化碳的制备

实验室常用甲酸脱水的方法制备一氧化碳。将甲酸滴到 80～90℃浓硫酸中，甲酸脱水生成一氧化碳，反应如下：

$$HCOOH \xrightarrow[80\sim90℃]{浓\ H_2SO_4} CO\uparrow + H_2O$$

如果没有甲酸，也可以用乙二酸代替，但乙二酸脱水法的生成物除一氧化碳外，还有少量二氧化碳，将气体通入氢氧化钠溶液中吸收掉二氧化碳后，可得到较纯的一氧化碳。反应式为

$$H_2C_2O_4 \xrightarrow[175℃]{浓\ H_2SO_4} CO\uparrow + CO_2\uparrow + H_2O$$

2. 一氧化碳还原氧化铁

一氧化碳在空气或氧气中燃烧，生成二氧化碳，并放出大量的热。因此，一氧化碳是很好的气体燃料，燃烧时呈蓝色火焰，这一性质也使得一氧化碳成为冶金方面的良好还原剂。它在高温下可以从许多金属氧化物中夺取氧，使金属还原，实验室常用一氧化碳还原氧化铁。反应如下：

$$3CO + Fe_2O_3 \xrightarrow{高温} 2Fe + 3CO_2$$

三、实验用品

仪器和材料：长直玻璃管、大试管、小试管、双孔橡胶塞、分液漏斗、硬质玻璃管、胶头滴管、直角导管、烧杯、水槽、铁架台、煤气灯、集气瓶。

药品：浓硫酸、澄清石灰水、甲酸、氧化铁。

四、实验内容

1. 一氧化碳的制备

（1）取一支大试管，配上双孔橡胶塞，插入分液漏斗和直角导管。如图 2-4-1 所示连接好装置，检查装置的气密性。

（2）在大试管内注入 20mL 浓硫酸，分液漏斗中注入 10mL 甲酸，固定在铁架台上；用导管将大试管与装满水的集气瓶相连，用来收集气体。

（3）缓慢地将甲酸滴入大试管中，用一个 100mL 集气瓶先收集满一瓶气体以排掉装置内的空气（大试管及导管体积约为 100mL）。然后，再收集一试管一氧化碳，验纯。待收集到的气

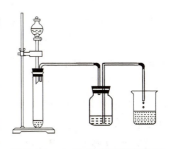

图 2-4-1　一氧化碳的制备装置

体纯净以后,再将接下来生成的气体通入集气瓶中储存。

2. 一氧化碳还原氧化铁的实验

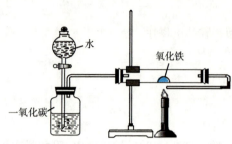

图 2-4-2   一氧化碳还原氧化铁实验装置

(1) 按图 2-4-2 连接好装置,检查装置的气密性;分液漏斗中装水,硬质玻璃管内装 0.5g 氧化铁。

(2) 预估硬质玻璃管体积并在集气瓶中做好标记。打开分液漏斗的活塞让水流至标记处,以排尽装置中的空气,关闭活塞。

(3) 点燃煤气灯,再次打开活塞让水缓慢滴下,至反应物颜色发生变化即停止实验,记录反应时间。待产物完全冷却后,取出待用。

(4) 重复上述步骤,在反应物颜色变化后继续加热 5min。待产物冷却后,取出待用。

(5) 取一干燥洁净的烧杯,加入足量的硫酸,称量;往烧杯中加入已称量的产物,充分反应;观察天平示数,直到 30s 内示数不变,记下此时的质量;根据产生的气体量计算铁的含量。

(6) 重复步骤(5),分析加热 5min 后的产物中铁的含量。

五、注意事项

(1) 制备一氧化碳时,要注意甲酸的滴加速率不要过快,防止反应过于剧烈,气流不稳,制得的一氧化碳不纯。

(2) 做一氧化碳还原氧化铁实验时,要使用煤气灯或者酒精喷灯,确保加热温度达到 700℃以上,以提高产物中单质铁的含量。

(3) 通入一氧化碳的速率不能过快,防止气流过大,把氧化铁粉末吹散,使反应不充分。

(4) 反应的尾气要收集处理,防止污染空气。

六、讨论与研究

1. 一氧化碳还原氧化铁的黑色产物的分析

实验证明,若用酒精灯直接加热得到的主要产物并不是铁。图 2-4-3 为铁的氧化物的自由能-温度图(又称埃林汉姆图),表示 $Fe_3O_4 \rightarrow Fe_2O_3$、$FeO \rightarrow Fe_3O_4$、$Fe \rightarrow FeO$ 和 $C \rightarrow CO$ 反应的自由能随温度的变化情况。由图可见,在适当的温度下,Fe_2O_3、Fe_3O_4、FeO 都能被 CO 还原为 Fe。当温度高于 A(300℃以上),Fe_2O_3 容易被还原成 Fe_3O_4;当温度高于 B(600℃以上),Fe_3O_4 容易被还原成 FeO;只有当温度高于 C(700℃以上)时,FeO 才可以被大量还原成铁单质。因此,实验中要控制温度在 700℃以上。

Fe 的氧化物的热稳定性顺序是:$FeO > Fe_3O_4 >$

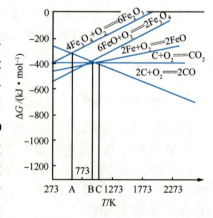

图 2-4-3   铁的氧化物的自由能-温度图
(埃林汉姆图)

Fe_2O_3,氧化性顺序则与此相反:$Fe_2O_3>Fe_3O_4>FeO$。实验证明,用 CO 作还原剂还原氧化铁(Fe_2O_3)的过程是逐步进行的。

首先是 Fe_2O_3 被还原成 Fe_3O_4:

$$3Fe_2O_3+CO \xrightarrow{400\sim500℃} 2Fe_3O_4+CO_2$$

然后是 Fe_3O_4 被还原成 FeO:

$$Fe_3O_4+CO \xrightarrow{500\sim600℃} 3FeO+CO_2$$

最后才是 FeO 被还原成 Fe:

$$FeO+CO \xrightarrow{600℃以上} Fe+CO_2$$

总反应方程式为

$$3CO+Fe_2O_3 \xrightarrow{高温} 2Fe+3CO_2$$

因此,本实验成功的关键是控制加热温度在 700℃以上。

2. 铁的不同氧化物的性质

1) Fe_2O_3

氧化铁有多种类型,并且由于晶形不同和是否含有结晶水,又能呈现多种不同的颜色。$Fe_2O_3\cdot H_2O$ 为黄色,称为铁黄;$\alpha\text{-}Fe_2O_3$ 为红色,称为铁红;$\gamma\text{-}Fe_2O_3$ 为褐色。其中,铁黄和铁红常用作颜料,而 $\gamma\text{-}Fe_2O_3$ 具有磁性,是常用的磁记录材料。三种类型的氧化铁之间可以进行转化。

普通呈红色粉末状的化学纯的 Fe_2O_3 属 $\alpha\text{-}Fe_2O_3$。它不溶于冷的稀盐酸,只溶于浓盐酸和热的稀盐酸。红色的氧化铁粉末在加热的状态下颜色会发生变化,如把半药匙红色 Fe_2O_3 粉末或一些橙黄色的铁锈放在试管中加热,会发现红色的 Fe_2O_3 或橙黄色的铁锈迅速变黑,冷却后又迅速恢复成加热前的红色和橙。不仅红色的 Fe_2O_3 有这一性质,很多无机化合物的颜色会随着温度的升高颜色变深。这是由于温度升高,离子的振幅加大,相反电荷离子靠得更近,产生强的极化作用,有利于电子的跃迁,从而导致无机金属化合物的颜色变深。几种金属无机化合物在常温和高温下的颜色如表 2-4-1所示。

表 2-4-1 不同物质在常温和高温下的颜色

物质	HgO	Fe_2O_3	Cr_2O_3	Pb_3O_4	Na_2O_2	$CuSO_4$	K_2CrO_4	$CuCl_2$
常温	红	红	绿	橙红	淡黄	白	橙红	棕黄
高温	黑	黑	灰黑	棕	棕黑	橙黑	棕红	深棕

由此可见,一些无机化合物的颜色随温度的升高颜色变深是一种普遍性的规律。实验结束后,因为试管内温度依然很高,未反应完的 Fe_2O_3 在高温时呈黑色,所以不能凭借反应物颜色的变化来判断反应是否进行。

2) Fe_3O_4

四氧化三铁的常见化学式是 Fe_3O_4,但实际上通过 X 射线研究证明,Fe_3O_4 是二价铁和三价铁混合氧化态的化合物或三价的铁酸盐,即实际的结构式应该写为 $Fe^{3+}[Fe^{2+}Fe^{3+}]O_4$。它是一种离子晶体,其晶体中存在的是 Fe^{2+}、Fe^{3+} 和 O^{2-}。在它的晶体结构中,每个晶胞中有 8 个 Fe^{2+}、16 个 Fe^{3+} 和 32 个 O^{2-},相当于 8 个 Fe_3O_4 分子。其晶体由 O^{2-} 的立方最紧密堆积所构成,Fe^{3+} 的一半嵌入堆积排列正四面体的中心位置,而全部的 Fe^{2+} 和另一半 Fe^{3+} 则分布在每个八面体的中心位置，Fe^{2+} 和 Fe^{3+} 平均各占一半，因此其结构式应写为 $Fe^{3+}[Fe^{2+}Fe^{3+}]O_4$。由于晶体中含有交替排列着的 Fe^{2+} 和 Fe^{3+}，电子很容易因电场影响从 Fe^{2+} 转移到 Fe^{3+}，因此四氧化三铁具有较高的导电性。

工业上大量的 Fe_3O_4 都是用 H_2 还原 Fe_2O_3 获得的。这是由于 Fe_2O_3 有较强的氧化性，可以在较低温度（400℃）下用 H_2 还原 Fe_2O_3 来获得高纯度的 Fe_3O_4。

Fe_3O_4 和 Fe 都是黑色粉末，都可以被磁铁吸引。因此，在做一氧化碳还原氧化铁实验时，不能仅凭借产物能被磁铁吸引就判断产物一定是 Fe。另外，两者还有一个共同点是能在空气中燃烧，只是燃烧产物不同，铁粉在空气中燃烧生成黑色的 Fe_3O_4，而在本实验条件下还原生成的 Fe_3O_4 在空气中燃烧，是生成红色的 Fe_2O_3，这一共同点可以用来鉴别这两种粉末。

3. 一氧化碳的毒性与解毒

一氧化碳无色无味，有剧毒。一氧化碳被吸进肺里，能跟血液里的血红蛋白结合成稳定的碳氧血红蛋白，随血流遍布全身。一氧化碳与血红蛋白的结合力要比氧与血红蛋白的结合力大 200～300 倍，而碳氧血红蛋白的解离却约是氧合血红蛋白解离速率的 1/3600。因此，一氧化碳一经吸入，即与氧争夺血红蛋白。同时，由于碳氧血红蛋白的存在，妨碍氧合血红蛋白的正常解离，使血液的携氧功能发生障碍，造成机体急性缺氧。在一氧化碳浓度较高时，还可与细胞色素氧化酶中的铁结合，抑制组织细胞的呼吸过程，阻碍其对氧的利用。由于中枢神经系统对缺氧最敏感，因此中毒时先觉疲倦乏力，出现组织低氧症。如果血液中 50% 的血红蛋白与一氧化碳结合，即可引起心肌坏死，继而发生一系列的全身症状。

一氧化碳的中毒程度，主要与空气中一氧化碳的浓度及接触时间有关。当浓度为 0.02%（体积分数）时，2～3h 可出现症状；浓度为 0.08% 时，2h 可昏迷；如浓度再高，10min 即可致死。

轻微中毒者，应吸收大量新鲜空气或进行人工呼吸。医疗上常用静脉注射亚甲基蓝进行解毒，这是因为一氧化碳与亚甲基蓝结合物比碳氧血红蛋白更稳定，从而有利于一氧化碳转向亚甲基蓝而释放出血红蛋白，恢复正常呼吸作用。

4. 一氧化碳的还原性

CO 在空气或氧气中燃烧，生成 CO_2 并放出大量的热。

$$CO + \frac{1}{2}O_2 = CO_2 \qquad \Delta_r H^\ominus = -284 kJ \cdot mol^{-1}$$

所以 CO 和水煤气都是很好的气体燃料。木炭或煤燃烧时的蓝色火焰即 CO 的火焰。这个性质也使 CO 成为冶金方面的还原剂。它在高温下可以从许多金属氧化物如 Fe_2O_3、CuO 或 PbO 中夺取氧，使金属还原。冶金工业中用焦炭作还原剂，实际上起重要作用的是 CO。

为消除汽车排出废气中的 CO 和碳氢化合物对空气的污染，现在有些汽车在排气口装有催化转化装置，用 Al_2O_3 纤维织物作载体，Pt 或 Pd 的化合物为催化剂，此催化剂吸附 O_2，使 CO 等转化为无毒的 CO_2。

CO 还能使一些化合物中的金属离子还原，如

$$CO + PdCl_2 + H_2O = CO_2 + Pd\downarrow + 2HCl$$

$$CO + 2Ag(NH_3)_2OH = 2Ag\downarrow + (NH_4)_2CO_3 + 2NH_3$$

这些反应都可以用于检测微量 CO 的存在。

实验五 氯化氢的制取与性质

一、实验目的

(1) 掌握实验室制取氯化氢的仪器装置、收集方法及尾气的吸收。

(2) 掌握氯化氢性质实验的操作。

二、实验用品

仪器和材料：大试管、具支试管、250mL 圆底烧瓶、分液漏斗、普通漏斗、烧杯、量筒、集气瓶、酒精灯、T 形管、导管、粗玻璃管、尖嘴玻璃管、研钵、滴管、玻璃棒、托盘天平、铁架台、铁圈、铁夹、弹簧夹、石棉网、橡胶塞、脱脂棉、火柴。

药品：浓硫酸、浓盐酸、浓氨水、稀氢氧化钠溶液、食盐、紫色石蕊试液、蓝色石蕊试纸。

三、实验内容

1. 氯化氢的制取

(1) 用食盐和浓硫酸法制取，制取装置如图 2-5-1 所示。

a. 大的具支试管内加入研细的食盐8～10g，先加水 3～5mL 湿润，再分次加入浓硫酸。由于浓硫酸溶于水时，要放出热量，因此不必加热就有氯化氢逸出，浓硫酸用量为 8～10mL。到氯化氢放出缓慢时，再用小火加热。（先用水润湿食盐，是防止在实验中产生较多的泡沫。若用 1：2～1：3的硫酸，可以不加水润湿）

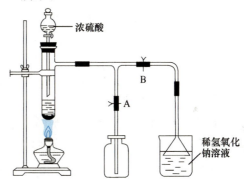

b. 关闭 B 处弹簧夹，打开 A 处弹簧夹，用向上排空气法收集氯化氢气体。停止收集氯化氢时，关闭 A 处，打开 B 处。

图 2-5-1 氯化氢的制取装置（Ⅰ）

(2) 浓盐酸中注入浓硫酸法制取氯化氢，装置如图 2-5-2 所示。

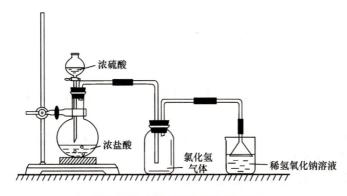

图 2-5-2 氯化氢的制取装置（Ⅱ）

圆底烧瓶中倒入37%的浓盐酸约20mL,在分液漏斗中倒入98%浓硫酸约20mL。装好仪器,开启分液漏斗活塞,迅速注入约10mL浓硫酸,氯化氢气体就迅速产生。与上法相比,不需加热就可以快速获得氯化氢气体。

2. 氯化氢的性质

1)氯化氢在水中的溶解——喷泉实验

用干燥的圆底烧瓶收集一瓶氯化氢气体,用带有玻璃管和滴管(滴管里预先吸入水)的塞子塞紧瓶口。立即倒置烧瓶,将玻璃管放进盛有紫色石蕊试液的烧杯里。压缩滴管胶头,使少量水进入烧瓶。烧杯里的溶液即由玻璃管喷入烧瓶,形成美丽的喷泉(图2-5-3)。如果缺少适用的双孔塞时,也可用单孔塞,如图2-5-4所示。当瓶内已充满氯化氢时,塞上塞子,然后进行喷泉实验。

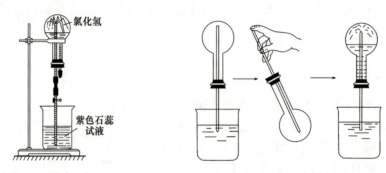

图 2-5-3　氯化氢在水中的溶解(Ⅰ)　　　图 2-5-4　氯化氢在水中的溶解(Ⅱ)

2)氯化氢和氨的反应

把约30cm长的粗玻璃管水平固定于铁架台上。一端塞上蘸有浓盐酸的脱脂棉,另一端塞上蘸有浓氨水的脱脂棉,放置片刻观察,在距蘸浓氨水一端约20cm处产生了白色环(图2-5-5)。之所以在近浓盐酸棉球一端产生白色环,是因为微粒质量越小,气体扩散速率就越快。

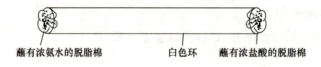

蘸有浓氨水的脱脂棉　　　　白色环　　　蘸有浓盐酸的脱脂棉

图 2-5-5　氯化氢和氨的反应

四、注意事项

(1)做本实验时,要注意氯化氢气体的尾气吸收。用倒扣的漏斗可以保证尾气的吸收又可防止倒吸。

(2)做喷泉实验时,不可用平底烧瓶。这是因为氯化氢被水吸收后导致瓶内负压较大,有可能使容器破裂而发生危险。

(3)喷泉实验中用烧瓶收集氯化氢气体时要收满,用向浓盐酸中注入浓硫酸法制取收集氯化氢气体有利于本实验的成功,烧瓶口有白雾时,再继续收集2~3min;烧瓶必须干燥,烧瓶和橡胶塞之间不能漏气。

五、讨论与研究

喷泉实验的研究：

（1）利用图 2-5-3 装置做氯化氢在水里的溶解实验时，当用滴管向烧瓶中挤入少许水时，由于氯化氢溶解时放出大量的热，瓶内尚未溶解的氯化氢气体的体积增大，压强也随之增大，因此尖嘴玻璃管内的水位暂时不上升或稍稍下降。待热量散失后，才开始喷泉。

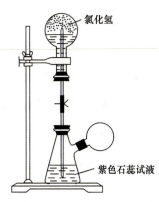

氯化氢气体虽比空气略重，但因从发生器排出的气体是热的，由于热对流及扩散作用，在瓶内很容易与空气混合。因此，在收集氯化氢气体时，当瓶口开始冒白雾时，必须继续通氯化氢 1～2min，以提高瓶内氯化氢的浓度，从而增强演示效果。喷泉停止以后，瓶内未溶解的气体就是空气。

（2）喷泉实验也可用图 2-5-6 的装置进行。

在圆底烧瓶里装一支尖嘴玻璃管，它的下端插入一个带有鼓气球（或连着气唧）的抽滤瓶里。操作时，将鼓气球里的空气压入抽滤瓶里，使少量水通过玻璃导管压入圆底烧瓶。

图 2-5-6　喷泉实验替代装置

实验六　硫酸的制取与性质

一、实验目的

（1）掌握浓硫酸性质实验的操作。
（2）掌握接触法制硫酸的方法。

二、实验用品

仪器和材料：蒸馏烧瓶、分液漏斗、酒精灯或煤气灯、试管、量筒、烧杯、抽滤瓶、洗气瓶、玻璃棒、研钵、U形玻璃管、硬质玻璃管、托盘天平、铁架台、铁夹、玻璃纤维或石棉纤维、气唧。
药品：浓硫酸、1mol·L^{-1}盐酸、10％氢氧化钠溶液、1mol·L^{-1}氯化钡溶液、固体重铬酸铵、固体亚硫酸钠、蔗糖、硫粉、铜片、蓝色石蕊试纸。

三、实验内容

1. 浓硫酸的性质

1）氧化性
取1～2mL浓硫酸于试管中，加热至沸，放入一小片铜片，用湿润的蓝色石蕊试纸在试管口的上方（注意：操作要正确！试管口不要对着人），检验反应生成的气体，并观察反应与冷却过程中铜片表面、溶液颜色的变化。待反应停止，溶液冷却后，将其倒入盛有水的另一试管中，观察溶液的颜色。

重取1～2mL浓硫酸于另一试管，放入一小片铜片后再加热，实验现象与上述操作有何不同？并请解释原因。

2）浓硫酸的脱水性
称取干燥的蔗糖6～8g，研细，倒入50mL的烧杯中，加1mL水使蔗糖湿润（为什么），然后用量筒量取98％的浓硫酸3～4mL，将其倒入蔗糖中，用一根长约20cm的玻璃棒搅拌，等蔗糖变黑且有少量气泡产生时，停止搅拌，并将玻璃棒直立于烧杯中央，让反应物沿玻璃棒向上膨胀。为了防止反应中有物质溢出，应在烧杯下面放一承接容器（如瓷碟、培养皿等），也可放在一块垫板或石棉网上。

3）浓硫酸的水合放热实验
装置如图2-6-1所示，先在试管中放入5mL水，然后注入10mL浓硫酸。观察U形玻璃管中液面的变化。

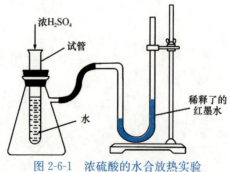

图2-6-1　浓硫酸的水合放热实验

实验后,试管中的稀硫酸要回收。

2. 二氧化硫氧化成三氧化硫——接触法制硫酸

接触法制硫酸的装置如图 2-6-2 所示。

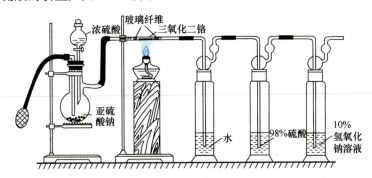

图 2-6-2　接触法制硫酸

（1）催化剂的制备。

实验中如无钒触媒,可用新制的三氧化二铬代替,其制法是:取 0.2g 重铬酸铵放在一支干燥的试管中,加热使其分解。试管口略向下倾,使生成的三氧化二铬喷射到一张纸上。反应方程式为

$$(NH_4)_2Cr_2O_7 \xrightarrow{\triangle} Cr_2O_3 + 4H_2O + N_2 \uparrow$$

将新制的三氧化二铬装入细的硬质玻璃管中(勿过紧),两边塞些玻璃纤维以便固定。

（2）装置连好后,鼓入空气,检查整个体系是否漏气。每个洗气瓶中均有相同气泡数,才表示不漏气。

（3）先将催化剂灼热 3min,使催化剂达到活性温度后,再从分液漏斗中加入 2～3mL 浓硫酸,并用气唧鼓入空气,使二氧化硫和空气一同鼓进催化管。

（4）加热 5～6min 后,观察两个洗气瓶里的现象。

（5）停止鼓气加热,从蒸馏水吸收瓶中取少量溶液,首先用石蕊试纸检验吸收液的酸性。为了进一步证明有 SO_4^{2-},可用稀氢氧化钠溶液直接吸收,即

$$SO_2 + 2NaOH == Na_2SO_3 + H_2O$$
$$SO_3 + 2NaOH == Na_2SO_4 + H_2O$$

然后取少量吸收液,滴加 $1mol \cdot L^{-1} BaCl_2$ 溶液,继之再滴加 $1mol \cdot L^{-1} HCl$, $BaSO_3$ 溶于盐酸,而 $BaSO_4$ 不溶于盐酸。

四、注意事项

（1）做浓硫酸氧化性实验时,浓硫酸的用量不宜太多。若用量过多,一则生成的二氧化硫气体会污染空气,二则加热时有可能溅出,造成事故。若使用浓硫酸时不慎沾到皮肤上,可立刻用水长时间冲洗,再涂一点 3% 的碳酸氢钠溶液。

（2）浓硫酸脱水性实验,润湿蔗糖的水以 1mL 为宜,太多或太少实验效果均不理想。

（3）接触法制硫酸的整个装置体系要保证气路畅通,不漏气,鼓气速率要适中。此装置中制取二氧化硫部分也可用直接加热硫粉使其燃烧的大口玻璃瓶代替,但操作稍麻烦。

五、讨论与研究

铜与浓硫酸共热反应的讨论：

铜与浓硫酸的反应实际上比较复杂。共热时最主要的反应产物是硫酸铜，此外，还会生成硫化亚铜、硫化铜、硫单质、二氧化硫等。根据研究，生成物和温度因素有关。反应为

$$Cu + 2H_2SO_4(浓) \xrightarrow{\triangle} CuSO_4 + SO_2\uparrow + 2H_2O$$

此反应在各种温度都占优势，但在270℃以上时则是唯一的反应（浓硫酸的沸点是338℃）。

另一个反应为

$$5Cu + 4H_2SO_4(浓) \xrightarrow{\triangle} Cu_2S\downarrow + 3CuSO_4 + 4H_2O$$

与第一个反应同时进行。在80℃左右时，第二个反应达到和第一个反应相对的最大速率。而在80℃以上，由于下述两个反应的存在，硫化亚铜在反应中可逐渐消失。

$$Cu_2S + 2H_2SO_4(浓) = CuS\downarrow + CuSO_4 + 2H_2O + SO_2\uparrow$$

$$CuS + 4H_2SO_4(浓) = CuSO_4 + 4SO_2\uparrow + 4H_2O$$

270℃时，硫化亚铜在反应中完全消失。

硫化铜可继续和浓硫酸发生以下反应：

$$CuS + 2H_2SO_4(浓) = S\downarrow + CuSO_4 + SO_2\uparrow + 2H_2O$$

因此，铜和浓硫酸共热时，铜的表面有黑色硫化物生成。试管下部有灰白色固体物质（混有少许铜的硫化物的无水硫酸铜），试管壁上可见有少许固体硫生成，试管口则有刺鼻的二氧化硫气体放出。若取出一些灰白色固体物质用水溶解，就能得到蓝绿色的硫酸铜溶液。

实验七 氨氧化法制硝酸

一、实验目的

（1）了解氨催化氧化成一氧化氮，经转化、吸收成为硝酸的原理和方法。
（2）掌握实验室催化氧化的实验演示操作。

二、实验原理

在一定温度和催化剂作用下，氨被催化氧化成一氧化氮。一氧化氮极易氧化成二氧化氮，二氧化氮被水吸收生成硝酸和一氧化氮。利用这个原理来制备硝酸，化学反应式如下：

$$4NH_3 + 5O_2 \xrightarrow[\triangle]{\text{催化剂}} 4NO + 6H_2O$$

$$2NO + O_2 === 2NO_2$$

$$3NO_2 + H_2O === 2HNO_3 + NO$$

三、实验用品

仪器和材料：试管、具支试管、洗气瓶、U形管、硬质玻璃管、量筒、滴管、铁架台及附件、煤气灯或酒精灯、细铜丝、玻璃纤维、气唧、乳胶管（或橡胶管）、火柴。

药品：1∶1.5氨水、10％氢氧化钠溶液、二苯胺硫酸溶液、重铬酸铵、无水氯化钙。

四、实验内容

（1）催化剂的制备。

实验中常用的催化剂为三氧化二铬，其制备方法与实验六中的催化剂制备方法相同。

（2）具支试管内放1∶1.5的氨水（约$6mol \cdot L^{-1}$）10～15mL。细的硬质玻璃管（长15～20cm）内放入新制备的三氧化二铬催化剂约3cm长（两端可再放入卷成螺旋状的细铜丝），然后再塞入疏松的玻璃纤维固定。不要填塞过紧，以免影响气流畅通。

U形管内装入块状的无水氯化钙（作用是什么），第一个洗气瓶是干净、干燥的空瓶，第二个洗气瓶内放入少量的蒸馏水。

（3）将装置如图2-7-1连接好后，检查装置的气密性（如何检查操作）。

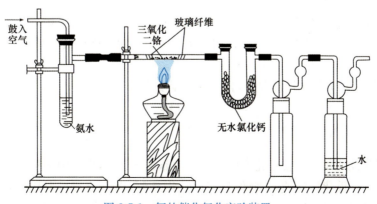

图2-7-1 氨的催化氧化实验装置

（4）用煤气灯（或酒精灯）均匀加热盛有催化剂的硬质玻璃管 2～4min，直至催化剂呈现暗红色或红色。

（5）停止加热，用气唧间歇地往氨水中鼓入空气，使空气和氨气的混合气体进入硬质玻璃管中进行催化氧化。此时，催化剂继续保持红热状态，说明氨被催化氧化时放出大量的热。催化氧化后的混合气体经 U 形管中氯化钙干燥（并吸收剩余的氨）后进入空洗气瓶和水吸收瓶。数分钟后，空瓶内气体逐渐变为红棕色，待实验现象明显之后，停止实验。

（6）用一支干净、干燥的试管取 10 滴二苯胺硫酸溶液，加入几滴吸收瓶中的溶液，溶液呈深蓝色即可证明有硝酸生成。

五、注意事项

（1）整个装置体系要保证气路畅通，且不漏气。所用仪器必须干燥，尤其是硬质玻璃管和空洗气瓶。

（2）用气唧鼓气要适中。鼓气太快，氨未完全催化氧化，且气流过快使反应体系温度下降不利于催化氧化的进行；鼓气太慢，则氧气不足。二者均会在空洗气瓶中形成白色烟雾（硝酸铵微粒），而观察不到红棕色气体。

（3）氨在空气中的爆炸极限为 15.7％～27.4％，故氨水的浓度不能太大，否则反应中有发生爆炸的可能。为了防爆，可在催化剂两端分别放入一小段螺旋状细铜丝，提高实验的安全性。

（4）实验过程中会有尾气产生，应添加尾气处理装置，可用氢氧化钠溶液进行吸收，除去氮的氧化物，反应机理为

$$NO_2+NO+2NaOH =\!=\!= 2NaNO_2+H_2O$$

六、讨论与研究

1. 反应条件

1）催化剂

氨的催化氧化催化剂可分为两大类：一类是铂催化剂，通常采用铂石棉或铂丝；另一类是非铂催化剂，多用以石棉为载体的 Cr_2O_3、V_2O_5、Fe_2O_3、Co_2O_3、Ni_2O_3、MnO_2、CuO 以及细铜丝等。

铂催化剂的催化性能虽好，但价格昂贵，不易得到。即使使用了铂催化剂，若用量不够，产生的 NO 较少，空气和未反应的氨多，则易生成硝酸铵和亚硝酸铵小颗粒悬浮在空气中，形成白烟。

CuO 虽易得到，但催化性能欠佳，且易发生副反应。

$$4NH_3+3O_2 \xrightarrow[\triangle]{CuO} 2N_2+6H_2O$$

因此也不宜采用。

Co_2O_3 催化性能虽次于铂催化剂而优于其他非铂催化剂，但在中学里不易得到。

Fe_2O_3、Cr_2O_3 催化性能差不多，但是 Cr_2O_3 需新制，而 Fe_2O_3 可以用陈物，而且体积小，现象明显，又易购得。因此，Fe_2O_3 是中学氨氧化实验较为理想的催化剂。

实验证明,某些金属氧化物混合物(如与 MnO_2 混合),比其组分中的任何一种氧化物的催化活性都要高。

2) 氧气过量

从化学反应来看,氨的催化氧化反应,氧气应过量,要使氧气过量可通过加大空气鼓入量或通入纯氧这两种途径。实验中多采用鼓入过量的空气,但空气过量过多会使气体流速加快并降低反应温度,影响催化效果。因此,鼓入空气不宜太快。采用鼓入纯氧,氨可在氧气中燃烧,但混合气体在高温下会发生爆炸,有一定危险性,往往放入防爆铜丝以防爆炸。

3) 氨水浓度

氨水的浓度对实验现象有较大的影响。实验证明,将 1 体积浓氨水加 1.5 体积水稀释,催化剂及空洗气瓶内现象最为明显。20℃时,氨水的理想浓度为 $9\% \sim 11\%$($5 \sim 6 mol \cdot L^{-1}$)。实验室常用的浓氨水的浓度约为 28%($15 mol \cdot L^{-1}$)。

2. 催化管的选择与催化剂的填充

大量的实验研究表明,本实验成功的关键是氨、氧混合气体与热的催化剂充分接触。由于催化剂大多数是粉末状的,如果催化剂填充太紧,反应混合气体难以通过,致使实验现象不明显;如果填充太松,特别是有较大空隙时,将有一部分氨、氧混合气体未与催化剂接触而导致生成白烟。因此,催化管宜细不宜粗,内径为 5mm 左右较为适宜。粉末状催化剂按图 2-7-2 进行装填。

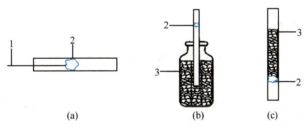

图 2-7-2　粉末状催化剂的装填
1. 铁丝;2. 玻璃纤维;3. 催化剂

如图 2-7-2(a)所示,用一根铁丝将少量玻璃纤维推入催化管中部;再如图 2-7-2(b)所示,将催化管插入盛粉末状催化剂的试剂瓶内,使催化剂进入催化管 1.5cm 左右;然后如图 2-7-2(c)所示,将催化管倒过来,轻轻敲催化管,使催化剂疏松地粘在玻璃纤维上。不能先把催化剂装入催化管,再用铁丝把玻璃纤维推入,这样装填的催化剂太紧而不疏松。实验证明,颗粒状的催化剂效果较好。对于粉末太细的催化剂(如 Fe_2O_3 等),则应先黏附在玻璃纤维上,再用铁丝推入催化管内。内径大于 6mm 的催化管,要在催化剂两边放玻璃纤维或棉花,使催化剂与催化管内壁不留空隙。

3. 如何让催化剂保持红热

本实验还可以用铂作催化剂。下面以铂为例,说明如何让催化剂保持红热。
在 600℃时,氨的催化氧化的平衡常数
$$K = (p_{NO}^4 \cdot p_{H_2O}^6)/(p_{O_2}^5 \cdot p_{NH_3}^4) = 6 \times 10^{67}$$

可以看出在 600℃时氨的催化氧化反应是完全的、彻底的。因此,保证催化反应的温度是很重要的条件。氨的催化氧化反应本身是一放热反应。做这一实验时,一开始需要提供热源,使铂丝红热,之后反应本身放出的热量就可使铂丝保持红热,使催化反应继续下去。这里需要强调的是:反应本身放出的热必须满足铂丝保持红热所需要的温度,也就是说反应物的量必须和所需的热量匹配。假设使用 0.3g 铂,计算说明如下:

铂的比热 $c = 134.08 \text{J} \cdot \text{kg}^{-1} \cdot \text{K}^{-1}$

铂的质量 $m = 0.3\text{g} = 3 \times 10^{-4}\text{kg}$

铂上升温度 $\Delta T = 500\text{K}$(实际上在连续反应中铂的上升温度 $\Delta T < 500℃$)

        $Q = cm\Delta T = 134.08 \times 3 \times 10^{-4} \times 500\text{J} = 20.11\text{J}$

也就是说,使 0.3g 的铂丝持续红热所需的最大热量为 20.11J,这热量来源于催化氧化反应所释放的热,即

$$4NH_3 + 5O_2 \xrightarrow[\triangle]{Pt} 4NO + 6H_2O \qquad +907\text{kJ}$$

    4mol   907kJ

    8.8×10^{-5} mol   0.02kJ

$$V_{NH_3} = 8.8 \times 10^{-5} \times 22.4/1000 = 2 \text{(mL)}$$

因此,当通过红热的铂丝的氨气在单位时间(以秒计)内为 2mL 时(混合气的比例应是 $V_{NH_3} : V_{O_2} : V_{N_2} = 2 : 2.5 : 10$),0.3g 的铂丝才可保持红热。

4. 硝酸根离子的检验

将 1g 二苯胺 $[(C_6H_5)_2NH]$ 在搅拌下溶解于 100mL 密度为 $1.84\text{g} \cdot \text{cm}^{-3}$ 的浓硫酸中,即成为二苯胺硫酸溶液。

$$(C_6H_5)_2NH + H_2SO_4 \longrightarrow (C_6H_5)_2\overset{+}{N}H_2 \cdot {}^{-}OSO_2OH$$

用二苯胺硫酸溶液鉴定硝酸根离子的反应如下:

（深蓝色）

实验八 硫酸铜晶体的制备

一、实验目的

(1) 掌握制备硫酸铜晶体的方法和制备大晶体的技巧。

(2) 练习减压过滤、蒸发结晶、重结晶等基本操作。

(3) 熟悉物质的溶解与结晶过程,认识溶解平衡的动态性。

二、实验原理

1. 利用废铜粉制备硫酸铜

过氧化氢氧化法是以过氧化氢为氧化剂,将过氧化氢滴加到铜与硫酸的混合体系中,且控制在 50~60℃以加快反应速率,同时尽量减慢过氧化氢分解速率。反应式为

$$Cu + H_2O_2 + H_2SO_4 \xrightarrow{\triangle} CuSO_4 + 2H_2O$$

另外,也可以用灼烧氧化法和浓硝酸氧化法制备硫酸铜晶体。

灼烧氧化法是以空气为氧化剂,将铜粉在坩埚中反复灼烧,使其充分与空气反应生成氧化铜,再将氧化铜与稀硫酸反应。

浓硝酸氧化法是以浓硝酸为氧化剂,将其加入铜与稀硫酸的混合物中并加热,反应中产生的二氧化氮可用氢氧化钠溶液吸收。

2. 硫酸铜大晶体的制备

处于平衡状态的饱和溶液,当体系温度降低时,溶解沉淀平衡就被打破,在较低温度下建立新的平衡。在此过程中,"过剩"的溶质就会形成结晶析出。如果温度缓慢地下降,溶质保持"静止",就会逐渐析出晶体。

$$CuSO_4(aq) + 5H_2O(l) \rightleftharpoons CuSO_4 \cdot 5H_2O(s)$$

在不同温度下,100g 水能溶解无水硫酸铜的最大质量如下:

温度/℃	0	10	20	30	40	50	60	80	100
质量/g	14.3	17.4	20.7	25	28.5	33.3	40.0	55.0	75.4

另外,氯化钠、明矾等也都较易制成大晶体,制取的原理和过程与五水硫酸铜相似。

三、实验用品

仪器和材料:烧杯(50mL、250mL、400mL)、10mL 量筒、蒸发皿、表面皿、100℃温度计、蒸馏烧瓶、普通漏斗、布氏漏斗、分液漏斗、导管、玻璃棒、煤气灯、铁架台、石棉网、恒温磁力搅拌器、磁子、托盘天平、瓷坩埚、研钵、坩埚钳、泥三角、滤纸、棉花、线、细铜丝。

药品:3mol·L⁻¹硫酸、2mol·L⁻¹硫酸、2mol·L⁻¹氢氧化钠溶液、10%碳酸钠溶液、3%和10%过氧化氢溶液、0.1mol·L⁻¹铁氰化钾溶液、无水乙醇、蒸馏水、五水硫酸铜(胆矾)、废铜粉、精密 pH 试纸。

四、实验内容

1. 利用废铜粉制备硫酸铜

1) 粗硫酸铜的制备

在 250mL 烧杯中加入 15mL 3mol·L^{-1}硫酸,将烧杯置于恒温磁力搅拌器上加热,控制温度 50～60℃,加入 2.4g 废铜粉,放入磁子开始搅拌,用分液漏斗缓慢滴加 10% 过氧化氢溶液约 15mL(滴速约为 1mL·min^{-1})。

2) 粗硫酸铜的提纯

滴加 2mol·L^{-1}氢氧化钠溶液直至溶液的 pH 为 3.5～4(精密 pH 试纸),抽滤,弃去不溶性杂质。取少量滤液滴入小试管中,滴加几滴铁氰化钾溶液,根据颜色判断 Fe^{3+}是否完全沉淀。沉淀几乎完全后,将滤液转移到蒸发皿中,逐滴加入 3mol·L^{-1}硫酸,调节溶液的 pH 为 1～2,水浴加热至液体表面有晶膜出现,停止加热。冷却至室温,加入约 1.2 倍体积的无水乙醇后抽滤,称量,计算产率。

2. 硫酸铜大晶体的制备

(1) 配制高于室温约 20℃的饱和硫酸铜溶液,制备晶种。

在烧杯中放入 100～200mL 蒸馏水,加入研碎的五水硫酸铜粉末(用量根据硫酸铜的溶解度进行计算)和约 1mL 的 2mol·L^{-1}硫酸溶液加热,使晶体完全溶解后,再继续加热到 80～90℃,趁热过滤,把溶液滤入洁净、并用热蒸馏水冲洗过的大烧杯里。当烧杯中滤液高达 1cm 时,滤入另一只大烧杯里,两只烧杯都用干净的表面皿盖好,静置。过几小时或一夜,杯底就有五水硫酸铜小晶体生成。

(2) 将小晶体全部取出,并将溶液合并在一起,拣取 3～4 颗晶形完整的小晶体,分散地投入盛溶液的烧杯中,其余晶体加少量饱和溶液加热使其溶解,并加入上述烧杯中,用表面皿盖住,静置,小晶体就会逐渐长大。

(3) 将小晶体用头发丝或细线系住挂在饱和硫酸铜溶液中,同时向其中加入沸热的饱和硫酸铜溶液。用表面皿盖住,静置,小晶体就逐渐长大。

(4) 每天向挂有晶体的溶液中添加一些沸热的饱和溶液。杯底如有晶体,应将其捞出。

五、注意事项

(1) 使用过氧化氢氧化法制备硫酸铜时,硫酸的量应比完全反应所需量稍多 1～2mL。随着反应进行,溶液的 pH 会逐渐增大,因此要控制反应的 pH<2,否则 Fe^{3+}水解生成的红褐色 Fe(OH)$_3$沉淀会影响铜粉是否完全溶解的判断,同时也有可能会产生绿色的碱式硫酸铜。

(2) 除杂后的滤液体积不能太多,最好控制在 70mL 左右,体积过多则结晶加热时间过长,太少则过滤时会有少量晶体析出,导致产品收率降低。在粗硫酸铜提纯中,浓缩液要自然冷却至室温析出晶体,以防止 Na$_2$SO$_4$等盐的析出。

(3) 大晶体的生长条件:结晶液必须纯净,结晶容器要静置防尘;温度必须渐变,结晶速率要缓慢。因此,用于制备硫酸铜大晶体的五水硫酸铜应是纯净的,如果混有杂质或不溶物,则必须进行过滤。制成饱和溶液后,应放在洁净无震动的地方,不能让灰尘落入溶液内;另外,开始挂入细线时,会有小晶体在线上析出,都应剥去或钳碎,然后继续挂入培养。

六、讨论与研究

1. 五水硫酸铜晶体的结构及其脱水过程

$CuSO_4 \cdot 5H_2O$ 晶体结构中,Cu^{2+} 呈八面体配位,与四个水分子直接配位,第五个水分子则通过氢键同时与硫酸根及配位水分子相连,呈四面体状,在结构中起缓冲作用,其结构如图 2-8-1 所示。

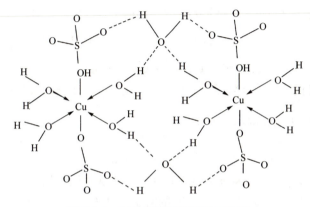

图 2-8-1　五水硫酸铜的结构示意图

因此,硫酸铜晶体的化学式可写为 $[Cu(H_2O)_4]SO_4 \cdot H_2O$,习惯上写为 $CuSO_4 \cdot 5H_2O$,其中五个水分子的结合方式是有所不同的。在结晶水合物中,无论是和金属离子形成配位键结合的水分子,还是通过氢键结合的水分子,统称为结晶水。

取用过氧化氢氧化法制得的晶体样品进行失水过程分析,将五水硫酸铜晶体加热至 $1000℃$ 左右时,可得到热重分析(TGA)和差热分析(DTA)曲线,如图 2-8-2 所示。

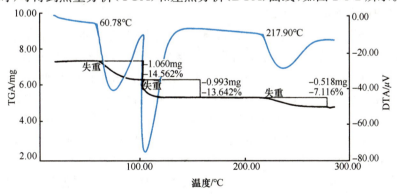

图 2-8-2　五水硫酸铜的差热分析和热重分析曲线

由图 2-8-2 可知,五水硫酸铜在不同温度下是逐步脱水的,其反应式为

$$CuSO_4 \cdot 5H_2O \Longrightarrow CuSO_4 \cdot 3H_2O + 2H_2O \qquad (102℃)$$
$$CuSO_4 \cdot 3H_2O \Longrightarrow CuSO_4 \cdot H_2O + 2H_2O \qquad (113℃)$$
$$CuSO_4 \cdot H_2O \Longrightarrow CuSO_4 + H_2O \qquad (258℃)$$

因此,制备 $CuSO_4 \cdot 5H_2O$,必须水浴加热。若直接加热,则极易受热不均匀,就有可能得到含有 $CuSO_4 \cdot 3H_2O$、$CuSO_4 \cdot H_2O$ 以及 $CuSO_4$ 的混合晶体。

2. 过氧化氢氧化法的反应机理

H_2O_2 和 Cu^{2+} 可以形成类芬顿(Fenton)试剂体系,而类芬顿试剂可以产生氧化性极强的 $\cdot OH$,其产生过程如下:

$$Cu^{2+} + H_2O_2 \xrightarrow{k_1} CuOOH^+ + H^+$$

$$CuOOH^+ \xrightarrow{k_2} Cu^+ + 1/2O_2 + \cdot OH$$

$$Cu^+ + H_2O_2 \xrightarrow{k_3} Cu^{2+} + \cdot OH + OH^-$$

$$Cu^+ + \cdot OH \xrightarrow{k_4} Cu^{2+} + OH^-$$

$\cdot OH$ 的产生对铜的氧化起到了一定的促进作用,可以使铜的氧化速率大大加快。

3. 过氧化氢氧化法溶液颜色与 pH 关系

$$Cu + H_2O_2 + H_2SO_4 \overset{\triangle}{=\!=\!=} CuSO_4 + 2H_2O$$

随着反应的进行,H_2SO_4 不断被消耗,H_2O 不断生成,所得溶液的 pH 在不断增大,溶液的颜色会随着 pH 的变化而变化。随着 Cu 的溶解变成 Cu^{2+},Cu^{2+} 在水溶液中与 H_2O 形成蓝色 $[Cu(H_2O)_4]^{2+}$,Cu^{2+} 在水溶液中发生水解。

$$[Cu(H_2O)_4]^{2+} + H_2O \rightleftharpoons [Cu(OH)(H_2O)_3]^+ + H_3O^+$$

随着 pH 增大,促使水解平衡向右移动,$[Cu(H_2O)_4]^{2+}$ 减少,$[Cu(OH)(H_2O)_3]^+$ 增多,溶液开始由蓝色变成浅绿色,随着 $[Cu(OH)(H_2O)_3]^+$ 的增多,从而生成 $Cu_2(OH)_2SO_4$ 苹果绿色沉淀,溶液颜色加深。同时,如果反应过程中 pH 增大至 Fe^{3+} 沉淀的 pH 范围内,会有红褐色的 $Fe(OH)_3$ 生成,使溶液颜色进一步加深,无法判断 Cu 粉是否完全反应,因此实验过程中要加稀硫酸以确保滤液的 pH<2。

过渡元素配合物大都有颜色,同一金属离子与不同配体形成的配合物具有不同的颜色。由于过渡金属离子 d 轨道一般未充满,在配位场的作用下,原来能量相同的五个 d 轨道分裂成两组或两组以上能量不同的 d 轨道,当可见光照射时,占据在较低能量 d 轨道上的电子就跃迁到较高能量空的 d 轨道上,这种 d-d 跃迁的吸收光谱常在可见光区,因此过渡元素配合物大都具有特征颜色。由于不同配体的场强不同,同一种金属离子与不同配体形成的配合物的分裂能就不相同,d-d 跃迁吸收光谱带的强度也就不相同,因此同一金属离子与不同配体形成的配合物具有不同的颜色。例如,配体场强 $Cl^- < H_2O < NH_3$,所以 $[CuCl_4]^{2-}$、$[Cu(H_2O)_4]^{2+}$、$[Cu(NH_3)_4]^{2+}$ 的 d-d 跃迁吸收谱带依次向短波方向移动,结果颜色依次为绿色、蓝色、深蓝色。

4. 碱式硫酸铜的生成问题

碱式硫酸铜[可表示为 $Cu_2(OH)_2SO_4$]为绿色单斜晶体,在水中溶解度极小,能溶于稀酸和氨水。碱式硫酸铜受热可分解(生成硫酸铜和氢氧化铜),但受热分解时间比氢氧化钠分解的时间还要长,且生成蓝色与黑色并存的浊液。

$$Cu_2(OH)_2SO_4 \xrightarrow{\triangle} CuSO_4 + Cu(OH)_2 \downarrow$$

$$Cu(OH)_2 \xrightarrow{\triangle} CuO + H_2O$$

Cu^{2+}在水溶液中发生水解：

$$[Cu(H_2O)_4]^{2+} + H_2O \rightleftharpoons [Cu(OH)(H_2O)_3]^+ + H_3O^+$$

当加入少量 NaOH 时，促使其水解平衡向右移动，从而生成碱式硫酸铜沉淀。只有继续加入 NaOH 溶液时方可生成 $Cu(OH)_2$。

$$Cu_2(OH)_2SO_4 + 2NaOH \xlongequal{\quad\quad} 2Cu(OH)_2 \downarrow + Na_2SO_4$$

$CuSO_4$溶液和 NaOH 溶液混合能够生成 $Cu(OH)_2$ 沉淀，然而实际上生成的通常是碱式硫酸铜，其组成随所用试剂溶液的浓度、相对用量、加试剂的顺序及温度等因素有关。$n(CuSO_4):n(NaOH) \geqslant 1:1$ 时，反应产物为苹果绿色沉淀，即为碱式硫酸铜。

在实验过程中，为使 Fe^{3+} 沉淀完全，但不能使 Cu^{2+} 生成 $Cu(OH)_2$，用精密 pH 试纸将 pH 调节为 3.5～4.0。$CuSO_4$过量时，在加入少量 NaOH 调节 pH 过程中，有可能会生成少量绿色的碱式硫酸铜沉淀。

5. 晶体生长的条件和晶种的来源

晶体生长必须要有一个核心，才能使析出的晶体一层一层地有规律地构建起来，这个核心称为晶核（晶种）。晶体形成的大小与晶核的多少有关。如果开始晶核多，则生成晶体的体积就不会很大。若晶核少，过剩的溶质都结晶在少数晶核上，所产生的晶体就大。要想获得大晶体，开始晶核一定要少而完美。

晶核的来源有两个。一是外界加入。例如，本实验把一定数量的现有小晶体加入结晶溶液中，使晶体生长。加入小晶体越完整，则生长出来的晶体也越完美。另外，外界灰尘或其他颗粒落入结晶液内，也可成为晶核使结晶生长起来。因此，为了防止灰尘落入，必须把结晶液放在灰尘很少的地方，并且加盖。二是由结晶液自身产生。当结晶液达到过饱和状态时，结晶液就有产生晶核的趋势，尤其是在震动或温度突然变化时，可产生新的晶体。

实验九　铝及其化合物的性质

一、实验目的

（1）了解金属铝的活泼性质，铝及其氧化物、氢氧化物的两性，铝热法还原金属的反应。

（2）掌握沉淀的生成、离心、转移和铝热法的安全操作等实验技能。

二、实验原理

铝是亲氧元素，又是典型的两性元素，其单质、氧化物、氢氧化物都可与强酸、强碱发生反应。

铝接触空气或氧气，其表面会被生成的致密氧化膜覆盖，形成保护层。当氧化膜被破坏或不能生成时，铝会很快地被氧化成氧化铝。

铝粉和金属氧化物粉末（如 Fe_2O_3 或 Fe_3O_4）按一定比例混合，用引燃剂点燃，铝粉被氧化放出大量的热，反应剧烈进行，得到氧化铝和还原的金属（如铁），称为铝热还原法。

三、实验用品

仪器和材料：漏斗、蒸发皿、表面皿、试管、离心管、量筒、滴管、研钵、离心机、托盘天平、铁架台及附件、坩埚钳、三脚架、泥三角、镊子、马蹄形磁铁、石棉板或瓦片、石棉网、石棉绒、细沙、砂纸、滤纸、脱脂棉。

药品：$2mol \cdot L^{-1}$盐酸、$1mol \cdot L^{-1}$硫酸、$3mol \cdot L^{-1}$硫酸、$2mol \cdot L^{-1}$氢氧化钠溶液、$6mol \cdot L^{-1}$氢氧化钠溶液、浓氨水、$0.5mol \cdot L^{-1}$硫酸铝溶液、$0.1mol \cdot L^{-1}$氯化钠溶液、$0.1mol \cdot L^{-1}$溴化钠溶液、$0.1mol \cdot L^{-1}$硫酸钠溶液、饱和氯化汞溶液、蒸馏水、氯酸钾固体、四氧化三铁、铝片（或粗铝丝）、铝屑、铝粉、镁条、硫粉。

四、实验内容

1. 铝的氧化——"毛刷"实验

将长 2cm、宽 1cm 的铝片（也可用从铝导线中抽出的粗铝丝）用砂纸打磨除去其表面氧化膜，在盛有饱和氯化汞溶液的表面皿中浸泡半分钟，用镊子夹出，并用脱脂棉将铝片表面吸干，放入干燥、洁净的试管中，观察实验现象。实验中用过的氯化汞溶液要倒入指定的容器集中处理。

2. 铝与酸溶液的反应

（1）分别取 $2mol \cdot L^{-1}$盐酸、$1mol \cdot L^{-1}$硫酸于试管中，并投入未去膜的铝片，观察现象。然后加热，再观察现象。

（2）分别取 $2mol \cdot L^{-1}$盐酸、$1mol \cdot L^{-1}$硫酸于试管中，并投入去膜的铝片，观察现象。然后向硫酸中加入少量的氯化钠溶液，观察现象。（去膜方法：将铝片与氢氧化钠浓溶液充分反应，待铝片明显变薄、氧化膜完全除去后，再马上用大量水冲洗）

（3）把去膜铝片分别放入 $0.1mol \cdot L^{-1}$氯化钠、溴化钠、硫酸钠溶液中，观察现象。

3. 铝与碱溶液的反应

在试管中放入少许铝屑,注入 6mol·L^{-1}氢氧化钠溶液约 2mL,加热并在试管口检验生成的气体。

4. 氧化铝的两性

将铝的氧化产物——"白毛"轻轻刮下,分装于两支试管中。一支中加入2mol·L^{-1}氢氧化钠溶液;另一支中加入 3mol·L^{-1}硫酸,振荡并观察实验现象。

5. 氢氧化铝的两性

取 3mL 0.5mol·L^{-1}硫酸铝溶液于试管中,向试管中滴加氨水,生成白色蓬松的胶状氢氧化铝沉淀,继续滴加氨水,直到不再产生沉淀为止。用离心机使氢氧化铝沉降,然后吸取上部溶液,用蒸馏水洗涤沉淀,得到较纯的氢氧化铝沉淀,将沉淀转移至蒸发皿中。加热,观察氢氧化铝的分解,在分解产物中加 1mL 2mol·L^{-1}盐酸观察现象。

另再制取氢氧化铝沉淀分装在两支试管中,向一支试管中滴加 2mol·L^{-1}盐酸,向另一支试管中滴加 2mol·L^{-1}氢氧化钠溶液,观察两支试管里发生的现象。

6. 铝热法

(1) 称取 10g 烘干的四氧化三铁和 4g 烘干的铝粉,混合均匀(如未烘干也可混在一起烘干)。引燃剂是氯酸钾粉末、铝粉和硫粉的混合物,用量依次为 0.9g、0.3g、0.1g。(切不可将三者共研,只能分别研细后在纸上拌匀,取混合物的 1/3 进行实验)

(2) 实验装置(图 2-9-1)。

用两层滤纸折成漏斗状,底部剪一小孔,用水浸湿后,放在铁圈的泥三角中,下面放一盛细沙的石棉板或瓦片,承受分离出来的熔铁。

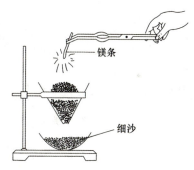

镁条

细沙

图 2-9-1　铝热法实验装置

(3) 操作。

实验操作宜在室外进行。把铝热剂倒入纸漏斗中,上面放少量引燃剂。用点着的镁条触发引燃剂,引燃剂和铝热剂很快就相继燃烧,发出耀眼的强光,反应放出大量的热使生成的铁熔化,从漏斗底部小孔流出,滴入下方的细沙中,冷却后用磁铁来吸引。

五、注意事项

(1) 铝热法实验中所用试剂都必须干燥。试剂烘干后,应放置冷却至室温方可混合。

(2) 做铝热法实验时,铝和四氧化三铁的质量配比为 2:5。用来点火的镁条一般长为 3~5cm。

(3) 引燃剂用量不宜太多,否则燃烧时容易喷射,使引燃铝热剂较为困难。实验时,应当远离他人和易燃物,以免发生意外。

(4) 进行"毛刷"实验时,铝条表面的致密氧化膜一定要尽量打磨掉,以保证纯铝与汞盐溶液的接触。铝和氯化汞溶液反应时,应用镊子夹住铝片浸泡在氯化汞溶液中。浸泡后的铝片要注意静置,避免震动,保证"毛刷"长得较好。实验做完后应立即用肥皂洗手。氯化汞俗称升汞,有剧毒,但适量使用时是良好的消毒剂。

六、讨论与研究

1. "毛刷"实验的原理

金属铝将汞盐中的 Hg^{2+} 置换出来,形成细粉状的汞单质,反应式为
$$2Al+3Hg^{2+}=\!\!=\!\!= 2Al^{3+}+3Hg$$

汞在常温下与铝结合生成铝汞合金,又称为铝汞齐。汞可以溶解许多金属,如 Na、K、Ag、Cu、Sn、Pb 等而形成汞齐,因组成不同,汞齐可呈液态或固态。铝表面生成铝汞齐后就很难再形成致密的氧化铝保护膜,并失去该膜的保护作用,很快会被空气中的氧气氧化成氧化铝。当铝汞齐表面的铝因氧化而减少时,铝片上的铝原子便会不断溶解进入铝汞齐,使铝持续不断地在表面被氧化。被氧化的产物氧化铝会脱离汞齐向外侧不断叠加堆积,表面积大大增加,形成长高的"白毛"。铝汞齐的作用就是不断传送铝原子,使其与空气中的氧起反应。该反应的反应式为
$$4Al(Hg)+3O_2+2nH_2O=\!\!=\!\!= 2(Al_2O_3 \cdot nH_2O)+4Hg$$
$$（生成的汞又会形成新的铝汞齐）$$

这是一个放热反应,铝片表面的温度也逐渐升高,丝状固体增长的速度很快,铝片表面很快呈现出"毛刷"状。

相关研究表明,将铝汞齐表面刚长出的新鲜的"白毛"刮下,用 X 射线衍射仪测试分析,发现"白毛"中没有 HgO 晶格（HgO 为正交晶系）,也不见 Al_2O_3 中最常见的 α-Al_2O_3 和 γ-Al_2O_3 晶格,"白毛"的成分是一种无定型的水合氧化铝（$Al_2O_3 \cdot nH_2O$）。

2. 铝热法实验改进一

（1）实验前 2～3h,用水和匀黄泥土做一如图 2-9-2 所示的泥漏斗（大小以能盛下6～10g药品为宜）,放于通风处待用。取下 20～30 根火柴头上的火药,轻轻碾碎,取一半备用,另一半与同体积的铝粉拌匀待用。

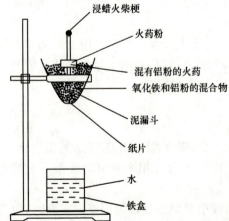

图 2-9-2　铝热法实验改进装置一

（2）用一薄纸片堵住泥漏斗下部的小孔,把适量的氧化铁与铝粉的均匀混合物（质量比 3：1）填入漏斗内。在混合物上压一小坑,坑内填入混有铝粉的火药,上面再放一层火药粉,并在坑中间插一根浸蜡的火柴梗,最后放在铁架台上,漏斗下放一盛水的铁盒（图 2-9-2）。

（3）点燃浸蜡火柴梗,5～10s 内,反应启动并剧烈进行。反应放出大量的热,发出耀眼的光芒,有熔融物落入铁盒中。反应完毕,可看到泥漏斗内壁被烧结,呈青色,并附有一些熔渣,铁盒内的铁珠呈银白色。

图中标注：浸蜡火柴梗、火药粉、混有铝粉的火药、氧化铁和铝粉的混合物、泥漏斗、纸片、水、铁盒

3. 铝热法实验改进二——引燃剂的改进

将分别研细的氯酸钾和蔗糖各 5g 小心地均匀混合,另取镁粉 2g 放置在漏斗中铝热剂的上面,然后将氯酸钾和蔗糖平铺在镁粉的上面。滴一滴浓硫酸在引燃剂上,稍等片刻,铝热剂即被引燃。其引燃原因为

$$KClO_3 + H_2SO_4(浓) \Longrightarrow KHSO_4 + HClO_3$$

$$3HClO_3 \Longrightarrow HClO_4 + 2ClO_2 \uparrow + H_2O$$

$$2ClO_2 \Longrightarrow Cl_2 + 2O_2$$

$$C_{12}H_{22}O_{11} + 12O_2 \xrightarrow{燃烧} 12CO_2 + 11H_2O$$

$$2KClO_3 \xrightarrow{395℃以下} 2KCl + 3O_2 \uparrow$$

$$4KClO_3 \xrightarrow{395℃以上} KCl + 3KClO_4$$

$$2Mg + O_2 \xrightarrow{燃烧} 2MgO$$

4. 铝热法实验改进三

铝热反应存在以下问题:镁条不易点燃;镁条燃烧产生的强光对眼睛有害;反应过程中产生大量的烟。针对上述问题,整体上可以进行以下改进。

1) 装置改进

改进后的实验装置如图 2-9-3 所示:将纸漏斗换成硬质试管;上方罩有一个直径较大的在内壁粘有适量石棉纤维的漏斗,可以吸收产生的粉尘,减少污染。引发后,硬质试管从上至下逐渐变得通红,却不会因剧烈反应放出大量的热而烧破,且现象更明显。实验中,只要用底部有破损的试管就行,能够起到废旧物品再利用的作用。

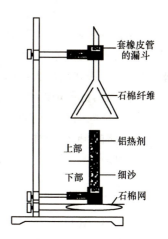

图 2-9-3　铝热法实验
改进装置二

2) 试剂比例改进

实验中,固体粉末之间仍存在一定的空隙,因反应剧烈放热而膨胀,固体粉末冲出,产生大量粉尘和火花。铝粉的多少对火花有重要影响,当氧化铁粉末和铝粉的质量比是 5∶2 时,实验中火花较多且飞溅得也较远,若将氧化铁粉末和铝粉的质量比调成 7∶2 或 4∶1,火花得到控制,冲出的粉尘被上方漏斗中的石棉纤维所吸收,取得了较好的实验效果。反应结束后,能在试管中部观察到熔铁。

3) 点火方式改进

铝热反应实验成功的关键是引发温度,无论是氧化铁还是铝粉都是固体,接触面小不容易反应,要使反应迅速发生,反应温度要在瞬间达到 400℃以上,而镁条燃烧放热多且反应迅速,能够使铝热剂在瞬间发生反应,关键是怎样使镁条迅速燃烧又不引起光污染。实验研究发现,在高锰酸钾晶体上滴加甘油,既安全又能使镁条迅速地被点燃,从而引发铝热反应。

通过以上改进,可以按照以下步骤进行铝热实验:

(1) 将实验室里用废的硬质试管,用铁夹夹紧直立在铁圈上的石棉网上,在试管内装入 2/3 左右的干细沙(或食盐)。

(2) 在细沙上面装满按照质量比为 4∶1 混合均匀的氧化铁粉末和铝粉的混合物直到离管口 0.5～1cm 处,然后插入一根(约 1cm)打亮的镁条,并在镁条周围加入高锰酸钾晶体约 1g,让镁条略有露出,罩上漏斗,为了方便下步操作,漏斗口距试管口约 5cm。

(3) 用滴管在高锰酸钾晶体上滴加 3～5 滴甘油,观察现象。

(4) 实验结束后,可用坩埚钳夹断试管,用事先准备的磁铁来检验铁的生成。

5. 铝的亲氧性

铝是亲氧元素,又是典型的两性元素。

铝一接触空气或氧气,其表面就立即被一层致密的氧化膜所覆盖,这层膜可阻止内层的铝被氧化,它也不溶于水,所以铝在空气和水中都很稳定。

铝的亲氧性还可以从氧化铝非常高的生成焓看出来。

$$2Al + \frac{3}{2}O_2 = Al_2O_3 \qquad \Delta_f H^\ominus = -1669.7 \text{kJ} \cdot \text{mol}^{-1}$$

而氧化铁和四氧化三铁的生成焓分别为

$$2Fe + \frac{3}{2}O_2 = Fe_2O_3 \qquad \Delta_f H^\ominus = -824 \text{kJ} \cdot \text{mol}^{-1}$$

$$3Fe + 2O_2 = Fe_3O_4 \qquad \Delta_f H^\ominus = -1118 \text{kJ} \cdot \text{mol}^{-1}$$

由于铝的亲氧性,它能从许多氧化物中夺取氧,因此它是冶金上常用的还原剂。例如,将铝粉和 Fe_2O_3(或 Fe_3O_4)粉末按一定比例混合,用引燃剂点燃,反应即剧烈进行,得到氧化铝和单质铁并放出大量的热,温度可达 3273K,能使生成的铁熔化。这个原理被用于冶炼镍、铬、锰、钒等难熔金属,称为铝热还原法。

铝也是炼钢的脱氧剂。在钢水中投入铝块可以除去溶在钢水中的氧。另外,铝粉可以用作发射航天飞机的推进剂中的燃料。

铝的亲氧性还使它被用来制取耐高温金属陶瓷。

6. 氧化铝的变体

氧化铝(Al_2O_3)有多种变体,其中最为人们所熟悉的是 α-Al_2O_3 和 γ-Al_2O_3,它们是白色晶形粉末。

自然界存在的刚玉为 α-Al_2O_3。它可以由金属铝在氧气中燃烧或者灼烧氢氧化铝和某些铝盐[$Al(NO_3)_3$、$Al_2(SO_4)_3$]而得到。α-Al_2O_3 的晶体属于六方紧密堆积方式排列,6 个氧原子围成一个八面体,在整个晶体中 Al^{3+} 与 O^{2-} 之间的吸引力强,晶格能大,所以 α-Al_2O_3 的熔点(2273K)和硬度(8.8)都很高。它不溶于水,也不溶于酸或碱,耐腐蚀且电绝缘性好,用作高硬度材料、研磨材料和耐火材料。天然刚玉或人造刚玉由于含有不同杂质而有多种颜色。例如,含微量 $Cr(III)$ 的呈红色,称为红宝石;含有 $Fe(II)$、$Fe(III)$ 或 Ti(IV)的称为蓝宝石;含少量 Fe_3O_4 的称为刚玉粉。

在温度为 723K 左右时,将氢氧化铝、偏氢氧化铝[$AlO(OH)$]或铝铵矾[$(NH_4)_2SO_4$ ·

$Al_2(SO_4)_3 \cdot 24H_2O$]加热,使其分解,则得到 $\gamma\text{-}Al_2O_3$。$\gamma\text{-}Al_2O_3$ 它属面心立方密堆积构型。这种 Al_2O_3 不溶于水,但很容易吸收水分,易溶于酸。把它强热至 1273K,即可转变为 $\alpha\text{-}Al_2O_3$。$\gamma\text{-}Al_2O_3$ 的粒子小,表面积大,具有强的吸附能力和催化活性,所以又称活性氧化铝,可用作吸附剂和催化剂。

还有一种 $\beta\text{-}Al_2O_3$,实际为 $NaAl_{11}O_{17}$,它有离子传导能力(允许 Na^+ 通过)。以 $\beta\text{-}Al_2O_3$ 为电解质制成钠-硫蓄电池,由于这种蓄电池单位质量的蓄电量大,能进行大电流放电,因此具有广阔的应用前景。这种电池负极为熔融钠,正极为多硫化钠(Na_2S_x),电解质为 $\beta\text{-}Al_2O_3$(钠离子导体),其电池反应为

正极: $$2Na^+ + xS + 2e^- \underset{充电}{\overset{放电}{\rightleftharpoons}} Na_2S_x$$

负极: $$2Na \underset{充电}{\overset{放电}{\rightleftharpoons}} 2Na^+ + 2e^-$$

总反应: $$2Na + xS \underset{充电}{\overset{放电}{\rightleftharpoons}} Na_2S_x$$

这种蓄电池使用温度可达 $620\sim680K$,其蓄电量为铅蓄电池蓄电量的 $3\sim5$ 倍。用 $\beta\text{-}Al_2O_3$ 陶瓷做电解食盐水的隔膜生产烧碱,有产品纯度高、公害小的特点。

7. Al_2O_3 与酸、碱反应存在速率差异的原因

铝的晶体结构属于立方面心紧密堆积,铝表面的氧化铝晶体结构也属于立方面心紧密堆积构型。铝原子不规则地排列在由氧原子围成的八面体和四面体空穴中,氧化铝的这种晶体结构与金属铝本体的晶体结构极为相似,甚至可以看成是金属铝的晶格的延伸。因此,氧化铝薄膜与金属铝间结合得极其紧密,非常牢固,具有保护作用。这样的氧化铝不溶于水。

在酸溶液中,由于 H^+ 和 O^{2-} 作用,使之结合成水分子而脱离 Al^{3+} 的吸引,Al^{3+} 也被水分子拉下来形成水合铝离子,这样 Al_2O_3 就溶解于酸。但是 Al^{3+} 仍然受晶体中 O^{2-} 强烈吸引,较难被中性的水分子拉下来形成水合铝离子,所以在酸中溶解 Al_2O_3 较慢。

在碱溶液中,OH^- 对 Al^{3+} 发生作用,生成 $[Al(OH)_4]^-$ 而脱离 O^{2-} 的吸引,O^{2-} 则与水分子作用形成 OH^-,这样 Al_2O_3 也就溶解于碱了。而 OH^- 对 Al^{3+} 有强烈的吸引,结合成 $[Al(OH)_4]^-$ 后,O^{2-} 很易与水分子作用形成 OH^-,所以 Al_2O_3 就较易溶解在碱中。

8. Al_2O_3 与盐酸、硫酸反应存在速率差异的原因

当 Al_2O_3 分别与相同氢离子浓度的盐酸、硫酸反应时,可以发现 Al_2O_3 与盐酸反应速率大于与硫酸反应的速率。这种差异是由于阴离子造成的,H^+ 固然可以破坏铝表面的氧化膜,但在常温下破坏作用很弱,Cl^- 不但能破坏铝表面的氧化膜,还能阻止铝表面氧化膜的形成,而 SO_4^{2-} 的这种作用很弱。

Cl^- 能够加快金属腐蚀的作用称为"氯离子效应"。氯离子效应的机理目前有多种解释。

1)配位理论

Cl^- 有较强的配位能力,易与金属离子配位,配位以后降低了电极电势,导致反应加快,如 Cl^- 可与 Zn^{2+} 形成 $[ZnCl_4]^{2-}$,移走锌溶解出的锌离子,可促进锌的溶解,提高氢气的生成速率。同样,Cl^- 易与 Al^{3+} 形成 $[AlCl_4]^-$,破坏了氧化膜,使反应速率加快。而 SO_4^{2-} 的配位作

用很弱,大量的 SO_4^{2-} 会聚集在 Al 表面,阻碍溶解出的 Al^{3+} 远离铝表面,导致 Al 的溶解速率下降,即与 H_2SO_4 的反应速率较慢。故与 H_2SO_4 相比,Al 与 HCl 的反应速率更快。

2）活化理论

一般来说,稳态和亚稳态的金属表面总是或多或少地处于一种钝态。Cl^- 能够使这些处于钝态的金属表面重新活化,使它成为能发生氧化还原反应的活性中心。从微观的角度来讲,Cl^- 体积小,能够穿透金属表面的氧化膜,并能吸附在金属表面的氧化膜上取代氧化物中的氧原子,使具有保护作用的氧化膜成为可溶性氯化物,从而向反应溶液提供了大量金属表面活性中心,促进了金属在电解质溶液中的氧化过程。因此,凡是有金属参与的化学反应中,只要向反应溶液中加少量盐酸或氯化钠、氯化钾等盐酸盐,提供一定量的 Cl^-,实际上就成为活化金属表面的一种方法,起到加快金属氧化反应速率的作用。

9. 氢氧化铝

Al_2O_3 的水合物一般都称为氢氧化铝,它可以由多种方法得到。加氨水或碱于铝盐溶液中,得一种白色无定形凝胶沉淀。它的含水量不定,组成也不均匀,统称为水合氧化铝。无定形水合氧化铝在溶液内静置即逐渐转变为结晶的偏氢氧化铝,温度越高,这种转变越快。若在铝盐中加弱酸盐碳酸钠或乙酸钠,加热,则有偏氢氧化铝与无定形水合氧化铝同时生成。只有在铝酸盐溶液中通入二氧化碳,才能得到真正的氢氧化铝白色沉淀,称为正氢氧化铝。结晶的正氢氧化铝与无定形水合氧化铝不同,难溶于酸,而且加热到 373K 也不脱水;在 573K 下加热 2h,才能转变为偏氢氧化铝。

氢氧化铝是典型的两性化合物。新制备的氢氧化铝易溶于酸也易溶于碱:

$$H_2O + Al^{3+} \underset{H^+}{\overset{OH^-}{\rightleftharpoons}} Al(OH)_3 \underset{H^+}{\overset{OH^-}{\rightleftharpoons}} Al(OH)_4^-$$

例如

$$Al(OH)_3 + 3HNO_3 \Longrightarrow Al(NO_3)_3 + 3H_2O$$
$$Al(OH)_3 + KOH \Longrightarrow K[Al(OH)_4]$$

实验十　胶体的制备与性质

一、实验目的

(1) 了解胶体的制备、渗析、电泳和凝聚等性质。

(2) 掌握胶体的制备、性质实验的演示技能。

(3) 学会使用直流稳压电源。

二、实验原理

将氯化铁溶液滴入沸水中,Fe^{3+} 立即发生水解反应,得到氢氧化铁胶体溶液。

$$FeCl_3 + 3H_2O \xrightarrow{\triangle} Fe(OH)_3(胶体) + 3HCl$$

胶粒的直径($10^{-9} \sim 10^{-7}$ m)远大于溶液中分子、离子的直径,因而胶粒不能透过半透膜。利用这种性质可以提纯胶体或除去其中的离子和分子。

由于胶粒的直径较大,能够对光发生散射,使每个胶粒成为一个发光体,当一束强光照射胶体溶液时,可看到一条光亮的光柱通过,这种现象就是胶体溶液的丁达尔现象,是胶体的重要光学性质。

一般情况下,胶粒都带有电荷,这是因为胶粒的表面积较大,有吸附离子的趋势。其吸附离子是有选择性的。当吸附阳离子时,胶粒就带正电荷;吸附阴离子时就带负电荷。例如,氢氧化铁的胶核吸附的是与其组成相似的 FeO^+,形成的胶粒带正电荷,在外电场的作用下,带正电荷的氢氧化铁胶粒向负极移动,负极附近颜色就会变深。

由于胶粒带有电荷,当与带有相反电荷的质点相遇时,胶粒的电荷将被中和,胶粒就会凝聚成较大颗粒而发生聚沉现象。

同样将胶体溶液加热,由于温度升高,胶粒运动速度加快,碰撞机会增多,而且由于加热还降低了胶核对离子的吸附能力,因此也能使胶体发生凝聚。

电解质能使胶体发生聚沉,但在胶体溶液里加入一定量的淀粉、明胶等物质的溶液,就能防止胶体的聚沉。这是因为这些高分子物质被吸附在胶粒的表面,包裹住了胶粒,使胶粒很难聚集成更大的颗粒,从而增强了胶体的稳定性。

三、实验用品

仪器和材料:烧杯、蒸发皿、U 形管、试管、玻璃棒、酒精灯或煤气灯、量筒、滴管、直流电源、钢笔式电筒、托盘天平、铁架台及附件、碳棒、石棉网、玻璃纸、导线、细线、火柴。

药品:饱和氯化铁溶液、2mol·L^{-1} 氯化钠溶液、0.001mol·L^{-1} 亚铁氰化钾溶液、0.001mol·L^{-1} 铁氰化钾溶液、0.01mol·L^{-1} 硫酸铝溶液、0.01mol·L^{-1} 硝酸钾溶液、5%硝酸银溶液、1%明胶溶液、甲基橙试剂、蒸馏水、尿素。

四、实验内容

1. 氢氧化铁胶体的制备

用烧杯取 75mL 蒸馏水,加热至沸,向其中逐滴加入 1mL 饱和氯化铁溶液。继续煮沸至溶液变成深红褐色,所得分散系就是氢氧化铁胶体。

2. 胶体的性质

1) 丁达尔现象

将盛有氢氧化铁胶体的烧杯置于较暗的环境中,用钢笔式电筒照射,观察在胶体溶液中出现的一束明亮的光柱(可用电解质溶液做对比实验);或者放入自制的丁达尔箱中观察光柱。

2) 渗析

取一张边长 20cm 的玻璃纸,放在烧杯上,如图 2-10-1(a)所示倒入胶体溶液(玻璃纸外面不能沾上氢氧化铁胶体),袋口用细线扎紧系在玻璃棒上,悬入盛有蒸馏水的烧杯里[如图 2-10-1(b)所示,水不能淹没玻璃纸袋,否则氢氧化铁胶体会漏出来]。5min 后,用 3 支试管各取少量烧杯里的溶液,分别加入 1～2 滴 5%硝酸银溶液、0.001mol·L^{-1}亚铁氰化钾溶液和甲基橙试剂,观察产生的现象。

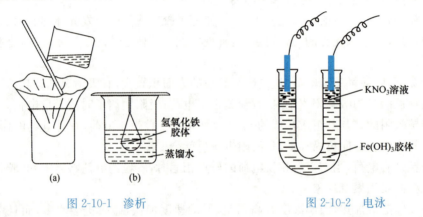

图 2-10-1　渗析　　　　　　　　　图 2-10-2　电泳

3) 电泳

在经过渗析的氢氧化铁胶体中,溶入 2g 尿素(为什么)并倒入 U 形管中,用滴管小心而缓慢地向左右两端氢氧化铁胶体液面上轮流交替加入 0.01mol·L^{-1}硝酸钾溶液,使其高度各约为 4cm 为止(务必使界面清晰),然后插入碳棒电极,但应与氢氧化铁胶体液面相隔 1cm 左右(图 2-10-2)。通以 24～30V 的直流电,放置 10～20min。观察胶体与硝酸钾溶液界面高度的变化。

4) 凝聚——胶体的破坏

用 3 支试管各取 3mL 经渗析的氢氧化铁胶体,分别加入 1mL 2mol·L^{-1}氯化钠溶液、0.01mol·L^{-1}硫酸铝溶液、0.001mol·L^{-1}铁氰化钾溶液,观察现象,考虑凝聚作用和阴离子浓度、价态的关系。

5) 胶体的保护

用 3 支试管各取 3mL 经渗析的氢氧化铁胶体,分别加入 1mL 1%明胶(动物胶)溶液,充分振荡后,像实验 4)那样分别加入 1mL 同浓度的氯化钠、铁氰化钾、硫酸铝溶液,观察现象。

五、注意事项

(1) 制备氢氧化铁胶体时一定要使用蒸馏水,不能用自来水代替。

（2）制备氢氧化铁胶体，所用的氯化铁溶液的 pH 应调至 2.5～3.0，氢氧化铁在 pH 为 2.7 时开始沉淀，在 pH 为 3.4 时沉淀完全。

（3）硝酸钾溶液的浓度要小，太浓的硝酸钾溶液不易与胶体保持清晰的界面，而且通电时胶体在负极区容易发生聚沉。

（4）胶体柱长度不宜太长，过长将增大胶体的内阻，从而影响电泳的速率。

六、讨论与研究

1. 电泳实验的改进原理

有文章指出：电泳时，界面的清晰度跟胶粒的电泳速率有关。氢氧化铁胶粒通常带正电。电泳时，它们向阴极方向移动。在阴极区，离阴极越近，胶粒移动速率越快，此时阴极界面必呈弥漫状；离阴极越近胶粒移动速率越慢，可形成清晰的阴极界面。与此相反，在阳极区，离阳极越近，胶粒移动速率越慢，阳极界面就会呈弥漫状；离阳极越远，胶粒移动速率越快，阳极界面必定清晰。因此，只要适当地控制胶粒在阴极区和阳极区的电泳速率，就可以获得清晰的阴极界面和阳极界面。

根据古埃（Gouy）和查普曼（Chapman）的双电层理论，在胶粒表面存在着异号离子的吸附层和扩散层。在距离胶粒表面一定距离内，由于同号离子和异号离子浓度不同，因而存在着一定的电势分布，如图 2-10-3 所示。分散介质中异号离子浓度增大，吸附层内的异号离子浓度就会增加，使扩散层厚度变薄，电动电势 ζ 的绝对值降低，如图 2-10-4 所示。胶粒电泳速率 v 跟电动电势 ζ、电势梯度 H、介质介电常数 ε 及黏度 η 有关：$v=\varepsilon H\zeta/(k\pi\eta)$（胶粒为棒形时 $k=4$，为球形时 $k=6$）。当电极导电液中异号离子浓度跟胶体溶液中异号离子浓度不同时，在界面附近会形成异号离子浓度由大到小或者由小到大的变化梯度。

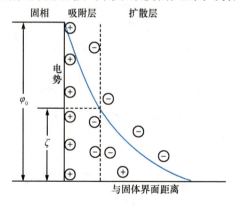

图 2-10-3 胶粒表面附近电势的变化

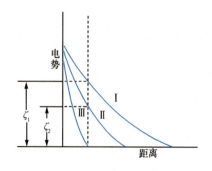

图 2-10-4 异号离子浓度对电动电势的影响

要使向阴极移动的氢氧化铁胶粒越来越慢，可以控制阴极导电液的浓度，使其中的异号离子（如 Cl^-）浓度大于胶体溶液中的异号离子浓度。根据上述理论，这时 ζ 会变小。同时，电势梯度 H 也会因离子浓度增大而变小，而黏度则因溶质粒子增多而变大。这样，胶粒进入阴极导电液后，电泳速率就会变慢，有利于形成清晰的阴极界面。如果使阳极导电液中的异号离子浓度小于胶体溶液中的异号离子浓度，这时离阳极越近，ζ 和电势梯度 H 都会越大，而黏度 η 则越小，使得向离开阳极方向移动的胶粒电泳速率越来越慢，并形成清晰的阳极界面。

有人通过实验得出结论：使阴极导电液中的异号离子浓度为胶体溶液中异号离子浓度的 $1.1\sim1.5$ 倍，使阳极导电液中异号离子浓度为胶体溶液中异号离子浓度的 $67\%\sim91\%$，可以在两极都获得清晰的界面。

从上述分析还可得知，要提高本实验演示效果，使电泳现象清晰且耗时少，还可以提高电源的直流电压，缩短胶体柱的长度等。上述论述为我们对该实验进行有效的改进提供了理论依据。

2. 关于胶体电泳的实验

1）胶体电泳实验的改进一

U 形管中装入热的琼脂，高度 2cm 左右，待冷凝后分别向左、右管中加入等量的氢氧化铁胶体（高度 $2\sim3$cm），按图 2-10-5 所示装置固定在铁架台上。

在图示白纸板上画下氢氧化铁胶体与琼脂的分界面位置。

分别在左、右管中插入电极，与 24V 直流电源连接。接通电源，约 2min 后可看到阳极区红褐色的氢氧化铁胶体越过分界面向琼脂中缓慢移动，而阴极区的胶体却不移动，5min 后现象非常明显。

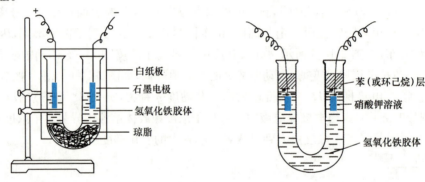

图 2-10-5　氢氧化铁胶体电泳实验的改进　　　图 2-10-6　用苯（或环己烷）层的装置

2）胶体电泳实验的改进二

胶体电泳实验的改进二如图 2-10-6 所示。加苯或环己烷的目的是使硝酸钾溶液在滴加时不致扰动胶体的液面，以防止硝酸钾溶液混入胶体，从而使胶体与硝酸钾溶液间保持清晰的界面。实际上由于环己烷的毒性比苯小等原因（表 2-10-1），选择环己烷更好。

表 2-10-1　苯与环己烷性质的对比

物质	密度/(g·cm⁻³)	挥发性	溶解性	毒性
苯	0.885(15℃)	易	难溶于水，易溶于乙醇等有机溶剂	有毒
环己烷	0.778(20℃)	难	几乎不溶于水，能与苯等混合	毒性比苯小

3）电压的控制

在做电泳实验时，电压的控制是很重要的。电压过低，会延长反应时间，现象不明显；电压过高，容易导致电解，产生的气体和液体间形成对流，从而扰乱界面。一般根据 U 形管的大小、液面的高低来控制电压。U 形管大，液柱高时电压要高些，U 形管小，液柱低时电压可低一些。液柱面升高 1cm，需增加 $12\sim18$V 电压。

4）尿素的作用

尿素的化学式是 H_2NCONH_2。通常有机化合物都能降低水的表面张力，而加入无机盐或难挥发的酸碱会使溶液的表面张力升高。两种液体之间的界面张力是两种液体互相饱和时两种液体的表面张力之差（Antonoff 规则）。因此，加入尿素可以增加氢氧化铁胶体和硝酸钾溶液之间的界面张力，使胶体和硝酸钾之间的界面更加清晰。也可以使用其他物质代替，但需要满足一定的条件：①非电解质；②与胶体不反应；③溶于水；④无色物质。例如，蔗糖、甘露醇等可以作为代替物。

3. 饱和氯化铁溶液的配制

在冷水中，Fe^{3+} 的水解反应依然存在，只是反应速率相对于加热时较慢，且较快达到平衡状态。但实际常温时氯化铁水解反应的平衡常数较大，$pK_h = 2.2$，因此向蒸馏水中直接加入 $FeCl_3 \cdot 6H_2O$ 晶体，得到的氯化铁溶液在较短时间内会发生较为强烈的水解，生成氢氧化铁胶体，不易长期保存。要抑制氯化铁的水解，得到饱和的氯化铁溶液，根据化学平衡知识可知，通过增加溶液中的氢离子浓度，可以抑制平衡的正向移动。因此，在配制饱和的氯化铁溶液时，应向盐酸中加入氯化铁固体，使得 pH 在 2 左右，抑制 Fe^{3+} 水解。

酸化条件能够抑制 Fe^{3+} 水解，但是通过平衡常数计算的 Fe^{3+} 浓度远小于称量计算的结果。这是因为在常温时，氯化铁的 $K_稳$ 为 98，说明 Fe^{3+} 与 Cl^- 能够形成相当稳定的配合物 $[FeCl_n]^{3-n}(n=1\sim4)$。

$$Fe^{3+} + nCl^- \rightleftharpoons [FeCl_n]^{3-n}$$

常温时，饱和氯化铁溶液中存在水解平衡和配位平衡，但是以配位反应为主，水解程度微弱。当温度升高时，水解平衡正向移动，生成氢氧化铁胶体。

4. 制备氢氧化铁胶体的最佳实验条件

在教学中，若通过将三价铁盐加入沸水中来制备氢氧化铁胶体，并不能够保证成功，其中加热的时间、滴加的滴数都影响着实验的结果。利用化学平衡知识可知，除了加热，减少生成物的量也可以促进化学平衡的正向移动，因此可以向氯化铁溶液中加入适量氢氧化钠溶液，使其与盐酸反应，增大溶液的 pH，从而促进水解，制得氢氧化铁胶体。

作为中学化学的一个演示实验，从实验教学效果的角度考虑，要求氢氧化铁胶体丁达尔现象明显，即光路清晰，同时能较长时间保存，稳定性高。有研究利用 SPSS 17.0 软件进行正交实验设计及统计学分析，认为氯化铁溶液的用量和氢氧化钠溶液的用量对实验有显著影响，温度对实验无显著影响，即常温就可以达到良好的实验效果，即影响次序为氯化铁溶液用量＞氢氧化钠溶液用量＞温度。结合单因素统计量表，确定出最佳实验方案为：4 滴 10％氯化铁溶液、1 滴 10％氢氧化钠溶液及 15℃。此种方法制得的胶体丁达尔现象的光路明亮，均匀度好，保存时间长，稳定性高。

5. 关于胶体的结构

胶体溶液中分散质粒子的直径一般为 $10^{-9}\sim10^{-7}m$，每个粒子都是由许多分子或离子组成的集合体。胶体溶液中，表面吸附有离子的分散质粒子称为胶粒。氢氧化铁的胶体粒子可示意如下：

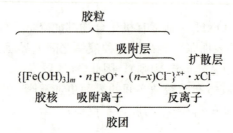

胶束的核心是 m 个 $Fe(OH)_3$ 粒子，m 约为 10^3 左右，胶核外依次吸附着水中的 FeO^+，带正电荷，这样液体中带相反电荷（负电荷）的氯离子（又称为反离子）扩散到胶核附近，其中一部分氯离子与胶核之间作用较强，和已被胶核吸引的带正电荷的铁离子组成吸附层。胶核和吸附层组成了胶粒，此时胶体仍然带正电荷，液体中其余反离子（像氯离子）扩散分布在吸附层外围，形成扩散层。吸附层和扩散层称为扩散双电层。胶粒和扩散层形成的整体称为胶团，整个胶团不带电。但由于胶核对吸附层引力较强，对扩散层引力较弱，在外加直流电场作用下，胶团会从吸附层与扩散层之间分裂，形成带电荷的胶粒而发生电泳现象。

6. 激光颜色对丁达尔效应的影响

用激光笔发出的红光照射氢氧化铁胶体，有丁达尔效应；而用红光照射 $CuSO_4$ 溶液，则无丁达尔效应，于是得出结论：可用有无丁达尔效应来鉴别胶体和溶液。但这忽视了物理学上的一个问题，那就是"蓝色可以吸收红光"，所以硫酸铜溶液肯定是没有丁达尔效应的。但是绿色激光笔通过氢氧化铁胶体并无丁达尔效应，反而是通过硫酸铜溶液会产生丁达尔效应。这说明激光的颜色不同，照射溶液和胶体产生的光学效应也不同。

当光线射向分散体系时，只有一部分光能够通过，其余部分则被吸收、散射或反射。光的吸收主要取决于体系的化学组成，而散射和反射则取决于体系的分散程度。当分散相粒子直径大于入射光的波长时，主要发生光的反射和折射；当粒子直径小于入射光波长时主要发生散射，这时观察到的是光波环绕微粒而向四周发射的光，称为散射光或乳光。丁达尔效应就是光的散射现象或称乳光现象。由于胶粒直径在 $1 \sim 100\,\mathrm{nm}$，小于可见光波长（$400 \sim 700\,\mathrm{nm}$），因此当可见光透过胶体时会产生明显的散射作用。而对于小分子真溶液或纯溶剂，因粒子太小，对光的散射作用很微弱，一般用肉眼难以分辨。瑞利经过研究发现，当悬浮微粒或介质分子密度起伏的线度小于光波的波长时，散射光强度可用下面公式计算：

$$I = \frac{9\pi^2 N_0 V^2}{2\lambda^4 r^2}\left(\frac{n_2^2 - n_1^2}{n_2^2 + 2n_1^2}\right)I_0(1 + \cos^2\theta)$$

式中，I_0 为入射光强度；θ 为散射角，即观察方向与入射光传播方向的夹角；λ 为入射光波长；N_0 为单位体积中的粒子数；V 为每个粒子的体积；n_1 和 n_2 分别为分散相与分散介质的折射率。由公式可知：散射光的强度与波长的四次方成反比，与粒子体积的平方成正比；而蓝光的波长比红光的波长小。因此，红光照射氯化铁溶液和绿光照射硫酸铜溶液，以及激光照射铬酸钾溶液时，会产生弱的光路现象。

而溶液和胶体的颜色不同，激光照射产生的光学效应也不同。例如，黑墨水会吸收红光和绿光，这与黑色物质可以吸收所有照射在它表面的光是相符的；红色的体系，包括红墨水、红褐色氢氧化铁胶体和红棕色氯化铁溶液，可以吸收绿光；蓝色的体系，如浓的硫酸铜溶液，可以吸收红光。

7. 在明胶介质中制备氯化银胶体

硝酸银与氯化物在水介质中反应,生成的是氯化银沉淀,若在明胶介质中则生成氯化银胶体。这是由于明胶对氯化银起了保护作用。感光胶片上涂的卤化银胶体就是用这种方法制成的。

在 100mL 烧杯中注入 25mL 1‰明胶溶液和 3 滴浓盐酸,充分搅拌均匀。往溶液中滴加 3 滴 $3mol \cdot L^{-1}$ 硝酸银溶液,即得氯化银胶体。

8. 黄血盐和赤血盐

六氰合铁(Ⅱ)酸钾{亚铁氰化钾,$K_4[Fe(CN)_6]$}晶体为黄色,俗称黄血盐。

六氰合铁(Ⅲ)酸钾{铁氰化钾,$K_3[Fe(CN)_6]$}晶体为深红色,俗称赤血盐。

亚铁氰化钾与铁(Ⅲ)盐溶液作用生成普鲁士蓝沉淀,常用来检验 Fe^{3+}:

$$Fe^{3+} + [Fe(CN)_6]^{4-} \longrightarrow Fe_4[Fe(CN)_6]_3 \downarrow$$

铁氰化钾与铁(Ⅱ)作用生成蓝色滕氏蓝沉淀的反应被用来检验 Fe^{2+}:

$$Fe^{2+} + [Fe(CN)_6]^{3-} \longrightarrow Fe_3[Fe(CN)_6]_2 \downarrow$$

现代的单晶 X 射线衍射实验数据和穆斯堡尔谱的研究说明,普鲁士蓝和滕氏蓝是同一种物质:水合六氰合亚铁酸铁(Ⅲ){$Fe_4^{Ⅲ}[Fe^{Ⅱ}(CN)_6]_3 \cdot xH_2O, x = 14 \sim 16$}。它主要用于油漆和油墨工业。

实验十一　电解质溶液

一、实验目的

（1）了解电解质溶液电解的化学原理，电极发生的氧化还原反应及其产物。

（2）掌握离子迁移的化学原理，掌握电解水、电解饱和食盐水与电解氯化铜的实验演示技能。

二、实验原理

电解质溶液在直流电场的作用下，溶液中的离子发生定向移动，即阳离子向阴极方向移动，阴离子向阳极方向移动。可以利用某些有色离子（如 Cu^{2+}、MnO_4^-）的迁移来演示说明溶液中离子的迁移。

1. 电解水的原理

电解水时通常向水中加入电解质，如加入氢氧化钠，在直流电场的作用下，阳离子（Na^+、H^+）移向阴极，阴离子（OH^-）移向阳极。

阳极反应：　　　　　　$4OH^- - 4e^- = O_2\uparrow + 2H_2O$　（氧化反应）

阴极反应：　　　　　　$4H^+ + 4e^- = 2H_2\uparrow$　　　（还原反应）

总化学反应式：　　　　$2H_2O \xrightarrow{\text{通电}} 2H_2\uparrow + O_2\uparrow$

2. 电解氯化钠溶液的原理

氯化钠溶液在直流电场的作用下，阳离子（Na^+、H^+）移向阴极，阴离子（Cl^- 和 OH^-）移向阳极。

阳极反应：　　　　　　　$2Cl^- - 2e^- = 2Cl$　　　（氧化反应）

　　　　　　　　　　　　　$2Cl = Cl_2\uparrow$

阴极反应：　　　　　　　$2H^+ + 2e^- = 2H$　　　（还原反应）

　　　　　　　　　　　　　$2H = H_2\uparrow$

总化学反应式：　　　$2NaCl + 2H_2O \xrightarrow{\text{通电}} 2NaOH + Cl_2\uparrow + H_2\uparrow$

3. 电解氯化铜溶液的原理

氯化铜溶液在直流电场的作用下，阳离子（Cu^{2+}、H^+）移向阴极，阴离子（Cl^- 和 OH^-）移向阳极。

阳极反应：　　　　　　　$2Cl^- - 2e^- = 2Cl$　　　（氧化反应）

　　　　　　　　　　　　　$2Cl = Cl_2\uparrow$

阴极反应：　　　　　　$Cu^{2+} + 2e^- = Cu$　　　（还原反应）

总化学反应式：　　　　　$CuCl_2 \xrightarrow{\text{通电}} Cu + Cl_2\uparrow$

三、实验用品

仪器和材料：自制 H 形管、大烧杯、U 形管、漏斗、量筒、尖嘴玻璃管、滴管、玻璃珠、托盘天平、直流低压电源、铁架台及附件、大铁钉、回形针、弹簧夹、导线、碳棒、橡胶塞、橡胶管。

药品：稀盐酸、稀硫酸、1%氢氧化钠溶液、饱和硫酸铜溶液、饱和食盐水、0.3%高锰酸钾溶液、0.1%硝酸钾溶液、1mol·L⁻¹氯化铜溶液、酚酞试液、淀粉-碘化钾试纸、尿素。

四、实验内容

1. 离子的移动

实验离子移动的装置如图 2-11-1 所示。

（1）取一支洁净的 15mm×150mm U 形管，向其中倒入含尿素的硫酸铜和高锰酸钾混合液。该混合液的配制方法是：在 25～30mL 饱和硫酸铜溶液中（常温下）加入 5mL 0.3% 的高锰酸钾溶液，再加 2～3g 尿素。然后用滴管小心而缓慢地向 U 形管的左右管中轮流交替加入用稀硫酸酸化的 0.1% 硝酸钾溶液，使其高度各约为 4cm 为止（务必使界面清晰）。

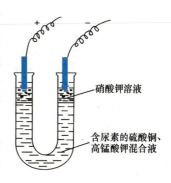

图 2-11-1　离子的移动

（2）在稀硝酸钾溶液中插入电极（若无铂片、铂丝，可用碳棒代替）。插入电极，使电极顶端距下面混合溶液面约 1cm，然后接通直流电源。直流电压为 16V（为什么），10min 后，就可以在阴极区液面出现一层蓝色溶液（水合铜离子的颜色），阳极区液面出现一层紫红色溶液（MnO_4^- 的颜色）。

2. 电解水

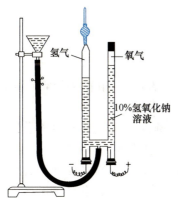

图 2-11-2　自制简易水电解器

图 2-11-2 是一个自制简易水电解器（回形针或大号缝衣针作电极）。用 10% 氢氧化钠溶液进行电解（电压为 6～12V）。仔细观察电解器两极产生气体的情况。待收集的气体达到一定量后，拧动尖嘴上的玻璃珠，在尖嘴口点火，观察现象。然后把接漏斗的橡胶管上的弹簧夹夹紧，检验另一管口中的气体，观察现象（用带有余烬的细木条伸入管口）。

3. 电解饱和食盐水

实验装置如图 2-11-3 所示。

（1）在 U 形管中注入饱和食盐水约 3/4 体积，分别插入铁钉、碳棒作电极，铁钉与电源负极相连接，碳棒与电源正极相连接。通电前在阴极区滴入 2 滴酚酞试液。

（2）接通低压直流电源（6～12V），几分钟后，观察到阴极区的溶液变为红色。用湿润的淀粉-碘化钾试纸检验阳极区产生的气体。

4. 电解氯化铜溶液

实验装置如图 2-11-4 所示。

（1）在 U 形管中注入用稀盐酸酸化的 1mol·L⁻¹氯化铜溶液约 3/4 体积，插入碳棒作电极,接通直流电源(6~12V),阳极即有气体产生。用湿润的淀粉-碘化钾试纸放在管口处检验阳极产生的气体。

(2)电解 2~3min 后,停止实验。取出阴极的碳棒,观察到电极已镀上一层红色的铜。

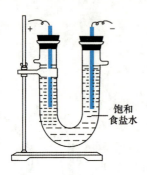

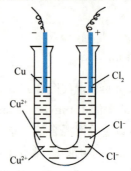

图 2-11-3　电解饱和食盐水　　　　图 2-11-4　电解氯化铜溶液

五、注意事项

(1)做电解水实验检验氧气时,必须先夹紧连接漏斗的橡胶管上的弹簧夹,否则碱液会冲出。

(2)做离子的移动实验所用的硝酸钾浓度要小,太浓的硝酸钾溶液不易与混合液保持清晰界面。

(3)电解饱和食盐水所用的饱和食盐水必须事先精制,以除去其中 Ca^{2+} 和 Mg^{2+},否则电解时阴极区会出现乳白色浑浊现象。

六、讨论与研究

1. 离子移动实验中硝酸钾溶液的作用

在做离子的移动实验时,为什么要向溶液中加入用硫酸酸化的 0.1% 硝酸钾溶液,而且还要左右管中轮流交替加入?

(1)选择 0.1% 硝酸钾溶液的可能原因有:硝酸钾溶液没有颜色,便于观察有色离子的移动;硝酸钾溶液不参与电解;0.1% 的硝酸钾溶液密度比较小,可以使界面保持清晰。

(2)由于电解作用,铜离子会移动到 0.1% 的硝酸钾溶液中。铜离子易水解形成氢氧化铜絮状沉淀,为此需要进行酸化抑制其水解。而用稀硫酸是因为硫酸根离子不参与电解。

(3)轮流交替在 U 形管中加入 0.1% 的硝酸钾溶液的目的是让两边的液面一样高,便于观察离子移动。

2. 电解水时为什么要加入电解质

纯水是极弱的电解质,很难导电。在纯水中通直流电,一般条件下不发生电解作用。如果在水中加入强的含氧酸(如 H_2SO_4)、活泼金属的可溶性含氧酸盐(如 Na_2SO_4、KNO_3)或可溶性强碱(如 NaOH、KOH),以增加水的导电性,则电解能顺利进行,阴、阳两极上的产物分别为氢气和氧气。

现以纯水中加入硫酸钠通电分解为例来说明这个问题。当硫酸钠溶于水时,完全电离为

Na^+ 和 SO_4^{2-}。

$$Na_2SO_4 =\!=\!= 2Na^+ + SO_4^{2-}$$

虽然水是弱电解质,但是也能发生微弱的电离。

$$H_2O \rightleftharpoons H^+ + OH^-$$

因此,在水溶液中存在着四种离子:Na^+、H^+、SO_4^{2-} 和 OH^-。通入直流电后,Na^+ 和 H^+ 向阴极迁移,SO_4^{2-} 和 OH^- 向阳极迁移。但在各个电极上究竟是哪一种离子放电,则取决于它们的电极电势的高低,也就是说,取决于离子得失电子的难易。上述四种离子的标准电极电势分别为

$$2H^+ + 2e^- =\!=\!= H_2 \qquad\qquad \varphi^{\ominus} = 0.000V$$
$$Na^+ + e^- =\!=\!= Na \qquad\qquad \varphi^{\ominus} = -2.71V$$
$$4OH^- =\!=\!= O_2 + 2H_2O + 4e^- \qquad\qquad \varphi^{\ominus} = +0.401V$$
$$2SO_4^{2-} =\!=\!= S_2O_8^{2-} + 2e^- \qquad\qquad \varphi^{\ominus} = +2.00V$$

在阴极上,由于 Na^+ 比 H^+ 难于接受电子,因此 H^+ 放电而产生氢气;在阳极上,由于 SO_4^{2-} 比 OH^- 难于失去电子,因此 OH^- 放电而产生氧气,该过程如下:

可见在水中加入的硫酸钠并不发生电解,它的阴、阳两种离子依然存留在溶液中,实际上电解的是水,硫酸钠在这里只起导电作用。

由于 H^+ 和 OH^- 分别不断地在阴、阳两极上放电,水的电离平衡就不断地向生成离子的方向移动,于是水不断地电解,OH^- 就不断地聚集在阴极区(Na^+ 也聚集在这里),显然这里的溶液就呈碱性;同样,H^+ 也不断地聚集在阳极区(SO_4^{2-} 也聚集在这里),显然这里的溶液就呈酸性。

从这个例子可知,碱金属离子在阴极上总是比 H^+ 难于放电,含氧酸根离子在阳极上,也总是比 OH^- 难于放电。所以在水中加入可溶性的碱金属含氧酸盐,或强的含氧酸,或可溶性的强碱,通以直流电,都是 H^+ 和 OH^- 放电,而所加的电解质仅是起着导电的作用。

3. 对电解水原理的研究

电解水实验可以成功地检验出得到的气体分别是氢气和氧气,且理论上它们的体积比为 $2:1$。但是实验时往往得不到这样的结果,在短时间内两个电极上几乎不产生气体,且正、负极产生气体的体积比不是 $2:1$,而是氢气体积远大于氧气体积。下面将从离子迁移速率的角度对电解水的原理进行探究。

电解反应的进行以及电解速率的快慢与电解质溶液中离子迁移速率有关,满足

$$\frac{正离子的迁移速率}{负离子的迁移速率} = \frac{阳极区减少的物质的量}{阴极区减少的物质的量} = \frac{正离子所传导的电荷量}{负离子所传导的电荷量} \qquad (1)$$

如果以 r_+、r_- 分别表示正、负离子的迁移速率,那么在一定温度和浓度时,离子在外电场作用下的迁移速率与电势梯度成正比,可表示为

$$r_+ = U_+ \, dE/dL \tag{2}$$
$$r_- = U_- \, dE/dL \tag{3}$$

式中,比例常数 U_+、U_- 为电势梯度 $dE/dL = 1\text{V} \cdot \text{m}^{-1}$ 时的离子迁移速率,称为离子电迁移率,也称离子淌度,单位为 $\text{m}^2 \cdot \text{s}^{-1} \cdot \text{V}^{-1}$。

由(2)、(3)可知,若电解时所用的电极及电极两端距离不变,两电极间所施加的电压越大,则电势梯度越大,离子的电迁移率就越大,也就越容易得到气体。因此,在电解时,所施加电压的大小是一个很重要的因素。

从(2)和(3)还可知,离子的迁移速率还和离子的电迁移率密切相关,在同样的电势梯度下,离子的电迁移率越大,则离子的迁移速率越大,也就越容易得到气体。当溶液确定为无限稀的水溶液,确定温度为室温(298.15K)时,离子的电迁移率就只取决于离子的本性,它具有确定的值。H^+ 无限稀释时的电迁移率为 $3.62 \times 10^{-7} \, \text{m}^2 \cdot \text{s}^{-1} \cdot \text{V}^{-1}$,$OH^-$ 无限稀释时的电迁移率为 $2.05 \times 10^{-7} \, \text{m}^2 \cdot \text{s}^{-1} \cdot \text{V}^{-1}$,$H^+$ 的电迁移率是 OH^- 的 1.76 倍,电解时,在同样的条件下,H^+ 比 OH^- 的电迁移率大,H^+ 的迁移速率就快,产生的氢气就比氧气多。这样,氢气与氧气的体积比就不是 2:1。同时,水中 H^+ 和 OH^- 的浓度很低,那么正、负离子所传导的电荷量有限,由(1)式知,电解水的反应速率就慢,短时间内很难看到有气体产生。

由(1)式,调节水中 H^+ 和 OH^- 的浓度,通过改变正、负离子所传导的电荷量,可使这一情况得到改善。

4. 电解饱和食盐水时的电极材料

电解饱和食盐水时,阳极材料往往用石墨作为电极,而阴极却可以用铁丝作为电极。

在酸性条件下: $Fe^{2+} + 2e^- = Fe$ $\varphi^\ominus = -0.447\text{V}$
在碱性条件下: $Fe(OH)_2 + 2e^- = Fe + 2OH^-$ $\varphi^\ominus = -0.877\text{V}$
在阳极区: $4OH^- = O_2 + 2H_2O + 4e^-$ $\varphi^\ominus = +0.401\text{V}$
                      $Cl_2(g) + 2e^- = 2Cl^-$ $\varphi^\ominus = +1.358\text{V}$

若用铁作为阳极,无论酸性或碱性都是电极本身放电,即电极本身参与反应而被消耗。因此,电解时往往用惰性导电材料作为阳极。

5. 离子的电迁移现象

离子在外电场的作用下发生定向运动称为离子的电迁移。当给电解质溶液通电后,溶液中承担导电任务的阴、阳离子分别向阳、阴两极移动,并在相应的两电极界面上发生氧化或还原作用,从而两极旁溶液的浓度也发生变化。

设想在两个惰性电极之间的溶液中,有想象的平面 AA 和 BB,将溶液分为阳极部、中部和阴极部三个部分。假定在未通电之前,各部分均含有正、负离子各 5mol,分别用 +、- 表示。

设离子都是一价的,当通入 4mol 电子的电量之后,阳极上有 4mol 负离子被氧化,阴极上有 4mol 正离子被还原,同时两电极间正、负离子要共同承担 4mol 电子电量的运输任务。现在离子都是一价的,则离子运输电荷的数量只取决于离子迁移的速率。

(1)设正、负离子的迁移速率相等,即 $r_+ = r_-$,则导电任务各分担 2mol,在假想的 AA、BB 平面上各有 2mol 正、负离子逆向通过。当通电结束后,阴、阳两极部溶液浓度相同,但比原溶液各少了 2mol,而中部溶液浓度不变(图 2-11-5)。

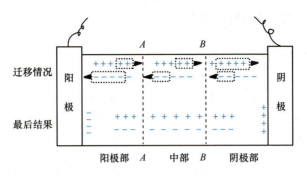

图 2-11-5　离子的电迁移现象——第一种情况

（2）设正离子迁移速率是负离子的三倍，即 $r_+ = 3r_-$，则正离子传导 3mol 电量，负离子传导 1mol 电量。在假想的 AA、BB 平面上有 3mol 正离子和 1mol 负离子逆向通过。通电结束，阳极部正、负离子各少了 3mol，阴极部只各少了 1mol，而中部溶液浓度仍保持不变（图 2-11-6）。

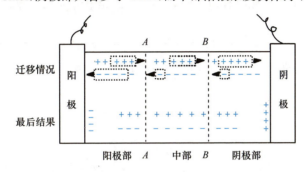

图 2-11-6　离子的电迁移现象——第二种情况

6. 电解饱和食盐水简易装置的改进

为了更好地观察和检验到阴、阳两极的气体产物，可按图 2-11-7 所示对电解装置做一些改进。

通电数分钟后，阴极区内集聚氢气，液面下降到阴极铁丝电极与电解液之间仅 1cm 时，停止电解，阳极处可看见黄绿色的气体，此时用湿润的淀粉-碘化钾试纸检验。打开阴极端上弹簧夹，在尖嘴处点火，气体可燃。

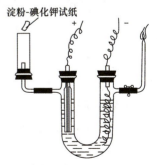

图 2-11-7　电解饱和食盐水

7. 电解氯化铜溶液的理论研究

查阅手册可得，在 25℃，101.325kPa 下，有

$$\varphi_{Cl_2/Cl^-}^{\ominus} = 1.358V$$

$$\varphi_{Cu^{2+}/Cu}^{\ominus} = 0.340V$$

$$\varphi_{H^+/H_2}^{\ominus} = 0.000V$$

$$\varphi_{O_2/H_2O}^{\ominus} = 1.229V$$

故

$$\varphi_{Cl_2/Cl^-}^{\ominus} - \varphi_{Cu^{2+}/Cu}^{\ominus} = 1.358 - 0.34 = 1.018(V)$$

即标准条件下,氯化铜的理论分解电压为 1.018V。

1) 阳极产物分析

阳极可能发生的反应有

$$2Cl^- - 2e^- =\!=\!= Cl_2$$
$$2H_2O - 4e^- =\!=\!= O_2\uparrow + 4H^+$$

常温常压下,0.5mol·L^{-1} 的氯化铜溶液中 $[Cl^-]=1$mol·L^{-1},可近似认为 $[H^+]=10^{-7}$mol·L^{-1},因此有

$$\varphi_{Cl_2/Cl^-}=\varphi_{Cl_2/Cl^-}^{\ominus}+\frac{0.059}{2}\lg\frac{p_{Cl_2}/p^{\ominus}}{[Cl^-]^2}=1.358+\frac{0.059}{2}\lg\frac{1}{1^2}=1.358(V)$$

$$\varphi_{O_2/H_2O}=\varphi_{O_2/H_2O}^{\ominus}+\frac{0.059}{4}\lg([H^+]^4\cdot p_{O_2}/p^{\ominus})=1.229+\frac{0.059}{4}\lg(10^{-7})^4=0.816(V)$$

按照上述理论计算,阳极应该产生氧气,但是电流密度较大时,产物会受超电势的影响。当电流密度为 0.1A·cm^{-2},碳棒作电极时,Cl$_2$/Cl$^-$ 的超电势为 0.25V,O$_2$/H$_2$O 的超电势为 1.09V,所以

$$\varphi_{O_2/H_2O}(实际)=\varphi_{O_2/H_2O}(理论)+\eta_{O_2/H_2O}=0.816+1.09=1.906(V)$$

$$\varphi_{Cl_2/Cl^-}(实际)=\varphi_{Cl_2/Cl^-}(理论)+\eta_{Cl_2/Cl^-}=1.358+0.25=1.608(V)$$

实际上阳极产生氯气。

2) 阴极产物分析

阴极可能发生的反应有

$$Cu^{2+}+2e^- =\!=\!= Cu$$
$$2H_2O+2e^- =\!=\!= H_2\uparrow + 2OH^-$$

常温常压下,0.5mol·L^{-1} 的氯化铜溶液中 $[Cl^-]=1$mol·L^{-1},可近似认为 $[OH^-]=10^{-7}$mol·L^{-1},因此有

$$\varphi_{H_2O/H_2}=\varphi_{H_2O/H_2}^{\ominus}+\frac{0.059}{2}\lg\frac{1}{\frac{p_{H_2}}{p^{\ominus}}\cdot[H^+]^2}=-0.828+0.059\lg\frac{1}{(10^{-7})^2}=-0.415(V)$$

$$\varphi_{Cu^{2+}/Cu}=\varphi_{Cu^{2+}/Cu}^{\ominus}+\frac{0.059}{2}\lg[Cu^{2+}]=0.340+\frac{0.059}{2}\lg0.5=0.331(V)$$

阴极应产生铜。考虑超电势,当电流密度为 0.1A·cm^{-2},碳棒作电极时,H$_2$O/H$_2$ 的超电势为 0.32V,Cu^{2+}/Cu 的超电势很小,可以忽略不计,所以

$$\varphi_{H_2O/H_2}(实际)=\varphi_{H_2O/H_2}(理论)-\eta_{H_2O/H_2}=-0.415-0.32=-0.735(V)$$

$$\varphi_{Cu^{2+}/Cu}(实际)=\varphi_{Cu^{2+}/Cu}(理论)+\eta_{Cu^{2+}/Cu}=0.331V$$

此时,仍然只析出铜单质。

8. 离子移动装置的改进

将一条长约 5cm、宽约 3cm 的滤纸预先用 1mol·L^{-1} 硫酸钠溶液浸泡,平铺在一块玻璃板上。再向滤纸中心放置一小块高锰酸钾晶体,在对称于晶体约 2cm 处各放置一片石墨电极,石墨电极与 12V 直流电源的正、负极相连接,并用鳄鱼夹将石墨电极与玻璃片、滤纸夹紧,通电后,即可看到紫红色的斑点向正极移动。若将高锰酸钾晶体换成重铬酸钾、硫酸铜(含结晶水)、二氯化钴晶体,则可看到有相应颜色的斑点向对应的石墨电极移动的迹象。

实验十二　金属的电镀——铝片上涂镀铜

一、实验目的

（1）掌握金属电镀的基本原理和方法。

（2）了解电镀笔——涂镀的工艺原理及操作方法。

二、实验原理

以镀层金属作阳极，以镀件作阴极，以含镀层金属的电解质溶液为电镀液，通直流电进行电解的过程称为电镀。"涂镀"的原理和常规的金属电镀一样，所不同的是实际操作中不使用电镀槽。"涂镀"过程中，以工件（镀件）为阴极，根据镀件被镀部分的形状，用石墨做成形状不同的"电镀笔"为阳极，直接将电镀液涂在镀件的表面，电镀笔饱蘸电镀液，通直流电后，用电镀笔在工件表面反复擦拭，镀液中的金属离子被还原为金属原子，镀在工件表面，形成坚固、致密的镀层。

本实验用铅笔代替石墨电极作为电镀笔，以铝片为阴极，以硫酸铜溶液为电镀液，在铝片上涂镀铜。

阳极：$\qquad 2H_2O - 4e^- \!\!=\!\!= O_2 + 4H^+$

阴极：$\qquad 2Cu^{2+} + 4e^- \!\!=\!\!= 2Cu$

三、实验用品

仪器和材料：烧杯、量筒、玻璃棒、滴管、托盘天平、直流电源、导线、铝片（长 2cm，宽 1cm）、砂纸、铅笔、铅笔刀、脱脂棉。

药品：五水硫酸铜固体、蒸馏水。

四、实验内容

（1）配制电镀液。称取 12.5g 五水硫酸铜固体溶于 100mL 蒸馏水（加热搅拌帮助溶解）。

（2）电镀笔。将铅笔两头的木质部分削去，分别露出 1cm 长的笔芯，不要削尖。其中一头用脱脂棉薄薄地包上一层，另一头接上导线，和电源正极相连。

（3）镀件的前处理。用砂纸将铝片打磨光亮，再用清水洗净。

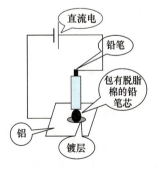

图 2-12-1　电镀装置

（4）按图 2-12-1 连接装置，用滴管在铅笔的脱脂棉上滴加电镀液，让脱脂棉饱蘸液体。接通直流电源，调节电压为 4V。将电镀笔在铝片上轻轻地反复擦拭（为什么），注意不断补充电镀液，铝片上很快镀上一层红色的铜。

五、注意事项

（1）电镀过程中，仅轻轻地将饱蘸电镀液的脱脂棉与铝片接触，不要使铅笔芯接触铝片，以免脱落的铅笔芯透过薄薄的脱脂棉层附着在镀层上,造成污染。

(2) 电镀过程中铅笔芯会磨损,须及时削铅笔。

(3) 实验结束后,及时将脱脂棉取下来,以免水分蒸发后棉花粘在铅笔上。

六、讨论与研究

1. 电镀时电极物质的反应

根据金属元素活泼性,铝可以置换出硫酸铜溶液中的铜。但是在本实验中铝片上镀上铜并非是铝置换出了铜,因为实验证明在室温下将磨光的铝片置于 $1mol \cdot L^{-1}$ 硫酸铜溶液中,半小时后铝片表面仍无明显的现象,并没有红色的铜析出。而本实验中铝片在与饱蘸电镀液的脱脂棉接触后半分钟内就镀上了一层明显的红色铜层。从理论上分析其原因为本实验中铝片作为阴极,铅笔芯作为阳极,通电后电流流经阳极,阳极附近的水分子(实为水分子电离出来的 OH^-)失去电子生成 O_2 和 H^+;而 Cu^{2+} 在铝片上得到电子成为金属铜附着于作为阴极的铝片上,电流通过阴极再流回电源。因此,在整个过程中铝片处于被保护的地位,不会发生反应而消耗。

电镀实质上是电解的应用。盐类水溶液电解产物的一般规律如表 2-12-1 所示。

表 2-12-1 盐类水溶液电解产物的一般规律

电极	阴极(得电子)还原	阳极(失电子)氧化
电极上可能反应的物质	金属正离子、H^+	酸根负离子、简单负离子、OH^-、金属(可溶性阳极)
在电极上放电的先后顺序	(1) 电极电势代数值大于 Al($-1.1V$)的金属正离子首先得电子:$M^{n+} + ne^- \Longrightarrow M$ (2) 电极电势代数值小于 Al(包括 Al)的金属正离子,在水溶液中不被还原,而是 H^+ 得电子:$2H^+ + 2e^- \Longrightarrow H_2$	(1) 金属阳极(除 Pt、Au 外的可溶性阳极)首先失电子:$M \Longrightarrow M^{n+} + ne^-$ (2) 简单离子(惰性电极,尤其是石墨)S^{2-}、I^-、Br^-、Cl^- 等失电子,如 $2Cl^- \Longrightarrow Cl_2 + 2e^-$ (3) 复杂离子(惰性电极)一般不被氧化,而是 OH^- 失电子:$2OH^- \Longrightarrow H_2O + \frac{1}{2}O_2 + 2e^-$

注:熔融盐电解时,因无水存在,所以均是组成盐的离子进行氧化还原

2. 镀层质量

本实验的优点是所用仪器简单、试剂药品为实验室常见的、现象明显、耗时短、趣味性强,不足是镀层质量不太好。如果要得到光亮的铜镀层,提高镀层质量,则可考虑使用以下配方的电镀液:

(1L 溶液中)五水硫酸铜　　　　　　180~220g

　　　　　浓硫酸(1.84g·cm^{-3})　50~70g

　　　　　四氢噻唑硫酮　　　　　　$1×10^{-4}$~$5×10^{-4}$g

　　　　　聚二硫二丙烷磺酸钠　　　0.01~0.02g

　　　　　聚乙二醇($M=6000$)　　0.03~0.05g

十二烷基磺酸钠　　　　　0.05～0.1g

Cl$^-$　　　　　　　　　　0.02～0.08g

　　工业上为使镀层质量较好，对电镀时的工作条件（如温度、电流密度、搅拌操作、阳极材料、电镀液等）也有着一定的要求。

　　本实验之所以选择硫酸铜溶液作为电镀液、铝片为镀件，是因为它们都是实验室中最常见的试剂药品，而且更重要的是金属铜的颜色为红色，铝片的颜色为银白色，铝片上镀铜后实验现象非常明显。当然，铝片上不仅可以镀铜，也可以镀其他金属。

实验十三　甲烷、乙烯、乙炔

一、实验目的

（1）了解甲烷、乙烯、乙炔的实验室制法和性质，饱和烃与不饱和烃的共性与特性。

（2）掌握三种气体制备的实验演示操作。

二、实验原理

实验室中甲烷的制取是用无水乙酸钠和碱石灰（预先均进行脱水、干燥处理）混合加热。发生以下反应：

$$CH_3COONa + NaOH \xrightarrow{\triangle} Na_2CO_3 + CH_4 \uparrow$$

乙烯的制取是用无水乙醇和浓硫酸共热到170℃以上，发生分子内脱水。

$$CH_3CH_2OH \xrightarrow[170℃]{浓\ H_2SO_4} CH_2{=}CH_2 \uparrow + H_2O$$

乙炔的制取是用电石（碳化钙）与水反应。

$$CaC_2 + 2H_2O \longrightarrow Ca(OH)_2 + CH{\equiv}CH \uparrow$$

三、实验用品

仪器和材料：50mL 注射器、200℃温度计、蒸馏烧瓶、洗气瓶、分液漏斗、集气瓶、烧杯、蒸发皿、玻璃片、硬质大试管、导管、尖嘴玻璃管、滴管、玻璃棒、量筒、研钵、水槽、酒精灯或煤气灯、托盘天平、铁架台及附件、铁蒸发皿、石棉网、电子打火枪、500mL 塑料试剂瓶、小塑料瓶、火柴、碎瓷片、铝箔。

药品：浓硫酸、10％稀硫酸、浓盐酸、10％氢氧化钠溶液、0.5％高锰酸钾溶液、3％溴水、饱和食盐水、无水乙醇、氢氧化钠固体、碱石灰、无水乙酸钠、重铬酸钾固体、电石（碳化钙）、二氧化锰粉末。

四、实验内容

1. 甲烷的制取和性质

1）试剂的预处理

实验室中制备甲烷常用无水乙酸钠与碱石灰反应。无水乙酸钠极易吸水，使用时，应先放在铁蒸发皿中加热灼烧。灼烧后乙酸钠熔化，需不断搅拌，放出气泡（水蒸气）。到气泡很少时，停止加热。冷却后，将无水乙酸钠倒入研钵内研成粉末，盛放在干燥的试剂瓶里，塞紧瓶塞，必要时可保存在干燥器里备用。有时由于加热过度，得到的固体呈灰黑色，仍可使用。如果实验室没有无水乙酸钠，也可用 NaAc·$3H_2O$ 代替。对于 NaAc·$3H_2O$，在反应前也要进行预处理：把它放在铁蒸发皿中，加热、熔化，接着就放出结晶水，成为白色疏松的固体，继续加热，白色固体又熔化，待熔融物不再有气泡放出时，可停止加热。冷却、凝固、敲碎后，将其保存在干燥器中。市售碱石灰加有达旦黄指示剂，呈粉红色硬块，未加指示剂的是白色或灰白色硬块，必须敲碎、研细，使用前应在瓷蒸发皿中煅烧去水。因为市售的碱石灰中，氢氧化钠含量只占全重的 1/7 左右，不适用于制取甲烷。如果用市售碱石灰的话，应另外加入一定量的氢氧化钠固体。

2）甲烷的制取

称取经过预处理的无水乙酸钠 6g、碱石灰 3g、氢氧化钠固体 3g。将它们充分研磨并混合后，用锡箔包住（刺些小孔以便气体逸出），按图 2-13-1 所示制取甲烷。用酒精灯先将试管均匀加热，然后集中火力加热混合物，火焰应从试管的中部逐渐移向底部（如果先加热底部则最初生成的甲烷气体逸出时，可能会把细粉状的混合物冲散而堵塞导管）。本实验用 6g 无水乙酸钠可制取甲烷约 1200mL。

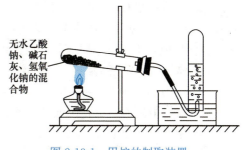

图 2-13-1　甲烷的制取装置

3）甲烷的性质

（1）与高锰酸钾反应。取一支试管加入 2mL 0.5％的高锰酸钾溶液，再滴入 10 滴 10％硫酸酸化，通入甲烷，观察颜色是否褪色。

（2）与溴水反应。用排水集气法收集满一试管甲烷，向试管中加入约 2mL 溴水，塞上塞子，振荡。观察溶液颜色有无变化。

（3）可燃性。检验甲烷纯度后（与检验氢气的方法相同），将导管改为尖嘴玻璃管，点燃甲烷，观察火焰颜色。

（4）甲烷和空气的混合气体的爆炸。向干燥的 500mL 塑料试剂瓶中通入 50mL 甲烷（利用注射器），塞上带有电子打火枪的塞子后，颠倒几次，使甲烷和空气充分混合。然后扳动扳机，瓶内混合气体就被电火花点燃而爆炸。

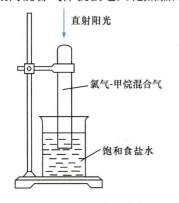

图 2-13-2　甲烷的取代反应装置（Ⅰ）

（5）甲烷与氯气的取代反应。

方法一：取直径 20～30mm 洁净大试管一支，用排饱和食盐水法收集氯气 2/3～3/4 管，再通入甲烷到满管，然后把整个装置（图 2-13-2）移到窗口或室外，使其受太阳光照射。若光线太强，罩以铁丝网或塑料网以减弱光的强度，以防发生爆炸。若天气不佳，可用多种光源如 1000W 碘钨灯、100W 白炽灯或 8W 的日光灯照射。由于光源强度不同，离反应器的距离也不同。采用碘钨灯，开始时可放在反应器 1m 左右，然后可慢慢移近。采用 8W 日光灯距离反应器 2～3cm 为宜。在光线照射下饱和食盐水缓缓上升，10～20min 后，液面浮有淡黄色的油状液滴。

方法二：如图 2-13-3 所示，选两个大小相同、瓶口能相互吻合的集气瓶，分别收集一瓶甲烷和一瓶氯气，用玻璃片盖住瓶口，再把盛有氯气的集气瓶隔着玻璃片对准瓶口，倒置在装有甲烷的集气瓶上，然后迅速抽去玻璃片，并将两瓶口对口地拿起上下翻动几次，使充分混合，再分别用玻璃片盖好，观察混合气颜色变化情况。放到阳光下照射 3～5min 后观察现象。

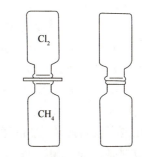

图 2-13-3　甲烷的取代反应装置（Ⅱ）

4）实验注意事项

（1）实验室制取甲烷时，无水乙酸钠和氢氧化钠需要在无水的条件下进行实验，如果有水存在，无水乙酸钠会电离生成钠离子和乙酸根离子，从而不能发生脱羧反应。另外，水的存在也会使反应达不到反应所需的温度。因此，在反应前应将反应物和碱石灰干燥。

（2）做甲烷和空气的混合气体爆炸实验时，甲烷和空气的体积比要在甲烷的爆炸极限（5%～15%）内，否则实验不会成功。为确保安全，爆炸用的塑料试剂瓶应朝向无人处引爆。

（3）点燃甲烷前一定要检验其纯度。

（4）用方法二做甲烷与氯气的取代反应时，为避免因爆炸而发生危险，可用有机玻璃片或硬纸片盖住盛有混合气体的集气瓶。

2．乙烯的制取和性质

1）乙烯的制取

实验装置如图 2-13-4 所示。蒸馏烧瓶中铺上一层洁净而干燥的碎瓷片或碎玻璃，既作催化剂又可防止暴沸，加入 5mL 乙醇，然后慢慢地加入 15mL 浓硫酸，振荡使其充分混合，蒸馏烧瓶的侧管顺次与盛有浓硫酸（除去乙醇和乙醚蒸气）和 10%氢氧化钠溶液（除去二氧化碳和二氧化硫）的洗气瓶连接，蒸馏烧瓶内插入量程为 200℃的温度计，使水银球浸没在乙醇和浓硫酸的混合液里。一开始就用酒精灯强热烧瓶，使温度急速上升，很快越过 170℃（为什么），当洗气瓶中有连续的、均匀的气泡冒出时，再缓缓地加热。在加热过程中，混合液由无色逐渐变成浅棕色直至黑棕色，估计蒸馏烧瓶内的空气被赶尽后，可用排水法进行收集。

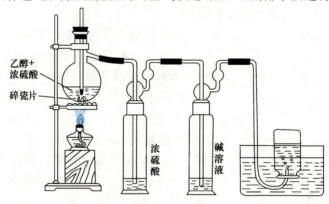

图 2-13-4　乙烯的制取装置

2）乙烯的性质

（1）加成反应。把乙烯通入盛有 3mL 3%溴水的试管中，溴水的颜色很快褪去。或者在充满乙烯的集气瓶中注入少量溴水，盖上涂有凡士林的玻璃片，振荡，溴水的颜色很快消失。把玻璃片稍打开一些，可以听到空气冲进瓶中发出"嘶"的声音。

（2）氧化反应。把乙烯通入盛有 3mL 0.5%高锰酸钾溶液（加几滴 10%硫酸）的试管中，紫色立即褪去。

在尖嘴玻璃管口点燃纯净的乙烯，观察现象。

3）实验注意事项

（1）乙烯制取实验的关键是控制好温度，要使混合物温度迅速升到 170℃以上，如温度低于 170℃则将发生分子间脱水,生成乙醚;但温度过高,醇又可能发生复杂的深度分解,还可能导致浓硫酸和醇发生氧化还原反应。

（2）进行乙烯与高锰酸钾反应的实验时,所用的高锰酸钾溶液必须是稀的,否则会使溶液变成暗褐色。

（3）制备乙烯的蒸馏烧瓶一定要加入防止液体暴沸的碎瓷片或碎玻璃片。

（4）点燃乙烯前一定要检验其纯度。

3. 乙炔的制取和性质

1）乙炔的制取

实验装置如图 2-13-5 所示,检查气密性后,在具支试管中放入几小块电石(碳化钙),再向分液漏斗中注入饱和食盐水。旋转分液漏斗的活塞,使饱和食盐水慢慢滴下(约每秒一滴)。当空气排净后,可以用排水集气法收集乙炔气体。若生成的乙炔气体能够经过浓硫酸与重铬酸钾混合液(或硫酸铜溶液)洗气后再收集,可获得无气味的乙炔气体。

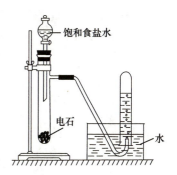

图 2-13-5　乙炔的制取装置

2）乙炔的性质

（1）加成反应。把乙炔气体通入盛有 3mL 3% 溴水的试管中,可以看到溴水的颜色逐渐消失。如果在收满乙炔的试管中注入一些溴水,塞上塞子,充分振荡,可使溴水的颜色消失得快些。

（2）氧化反应。将乙炔气体通入盛有 3mL 0.5% 高锰酸钾溶液(加几滴 10% 硫酸)的试管中,可看到紫色逐渐消失。

在尖嘴玻璃管口点燃逸出的乙炔气体,观察现象。

取一小塑料瓶,将它注满水倒立于水槽中,用排水法收集 1/3 容积乙炔和 2/3 容积氧气,用玻璃片盖好,正立于实验台上,然后再拿掉玻璃片,迅速地用事先已燃着的细长木条点燃塑料瓶中的混合气体,即有强烈爆炸声产生。

3）实验注意事项

（1）制备乙炔所用的碳化钙最好用蚕豆大小的块状,如果颗粒太小甚至呈粉状,反应会异常猛烈,产生大量泡沫。为了能使乙炔气体平稳而均匀地发生,可用饱和食盐水或饱和的氯化铵溶液代替水与碳化钙反应;也可向电石上加少量的乙醇、冰醋酸将电石浸润,然后逐滴加水。

（2）点燃乙炔前要检验其纯度。

（3）乙炔和氧气的混合气体在点燃时爆炸非常强烈,因此不能用玻璃器皿作爆炸容器。

五、讨论与研究

1. 关于甲烷的制备和性质

1）碱石灰的组成与作用

碱石灰是氢氧化钠和生石灰的混合物,呈块状,可购得。使用前把它放在铁研钵中敲碎,或放在水泥地上,用铁板垫好敲碎,再在瓷研钵中研碎。使用前也应煅烧去水,烘干后再跟无水乙酸钠混合。

如没有碱石灰可用下法制得:在铁或瓷蒸发皿中放置两份煅烧好磨碎的生石灰,然后加入一份饱和氢氧化钠溶液,把混合物蒸干、煅烧、磨碎,即得。

制备甲烷时,碱石灰中的生石灰不参与反应,但生石灰可稀释混合物的浓度,使生成的甲烷气体易于外逸,同时也减少了固体氢氧化钠在高温时跟玻璃的作用,防止试管破裂。此外,氢氧化钠吸湿性很大,水分的存在又不利于制备甲烷的反应的进行,利用生石灰的吸水性可克服这一缺点。

2）生成甲烷的主、副反应

制备甲烷时,药品应疏松地平铺在试管底部,试管固定在铁架台上时,试管口要略向下倾斜。发生以下反应:

$$CH_3-\underset{\underset{O}{\|}}{C}-ONa + NaO-H \xrightarrow[CaO]{\triangle} CH_4\uparrow + Na_2CO_3$$

加热试管时应由试管口向后逐渐移动并缓缓加热,加热过猛,或氢氧化钠用量不足时,会发生两分子乙酸钠分解为丙酮的副反应。

$$\begin{array}{l}CH_3-\underset{\underset{O}{\|}}{C}-ONa \\ CH_3-\underset{\underset{O}{\|}}{C}-ONa \end{array} \xrightarrow{\triangle} \begin{array}{l}CH_3 \\ CH_3 \end{array}\!\!C=O + Na_2CO_3$$

当丙酮蒸气混入甲烷气体中,燃烧时的火焰就夹带黄色,纯净甲烷的火焰呈淡蓝色。

3）实验室制取甲烷的反应机理

目前有机化学教材、著作和文献对实验室制取甲烷的反应机理仍然存在争议,其中争议较大的是实验室制甲烷属于自由基反应还是离子型反应。

（1）自由基反应机理。

从反应条件和反应的副产物来看,甲烷经由无水乙酸钠和氢氧化钠共热来制备的反应是一个自由基反应,机理如下:

链引发:　　　　$CH_3-CO-ONa \longrightarrow CH_3\cdot + \cdot CO-ONa$

链增长:　　　　$CH_3\cdot + HONa \longrightarrow CH_4 + \cdot ONa$　（甲烷的生成）

　　　　　$\cdot ONa + CH_3-CO-ONa \longrightarrow CH_3\cdot + Na_2CO_3$　（碳酸钠的生成）

　　　　　$CH_3\cdot + CH_3-CO-ONa \longrightarrow CH_3-CO-CH_3 + \cdot ONa$

链终止:　　　　$\cdot ONa + \cdot CO-ONa \longrightarrow Na_2CO_3$　（碳酸钠的生成）

　　　　　$CH_3\cdot + \cdot CH_3 \longrightarrow CH_3-CH_3$

　　　　$CH_3\cdot + CH_3-CO-ONa \longrightarrow CH_3-CO-CH_3 + \cdot ONa$

自由基反应机理解释:

该反应是在剧烈加热条件下进行的,它为键的断裂提供了足够的能量。

副产物乙烷的生成为乙酸钠的受热去羧所经历的自由基反应机理提供了线索。

水是一种极性溶剂,不利于键的均裂。实验事实表明,有少量水的存在,会严重影响该反应的顺利进行,这也是自由基反应机理的一个佐证。

(2) 离子型反应机理。

首先,无水乙酸钠与氢氧化钠在加热条件下电离。

$$CH_3COONa \xrightarrow{熔融} CH_3COO^- + Na^+$$

$$NaOH \xrightarrow{熔融} Na^+ + OH^-$$

产生的 CH_3COO^- 脱羧形成比较稳定的甲基碳负离子中间体。

$$CH_3COO^- \xrightarrow{熔融} CH_3^- + CO_2$$

产生的 CO_2 未等逸出,立即与 OH^- 反应。

$$CO_2 + 2OH^- \longrightarrow CO_3^{2-} + H_2O$$

得到的水立即被活性很强的甲基碳负离子解离,产生大量甲烷气体。

$$CH_3^- + H_2O \longrightarrow CH_4 \uparrow + OH^-$$

最后,碳酸根离子与钠离子结合得到碳酸钠。

$$CO_3^{2-} + 2Na^+ \longrightarrow Na_2CO_3$$

离子型反应机理的解释:

该反应是在剧烈加热条件下进行的,剧烈加热使无水乙酸钠与氢氧化钠在熔融状态下电离,以利于反应进一步进行。

反应中有乙烷副产物,是因为

$$2CH_3COONa \xrightarrow{\triangle} (CH_3)_2CO + Na_2CO_3$$

$$(CH_3)_2CO \xrightarrow{\triangle} CH_3CH_3 + CO$$

反应不能在有水的环境中进行,主要是因为

$$CH_3COO^- + H_2O \longrightarrow CH_3COOH + OH^-$$

这是一个吸热反应,温度越高,水解越彻底,反应速率也越快,产生的乙酸挥发逸出,减少了反应体系中的 CH_3COO^-,使 CH_3COO^- 生成甲基碳负离子的反应难以实现,从而减少了甲烷气体的产量,甚至得不到甲烷。即使在干燥的条件下,制得的甲烷中也会有少量的乙酸和水蒸气。

4) 甲烷与氯气的反应机理

甲烷与氯气的反应是在光照下,首先氯气分子吸收光能($50kJ \cdot mol^{-1}$),均裂产生两个氯自由基($Cl \cdot$)。

链引发:　　　　　　　　$$Cl-Cl \xrightarrow{光} 2Cl \cdot$$

链增长:　　　　　　　　$$Cl \cdot + CH_4 \longrightarrow \cdot CH_3 + HCl$$

$$\cdot CH_3 + Cl_2 \longrightarrow CH_3Cl + Cl \cdot$$

$$CH_3Cl + Cl \cdot \longrightarrow \cdot CH_2Cl + HCl$$

$$\cdot CH_2Cl + Cl_2 \longrightarrow CH_2Cl_2 + Cl \cdot$$

......

在反应中,还可以发生两个自由基互相结合。

链终止:
$$Cl \cdot + Cl \cdot \longrightarrow Cl_2$$
$$\cdot CH_3 + \cdot CH_3 \longrightarrow CH_3 - CH_3$$
$$\cdot CH_3 + Cl \cdot \longrightarrow CH_3Cl$$

5) 甲烷与氯气取代反应的改进

取两个透明塑料薄膜袋(约 20cm×30cm),每个袋的一端都用棉线捆紧一段玻璃管

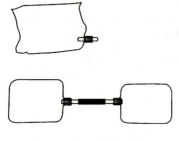

图 2-13-6　甲烷与氯气
取代反应的改进

(图 2-13-6)。把塑料袋在桌面上铺平(目的是排出袋内空气,但并不排尽),向其中一个袋内通入少半袋甲烷,向另一个袋通满氯气。然后把两个袋的玻璃管用橡胶管连接好,置于光亮处。先用手压一下盛氯气的塑料袋,把氯气赶入盛甲烷的塑料袋中,再用手压一下盛甲烷的塑料袋,如此交替挤压两三次,使甲烷和氯气充分混合,1~2min 后,氯气颜色消失,同时在塑料袋内壁多处发现有液态油状物。当去掉连接两袋的橡胶管并用手挤压塑料袋时,看到袋内的气体排到空气中呈白雾状。

塑料薄膜透过紫外线的能力比玻璃容器强,为了保证不会有爆炸发生,袋内应留些空气,或者光线不要太强。

2. 关于乙烯的制备

1) 反应的机理

乙醇与浓硫酸作用,首先生成硫酸氢乙酯。硫酸氢乙酯在 170℃分解,放出乙烯。

$$\begin{array}{c}CH_2OH \\ | \\ CH_3\end{array} + H-O-SO_2-OH \xrightarrow{100℃} \begin{array}{c}CH_2-O-SO_2-OH \\ | \\ CH_3\end{array} + H_2O$$

$$\begin{array}{c}CH_2 \dashv O-SO_2-OH \\ | \\ CH_2 \dashv H\end{array} \xrightarrow{>170℃} \begin{array}{c}CH_2 \\ \| \\ CH_2\end{array} + H-O-SO_2-OH$$

2) 实验中应注意的几个问题

(1) 由于上述酯化作用是可逆的,当乙醇跟硫酸的量是按等物质的量比取用时,反应混合物中除酯外,还含有一定量的乙醇和硫酸,当加热混合物时,乙醇和乙烯一起蒸馏出来。为使上述平衡反应向形成硫酸氢乙酯的方向移动,并使乙醇的利用率有所提高,常增加硫酸的用量。

(2) 沸石、碎瓷片、沙子或其他惰性固体存在时,可催化上述反应,使硫酸氢乙酯容易分解成乙烯,并且可以防止反应混合物在受热时产生的泡沫飞溅,沙子应先用稀盐酸浸洗,除去其中可能夹杂的石灰石,然后用水洗涤,干燥后备用。

(3) 浓硫酸不但是脱水剂,也是氧化剂,在反应过程中易将乙醇等有机物质氧化,最后生成 CO_2、CO、C 等(因此试管中液体变黑),而硫酸本身被还原成二氧化硫。二氧化硫能使溴水或高锰酸钾溶液褪色,因此要通过碱石灰吸收除去。也可以通过 10%氢氧化钠溶液洗涤除去,以得到较纯净的乙烯。

（4）硫酸氢乙酯与乙醇在 140℃ 作用，会有乙醚产生

$$CH_3CH_2{-}O{-}SO_2{-}OH + HO{-}CH_2{-}CH_3 \xrightarrow{140℃}$$

$$CH_3CH_2{-}O{-}CH_2CH_3 + HO{-}SO_2{-}OH$$

因此，迅速加热到 150℃ 以上，是为了减少乙醚生成的机会。当乙烯开始产生后，加热又不宜太强烈，否则仍将会产生大量泡沫，使操作难以顺利进行。

（5）空气中如含 $3.4\%\sim34\%$ 的乙烯，遇火极易爆炸，爆炸程度比甲烷剧烈，所以点燃乙烯时要小心。

3）可能发生的副反应和产生的杂质

乙醚是该方法主要的副产物，硫酸氢乙酯与乙醇在 170℃ 分解产生乙烯，而在 140℃ 则生成乙醚，故实验室中乙醇用量低于浓硫酸，让乙醇都生成硫酸氢乙酯，且要求强热使温度升高到 170℃，以减少乙醚生成的机会。另外，反应过程中还可能发生其他的副反应。

（1）脱水生成炭黑。

$$CH_3CH_2OH + 2H_2SO_4(浓) \xrightarrow{\triangle} 2C + 2SO_2\uparrow + 5H_2O$$

$$C + 2H_2SO_4(浓) \xrightarrow{\triangle} CO_2\uparrow + 2SO_2\uparrow + 2H_2O$$

炭化是该方法常见的现象。热的浓硫酸具有强烈的脱水性，能使乙醇脱水炭化变黑。浓硫酸还具有强氧化性，加热时能把生成的部分炭氧化为二氧化碳，硫酸被还原成二氧化硫。

（2）氧化成一氧化碳、二氧化碳。

$$CH_3CH_2OH + 4H_2SO_4(浓) \xrightarrow{\triangle} 2CO\uparrow + 4SO_2\uparrow + 7H_2O$$

$$CH_3CH_2OH + 6H_2SO_4(浓) \xrightarrow{\triangle} 2CO_2\uparrow + 6SO_2\uparrow + 9H_2O$$

氧化生成的杂质气体（CO、CO_2、SO_2）随乙烯一起出来，通过氢氧化钠溶液，可以除去 CO_2、SO_2。在乙烯中虽混杂有 CO，但它与溴、高锰酸钾溶液均不起反应，不影响乙烯的性质实验，故不除去也无妨。同时气体通过氢氧化钠溶液，也洗去了乙醇、乙醚蒸气。

（3）其他醇跟硫酸的反应。

$$(CH_3)_2C{-}CH_3 \xrightarrow{20\% H_2SO_4,85℃} (CH_3)_2C{=}CH_2$$
$$\underset{OH}{|}$$

2-甲基-2-丙醇   2-甲基-1-丙烯

$$CH_3CH_2CH_2{-}CH{-}CH_3 \xrightarrow[H_2O,\triangle]{56\% H_2SO_4} CH_3CH_2CH{=}CHCH_3$$
$$\underset{OH}{|}$$

2-戊醇   2-戊烯,65%

3. 乙烯与高锰酸钾反应

稀的高锰酸钾溶液在低温时可以氧化烯烃，在双键位置引入顺式的两个羟基，生成连二醇。乙烯通入硫酸酸化的高锰酸钾溶液中，可以看到溶液的淡紫色褪去，此时乙烯被氧化成乙二醇。

$$CH_2{=}CH_2 + KMnO_4 + H_2O \xrightarrow{H_2SO_4} \underset{\underset{HO\quad OH}{|\quad\quad|}}{H_2C{-}CH_2} + MnO_2 + KOH$$

高锰酸钾溶液的氧化能力随着溶液的浓度和酸碱度不同而有强弱之分。在酸性溶液中，高锰酸钾的标准电极电势为

$$\varphi^{\ominus}_{MnO_4^-/Mn^{2+}} = +1.51V$$

在碱性、中性或微酸性溶液中，高锰酸钾的标准电极电势为

$$\varphi^{\ominus}_{MnO_4^-/MnO_2} = +0.59V$$

由此可见，高锰酸钾在酸性溶液中的氧化能力较强。但上述数据都是高锰酸钾溶液在标准状态下测得的，如果高锰酸钾溶液的浓度降低，酸性减弱，则实际电极电势降低，相应溶液的氧化能力将减弱。实际上，实验室常用的高锰酸钾溶液的浓度都非常小，如前面提到的0.5%高锰酸钾溶液的浓度仅相当于$0.03mol \cdot L^{-1}$。

当酸性高锰酸钾溶液的浓度较大或者量较多时，可以使生成的二醇继续发生氧化反应，在原来双键位置发生键的断裂，得到的产物将是酮和羧酸的混合物，CH_2=基被氧化成二氧化碳，RCH=基被氧化成羧酸，RCR'=基被氧化成酮。

4. 关于制取乙炔反应的研究

1）降低反应剧烈程度

水与电石反应往往因为太剧烈而用饱和食盐水代替水，除饱和食盐水外，还有一些物质可以降低反应的剧烈程度，如乙醇、蔗糖水溶液等。用饱和食盐水溶液、乙醇、蔗糖水溶液代替纯水，即相当于这些溶质把水稀释了，降低了水的质量分数，这就是减缓反应的剧烈程度、降低反应速率的重要原因。当用乙醇水溶液代替水，乙醇不跟电石反应，一方面是乙醇把水稀释了，从而减缓了反应的剧烈程度；另一方面，乙醇溶液中泡沫极难形成，形成的泡沫又极易破裂。所以，在制乙炔时，如果在电石与水剧烈反应的试管中加入少量（几滴）乙醇，泡沫会立即减少或消失。其实，在学生实验时，如果事先把电石用乙醇润湿或用乙醇浸泡，在实验过程中产生的气泡就会明显减少甚至消失。

2）降低泡沫的生成

由于电石与水反应生成大量溶解度小的胶态的$Ca(OH)_2$，被乙炔气体冲鼓而形成大量的泡沫，很容易将导管口堵塞。当在水中加入能与$Ca(OH)_2$反应的盐酸、乙酸，微溶性的$Ca(OH)_2$不会在酸中形成，从而不会有沉淀和泡沫产生，即

$$CaC_2 + 2H_2O \longrightarrow Ca(OH)_2 + C_2H_2 \uparrow$$
$$Ca(OH)_2 + 2HCl \longrightarrow CaCl_2 + 2H_2O$$

总反应为

$$CaC_2 + 2HCl \longrightarrow CaCl_2 + C_2H_2 \uparrow$$

3）实验装置改进和乙炔气体的净化

纯净的乙炔是无色无味的，但是因为电石中往往含有CaS、Ca_3P_2、Ca_3As_2而导致发生一些副反应：

$$CaS + 2H_2O =\!=\!= Ca(OH)_2 + H_2S \uparrow$$
$$Ca_3P_2 + 6H_2O =\!=\!= 3Ca(OH)_2 + 2PH_3 \uparrow$$
$$Ca_3As_2 + 6H_2O =\!=\!= 3Ca(OH)_2 + 2AsH_3 \uparrow$$

这样，电石与水反应制得的乙炔中，总是伴有一些难闻且有毒的H_2S、PH_3、AsH_3气体，会干

扰乙炔的性质实验,现在对乙炔的制取和性质实验进行改进,实验装置如图 2-13-7 所示。

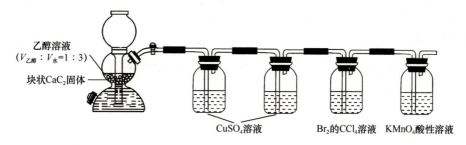

图 2-13-7　乙炔的制取和性质实验改进装置

启普发生器中装的是乙醇和水以 1∶3 体积混合的乙醇溶液和块状的 CaC_2,装置中还加了两个 $CuSO_4$ 溶液的洗气瓶,前一个洗气瓶用于除去反应产生的气体杂质及挥发的乙醇气体,后一个装置用于检验气体是否除干净,化学反应式如下:

$$H_2S(g) + CuSO_4 \rule[0.5ex]{1em}{0.4pt}\!\!\rule[0.5ex]{1em}{0.4pt} CuS\downarrow + H_2SO_4$$

$$PH_3(g) + 4CuSO_4 + 4H_2O \rule[0.5ex]{1em}{0.4pt}\!\!\rule[0.5ex]{1em}{0.4pt} H_3PO_4 + 4H_2SO_4 + 4Cu\downarrow$$

$$2AsH_3(g) + 3CuSO_4 \rule[0.5ex]{1em}{0.4pt}\!\!\rule[0.5ex]{1em}{0.4pt} Cu_3As_2\downarrow + 3H_2SO_4$$

PH_3 具有强还原性,与 $CuSO_4$ 的反应还会生成 Cu_2SO_4、Cu_3P 等中间产物。

实验十四 乙醇氧化制乙醛

一、实验目的

（1）掌握乙醇在催化剂和受热条件下氧化生成醛的实验演示技能。

（2）掌握银镜反应的实验技能。

二、实验原理

乙醇在铜或银作为催化剂的情况下，能被空气中的氧所氧化，生成乙醛。

$$2Cu+O_2 \xrightarrow{\triangle} 2CuO$$

$$CH_3CH_2OH+CuO \xrightarrow{\triangle} CH_3CHO+Cu+H_2O$$

乙醇也能被酸性重铬酸钾溶液氧化，生成乙醛。

$$3CH_3CH_2OH+K_2Cr_2O_7+4H_2SO_4 \Longrightarrow 3CH_3CHO+K_2SO_4+Cr_2(SO_4)_3+7H_2O$$

在实验室可以用银氨溶液来检验生成的乙醛。

$$CH_3CHO+2Ag(NH_3)_2OH \Longrightarrow CH_3COONH_4+2Ag\downarrow+H_2O+3NH_3$$

三、实验用品

仪器和材料：烧杯、具支试管、小试管、量筒、玻璃管、导管、滴管、酒精灯、铁架台、铁夹、气唧、橡胶塞、橡胶管、火柴。

药品：2%氨水、6mol·L^{-1}稀硫酸溶液、6mol·L^{-1}稀硝酸溶液、10%氢氧化钠溶液、5%硝酸银溶液、5%重铬酸钾溶液、无水乙醇、蒸馏水、铜丝、石棉绒或玻璃纤维。

四、实验内容

1. 空气氧化法

空气氧化法实验装置如图 2-14-1 所示。

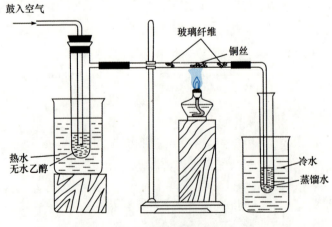

图 2-14-1　乙醇氧化制乙醛装置（Ⅰ）

（1）作为催化剂的铜丝，可取之于电线。电线中的细铜丝不处理即可直接使用，若用稀硝酸处理其效果更佳。

（2）先将铜丝放置在细的硬质玻璃管中，铜丝可绞缠在一起，以增加接触面。它的两端塞以少量石棉绒或玻璃纤维，防止在鼓气时铜丝滑动。在具支试管中加入约 10mL 无水乙醇。

（3）操作时应先预热玻璃管，再以氧化焰加热铜丝集中处，然后用气唧鼓入空气和乙醇蒸气的混合气体，当其通过加热的铜丝时，可以观察到铜丝的颜色呈有规律的变化：紫红色 ⇌ 黑色的交替变化，同时发出明亮的光。这证明铜被氧化成氧化铜后，氧化铜作氧化剂把乙醇氧化成具有刺激性的气体乙醛，而氧化铜本身又被还原为铜。

（4）从铜丝的发热和发光现象，可证明此反应是放热反应。该反应开始需加热。当铜丝发热和发光后即可移去灯焰，利用放出的热量维持反应温度。如果停止鼓入空气和乙醇蒸气时，铜丝立即暗下来，继续再鼓，铜丝又红亮，现象十分明显。

（5）用银氨溶液检验乙醛的生成。

2. 重铬酸钾氧化法

重铬酸钾氧化法实验装置如图 2-14-2 所示。

（1）在大具支试管内盛放 5mL 5％重铬酸钾溶液，同时加入 2mL 稀硫酸酸化，并小火加热混合液接近沸腾。

（2）从图 2-14-2 中短橡胶管处用滴管逐滴添加约 1mL 乙醇。

（3）反应几分钟后可看到具支试管中液体变绿色，此时取小试管中乙醛溶液用银镜反应验证。

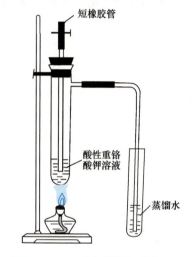

图 2-14-2　乙醇氧化制乙醛装置（Ⅱ）

五、注意事项

（1）乙醇必须用无水乙醇，否则当鼓入空气和乙醇蒸气于加热的铜丝时，铜丝不会发红和发出光亮，放热反应不明显。

（2）用银氨溶液检验乙醛的反应：①所用的试管必须干净；②配制的银氨溶液，氨水不能过量；③必须水浴加热（70℃左右）。

六、讨论与研究

1. 硝酸银氨溶液的配制与保存

硝酸银氨溶液（简称银氨溶液，又称 Tollens 试剂）的配制方法：用一试管取 5％硝酸银溶液，向其中逐滴加入 2％的氨水至沉淀刚好溶解即可。

$$2Ag^+ + 2NH_3 \cdot H_2O(少量) == Ag_2O\downarrow + 2NH_4^+ + H_2O$$
$$Ag_2O + 4NH_3 \cdot H_2O == 2[Ag(NH_3)_2]^+ + 2OH^- + 3H_2O$$

银氨溶液放置较长时间后，会析出易爆物质氮化银（Ag_3N）。

$$3Ag_2O + 2NH_3 == 2Ag_3N\downarrow + 3H_2O$$

$$2Ag_3N \rightleftharpoons 6Ag + N_2\uparrow$$

因此,银氨溶液不能长期储存,使用时必须现配现用,剩下的银氨溶液可用硝酸处理。

2. 银镜反应

含有醛基的还原性的糖,如葡萄糖、麦芽糖等都能发生银镜反应。分子中具有α-羟基酮

结构 $\underset{\underset{\displaystyle OH}{|}}{—CH}\underset{\underset{\displaystyle O}{\parallel}}{—C}—$(如果糖)和$\alpha$-羟基酸(如乳酸 $CH_3\underset{\underset{\displaystyle OH}{|}}{—CH}—COOH$)也可以发生银镜反应。反应时,醛分子中的碳碳双键、羟基、氨基等不受银氨溶液的影响,如

$$CH_2OH—CHOH—CHO \xrightarrow{\text{银氨溶液}} CH_2OH—CHOH—COOH$$

银镜反应常用于醛类、还原性糖类的鉴别和制镜工业。

实验十五　酯和纤维素的制取和水解

一、实验目的

掌握乙酸乙酯的制取与乙酸丁酯的水解、纤维素水解与酯化实验的演示技能。

二、实验原理

醇和酸(包括有机酸和无机酸)发生酯化反应生成酯和水(此反应中羧酸提供羟基生成水),而酯也可发生水解反应,生成羧酸和醇。

$$RCOOH + R_1OH \underset{水解}{\overset{酯化}{\rightleftharpoons}} RCOOR_1 + H_2O$$

酯的水解是酯化反应的逆反应。催化剂(酸或碱)可增大酯化及水解反应的速率。

纤维素水解时除用酸催化外,还要加热,其最后水解产物是葡萄糖。

$$(C_{12}H_{20}O_{10})_n + 2nH_2O \longrightarrow 2nC_6H_{12}O_6$$
纤维二糖基　　　　　　　　　　　　葡萄糖

水解产物葡萄糖分子[$CH_2OH(CHOH)_4CHO$]中含有醛基,故也具有较强的还原性,其在碱性条件下能将新制得的氢氧化铜还原为红色的氧化亚铜沉淀。

$$C_6H_{12}O_6 + 2Cu(OH)_2 \longrightarrow C_6H_{12}O_7 + Cu_2O\downarrow + 2H_2O$$
葡萄糖　　　　　　　　　　　　葡萄糖酸　　(红色)

故可以用此反应证明纤维素的水解产物中有葡萄糖。

组成纤维素结构的每个葡萄糖单元中有 3 个醇羟基,都能与酸起酯化反应。

$$[C_6H_7O_2(OH)_3]_n + 2nHONO_2(不足) \xrightarrow{浓\ H_2SO_4} [(C_6H_7O_2)(OH)(ONO_2)_2]_n + 2nH_2O$$
二硝酸纤维素(俗称火棉胶)

$$[C_6H_7O_2(OH)_3]_n + 3nHONO_2(过量) \xrightarrow{浓\ H_2SO_4} [(C_6H_7O_2)(ONO_2)_3]_n + 3nH_2O$$
三硝酸纤维素酯(又称硝化纤维)

三、实验用品

仪器和材料:烧杯、试管、量筒、玻璃棒、温度计、酒精灯、三脚架、石棉网、火柴。

药品:浓硝酸、浓硫酸、1.5mol·L^{-1}硫酸溶液、40%氢氧化钠溶液、10%氢氧化钠溶液、饱和碳酸钠溶液、5%硫酸铜溶液、冰醋酸、无水乙醇、乙酸丁酯、pH 试纸、脱脂棉。

四、实验内容

1. 乙酸乙酯的制备

用 A、B 两支试管分别取 3mL 冰醋酸,再分别加入 3mL 无水乙醇,充分振荡。在试管 A 中加入 1mL 浓硫酸振荡。把两支试管同时放入盛有热水(约 70℃,为什么)的烧杯中加热 15min,再加 3mL 饱和碳酸钠溶液(或用 5mL 饱和氯化钠溶液),振荡后比较结果,并注意生成的酯约为原料量总体积的几分之几。

2. 乙酸丁酯的水解

取四支试管,在两支中各加 3mL 蒸馏水,另外两支中分别加入 3mL 3mol·L^{-1}氢氧化钠溶液和 1.5mol·L⁻¹硫酸溶液,并贴上标签。再向四支试管中各加入 1.5mL 乙酸丁酯。留下一支加水的试管作比较用,其余三支放入沸水浴中加热,每隔 10~20s,将它们取出振荡一次,要经常不断地振荡,否则反应速率减慢。10min 后取出试管,静置片刻使酯与水分层。然后比较各支试管中留下酯的量,并和原来留作比较用的试样对比。可以观察到不加催化剂的试管里留下酯的量几乎和原来相等,而加有酸或碱的两支试管中,留下的酯分别为原体积的2/3 和1/2。

3. 纤维素的水解

试管中放入少量脱脂棉,滴加 95%~98%浓硫酸数滴(视脱脂棉的量而定,不能太多)。用玻璃棒将脱脂棉捣烂,如发生炭化(要尽可能避免),可将试管浸入冷水中冷却。1~2min后,加入 3~4mL 水,置于酒精灯上加热,沸腾一段时间,待溶液呈棕黄色时停止加热,稍冷后用浓氢氧化钠溶液(或直接用细粒状氢氧化钠固体)中和其中的酸,并稍过量使溶液呈碱性(pH 约为 11)。然后直接滴入 5%硫酸铜溶液 1~2 滴(也可以加入新配制的绛蓝色氢氧化铜悬浊液),水浴加热,观察到先有黄色的氢氧化亚铜沉淀生成,以后又变为砖红色的氧化亚铜沉淀,说明纤维素水解生成物中有醛基存在。

4. 纤维素的酯化

在小烧杯里盛浓硝酸(69%)5mL,慢慢地加入浓硫酸 10mL。混合均匀后,放置冷却到约30℃,再加入脱脂棉约 0.5g。搅拌后,维持温度在 30℃,静置 20min,让纤维素逐步进行硝化作用。

用玻璃棒小心地把硝化纤维夹取出来,立即放在大量的冷水里浸 10min。取出,先用冷水洗涤,再用热水洗涤,直到洗液不显酸性为止。把硝化纤维取出,除去水分,在空气中晾干或晒干(不能用火烘干,以免发生危险),这样制得的是低级硝化纤维和三硝化纤维的混合物。

在一块小铁片上分别放置制得的硝化纤维和脱脂棉各一小块,放在酒精灯火焰上加热。不久,硝化纤维着火燃烧,而脱脂棉还不会燃烧。

五、注意事项

(1) 制取乙酸乙酯时,试管中的混合物含有乙酸、乙醇、乙酸乙酯和水等,它们的沸点分别为 118.1℃、78.4℃、77.1℃和100℃。水浴加热温度偏低时,反应进行缓慢。但若水浴温度过高,则不仅会使乙醇、乙酸未经反应就过多地脱离反应体系,而且会使乙醇和浓硫酸之间发生以下反应:

$$CH_3CH_2OH + H_2SO_4(浓) \longrightarrow CH_3CHO + SO_2 \uparrow + H_2O$$
$$CH_3CH_2OH + HOSO_2OH(浓) \longrightarrow \underset{硫酸氢乙酯}{CH_3CH_2OSO_2OH} + H_2O$$

(2) 乙酸丁酯(沸点为 126.3℃)在沸水浴中水解的时间不能太长,以免乙酸丁酯大量挥发。

(3) 开始做纤维素的水解实验时,若加入的浓硫酸量过多,脱脂棉脱水炭化,水解产生的葡萄糖量少,导致实验现象不很明显,甚至会失败。

(4) 用氢氧化铜悬浊液检验纤维素水解产物前,一定要先用碱中和其中的酸,并把 pH 调节到 11 左右。

（5）使用浓硫酸、浓硝酸和浓氢氧化钠时要十分小心。此外,由于实验过程中使用了乙酸丁酯及生成了硝化纤维,因此要注意防火。

六、讨论与研究

1. 酯水解时的催化剂作用

酯在水解时既可用酸又可用碱作催化剂。在酸性溶液里水解时,第一步是 H^+ 加到烷氧基中的氧原子上;而在碱性溶液里水解时,第一步则是 OH^- 加到羧基的碳原子上。前者生成物能和 OH^- 相结合,后者生成物能和 H^+ 相结合,两种情况下都得到了相同的中间产物。

$$
\begin{array}{c}
R\!-\!\underset{\displaystyle \|}{\overset{\displaystyle O}{C}}\!-\!OR_1 \xrightarrow{H^+} R\!-\!\underset{\displaystyle \|}{\overset{\displaystyle O}{C}}\!-\!\underset{\displaystyle H}{\overset{\displaystyle +}{O}}R_1 \\[4mm]
R\!-\!\underset{\displaystyle \|}{\overset{\displaystyle O}{C}}\!-\!OR_1 \xrightarrow{OH^-} R\!-\!\underset{\displaystyle OH}{\overset{\displaystyle O^-}{C}}\!-\!OR_1
\end{array}
\longrightarrow
R\!-\!\underset{\displaystyle HO}{\overset{\displaystyle O^-}{C}}\!-\!\underset{\displaystyle H}{\overset{\displaystyle +}{O}}R_1
$$

这个中间产物分裂成为醇和酸:

$$
R\!-\!\underset{\displaystyle OH\;\; H}{\overset{\displaystyle O^-}{C}}\!\cdots\!\overset{\displaystyle +}{O}R_1 \longrightarrow R\!-\!\underset{\displaystyle \|}{\overset{\displaystyle O}{C}}\!-\!OH + R_1\!-\!OH
$$

酯的水解在碱的作用下能更快地进行,这是因为碱既能起催化作用,又能和水解生成的酸结合成盐,从而使平衡向水解方向移动。

2. 纤维素水解产物的检验

纤维素水解产物可以使用氢氧化铜悬浊液检验。该悬浊液必须现配现用。用一试管取 2mL 3mol·L^{-1}氢氧化钠溶液,再向试管中滴加 2～3 滴 5%硫酸铜溶液即可制得。若氢氧化铜悬浊液放置时间长,结晶颗粒变大,检验反应不易发生。

也可使用费林（Fehling）试剂。

费林试剂 A:将 3.5g 硫酸铜晶体（$CuSO_4 \cdot 5H_2O$）溶解于 100mL 水中。

费林试剂 B:17g 酒石酸钾钠（KOOCCHOHCHOHCOONa）晶体溶解于 15～20mL 热水中,加入 20mL 6mol·L^{-1}氢氧化钠溶液,再稀释至 100mL。

试剂 A 和试剂 B 分别储藏,使用时各取等量相混合,生成含有 Cu^{2+} 的酒石酸钾钠配离子的深蓝色溶液。此溶液与醛糖共热生成氧化亚铜红色沉淀的现象更为明显。

纤维素初步水解的产物中有粉纤维和水解纤维素,其中粉纤维和淀粉相类似,与碘作用时能显示蓝色。

3. 纤维素的酯化程度

实际上,组成纤维素结构的葡萄糖单元上的 3 个醇羟基不可能全部酯化,反应条件不同,酯化程度也不同。若上述酯化反应中每个葡萄糖单元上的 3 个羟基全部被酯化,产物含氮量约为 14%。葡萄糖单元中有两个羟基被酯化的称为二硝酸纤维素,含氮量约为 11%。含氮量不同的硝酸纤维素的性质和用途不同。含氮量在 12.5% 以上的称为火棉,易爆、易燃,用于制作炸药;含氮量 10.5%~12% 称为胶棉,可用于制作清漆(硝基清漆)、电影胶片、赛璐珞塑料等。

4. 界面缩聚合成尼龙实验

聚酰胺是分子链结构的重复单元中含有酰胺基团的一类高分子化合物的总称,商品名通常为尼龙。界面缩聚是逐步聚合的特有实施方式,将两种单体分别溶于互不相溶的两种溶剂中,然后将两种溶液混合,聚合反应只在界面进行。酰氯的性质很活泼,很容易与氨、伯胺和仲胺反应形成酰胺,这也是羧酸通过酰氯合成酰胺的常用方法。

烧杯中盛有己二胺的水溶液,将己二酰氯的环己烷溶液慢慢沿着烧杯内壁倒在上述混合溶液上层,观察到液面上方有白雾生成,用玻璃棒将界面上生成的半透明薄膜(聚己二酰胺,即尼龙-66)不断挑出卷绕,观察具有弹性的丝状尼龙-66 连续不断被拉出,直至薄膜不再生成为止。

$$n\ Cl-\underset{\underset{O}{\parallel}}{C}-(CH_2)_4-\underset{\underset{O}{\parallel}}{C}-Cl\ +\ n\ H_2N-(CH_2)_6-NH_2\ \longrightarrow$$

$$H\text{--}\!\!\left[NH(CH_2)_6NHC(CH_2)_4\underset{O}{\overset{O}{C}}\right]_{\!n}\!\!Cl\ +\ (2n-1)HCl$$

羧酸衍生物的水解、氨(胺)解、醇解都属于亲核取代反应,与羧酸一样分两步进行,首先是亲核试剂向羰基碳原子进攻,形成四面体中间体,再消除一个负离子,恢复碳氧双键,总的结果是取代。

亲核取代反应可以在碱催化下进行。

$$R-\underset{\underset{Y}{|}}{\overset{\overset{O}{\parallel}}{C}}+Nu^- \longrightarrow R-\underset{\underset{Y}{|}}{\overset{\overset{O^-}{|}}{C}}-Nu \longrightarrow R-\underset{Nu}{\overset{\overset{O}{\parallel}}{C}}+Y^-$$

亲核取代反应也可在酸催化下进行。

$$R-\underset{\underset{Y}{|}}{\overset{\overset{O}{\parallel}}{C}}+H^+ \rightleftharpoons R-\underset{\underset{Y}{|}}{\overset{\overset{+OH}{\parallel}}{C}} \xrightarrow{Nu^-} R-\underset{\underset{Y}{|}}{\overset{\overset{OH}{|}}{C}}-Nu \longrightarrow R-\underset{Nu}{\overset{\overset{O}{\parallel}}{C}}+HY$$

实验十六　色谱法提取和分离天然物质

一、实验目的

了解色谱法的基本原理,学习纸色谱法、柱色谱法的实际操作。

二、实验原理

色谱法又称层析法,是1906年俄国植物学家茨维特(Tswett)发现的。他将植物叶子的色素通过竖直且装填有吸附剂的玻璃管,各种色素以不同的速率流动后形成不同的色带而被分开,他称这种方法为色谱法。随着色谱技术的发展,分离对象已不再限于有色物质。层析过程是利用混合物中各组分性质的差异(如吸附力、分子的大小、分配系数等),使各组分在两相(一相为固定相,与待分离的物质进行可逆的吸附、溶解、交换等作用;另一相为流动相,推动固定相与待分离的物质朝着一个方向移动)中的分布程度不同,从而使各组分以不同的速率移动而达到分离的目的。以气体作为流动相的称为气相色谱,以液体作为流动相的称为液相色谱。

按操作形式不同,色谱法分为纸色谱、柱色谱、薄层色谱等。本实验涉及纸色谱法和柱色谱法。

纸色谱法:滤纸可看作是一种惰性载体,固定吸附于纸纤维上的水为固定相,上升的溶剂为流动相。将混合物样品点在纸的一端,并使纸接触溶剂,因各组分性质不同在固定相和流动相之间进行无数次溶解、吸附分配,结果造成不同物质在滤纸上随着溶剂移行速率不同而被分离。在相同的条件下,移动的距离可用来鉴定物质。

柱色谱法:又称柱中色谱分离法,是把吸附剂(固定相)如氧化铝、硅胶等装入柱内,然后在柱的顶部倾入要分离的样品溶液,如果样品内含有A、B两种组分,则两者均被吸附在柱的上端。样品全部加完后,选适当的洗脱剂(流动相,也称展开剂)进行洗脱,A、B两组分随洗脱剂向下流动而移动。吸附剂对不同物质具有不同的吸附能力,当用洗脱剂洗脱时,柱内连续不断地发生溶解、吸附、再溶解、再吸附的现象。又由于洗脱剂与吸附剂两者对A、B两组分的溶解能力与吸附能力不相同,因此A、B两组分移动的速率和距离就不同。吸附弱的和溶解度大的组分(如A)移动的距离大些,就容易洗脱下来,经过一定时间之后,A、B两组分如有颜色则能清楚地看到色环。若继续淋洗,则A组分便先从柱内流出,用适当容器接收,便可进行分析鉴定和定量测定。

三、实验用品

仪器和材料:烧杯、量筒、滴管、锥形瓶、漏斗、分液漏斗、研钵、玻璃棒、载玻片、天平、铁架台及附件、剪刀、滤纸、圆形滤纸(直径15cm)、布、玻璃纤维。

药品:95%乙醇、石油醚、丙酮、石英砂、无水硫酸钠、碳酸钙、氧化铝、红辣椒粉、菠菜或蒲公英等新鲜植物叶片。

四、实验内容

1. 纸层析法提取叶绿体中的色素

1) 叶绿体色素的提取

(1) 取菠菜或蒲公英的新鲜叶片4~5片(2g左右),洗净、擦干,去掉中脉,然后将叶片剪碎,放入研钵中。

(2) 研钵中加入少量石英砂(约 1g)和碳酸钙粉末(约 1g)。加 4mL 95％乙醇,研磨至溶液显墨绿色。

2) 叶绿体色素的分离

滤纸条示意图

(1) 将滤纸裁成长 12.5cm、宽 1cm 的长方形,并剪去滤纸一端的两角,如图 2-16-1 所示。

(2) 吸取少量呈稍微稠糊状的研磨液,涂在干净载玻片上 1/4 处。用右手持另一干净的载玻片,用其短边接触液滴,两载玻片角度为 30°～40°,向左迅速轻推(不可拉),便涂成一层均匀的薄层,即制成滤液涂片。然后将滤纸条剪角端在 1cm 处折 180°,将折处在研磨液平面上蘸一下(要快而平),达到画滤液细线的效果。为了加速干燥,可轻轻用嘴吹干,干燥后重复蘸 2～3 次,即可得到一条均匀细齐的滤液细线。

(3) 用 500mL、高 11.5cm 的烧杯作为层析容器。层析液用石油醚和丙酮的混合液(石油醚：丙酮＝9∶1),将滤纸条放入烧杯中,层析液不能浸没滤液线,如图 2-16-1 所示(滤纸的上端可以用透明胶带粘贴在烧杯口沿壁)。

图 2-16-1　纸层析示意图

也可用培养皿进行实验:取直径为 11cm 的干燥圆形定性滤纸,用毛细管吸取色素滤液,在滤纸的中央点成圆形的色素斑,重复 4～5 次,然后取一枚缝衣针,穿一条细棉线,在棉线末端打一个结,将针穿过滤纸上的色素斑中心,在距离结约 4cm 处剪断棉线,然后在直径为 10cm 的培养皿中加入 5mL 层析液,把上述圆形滤纸扣在培养皿底上,无线结的一面朝下,棉线则浸没在层析液中,再将培养皿盖盖在滤纸上。

2. 柱层析法提取和分离胡萝卜素

(1) 称取干红辣椒粉 2g,放入研钵中研磨,先加 4mL 乙醇研磨至红色,再加 6mL 石油醚研磨至深红色,用布过滤。

(2) 将滤液倒入分液漏斗中,每次往滤液中加 10mL 水,充分振荡后,分层,除水,直至水层透明为止。

(3) 将剩下的石油醚层倒入小烧杯中,加无水硫酸钠 3g(注意盖紧)。

(4) 垂直固定好层析管,往柱底部放少许玻璃纤维,加入 5mL 石油醚。称 15g 氧化铝并用少量石油醚拌匀,慢慢拨入柱内,应无气泡断层,氧化铝柱芯表面要水平,且全部被石油醚浸湿。氧化铝层面上盖一片小滤纸。

(5) 调节柱内石油醚与氧化铝层至同一高度,用滴管吸提取液 1mL 加入层析柱上端。慢慢控制活塞使提取液全部进入氧化铝层上部。

(6) 用含 1％～3％丙酮的石油醚以每秒 1 滴的流速淋洗,仔细观察色带的位置、宽度与颜色,并绘图记录。

五、注意事项

(1) 取材时最好选取新鲜的颜色较深的叶片,以便使滤液中含较多的色素。如无新鲜叶片,也可用事先制好的叶干粉提取。取新鲜叶片(以菠菜叶最好),先在 105℃下杀青,再在

80℃下烘干,研成粉末,密闭储存。用时称叶粉 2g 放入小烧杯中,加 95％乙醇 20～30mL 浸提,并随时搅拌。待乙醇呈深绿色时,滤出浸提液备用。

（2）研磨时加入二氧化硅的目的是使研磨充分,更有效地破坏细胞结构;若改用细沙(洗净干燥后用)代替二氧化硅粉末,可使研磨更充分,减少滤液中杂质的含量,颜色变得深绿,实验效果明显。而加入少许碳酸钙的目的是防止在研磨过程中,叶绿素受到破坏。

（3）研磨要迅速、充分。一是因为溶剂容易挥发;二是为了使叶绿体完全破裂,从而能提取较多的色素;三是叶绿素极不稳定,能被活细胞中的叶绿素酶水解而破坏。

（4）裁滤纸条时,滤纸的长度比所用的烧杯高 1cm 为宜。

（5）画线时,一定要细并且直,这样可防止色素带重叠,使色素分子均匀分布在一条直线上,做到扩散起点一致。重复画 2～3 次,是为了增加滤液细线上的色素分子数量,使实验效果更明显。

（6）分离色素时,一定不要让滤纸条上的滤液细线没及层析液,这是因为色素易溶解于层析液中,导致色素带不清晰,影响实验效果。

六、讨论与研究

1. 叶绿体中色素提取的原理

本实验中关于叶绿体中色素的提取和分离实验同时涉及相关的有机物的性质、有机溶剂的特点、物质的溶解度等化学知识以及物质扩散等物理学知识,借助于这些知识,可以更好地理解叶绿体中色素的提取和分离实验的原理。

要把叶绿体中色素提取出来必须破坏叶表皮、细胞壁和细胞膜、叶绿体的双层膜,所以要剪碎后加二氧化硅研磨,以便色素被充分提取。叶绿体的色素不溶于水,但可溶于有机溶剂中,所以还要加入乙醇或丙酮使色素溶解,来提取各种色素。另外,还要加碳酸钙以保护叶绿体中的色素,原因是加碳酸钙调节液体的 pH,防止叶绿素被破坏(叶绿素分子结构中含有一个镁原子,当细胞破裂时,细胞液内有机酸中的氢可取代镁原子而成为褐色的去镁叶绿素,碳酸钙可中和有机酸以防止去镁反应的发生)。叶绿体中的色素溶解于有机溶剂如酒精或丙酮(相似相溶),形成色素液。

叶绿体色素主要有两大类,即叶绿素(包括叶绿素 a 和叶绿素 b)和类胡萝卜素(包括胡萝卜素和叶黄素)。这两类色素都不溶于水,而溶于有机溶剂,故可用乙醇、丙酮等有机溶剂提取。提取液可用色谱分析的原理加以分离。因吸附剂对不同物质的吸附力不同,当用适当的溶剂推动时,混合物中各种成分在两相(固定相和流动相)间具有不同的分配系数,所以移动速率不同,经过一定时间后,可将各种色素分开。

分离的原理与四种色素在层析液中的溶解度有关。层析液是一种脂溶性很强的有机溶剂,由于四种色素的化学组成和结构不同,因此每一种色素分子在层析液分子的作用下,克服色素分子之间的引力,向层析液中扩散的速率不同,即在层析液中的溶解度不同,因而四种色素随层析液在滤纸条上的扩散速率就不同,其中胡萝卜素在层析液中的溶解度最高,扩散速率最快,其次是叶黄素、叶绿素 a,叶绿素 b 溶解度最低,扩散得最慢。依据此原理使滤纸条上处于同一滤液细线上的四种色素在扩散过程中分离开来。

2. 分离和提纯天然物质的一般方法

物质的分离是将混合物中的几种物质各自分开,从而得到几种较纯净的物质的过程,它不同于物质的除杂(有时也称物质的提纯),将物质中混有的杂质分离出来或者除去的过程称为物质的除杂或提纯。分离和除杂既有联系又有区别:物质的分离对于被分离出来的物质都有纯度要求,即分离出来的物质必须都是纯净物;而除杂对分离出来的杂质并无纯度要求,而且还通常通过化学变化使杂质变为其他较易被分离的物质而除去。在整个分离或提纯的过程中必须注意不增加新的物质;被分离或提纯的物质不能改变。

分离和提纯天然物质的一般方法有物理方法和化学方法。

1) 物理方法

(1) 过滤法:分离液体与固体的方法。

(2) 结晶法:蒸发溶剂法,适用于溶解度受温度影响变化不大的固体物质,如从海水中提取食盐;冷却热饱和溶液法,适用于溶解度受温度影响变化较大的固体物质,如分离氯化钠与硝酸钾的混合物,降温后首先析出硝酸钾的晶体。

(3) 蒸馏法:利用沸点不同分离互溶液体混合物的方法。

(4) 色谱法(又称层析法):利用混合物中各组分性质的差异使各组分在两相中的分布程度不同,从而使各组分以不同的速率移动而分离的方法。

(5) 洗气法:一般是利用气体混合物中各种气体在水中或其他吸收剂中的溶解度或反应情况的差异加以提纯分离的方法。

2) 化学方法

(1) 逸出气体法:试剂与杂质反应产生气体除杂质。

(2) 产生沉淀法:把杂质转化成沉淀过滤除去。

(3) 置换法:把杂质通过置换反应除去。

(4) 加热法:杂质受热易分解,通过加热把杂质除去。

(5) 转换法:把杂质通过化学反应转化成主要成分。

第三部分　中学化学探究与设计实验研究

　　未来的中学化学教师要能指导学生通过化学实验进行探究性学习活动。为此,学生必须在平时就注意拓宽视野,注意培养自己的探究意识、经历探究过程、发展探究能力并掌握相关的探究主题和材料。第三部分选编了 8 个探究与设计性质的中学化学教学实验,从人们面临的急迫的环境问题入手,联系生产、生活实际,提取制备物质、探索反应条件。这些对于培养那些将要从事中学化学教学工作的大学生、硕士研究生开展中学化学探究性实验的设计研究能力;在中学开展专题探究和综合实践活动,引导中学生通过实验探究活动来学习化学以培养其学习化学的兴趣等方面是值得尝试的。

实验十七　空气中氧气含量的测定实验

一、实验目的

　　(1)掌握空气中氧气含量的测定方法和实验的操作技术关键。
　　(2)了解利用注射器设计探究性实验的方法,掌握本实验的演示教学技能。

二、实验原理

　　白磷在空气中燃烧生成 P_4O_{10}。

$$4P+5O_2 \xrightarrow{\text{点燃}} P_4O_{10}$$

　　白磷在不充分的空气中燃烧生成 P_4O_6。

$$4P+3O_2 \xrightarrow{\text{点燃}} P_4O_6$$

三、实验用品

　　仪器和材料:100mL 注射器、50mL 注射器、橡胶塞、橡胶管、止水夹、U 形管、烧杯、镊子。
　　药品:白磷。

四、实验内容

　　1. 单注射器法

　　单注射器法实验装置如图 3-17-1 所示。
　　(1)在干燥的注射器上安上针头,将针头插入橡胶塞,拉动注射器活塞,放手后若活塞仍能回到原位,则证明气密性良好。

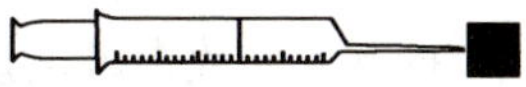

图 3-17-1　单注射器法实验装置

　　(2)打开止水夹,在干燥的注射器中放置少量白磷(约米粒大小),并将活塞推至 100mL,用止水夹夹住橡胶管,将注射器竖直放入热水中(稍倾斜,使白磷远离针孔处)。当白磷熔化并剧烈燃烧时,将注射器移出热水。观察到白磷发出黄色火焰,注射器中充满大量白烟,活塞缓慢向外推。燃烧结束,活塞回落一部分,燃烧后针筒中凝结黄色固体,其为过量的白磷。待注射器冷却至室温,记录活塞停留的位置。

(3) 计算由此方案测得的空气中氧气的含量。

2. 双注射器法

双注射器法实验装置如图 3-17-2 所示。

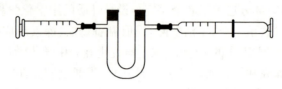

图 3-17-2　双注射器法实验装置

(1) 将两个注射器通过橡胶管与 U 形管(U 形管的容积约 38mL)两端相连,并将 U 形管两管口用橡胶塞堵住,检验装置气密性(尝试推拉注射器的活塞,很难推动或拉动则气密性良好)。打开一个橡胶塞,并使一个注射器的活塞停留在 50mL 处,另一个注射器则把空气全部挤出。取少量白磷(约米粒大小),用滤纸吸干水分,放入 U 形管中,迅速塞好橡胶塞,将 U 形管放入热水中,白磷熔化并开始燃烧后,通过两个注射器的一推一拉使 U 形管中的空气充分流通,氧气被充分反应,白烟充满整个反应装置。当燃烧不再进行时,将 U 形管取出,并把其中一个注射器中的气体全部推出。待装置放置在空气中冷却至室温,记录另一个注射器的活塞的位置。

(2) 计算由此方案测得的空气中氧气的含量。

五、注意事项

(1) 实验前要检查装置的气密性。

(2) 因为反应涉及燃烧,所以通常采用玻璃注射器,且活塞能灵活移动。

(3) 实验中所用的白磷要根据实验容器的大小适量取用,多为米粒大小。实验中取用白磷的过程要迅速,将白磷放入反应容器中后,为减少误差,要及时将反应容器密封,如立即塞上橡胶塞。因白磷有毒、着火点低,所以取用白磷需用镊子,且勿与人体接触,以免灼伤皮肤。

(4) 白磷在注射器内直接燃烧时注意把白磷放在离针孔较远的地方,否则反应后过量的白磷会把针孔堵塞,不利于清洗。也可在注射器底部放一个与注射器内径差不多的圆形金属片。

(5) 双注射器法实验最好由两人配合完成,一个人拉其中一个注射器,另一人则推另一个注射器,这样,即使注射器的活塞滑动较紧,实验也能顺利进行。

(6) 反应后多余的白磷凝结在针筒或 U 形管中,可加入少量热水,使多余的白磷熔化在水中,再倒入回收白磷的烧杯中。

(7) 多余白磷(包括反应剩余的白磷)应放回原瓶,不能随意弃于水槽或废液缸中。接触过白磷的实验用品必须进行适当地处理,所用的刀和镊子要在通风橱中用酒精灯灼烧。擦过上述工具或用于吸干白磷的纸片不能丢在废纸篓里,也要在通风橱中烧掉。万一由于不规范操作引起白磷自燃,要用湿抹布、石棉布或沙子盖灭。

六、讨论与研究

1. 对白磷及磷的氧化物的研究

1）白磷

磷是从磷酸盐中提取的，至少有十种同素异形体，主要有白磷、红磷、黑磷三种。

纯白磷是无色透明的晶体，遇光逐渐变黄，因而又称为黄磷。白磷剧毒，误食 0.1g 就能致死。白磷不溶于水，易溶于二硫化碳。经测定，不论在溶液中或在蒸气状态，磷的分子质量都相当于分子式 P_4。

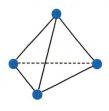

白磷晶体是由 P_4 分子组成的分子晶体，P_4 分子呈四面体构型（图 3-17-3 是白磷分子结构示意图），分子中 P—P 键长是 221pm，键角 $\angle$PPP 是 $60°$。理论研究认为，P—P 键是 98% 3p 轨道形成的键（3s 和 3d 仅占很少的成分）。纯 p 轨道间的夹角应为 $90°$，而实际仅有 $60°$，因此 P—P 键是受了很大应力而弯曲的键。其键能比正常无应力时的 P—P 键要弱，易于断裂，使白磷在常温下有很高的化学活性。

图 3-17-3 白磷分子结构示意图

白磷在潮湿的空气中发生缓慢氧化反应，部分的反应能以光能的形式放出，故在暗处可看到白磷发光。当缓慢氧化积聚的热量达到燃点（313K）时便发生自燃，因此白磷通常要储存于水中以隔绝空气。

2）磷的氧化物

P（V）的氧化物是 P_4O_{10}，是磷在充足空气或氧气中燃烧的产物。图 3-17-4 是 P_4O_{10} 分子结构示意图。由于 P_4O_{10} 分子中每个 P 原子上还有一对孤对电子可能再和氧原子结合，因此 P_4O_{10} 也可看成是 P_4O_6 进一步氧化的产物。在 P_4O_{10} 分子中，处于端基的 P—O 键的键长（140pm），具有双键的特征。P_4O_{10} 极易与水化合，发生剧烈反应，同时放出大量的热。P_4O_{10} 与冷水反应生成偏磷酸（HPO_3），与热水反应生成磷酸（H_3PO_4），偏磷酸是从一分子磷酸脱去一分子水而生成的酸。偏磷酸有剧毒，磷酸没有毒。

P（Ⅲ）的氧化物是 P_4O_6，是磷在不充分的空气中燃烧而生成的，这个氧化物的生成可以看成是 P_4 分子中的 P—P 键受氧原子进攻而断开，在每一对 P 原子之间嵌入一个 O 原子而形成的。图 3-17-5 是 P_4O_6 分子结构示意图。形成 P_4O_6 后，4 个 P 原子的相对位置并未发生变化。由于这个分子具有类似球的结构，容易滑动，故 P_4O_6 具有滑腻感。P_4O_6 为白色吸湿性蜡状固体，有很强的毒性，可溶于苯、二硫化碳和氯仿等非极性溶剂中。

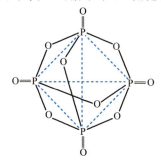

图 3-17-4 P_4O_{10} 分子结构示意图

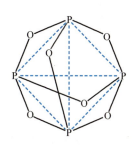

图 3-17-5 P_4O_6 分子结构示意图

2. 本实验中白磷相对于红磷的优势

(1) 白磷的着火点(约 40℃)低,易引燃,不用在容器外加热。引燃时可用放大镜聚光、电吹风加热、红外灯照射、加热容器外金属丝导热、利用生石灰与水反应放热、水浴加热等方法,这不仅实现了学科间知识的综合,而且用时短,操作简便易行(经实验验证,水浴加热是方案中比较简单而快速的)。红磷的着火点较高(约 240℃),需要在容器外加热较长时间,且在容器外加热到燃烧后,生成白烟(五氧化二磷)逸散到空气中,造成污染。

(2) 白磷燃烧前后始终处于密闭状态,与外界无物质交换。既对环境友好,又保证了实验结果的准确性。在反应过程中,氧气浓度逐渐减小,但白磷仍能与氧气发生缓慢氧化,直至氧气基本耗尽,使测定结果更接近于实际值。而红磷长期与空气接触才会极其缓慢地氧化,因此在氧气浓度下降到不能支持燃烧时,反应基本终止,导致测定结果偏小。

(3) 若使用白磷作耗氧剂,可将教材中常规的实验装置改为微型实验装置,药品用量少,材料易得,装置简单新颖,操作简便,现象鲜明直观,成功率高,适于探究性教学。

3. 其他改进方案

(1) 多硫化钠法。利用多硫化钠在碱性条件下极易吸收氧气而变质的性质测定空气中氧气的含量。

$$2Na_2S_x + O_2 + 2H_2O \Longrightarrow 2xS\downarrow + 4NaOH$$

(2) 邻苯三酚法。利用邻苯三酚在碱性条件下不加热就能迅速与氧气反应的性质,从而可用注射器方便地测出氧气所占体积。邻苯三酚具有还原性,在 pH<7 时几乎不与氧气反应,但在碱性条件下不加热就能迅速与氧气反应。

实验十八 空气中二氧化碳含量的测定

一、实验目的

了解测定空气中二氧化碳含量的简便方法。

二、实验原理

酚酞是溶液酸碱性的指示剂,其变色范围为 8.2～10.0,在碱性溶液中酚酞显红色,在酸性或中性溶液中显无色。氨水呈弱碱性,在稀氨水中滴加少量酚酞试液,溶液呈浅红色。

配制一定浓度的氨水并滴加少量酚酞试液(此时溶液呈浅红色),向其中通入二氧化碳气体,二氧化碳能够与氨水发生以下反应:

$$CO_2 + 2NH_3 \cdot H_2O \Longrightarrow (NH_4)_2CO_3$$
$$CO_2 + (NH_4)_2CO_3 + H_2O \Longrightarrow 2NH_4HCO_3$$

因此,随着二氧化碳气体的通入,溶液的 pH 逐渐降低。当溶液的 pH 降至 8 左右时,溶液突然由红色变为无色。

根据上述原理,在相同体积相同浓度的氨水(滴有少量酚酞试液)中,通入不同时间不同地点的空气(其中二氧化碳气体的含量不同),那么根据反应所消耗的空气的体积,通过对比,可以测定空气中二氧化碳气体的相对含量。

三、实验用品

仪器和材料:50mL 注射器、胶帽、烧杯。
药品:浓氨水、酚酞试液、蒸馏水。

四、实验内容

(1) 将 1～2 滴浓氨水滴入 500mL 蒸馏水中,制成稀氨水,然后再滴入 1～3 滴酚酞试液,使溶液呈淡红色,密封保存。

(2) 用 50mL 注射器吸取上述溶液 10mL,在测定地点抽气到 50mL 刻度处(抽气约40mL),用胶帽堵住注射器的吸入口,用力振荡 2～3min,然后将注射器吸入口向上,小心地将余气排出(不要排出已经吸收了气体的液体)。

重复上述操作:抽气、振荡,如此反复进行,直到红色恰好褪去为止。记录抽气次数 $N_1 = $ _____ 次。

(3) 用同样的方法在空旷地段测定大气中 CO_2 含量。记录抽气次数 $N_2 = $ _____ 次。

(4) 将测定的数据记录于下表中,并用空旷地段空气中二氧化碳的含量(体积分数以0.033%计)作为比较标准,计算出各测定地点空气中二氧化碳的体积含量(抽气次数与空气中二氧化碳的体积含量成反比)。

编号	取样地点	取样时间	抽气次数	空气中二氧化碳的体积含量
1	空旷地段			0.033%
2				
3				
4				

五、注意事项

(1) 选择的地段可以是:除二氧化碳外没有其他酸性污染气体如二氧化硫等排放的学校操场、海边、山顶、学校通风较好的教室、刚下课后门窗紧闭的教室、通风不好的长时间开大会的会场、树木较多的野外、种植花草或蔬菜的温室或植物园等。

选择的室外取样时间可以是:白天、夜晚、清晨等。

(2) 以上各地点空气中二氧化碳的体积含量需测定者在同一取样时间段重复测定三次以上,取平均值(当然也可以是几个人同时测定,取平均值)。

(3) 实验中所用酚酞和氨水的混合液必须取自同一试剂瓶。

六、讨论与研究

1. 大气中的二氧化碳

通常情况下,大气中二氧化碳含量为 0.02%~0.04%。二氧化碳在大气层中所占的比例虽然很小,但它对地球上的生物却很重要,因为它与生物圈有着密切的关系。生物圈每年从大气吸收的二氧化碳和向大气排放的二氧化碳的含量是差不多的。19 世纪工业革命以前,大气中二氧化碳的含量约为 0.029%。工业革命后,随着人口增加和工业发展,人类活动已经打破了二氧化碳的自然平衡。植被(尤其是森林)的破坏和大量化石燃料及生物体的燃烧使生物圈向大气排放的二氧化碳含量超过了它从大气中吸收的二氧化碳含量,使大气中二氧化碳含量逐年上升,目前已经达到 0.035%左右。

二氧化碳没有有害的短期效应,所以一般不把其看成大气的污染物,但是二氧化碳能吸收长波辐射,也参与地球表面的许多有机和无机化学反应过程,所以它在大气中含量的变化对大气系统会产生较大的影响。

二氧化碳对大气系统的影响主要有以下几个方面。

1) 影响生物圈中光合作用的速率

二氧化碳在大气圈和生物圈之间进行着频繁而迅速地交换。绿色植物不断地通过光合作用吸收二氧化碳、释放氧气。

$$6CO_2 + 6H_2O \xrightarrow[\text{叶绿体}]{\text{光}} C_6H_{12}O_6 + 6O_2$$

由于光合作用的结果,每年大约有 10^{11} t 二氧化碳转化为有机化合物进入生物圈中,也正是由于光合作用的存在,才使地球上由于燃烧、呼吸消耗的氧气得以补充,也维持着大气中二氧化碳含量的相对稳定,为动物的生存奠定基础。光合作用本身是一个复杂的综合过程,大气中二氧化碳的含量是影响其反应速率的一个因素。

2) 影响岩层的风化和沉积

大气中的二氧化碳直接参与岩石风化和海洋中矿物的溶解和沉积。若二氧化碳的含量增大,则岩石风化的速率会提高,海洋中碳酸盐的溶解速率也会加快。

3) 可引起温室效应

存在于大气中的某些痕量物质和存在于对流层中的臭氧具有吸收太阳在近地表面的长波辐射从而使大气增温的作用,称为温室效应(green house effect)。具有这种作用的气体称为温室气体(green house gases)。实际上,在人为干扰之前,温室效应和温室气体就存在,"温室效应"是地球大气层的一种物理特性。假如没有大气层,地球表面的平均温度不会是现在的15℃左右,而是约−18℃。大气中的二氧化碳气体和水蒸气等,能够吸收来自地球表面的长波辐射,再反射回地球表面,从而维持着地球表面适宜的温度,这属于"自然"温室效应。但是,近年来大气中温室气体(如二氧化碳、氯氟烃、甲烷、低空臭氧和氮氧化物等)的含量剧增,加强了"温室效应"的作用,破坏了地球上"自然"温室效应所形成的热平衡,这种温室效应称为"人为"温室效应。人们平时所说的温室效应就是指后者。温室气体的大量增加,会引起全球气候变暖、海平面上升、冰川融化、气候异常,这一系列变化将严重阻碍世界各国的经济发展,并带来自然环境和社会环境的严重破坏。

2. 空气中二氧化碳含量的升高对人体的影响

二氧化碳在新鲜空气中体积分数约为0.033%,人生活在这个空间,不会受到危害。如果室内聚集着很多人,而且空气不流通,或者室内有煤气、液化石油气及煤炉燃烧,使空气中氧气含量相对减少,产生大量二氧化碳,室内人员就会出现不同程度的中毒症状。利用蜡烛燃烧的现象可以粗略估计大气中的二氧化碳含量。当二氧化碳含量超过2%时,火光为红色;超过8%时,烛焰熄灭。

关于二氧化碳在室内空气中最大允许含量,各国尚无统一规定,日本规定室内空气中二氧化碳含量为0.15%时为换气标准。表3-18-1为空气中二氧化碳含量对人体的影响。

表 3-18-1　空气中二氧化碳含量对人体的影响

空气中二氧化碳的含量/%	症状
2.5	经数小时无任何症状
3.0	无意识地呼吸次数增加
4.0	出现局部刺激症状
6.0	呼吸次数增加
8.0	呼吸困难
10.0	意识不清,不久导致死亡
20.0	数秒后瘫痪,心脏停止跳动

实验十九　硫酸亚铁铵的制备

一、实验目的

（1）掌握物质的过滤、蒸发等基本操作，熟悉制备六水合硫酸亚铁铵晶体的方法。

（2）学习目视比色法，初步了解用杂质含量给产品定级的鉴定方法。

二、实验原理

亚铁盐是一种常用的还原剂，广泛应用于实验室和化工生产中。但由于亚铁盐在溶液中极易被空气或其他氧化剂所氧化，故常见亚铁盐的制备和保存都存在着诸多不便。

硫酸亚铁铵是一种复盐晶体，俗称莫尔盐，在空气中比一般的亚铁盐稳定，不易被氧化，溶于水而不溶于乙醇，常以水合物形式存在。其基本制备原理是以废铁屑为原料，将其溶于稀硫酸中，制得硫酸亚铁溶液。再将化学计量的硫酸铵粉末加到硫酸亚铁溶液中并使之完全溶解，对混合液加热蒸发、冷却结晶即可。

$$Fe + H_2SO_4 === FeSO_4 + H_2 \uparrow$$
$$FeSO_4 + (NH_4)_2SO_4 + 6H_2O === (NH_4)_2SO_4 \cdot FeSO_4 \cdot 6H_2O$$

六水合硫酸亚铁铵晶体能从混合液中先于其他晶体析出，是由于其溶解度比七水合硫酸亚铁和硫酸铵更小（表 3-19-1）。

表 3-19-1　各物质的溶解度　　［单位：$g \cdot (100g\ H_2O)^{-1}$］

化合物	0℃	10℃	20℃	30℃	40℃	50℃	60℃
$FeSO_4 \cdot 7H_2O$	15.56	20.5	26.5	32.9	40.2	48.6	—
$(NH_4)_2SO_4$	70.6	73.0	75.4	78.0	81.0	—	88.0
$(NH_4)_2SO_4 \cdot FeSO_4 \cdot 6H_2O$	12.5	17.2	21.6	28.1	33.0	40.0	44.6

三、实验用品

仪器和材料：锥形瓶、烧杯、蒸发皿、抽滤瓶、布氏漏斗、玻璃棒、容量瓶、吸量管、比色管、酒精灯（或煤气灯）、分析天平、石棉网、滤纸。

药品：$3mol \cdot L^{-1}$硫酸、浓硫酸、$2mol \cdot L^{-1}$盐酸、5%氢氧化钠溶液、10%碳酸钠溶液、$1mol \cdot L^{-1}$硫氰化钾溶液、无水乙醇、硫酸铵、硫酸铁（Ⅲ）铵、铁屑。

四、实验内容

1. 废铁屑的清洗

此步骤作为回收工业废铁屑的第一步，初步除去其表面的有机油污。在分析天平上称取4.0g 铁屑，放入锥形瓶，加入10%碳酸钠溶液20mL，缓缓加热10min，其间不时振荡锥形瓶，然后用倾析法除去碱液，再用蒸馏水将铁屑洗净（在现有实验室条件下，可以直接以还原铁粉做实验，在分析天平上称取4.0g 铁粉代替此步）。

2. 硫酸亚铁溶液的制备

向盛有铁屑的锥形瓶中加入 25mL 3mol·L^{-1}硫酸溶液,置于 60~70℃的水浴中加热以加速铁屑与硫酸的反应。反应产生的气体经尾气吸收管导入 5%氢氧化钠溶液中吸收(图 3-19-1)。反应中不断振荡锥形瓶,并观察锥形瓶中的现象。

待反应速率明显减小时,用 3mol·L^{-1}硫酸溶液调节 pH 为 1~2(为什么)。趁热用布氏漏斗抽滤(注意点),将滤液转移到 100mL 烧杯中,观察溶液颜色。

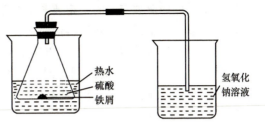

热水
硫酸
铁屑

氢氧化钠溶液

图 3-19-1　反应及尾气吸收装置

3. 六水合硫酸亚铁铵的制备

将硫酸亚铁溶液转移至蒸发皿中。称取硫酸铵晶体约 7.1g(此为经验值的量,经验值约为理论值的 0.75 倍)加入硫酸亚铁溶液中,加热并不断搅拌,使硫酸铵晶体全部溶解,溶解时可加入少量蒸馏水帮助溶解,再次调节 pH 为 1~2(此时要注意,加入蒸馏水的作用是溶解硫酸铵,加入水量若过多,则易使蒸发结晶时间过长,同时会使溶液变黄,即有三价铁离子的生成)。加热搅拌至出现晶膜,停止加热并静置,自然冷却至室温,观察晶体的颜色和形状。然后进行抽滤。在布氏漏斗上用少量无水乙醇淋洗两次(利用水和乙醇良好的互溶作用,淋洗时将水从硫酸亚铁铵晶体中带走),抽干。将晶体转移至一张干净的滤纸上,另取一张滤纸盖在晶体上,轻轻挤压,吸去表面的残留母液。再将晶体转移到称量纸上即可称量出产物质量,并计算产率。

4. 产品检验——Fe^{3+}的限量分析

1) 配制标准 Fe^{3+}溶液

在分析天平上称取 0.1260g 铁铵矾[NH$_4$Fe(SO$_4$)$_2$·12H$_2$O]固体溶于不含氧的蒸馏水中(将蒸馏水加入烧杯中煮沸 10min 后,可认为蒸馏水中不含游离的氧)。加入 2.5mL 浓硫酸使溶液呈酸性,在容量瓶中配成 250mL 溶液。再用吸量管分别移取 0.25mL、0.5mL、1.0mL 标准溶液于 25mL 比色管中,各加 2mL 2mol·L^{-1}盐酸和 1mL 1mol·L^{-1}硫氰化钾溶液,再用不含氧的蒸馏水稀释到刻度,充分摇匀。

2) 与自制的硫酸亚铁铵比色

取 1.0g 自制的六水合硫酸亚铁铵[(NH$_4$)$_2$SO$_4$·FeSO$_4$·6H$_2$O]晶体,置于 25mL 比色管中,用少量蒸馏水稀释后再加 2mL 2mol·L^{-1}盐酸和 1mL 1mol·L^{-1}硫氰化钾溶液,稀释至 25mL,与标准色阶比色以确定纯度。

五、注意事项

(1) 铁与硫酸反应时应保证有 60~70℃的水浴温度,以保证反应以较快的速率进行。另外,反应时有大量刺激性的酸雾放出,所以用 10%氢氧化钠溶液作为简易尾气吸收装置。为使反应进行得比较完全,可以在反应过程中不断振荡锥形瓶。在此条件下,至少反应 8~

12min。有条件的可以称量出残余的铁屑质量,从而更精确地计算所要加入的硫酸铵的质量。

（2）在整个实验过程中,必须保证亚铁离子在水溶液中处于酸性介质的环境下,故实验中先后在制备硫酸亚铁溶液时和蒸发结晶前两次调节 pH。

此外,制备硫酸亚铁溶液时一定要剩下少量铁屑,在进行 Fe^{3+} 限量分析时必须使用不含氧的蒸馏水,以及在制备硫酸亚铁溶液时须保持溶液的强酸性,均是为了防止 Fe^{2+} 被氧化为 Fe^{3+},Fe^{3+} 极易产生沉淀$[K_{sp,Fe(OH)_3}^{\ominus}=2.64\times10^{-39},25℃]$。

（3）在进行硫酸亚铁溶液的制备时也可趁热用普通漏斗过滤,但必须保证有较高的温度,否则硫酸亚铁晶体会过早析出,使晶体残留在滤纸上而减少产量,若用蒸馏水冲洗则易使后期的蒸发结晶变得困难。

六、讨论与研究

1. 用废铁屑制取硫酸亚铁时反应副产物的处理

硫酸亚铁常用金属铁和稀硫酸反应而制得。由于废铁屑中常含有碳、硅、硫、磷等杂质,因此在与稀硫酸反应时会有硫化氢和膦等剧毒恶臭的有害气体及酸雾释放,如何消除?

废铁屑与稀硫酸反应有 H_2S、PH_3 等有毒气体产生。可以使用不同的方法进行尾气吸收。

（1）用填充有活性炭及二氧化锰粉末的尾气吸收管来吸收尾气。

$$H_2S(g)+MnO_2+H_2SO_4 \Longrightarrow S+MnSO_4+2H_2O$$
$$PH_3(g)+4MnO_2+4H_2SO_4 \Longrightarrow H_3PO_4+4MnSO_4+4H_2O$$
$$\varphi_{MnO_2/Mn^{2+}}^{\ominus}=1.228V,\quad \varphi_{S/H_2S}^{\ominus}=0.141V,\quad \varphi_{PO_4^{3-}/PH_3}^{\ominus}=-0.281V$$

（2）高锰酸钾的酸性溶液吸收尾气。

$$2MnO_4^-+5H_2S(g)+6H^+ \Longrightarrow 2Mn^{2+}+5S\downarrow+8H_2O$$
$$6KMnO_4+4PH_3(g) \Longrightarrow 3Mn_2O_3\downarrow+2K_2HPO_3+2KH_2PO_3+3H_2O$$
$$2KMnO_4+PH_3(g) \Longrightarrow Mn_2O_3\downarrow+K_2HPO_4+H_2O$$

（3）用硫酸铜溶液吸收尾气。用硫酸铜溶液吸收尾气时可能存在的反应主要有

$$Cu^{2+}+H_2S \Longrightarrow CuS\downarrow+2H^+$$
$$8CuSO_4+PH_3(g)+4H_2O \Longrightarrow 4Cu_2SO_4+4H_2SO_4+H_3PO_4$$
$$3Cu_2SO_4+2PH_3 \Longrightarrow 3H_2SO_4+2Cu_3P\downarrow$$
$$4Cu_2SO_4+PH_3+4H_2O \Longrightarrow 8Cu\downarrow+4H_2SO_4+H_3PO_4$$

在实验室条件下,若以铁粉为原料,只需用 5% 氢氧化钠溶液吸收酸雾尾气即可。

2. 目视比色法简介

通过眼睛观察比较待测溶液与标准溶液颜色深浅来确定物质含量的方法,称为目视比色法(visual colorimetry)。目视比色法用一套标有刻度,形状、大小、材质相同的玻璃管作为比色管,每支比色管中装有一定浓度的标准比色液,将待测溶液与标准比色液进行比较。若待测溶液与色阶中某溶液的颜色深浅相同,则说明两支比色管中溶液的浓度相等;若待测溶液颜色深浅介于相邻两个标准溶液之间,则待测溶液的浓度约为两个标准溶液浓度的算术平均值。

Fe^{3+} 和硫氰化钾溶液反应可使溶液变红,并且溶液中 Fe^{3+} 的浓度越高,溶液就越红,这为目视比色法测定 Fe^{3+} 含量奠定了基础。

实验二十 硫酸亚铁制备条件的探究

一、实验目的

(1) 了解硫酸亚铁的不稳定性,探究硫酸亚铁的最佳制备条件。
(2) 体验化学反应条件(变量)的控制过程。

二、实验原理

铁溶于稀硫酸中生成硫酸亚铁:

$$Fe+2H^+ \!=\!=\!=\! Fe^{2+}+H_2\uparrow$$

亚铁盐在空气中容易被氧化,可通过对铁粉用量、酸的浓度、反应的温度、接触空气程度等进行控制得到较纯的硫酸亚铁。

三、实验用品

仪器和材料:漏斗、锥形瓶、抽滤瓶、烧杯、酒精灯、试管、铁架台、铁夹、天平、滤纸、pH试纸。
药品:硫酸、氢氧化钠溶液、硫氰化钾溶液、苯、铁粉。

四、实验内容

1. 探究铁粉用量的影响(其他条件恒定)

按照图 3-20-1 所示搭好装置。锥形瓶为反应容器,与抽滤瓶相连(抽滤瓶的作用是什么),抽滤瓶的导管插入盛有氢氧化钠溶液的烧杯中。

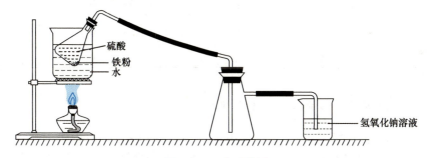

图 3-20-1 实验装置

取 3 个 250mL 锥形瓶,各加入 15mL 3mol·L⁻¹硫酸,锥形瓶中分别加入 2g、2.5g、3g 铁粉,置于水浴中观察现象。反应后期补充水分保持溶液原有体积,避免硫酸亚铁析出。至反应速率明显减慢时过滤,观察滤液的颜色,用 pH 试纸测定滤液的 pH,然后向滤液中加入 1mL 1mol·L⁻¹硫氰化钾(KSCN)溶液,观察溶液的颜色,将实验现象记录在表 3-20-1 中。

表 3-20-1 铁粉用量的影响

序号	铁粉用量/g	酸的用量	反应结束后 溶液颜色	反应结束后 溶液的 pH	加 KSCN 后 溶液颜色
1	2.0				
2	2.5	15mL×3mol·L⁻¹			
3	3.0				

2. 探究酸浓度的影响(其他条件恒定)

取 3 个 250mL 锥形瓶,各加入 2.2g 铁粉,分别加入 15mL 2mol·L⁻¹、3mol·L⁻¹、4mol·L⁻¹ 硫酸,置于水浴中观察现象(其余步骤同铁粉用量的影响实验,装置同图 3-20-1)。将实验现象记录在表 3-20-2 中。

表 3-20-2　酸浓度的影响

序号	铁粉用量/g	酸的用量	反应结束后溶液颜色	反应结束后溶液的 pH	加 KSCN 后溶液颜色
1		15mL×2mol·L⁻¹			
2	2.2	15mL×3mol·L⁻¹			
3		15mL×4mol·L⁻¹			

3. 探究反应温度的影响(其他条件恒定)

取 3 个 250mL 锥形瓶,各加入 2.2g 铁粉和 15mL 3mol·L⁻¹硫酸,分别置于 35℃、55℃、75℃水浴中观察现象(其余步骤同铁粉用量的影响实验,装置同图 3-20-1)。将实验现象记录在表 3-20-3 中。

表 3-20-3　反应温度的影响

序号	铁粉用量/g	酸的用量	水浴温度/℃	反应结束后溶液颜色	反应结束后溶液的 pH	加 KSCN 后溶液颜色
1			35			
2	2.2	15mL×3mol·L⁻¹	55			
3			75			

4. 探究空气对反应的影响(其他条件恒定)

取 3 个 250mL 锥形瓶,各加入 2.2g 铁粉和 15mL 3mol·L⁻¹硫酸,第一个锥形瓶如前面装置,第二个锥形瓶中加入 10mL 苯,第三个锥形瓶暴露于空气中,再分别置于水浴中观察现象(其余步骤同铁粉用量的影响实验,装置同图 3-20-1)。将实验现象记录在表 3-20-4 中。

表 3-20-4　接触空气程度对反应的影响

序号	铁粉用量/g	酸的用量	空气的影响	反应结束后溶液颜色	反应结束后溶液的 pH	加 KSCN 后溶液颜色
1						
2	2.2	15mL×3mol·L⁻¹				
3						

5. 归纳整理,得出结论

根据上面的实验结果,归纳制备硫酸亚铁的最佳条件,填入表 3-20-5 中。

表 3-20-5　硫酸亚铁制备的最佳条件

铁粉用量	酸浓度及用量	反应温度	接触空气程度

五、注意事项

（1）反应时用锥形瓶作反应容器，以大烧杯作为水浴加热的容器。这样便于观察和演示。

（2）在实验中切忌把反应容器与水浴锅底接触，否则反应剧烈，大量的氢气带着水分散失，如没有及时补充水的话，就观察不到反应现象。在失水的情况下，铁粉与较浓的硫酸可以发生反应：

$$2Fe+6H_2SO_4（较浓）=\!=\!=Fe_2(SO_4)_3+6H_2O+3SO_2\uparrow$$

（3）装置中的抽滤瓶可以防止吸收液被倒吸进入反应器锥形瓶中，保证实验安全成功。导管较长的一端与抽滤瓶相连，以起到一定的空气冷凝作用，减少水分的损失，减少反应时要补充水的次数。

（4）由于含亚铁离子的水溶液易水解，因此控制溶液 pH<1 为佳。

（5）实验中所用的蒸馏水应煮沸除氧，否则会氧化溶液中的亚铁离子。

$$4FeSO_4+O_2+2H_2O=\!=\!=4Fe(OH)SO_4$$

（6）如使用铁屑，则要先行除去铁屑油污。称取 2g 铁屑，放入 250mL 的锥形瓶中，加入 20mL 氢氧化钠溶液（$1.0mol \cdot L^{-1}$），小火加热约 10min，以除去铁屑表面的油污，倾析除去碱液，并用蒸馏水将铁屑洗净。

六、讨论与研究

在实验过程中，需使酸过量，是因为铁和硫酸反应生成硫酸亚铁。硫酸亚铁是强酸弱碱盐，会发生水解：$FeSO_4+2H_2O=\!=\!=Fe(OH)_2+H_2SO_4$；同时铁和硫酸反应后，溶液接近中性 $n_{Fe}:n_{H_2SO_4}=1:1$，在中性或弱酸性条件时，硫酸亚铁易被溶解在水中的氧气所氧化，并发生水解生成碱式硫酸盐（或氢氧化铁沉淀）。因此，在反应过程中控制酸过量，能够抑制硫酸亚铁的水解，也能防止 Fe(Ⅱ) 被氧化成 Fe(Ⅲ) 化合物。

若控制铁过量，则能够防止亚铁离子被氧化。因为 Fe^{3+} 能够被铁还原为 Fe^{2+}，反应为 $2Fe^{3+}+Fe=\!=\!=3Fe^{2+}$。根据公式

$$lgK^\ominus=\frac{zFE^\ominus}{2.302RT}=\frac{zE^\ominus}{0.0592V}$$

由于 $\varphi^\ominus_{Fe^{3+}/Fe^{2+}}=0.771V$，$\varphi^\ominus_{Fe^{2+}/Fe}=-0.4402V$，则 $E^\ominus=1.2112V$（此处使用标准电极电势近似计算是由于浓度对电极电势的影响是有限的），可计算出上述反应的 $K^\ominus=8.3\times10^{40}$。从平衡常数的数值来看，此反应的趋势很大，说明铁能够有效地把 Fe^{3+} 还原成 Fe^{2+}。也就是说，能够防止硫酸亚铁被氧化成 Fe(Ⅲ) 化合物。

但在实际制备硫酸亚铁的实验过程中，只能控制一种反应物过量。从上面所述的理论分析，不管控制何种反应物过量，都有一定的理由。可以通过设计两个对比实验来判断：实验一为在制备硫酸亚铁的过程中，控制酸过量；实验二为在制备硫酸亚铁过程中，控制铁屑过量。其余实验步骤相同。从实验结果来看，在制备硫酸亚铁的过程中应控制铁过量。

实验二十一　碳酸钠与碳酸氢钠性质的比较

碳酸钠俗称纯碱,是重要的化工原料之一,用于制作化学品、洗涤剂、医药品,也用于照相术等。碳酸氢钠俗称小苏打,广泛应用于食品、医药等行业。两者的化学性质存在一定差异。

I　碳酸钠与碳酸氢钠水解的区别

一、实验目的

(1) 知道碳酸钠与碳酸氢钠水解的区别,了解温度、浓度等因素对水解的影响。

(2) 了解数字化实验设备的工作原理及使用方法。

二、实验原理

1. 手持技术

手持技术,即数字化手持技术实验,又称"掌上实验",是计算机和微电子技术相结合的新型数字化实验手段。手持技术包括传感器和数据采集器,它们方便携带,能定量、实时、直观、准确地测量各种实验数据。因为数据采集器和传感器都较小,在手掌上就可以操作,采集多种数据,故形象地称为手持技术仪器。手持技术能使用多种传感器定量、快速、准确地测量某一时间段内多组数据。例如,用传感器结合数据采集器可在1h内每秒采集1次室外温度,传感器将温度变化转换为电信号,数据采集器将从传感器接收到的电信号转换成数字信号并传递给计算机,最终在计算机Logger Pro软件中得到一条连续不间断的温度-时间变化曲线,而这是普通温度计无法实现的。目前,中学化学实验教学中使用较多的有温度传感器、氧气传感器、pH传感器、压强传感器、电导率传感器等。完整的数字化手持技术实验组成为:基本化学实验、计算机(Logger Pro软件)、数据采集器和各种传感器。

常见的传感器及其功能有:温度传感器将温度实时转化为计算机上的定量数据;氧气传感器将氧气浓度(体积分数)实时转化为计算机上的定量数据;pH传感器将溶液的pH实时转化为计算机上的定量数据;压强传感器将容器中的气体压强实时转化为计算机上的定量数据;电导率传感器将溶液的电导率实时转化为计算机上的定量数据……手持技术使实验更加现代化,其实验研究结果可以提供直观的数据和图像显示;同时更加简易化,使学生有足够的时间观察现象、思考问题。

本实验运用温度传感器和pH传感器,其工作原理如下。

1) 温度传感器的工作原理

采用工业用Pt1000铂电阻温度传感器。温度不同时,该传感器的电阻也不同,利用电路原理将该电阻值传递到采集器,再由采集器换算成温度值进行记录。

2) pH传感器的工作原理

电极内部含两个半球构造,一个里面装氢离子浓度一定的基准溶液,另一个置于电极底部,是只对氢离子敏感的半透膜。两者之间的电势差就是电极输出电压,包含了待测溶液的酸碱度信息。经过传感器的电信号放大器和调整片处理,以一定电压输出到数据采集器进一步处理转换。

2. 影响水解平衡的因素及其影响原理

强碱弱酸盐、强酸弱碱盐等盐类的水解符合平衡移动原理,溶液中反应物与生成物浓度的大小、温度的变化以及酸碱度的变化都会引起水解平衡的移动,从而影响水解的程度。

(1) 温度。盐的水解一般是吸热反应,因此升高温度,水解程度增大。

(2) 浓度。盐的浓度越小,水解程度越大,但溶液的酸碱性一般越弱。

(3) 外加酸碱。外加酸碱能促进或抑制盐的水解,使盐的水解程度降低,但酸(或碱)的加入使溶液的酸(或碱)性增强。

Na_2CO_3 的水解过程分两步进行($K_{a_1} = 4.3 \times 10^{-7}$,$K_{a_2} = 5.6 \times 10^{-11}$),一级水解反应为

$$CO_3^{2-} + H_2O \rightleftharpoons HCO_3^- + OH^-$$

达到平衡时

$$K_{h_1} = [HCO_3^-][OH^-]/[CO_3^{2-}]$$

此反应实际上是 H_2O 和弱酸 HCO_3^- 的两个电离平衡的总反应,即

$$H_2O \rightleftharpoons H^+ + OH^- \qquad K_w = [H^+][OH^-] = 1.0 \times 10^{-14}$$

$$H^+ + CO_3^{2-} \rightleftharpoons HCO_3^- \qquad 1/K_{a_2} = [HCO_3^-]/([H^+][CO_3^{2-}]) = 1/(5.6 \times 10^{-11})$$

根据多重平衡规则

$$CO_3^{2-} + H_2O \rightleftharpoons HCO_3^- + OH^- \qquad K_{h_1} = K_w/K_{a_2} = 1.78 \times 10^{-4}$$

二级水解反应为

$$HCO_3^- + H_2O \rightleftharpoons H_2CO_3 + OH^-$$

达到平衡时

$$K_{h_2} = [H_2CO_3][OH^-]/[HCO_3^-]$$

此反应实际上是 H_2O 和弱酸 H_2CO_3 的两个电离平衡的总反应,即

$$H_2O \rightleftharpoons H^+ + OH^- \qquad K_w = [H^+][OH^-] = 1.0 \times 10^{-14}$$

$$H^+ + HCO_3^- \rightleftharpoons H_2CO_3 \qquad 1/K_{a_1} = [H_2CO_3]/([H^+][HCO_3^-]) = 1/(4.3 \times 10^{-7})$$

根据多重平衡规则

$$HCO_3^- + H_2O \rightleftharpoons H_2CO_3 + OH^- \qquad K_{h_2} = K_w/K_{a_1} = 2.3 \times 10^{-8}$$

由上可知,$K_{a_1} \gg K_{a_2}$,所以 $K_w/K_{a_2} \gg K_w/K_{a_1}$,即 $K_{h_1} \gg K_{h_2}$,说明一级水解远大于二级水解。同时一级水解产生的 OH^- 抑制二级水解,因此主要是一级水解,二级水解极弱(讨论时可以忽略不计)。

一级水解离子方程式

$$CO_3^{2-} + H_2O \rightleftharpoons HCO_3^- + OH^- \qquad \Delta H > 0$$

增大反应物浓度或减小生成物浓度,平衡向正向移动;减小反应物浓度或增大生成物浓度,平衡向逆向移动。升高温度,平衡向吸热方向移动(正向);降低温度,平衡向放热方向移动(逆向)。通过监测体系中的 pH 可以知道盐类水解的相对程度。

三、实验用品

仪器和材料:计算机及数据处理软件(如 Logger Pro 软件)、数据采集器、温度传感器、pH

传感器、滴数传感器、磁力搅拌器、磁子、酸式滴定管、碱式滴定管、滴定管架、塑料试管烧杯、量筒、移液管、洗瓶。

药品：1mol·L⁻¹碳酸钠溶液、0.5mol·L⁻¹碳酸钠溶液、0.1mol·L⁻¹碳酸钠溶液、1mol·L⁻¹碳酸氢钠溶液、0.5mol·L⁻¹碳酸氢钠溶液、0.1mol·L⁻¹碳酸氢钠溶液、0.0001mol·L⁻¹氢氧化钠溶液、蒸馏水。

四、实验内容

1. 开启计算机

打开计算机电源，开启计算机。

2. 连接实验装置

将滴数传感器固定于铁架台上（按图3-21-1连接实验装置，实物图见图3-21-2），将pH传感器接到数据采集器的CH1接口，将滴数传感器与数据采集器的DIG1接口相连。通过USB接口将数据采集器与计算机相连。

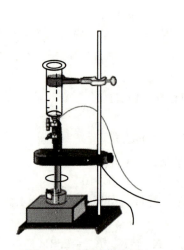

图3-21-1　实验装置（Ⅰ）

图3-21-2　实验装置（Ⅰ）实物图

3. 打开数据处理软件

以Logger Pro 3.8.4软件为例：

（1）校正。采用一点校准。将pH传感器探头放到蒸馏水中进行校正，点击"实验"→"校准"→"一点校准"→输入蒸馏水的pH→点击"完成"。

（2）设置参数。设置采样频率及横坐标。

4. 进行测量

1）溶液浓度对碳酸钠和碳酸氢钠水解的影响

（1）取60mL塑料试剂管，将手阀调整到水平位置使其关闭。用蒸馏水清洗试剂管，清洗后,加入蒸馏水,固定好。

(2) 量取 $0.1mol \cdot L^{-1}$ 碳酸钠溶液 10mL 于清洗干净并用待测液润洗过的 250mL 烧杯中,待用。

(3) 清洗 pH 传感器,并用吸水纸吸干,放入待测溶液中,数据稳定后,开始测量。点击"采集"按钮,同时将塑料试剂管的手阀顺时针旋转至有液体成滴滴落(大约对准小圆孔的一半)。

(4) 滴至 200mL 左右,停止采集,得到数据表和数据图。

(5) 重复测量一次。并接下来将碳酸钠浓度换成 $0.5mol \cdot L^{-1}$ 和 $1mol \cdot L^{-1}$,各重复测两组数据。

(6) 碳酸氢钠溶液浓度同上,测量 pH,步骤同上。

2) 溶液酸碱度对碳酸钠和碳酸氢钠水解的影响

(1) 将 $1mol \cdot L^{-1}$ 碳酸钠溶液 20mL 倒入烧杯中,按图 3-21-1 连接装置(不需连接温度传感器),往碱式滴定管中装入 $0.0001mol \cdot L^{-1}$ 氢氧化钠溶液并固定滴定管于烧杯上方,开动磁力搅拌器,同时开启数据采集器测定溶液 pH,每滴加 5 滴读一次体积,点击"保留",输入读出的体积,计算机自动得出数据表和数据图。重复测量一次。

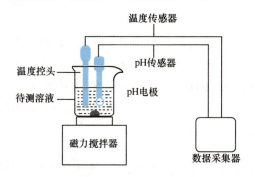

图 3-21-3 实验装置(Ⅱ)

(2) 将碳酸钠溶液换成碳酸氢钠溶液,重复上述步骤。实验结束,将装置图中的滴数传感器拆下,整理后放回原位。

3) 温度对碳酸钠和碳酸氢钠水解的影响

(1) 将 40mL $0.1mol \cdot L^{-1}$ 碳酸钠溶液倒入烧杯中,按图 3-21-3 连接装置。把 pH 电极和温度传感器感温探头插入溶液中并固定好;开动磁力搅拌器(也开启其加热功能),同时开启数据采集器自动将 pH 变化传输到计算机,得到数据表和数据图。

(2) 将碳酸钠溶液换成同浓度的碳酸氢钠溶液,重复以上步骤。

5. 整理仪器

实验结束,整理好仪器。

五、注意事项

(1) pH 传感器探头部分很容易损坏,确保 pH 传感器玻璃球被溶液浸没,但位置不能太低,避免磁子与玻璃球相撞。

（2）pH 传感器每次测量之前都要用蒸馏水清洗并用吸水纸吸干,最后用完后要清洗干净并放回缓冲溶液中。

（3）研究溶液酸碱度对碳酸钠和碳酸氢钠水解的影响时,要注意把握 NaOH 的加入量,这是实验成功的关键。

（4）由于这些信息化的仪器比较灵敏,因此在测量的过程中应尽量避免其他的干扰,如震动等。

（5）温度传感器的探头不能接触到烧杯底部或杯壁,否则测量的数据不准确。

Ⅱ　碳酸钠、碳酸氢钠与酸反应的区别

一、实验目的

（1）比较碳酸钠、碳酸氢钠分别与酸反应时的现象差异,了解碳酸钠与酸的分步反应。

（2）了解延时摄影技术在化学实验中的应用方法。

二、实验原理

1. 延时摄影技术

延时摄影又称缩时摄影,是通过一种将时间压缩的拍摄技术在短时间内展现现实中长期才能观察到的变化。在延时摄影视频中,物体本身缓慢的变化过程被压缩到较短的时间内播放,往往能够呈现出平时用肉眼无法察觉的奇妙景象,富有冲击力。延时摄影可以通过专业的摄影设备实现。随着信息技术的发展,智能手机大多也自带延时摄影功能。

2. 毛细现象

在窄小的毛细管中,液体形成弯曲的表面,由于表面张力的作用,凹液面对下面的液体施以拉力,凸液面则对下面的液体施以压力。将毛细管插入浸润液体中,液面是凹液面,管内液面上升;反之,将毛细管插入不浸润液体中,管内液面下降。这就是毛细现象。

3. 虹吸现象

发生虹吸现象的根本原因在于压强差,是液态分子间引力与势能差造成的,即利用水柱压强差,使水上升后再流到低处。由于灌满水的虹吸管来水端水位高、压强大,而出水端水位低、压强小,因此能够源源不断地将水从高水位运输到低水位,直到两侧的水位达到同一高度才停止流动。

三、实验用品

仪器和材料:圆形塑料盒(5mL)、棉线、瓶盖、磁子、磁力搅拌器、滴管、白纸、补光灯、升降台、智能手机。

药品:$0.2mol \cdot L^{-1}$碳酸钠溶液、$0.2mol \cdot L^{-1}$碳酸氢钠溶液、$0.2mol \cdot L^{-1}$盐酸、酚酞指示剂。

四、实验内容

(1) 搭建实验装置,如图 3-21-4 所示,在圆形塑料盒之间用塑料瓶盖造成高度差并用棉线将塑料盒相连接,引发毛细现象与虹吸现象,实现溶液的定向、缓慢传输。

(2) 搭建拍摄装置,如图 3-21-5 所示,用智能手机、补光灯等拍摄反应区域。

(3) 用蒸馏水将三个相同大小的塑料盒洗净晾干。将其中一个塑料盒摆放在塑料瓶盖上,剩余两个塑料盒摆放在周围,形成如图 3-21-4 所示的正三角形,并将整个装置置于磁力搅拌器上。

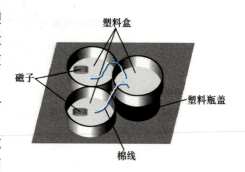

图 3-21-4　实验装置示意图

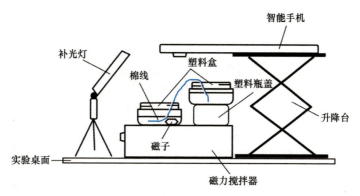

图 3-21-5　拍摄装置示意图

(4) 取四根长度相同的棉线,提前在 $0.2\text{mol} \cdot \text{L}^{-1}$ 盐酸中浸泡 2～3min。将每两根棉线并列简单缠绕,尾端微微分叉,做出两个溶液传输装置,在棉线相同的位置对棉线进行折叠用于接触溶液,从而尽量保证溶液传输速率相近,如图 3-21-6 所示。

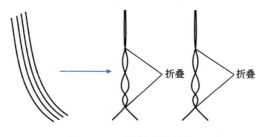

图 3-21-6　棉线缠绕示意图

(5) 用滴管吸取溶液,向摆放在瓶盖上的塑料盒中加入 $0.2\text{mol} \cdot \text{L}^{-1}$ 盐酸,向另外两个塑料盒中分别加入 1.5mL 相同体积的 $0.2\text{mol} \cdot \text{L}^{-1}$ 碳酸钠溶液与 $0.2\text{mol} \cdot \text{L}^{-1}$ 碳酸氢钠溶液,并滴入 1～2 滴酚酞指示剂。将棉线传输装置放入塑料盒中,浸入溶液,并在盒中各放入一个磁子,如图 3-21-7 所示。

0.2mol·L⁻¹ 碳酸钠溶液

0.2mol·L⁻¹ 盐酸

0.2mol·L⁻¹ 碳酸氢钠溶液

图 3-21-7　实验装置实物图

（6）将智能手机置于升降台上并升至合适高度，调整补光灯光线，打开磁力搅拌器并调整至合适的搅拌速度，开启智能手机自带的延时摄影功能对 1h 的实验过程进行拍摄，最终得到 34s 的实验视频。

五、注意事项

（1）在反应容器中放入磁子进行磁力搅拌，避免实验过程中出现局部浓度过大的问题。

（2）在反应装置的底部铺上一层白纸作为背景。

六、讨论与研究

1. 为什么碳酸钠水解无二氧化碳逸出

碳酸钠的水解反应中碳酸以"H_2CO_3"形式存在，故不应写为"$H_2O + CO_2\uparrow$"的形式，即不会逸出 CO_2 气体。这是为什么呢？以下是相关的解释：

如前所述，碳酸钠的水解过程分两步进行，一级水解反应

$$CO_3^{2-} + H_2O \Longleftrightarrow HCO_3^- + OH^- \qquad K_{h_1} = 1.78 \times 10^{-4}$$

二级水解反应

$$HCO_3^- + H_2O \Longleftrightarrow H_2CO_3 + OH^- \qquad K_{h_2} = 2.3 \times 10^{-8}$$

由上可知，$K_{h_1} \gg K_{h_2}$，说明一级水解远大于二级水解，同时一级水解产生的 OH^- 抑制二级水解，因此主要是一级水解，二级水解极弱（可以忽略不计）。故碳酸钠水解不放出二氧化碳气体。

2. 为什么碳酸钠溶液的 pH 并不是随温度的升高（在一定温度范围内）而增大

水解一般是吸热反应，所以升高温度会促进水解，进而 pH 应该增大，但是实验结果并非如此，难道"越热越水解"是错的？具体解释如下：

碳酸钠溶液中存在水解反应

$$CO_3^{2-} + H_2O \Longleftrightarrow HCO_3^- + OH^-$$

$$HCO_3^- + H_2O \Longleftrightarrow H_2CO_3 + OH^-$$

由于二级水解非常微弱可以忽略不计，因此此水解平衡的平衡常数可表示为

$$K_h = ([HCO_3^-][OH^-])/[CO_3^{2-}]$$

因为

$$[HCO_3^-] \approx [OH^-]$$

所以

$$[OH^-] = \sqrt{K_h \cdot [CO_3^{2-}]} \tag{1}$$

又由于溶液中存在水的电离

$$H_2O \rightleftharpoons H^+ + OH^-$$

其离子积

$$K_w = [H^+][OH^-]$$

此时溶液中

$$[H^+] = K_w/[OH^-] \tag{2}$$

联立(1)、(2)可得

$$[H^+] = K_w/\sqrt{K_h \cdot [CO_3^{2-}]}$$

对于一定浓度的碳酸钠溶液来说,$[CO_3^{2-}]$ 保持不变,K_w 和 K_h 都随着温度的升高而增大,所以 $[H^+]$ 的大小就由 $K_w/\sqrt{K_h}$ 的相对大小而决定。若温度升高时,$K_w/\sqrt{K_h}$ 变大,则 $[H^+]$ 变大,pH 减小;反之,则 pH 变大。中学教材给出了在 25℃、55℃、80℃、100℃时水的离子积常数,而物质在不同温度下的水溶液中的水解常数没有给出。在无机化学教材中也只给出了 25℃时的水解常数,那么不同温度时的水解常数如何得到呢? 这个问题可以通过范特霍夫方程(van't Hoff equation)来解决。在公式 $\ln\dfrac{K_2}{K_1} = \dfrac{\Delta_r H_m^\ominus}{R}\left(\dfrac{T_2 - T_1}{T_1 T_2}\right)$ 中,K_1、K_2 为不同温度下的平衡常数,当然也包括水解常数;R 为摩尔气体常量,数值为 8.314J·mol^{-1}·K^{-1};$\Delta_r H_m^\ominus$ 为标准摩尔反应焓,在较小温度范围内可以视为不变。

由于我们已经知道了水解反应 $CO_3^{2-} + H_2O \rightleftharpoons HCO_3^- + OH^-$ 在 25℃(298K)时的水解常数为 $K_{h_1} = 1.78 \times 10^{-4}$,因此只要知道了该反应的 $\Delta_r H_m^\ominus$,即可依范特霍夫方程求算出任意温度下的水解常数 K_{h_2},那么 $\Delta_r H_m^\ominus$ 又如何求算呢?

在《物理化学》[①]中分别给出了

$$\Delta_f H_m^\ominus(CO_3^{2-}, aq) = -676.26 \text{kJ·mol}^{-1}$$

$$\Delta_f H_m^\ominus(H_2O, l) = -285.84 \text{kJ·mol}^{-1}$$

$$\Delta_f H_m^\ominus(HCO_3^-, aq) = -691.11 \text{kJ·mol}^{-1}$$

$$\Delta_f H_m^\ominus(OH^-, aq) = -229.95 \text{kJ·mol}^{-1}$$

则反应 $CO_3^{2-}(aq) + H_2O(l) \rightleftharpoons HCO_3^-(aq) + OH^-(aq)$ 的 $\Delta_r H_m^\ominus = -691.11 + (-229.95) - (-676.26) - (-285.84) = 41.04$(kJ·mol^{-1})。将 $\Delta_r H_m^\ominus = 41.04$kJ·mol^{-1}、$R = 8.314$J·mol^{-1}·K^{-1}、温度 $T_1 = 298$K(25℃)时的水解常数 $K_{h_1} = 1.78 \times 10^{-4}$ 代入范特霍夫方程,即可求得温度 $T_2 = 328$K(55℃)时的水解常数 $K_{h_2} = 8.10 \times 10^{-4}$。同理可得温度 $T_3 = 353$K(80℃)时的水解常数 $K_{h_3} = 2.35 \times 10^{-3}$,即水解常数随温度的升高而增大,所以"越热越水解"的规律是正确的。

---

① 引自:傅献彩,沈文霞,姚天扬,等. 物理化学(上册).5版.北京:高等教育出版社,2011.

$T_1=298K(25℃)$时,$K_w=1.0×10^{-14}$

$T_2=328K(55℃)$时,$K_w=7.3×10^{-14}$

$T_3=353K(80℃)$时,$K_w=2.5×10^{-13}$

对于浓度为 $1.0mol·L^{-1}$ 的 Na_2CO_3 溶液,将$[CO_3^{2-}]=1.0mol·L^{-1}$和三种不同温度下的 K_w、K_h 分别代入$[H^+]=K_w/\sqrt{K_h·[CO_3^{2-}]}$,可得

$T_1=298K(25℃)$时,$[H^+]_1=7.5×10^{-13}mol·L^{-1}$,对应的 pH=12.1

$T_2=328K(55℃)$时,$[H^+]_2=2.6×10^{-12}mol·L^{-1}$,对应的 pH=11.6

$T_3=353K(80℃)$时,$[H^+]_3=5.2×10^{-11}mol·L^{-1}$,对应的 pH=10.3

pH 随着氢离子浓度的增大而逐渐减小,由此得出图像中的 pH 随着温度的升高(在一定温度范围内)而下降的变化是符合理论推导的。

3. 为什么碳酸钠和碳酸氢钠的混合溶液有缓冲作用

碳酸氢钠和碳酸钠的混合溶液在加少量酸、碱或水时,该溶液的 pH 基本无变化。这种含有"共轭酸碱对"的混合溶液在外加少量酸、碱或进行有限量稀释时,能保持溶液 pH 基本不变的作用称为缓冲作用。具有这种缓冲作用的溶液称为缓冲溶液。$NaHCO_3$-Na_2CO_3溶液中的共轭酸碱对为 HCO_3^--CO_3^{2-},缓冲范围为 9.33~11.33。其起缓冲作用的原因是:当溶液中加入少量强酸如 HCl 时,H^+ 遇到 CO_3^{2-} 即生成 HCO_3^-,因此溶液的$[H^+]$的改变极小;而当溶液中加入少量强碱如 NaOH 时,OH^- 遇到 HCO_3^- 即生成 CO_3^{2-} 和 H_2O,溶液的$[OH^-]$的改变也极小,因此溶液的 pH 基本不变。缓冲作用是自然界中很普遍的现象,动植物的生命活动离不开缓冲溶液,如人体血液中有机血红蛋白和血浆蛋白缓冲体系以及 HCO_3^--H_2CO_3 是最重要的缓冲对,它们使血液的 pH 始终保持在 7.40±0.05 范围内。超出这个范围,就会不同程度地导致"酸中毒"或"碱中毒",若改变量超过 0.4,患者就有生命危险。

实验二十二　双水解反应

一、实验目的

（1）通过探究硫酸铝与碳酸钠溶液的反应，建立双水解反应的概念，并能够从化学反应原理的角度解释双水解反应发生的原因。

（2）学习微距镜头的使用方法，能够通过微距镜头观察反应过程中的微小细节及产物在溶液中的进一步变化。

（3）能够思考并观察由于反应物加量不同而引起的实验现象差异。

二、实验原理

1. $Al_2(SO_4)_3$ 溶液和 Na_2CO_3 溶液中的水解平衡

在 $Al_2(SO_4)_3$ 溶液中，Al^{3+} 存在如下水解平衡，故 $Al_2(SO_4)_3$ 溶液显酸性。

$$Al^{3+} + 3H_2O \Longleftrightarrow Al(OH)_3 + 3H^+$$

在 Na_2CO_3 溶液中，CO_3^{2-} 存在如下水解平衡，故 Na_2CO_3 溶液显碱性。

$$CO_3^{2-} + H_2O \Longleftrightarrow HCO_3^- + OH^-$$
$$HCO_3^- + H_2O \Longleftrightarrow H_2CO_3 + OH^-$$

2. 双水解反应

当弱酸的酸根离子与弱碱的阳离子同时存在于水溶液中时，弱酸的酸根离子水解生成的 OH^- 与弱碱的阳离子水解生成的 H^+ 相互反应生成水，使两种离子的水解平衡向水解方向不断移动，最终水解完全。例如，当 Al^{3+} 和 CO_3^{2-} 同时存在于水溶液中时，Al^{3+} 水解生成的 OH^- 与 CO_3^{2-} 水解生成的 H^+ 相互反应生成水，使两种离子的水解平衡向水解方向不断移动，最终生成 $Al(OH)_3$ 沉淀和 CO_2 气体。

3. $Al(OH)_3$ 的两性

$Al(OH)_3$ 既可以与酸反应生成 Al^{3+}，又可以与碱反应生成 AlO_2^-，属于两性氢氧化物。

三、实验用品

仪器和材料：试管、塑料滴管、铁架台、塑料尺、黑色卡纸、十字夹、试管夹、升降台、智能手机、微距镜头。

药品：$0.4mol \cdot L^{-1}$ $Al_2(SO_4)_3$ 溶液、$1.2mol \cdot L^{-1}$ Na_2CO_3 溶液。

四、实验内容

1. 传统改进型

如图 3-22-1(a)所示，在试管中加入 $1\sim2mL$ $Al_2(SO_4)_3$ 溶液，用塑料滴管吸取少量 Na_2CO_3 溶液，向试管中滴加一滴，观察现象。振荡试管，再观察现象。将两种溶液对调，如图 3-22-1(b)所示。

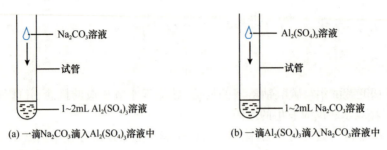

(a) 一滴Na₂CO₃滴入Al₂(SO₄)₃溶液中   (b) 一滴Al₂(SO₄)₃滴入Na₂CO₃溶液中

图 3-22-1 传统改进型实验示意图(控制某种试剂量极少)

2. 直接滴加型

用铁架台和十字夹将试管夹固定,将塑料尺夹在试管夹上,并保持其与桌面水平。用滴管在塑料尺上滴约 8 滴 Al₂(SO₄)₃ 溶液(汇聚成一大滴),如图 3-22-2(a)所示。将装有微距镜头的智能手机置于升降台上,通过调整升降台的高度调整手机镜头的位置,使镜头与液滴刚好对焦,屏幕中显示出一个完整的液滴。打开手机录像键,用另一支滴管吸取 Na₂CO₃ 溶液,直接伸到大液滴的正上方,滴加 1～2 滴 Na₂CO₃ 溶液,录下反应视频。如图 3-22-2(b)所示,换成在约 8 滴 Na₂CO₃ 溶液上滴加 1～2 滴 Al₂(SO₄)₃ 溶液,其余步骤相同。

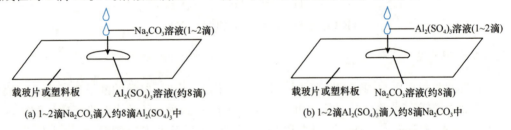

(a) 1～2滴Na₂CO₃滴入约8滴Al₂(SO₄)₃中   (b) 1～2滴Al₂(SO₄)₃滴入约8滴Na₂CO₃中

图 3-22-2 直接滴加型实验示意图(控制某种试剂量较少的微型实验)

3. 两滴相遇型

用铁架台和十字夹将试管夹固定,将塑料尺夹在试管夹上,并保持其与桌面水平。用两支分别吸有 Na₂CO₃ 溶液和 Al₂(SO₄)₃ 溶液的塑料滴管分别在塑料尺上滴一滴溶液,使这两滴溶液距离很小,如图 3-22-3(a)所示。将装有微距镜头的智能手机置于升降台上,通过调整升降台的高度调整手机镜头的位置,使镜头与液滴刚好对焦,屏幕中显示出两个完整的液滴。打开手机录像键,用牙签或滴管轻轻一拨,使两滴溶液相遇,交界处开始反应,如图 3-22-3(b)所示。

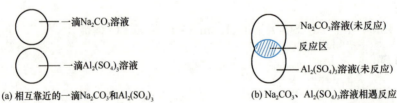

(a) 相互靠近的一滴Na₂CO₃和Al₂(SO₄)₃   (b) Na₂CO₃、Al₂(SO₄)₃溶液相遇反应

图 3-22-3 两滴相遇型实验示意图

五、注意事项

（1）使用微距镜头时要注意对焦，只有镜头距离观测物适当距离时才能观察到清晰的现象，故最好将装有微距镜头的手机置于铁架台上，利用铁架台的升降旋钮进行微调。

（2）进行直接滴加型和两滴相遇型两个微型实验时，注意不要晃动塑料尺，否则会对实验现象产生干扰。

（3）实验时要注意控制浓度。例如，直接滴加型和两滴相遇型实验可以采用 $0.3mol \cdot L^{-1}$ $Al_2(SO_4)_3$ 与 $0.9mol \cdot L^{-1}$ Na_2CO_3 溶液或 $0.2mol \cdot L^{-1}$ $Al_2(SO_4)_3$ 与 $0.6mol \cdot L^{-1}$ Na_2CO_3 溶液反应，实验现象较好。浓度过高或过低均可能影响实验效果。

六、讨论与研究

1. $Al(OH)_3$ 在 $Al_2(SO_4)_3$ 与 Na_2CO_3 溶液中的溶解

研究表明，$Al(OH)_3$ 具有两性，当 pH<3.4 时，$Al(OH)_3$ 可溶解生成 Al^{3+}；当 pH>12 时，$Al(OH)_3$ 可溶解生成 AlO_2^-。以 $0.4mol \cdot L^{-1}$ $Al_2(SO_4)_3$ 溶液为例，用精密 pH 试纸测得 pH 约为 2.5（理论计算 pH 为 2.70），故 $Al(OH)_3$ 沉淀在 $0.4mol \cdot L^{-1}$ $Al_2(SO_4)_3$ 溶液中可溶解。以 $1.2mol \cdot L^{-1}$ Na_2CO_3 溶液为例，用精密 pH 试纸测得 pH 约为 12.5（理论计算 pH 为 12.16），故 $Al(OH)_3$ 沉淀在 $1.2mol \cdot L^{-1}$ Na_2CO_3 溶液中可溶解。且 $Al(OH)_3$ 在等浓度酸中的反应速率比碱中更快。

2. pH 对 $Al(OH)_3$ 晶型的影响

由文献可知，pH 对 $Al(OH)_3$ 的晶型有较大影响，随着溶液 pH 从 3 升至 12，生成的氢氧化铝晶体结构依次为非晶态、勃姆石（γ-AlOOH）和拜耳石[α-$Al(OH)_3$]，相应粉体颗粒的平均直径依次增大。因此，随着 pH 增大，氢氧化铝颗粒更大，团聚得更紧密，沉淀也更加明显。在两滴相遇型实验中，靠近 Na_2CO_3 溶液一侧 pH 较大，故在宏观上沉淀更加偏向于絮状，而 pH 较小的 $Al_2(SO_4)_3$ 一侧沉淀即为丝状。

3. 两滴相遇型实验的实物图与模型图

如图 3-22-4 所示，当两滴溶液相遇后，交界处立即出现白色沉淀区域，该区域近似为椭圆形。仔细观察可以发现，靠近 $Al_2(SO_4)_3$ 一侧的是蛛网式的丝状沉淀，而靠近 Na_2CO_3 一侧的是蓬松的絮状沉淀，二者形态不同。随着反应的进行会发现上端絮状沉淀的量开始增多，这是因为反应区内未反应完的 $Al_2(SO_4)_3$ 溶液与上方液滴中的 Na_2CO_3 溶液相互扩散，在蓬松多孔的絮状沉淀的孔隙处相遇反应，生成氢氧化铝沉淀。生成的沉淀虽然会溶解于 Na_2CO_3 溶液形成的碱性环境中，但是反应速率较慢，因此会有更多的絮状沉淀产生。但是在 Na_2CO_3 溶液过量的情况下不生成 CO_2，故现象为沉淀量增多而不出现气泡。

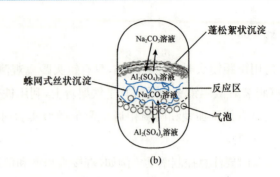

图 3-22-4 $Al_2(SO_4)_3$ 和 Na_2CO_3 两液滴相遇型实验的实物图(a)和模型图(b)

沉淀区域下端的边界处内外侧都开始出现无色气泡,但明显外侧多于内侧。随着时间的推移,下端的气泡不断增大,相互靠近的气泡合并成更大的气泡。这是由于反应区内未反应完的 Na_2CO_3 溶液与下方液滴中的 $Al_2(SO_4)_3$ 溶液相互扩散,在蛛网式丝状沉淀的孔隙处相遇反应,生成 $Al(OH)_3$ 沉淀和 CO_2 气体。但是沉淀会极快地溶解于 $Al_2(SO_4)_3$ 溶液形成的酸性环境中,因此不会看到有白色沉淀增多的现象,甚至在反应一段时间后丝状沉淀还会部分溶解。CO_2 气体在酸性和中性环境中都能生成,但是更偏向于在酸性环境中生成,因此在沉淀区域下方的内外侧都有气泡不断生长,但外侧的气泡明显多于内侧。

实验二十三 铁的电化学腐蚀

一、实验目的

（1）了解铁的吸氧腐蚀和析氢腐蚀的实验原理。
（2）掌握探究铁的电化学腐蚀的实验操作。

二、实验原理

1. 电化学腐蚀

当像铁这种不纯的金属与电解质溶液接触时会发生原电池反应，比较活泼的金属发生氧化反应而被腐蚀，这种腐蚀称为电化学腐蚀。铁制品在潮湿空气中的腐蚀就是电化学腐蚀的典型例子。在潮湿的空气中，铁制品表面会形成一薄层水膜，空气中的 CO_2、SO_2、H_2S 等物质溶解在其中形成电解质溶液，并与铁制品中的铁和少量单质碳构成原电池。由于条件不同，铁的电化学腐蚀可分为析氢腐蚀和吸氧腐蚀两种类型。

在酸性环境中，由于腐蚀过程中不断有 H_2 放出，因此称为析氢腐蚀（图 3-23-1）。有关的反应式如下：

负极： $$Fe-2e^- \!=\!=\!= Fe^{2+}$$

正极： $$2H^+ + 2e^- \!=\!=\!= H_2\uparrow$$

总反应： $$Fe + 2H^+ \!=\!=\!= Fe^{2+} + H_2\uparrow$$

当实验在密闭容器中进行时，体系压强因正极反应有氢气生成而增大，借助压强传感器可测量密闭容器中压强的变化。

如果铁制品表面吸附的水膜酸性很弱或呈中性，但溶有一定量的氧气，此时就会发生吸氧腐蚀（图 3-23-2）。铁制品的腐蚀主要是吸氧腐蚀。有关的反应式如下：

负极： $$Fe-2e^- \!=\!=\!= Fe^{2+}$$

正极： $$2H_2O + O_2 + 4e^- \!=\!=\!= 4OH^-$$

总反应： $$2Fe + O_2 + 2H_2O \!=\!=\!= 2Fe(OH)_2$$

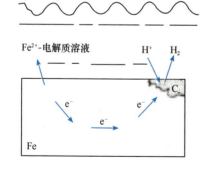

图 3-23-1 铁的析氢腐蚀原理示意图   图 3-23-2 铁的吸氧腐蚀原理示意图

当实验在密闭容器中进行时，正极反应消耗氧气，借助压强传感器可测量密闭容器中压强的变化，或者借助氧气传感器测量氧气浓度的变化。

O_2/OH^- 电对的电极电势大于 H^+/H_2 电对的电极电势，即使金属表面吸附弱酸性水膜，只要空气中的氧气不断溶解于水膜,则金属的吸氧腐蚀仍然是主要的。在空气中,$Fe(OH)_2$进一步被氧化为 $Fe(OH)_3$,$Fe(OH)_3$ 失去部分水生成 $Fe_2O_3 \cdot xH_2O$,它是铁锈的主要成分。铁锈疏松地覆盖在钢铁制品的表面,不能阻止钢铁继续发生腐蚀。

2. 氧气传感器、压强传感器和 pH 传感器

本实验利用氧气传感器和压强传感器测定反应过程中的压强变化和氧气浓度变化,并利用 pH 传感器测定吸氧腐蚀反应前后溶液的 pH,通过计算机和数字采集器收集数据、绘制曲线,捕捉化学反应过程中的细微变化,并通过相应软件进行实验分析,理解析氢腐蚀、吸氧腐蚀的概念,并探究不同酸碱性条件下金属铁发生电化学腐蚀的情况。

三、实验用品

仪器和材料:微小压强计、Y 形管、橡胶管、单孔橡胶塞、纸巾、托盘天平、铁架台、压强传感器、pH 传感器、氧气传感器、数据采集器、计算机、橡胶塞、导气管。

药品:铁粉、炭粉、饱和食盐水、pH≈2 硫酸、2mol·L⁻¹ 盐酸、2mol·L⁻¹ 乙酸、2mol·L⁻¹ 氯化钠溶液、品红溶液。

四、实验内容

1. 利用 Y 形管探究铁制品的电化学腐蚀情况

(1)在微小压强计中加入一定量的品红溶液于零刻度线处,用于显示压强变化。

(2)称取 4.0g 铁粉和 0.5g 炭粉混合均匀撒在纸巾上,用纸巾包好卷成团,提前塞入 Y 形管的一端。

(3)量取 8mL pH≈2 硫酸于 Y 形管的另一端。

(4)塞好橡胶塞,将 Y 形管与微小压强用橡胶管相连,按图 3-23-3 搭建装置。

(5)旋转 Y 形管,将硫酸从 Y 形管的一端倒入固体混合物的一端,使两者接触。

(6)观察微小压强计的液面变化,并判断铁腐蚀的类型。

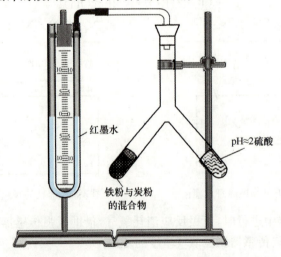

红墨水

pH≈2硫酸

铁粉与炭粉
的混合物

图 3-23-3　利用 Y 形管探究铁制品的电化学腐蚀情况实验装置

2. 利用手持技术探究不同酸碱性条件下铁发生电化学腐蚀的情况

1）搭建实验装置

（1）连接计算机与数据采集器。

（2）将氧气传感器、压强传感器连接到数据采集器上。

（3）在三口瓶的左端塞入带有止水夹导气管的单孔橡胶塞（以调节内外气压平衡），中间用单孔橡胶塞将三口瓶与压强传感器连接，右端用单孔橡胶塞将三口瓶与氧气传感器连接（图 3-23-4）。

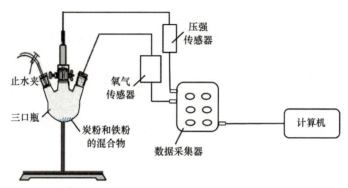

图 3-23-4　基于手持技术探究不同酸碱性条件下铁发生电化学腐蚀情况的实验装置

2）探究铁制品在中性条件下的电化学腐蚀情况

（1）取下三口瓶，用胶头滴管吸取 $2mol \cdot L^{-1}$ 氯化钠溶液，均匀润湿三口瓶内壁 2～3 次，将铁粉和炭粉的混合物（铁粉与炭粉的质量比为 8：1，下同）加入三口瓶中，沿同一方向转动，使炭粉和铁粉的混合物均匀地黏附在三口瓶的内壁上，迅速塞紧各个单孔橡胶塞，打开止水夹调节内外气压平衡后，关闭止水夹。

（2）打开计算机相关软件，数据图像纵坐标选择 O_2 浓度（%，体积分数），横坐标选择时间，开启仪器采集数据，记录氧气浓度和压强变化情况。

（3）使用 pH 传感器测量反应结束后溶液的 pH。

（4）记录数据，并分析讨论实验结果。

3）探究铁制品在酸性较弱条件下的电化学腐蚀情况

（1）取下三口瓶，用胶头滴管吸取 $2mol \cdot L^{-1}$ 乙酸，均匀润湿三口瓶内壁 2～3 次，将炭粉和铁粉的混合物加入三口瓶中，沿同一方向转动，使炭粉和铁粉的混合物均匀地黏附在三口瓶的内壁上，迅速塞紧各个单孔橡胶塞，打开止水夹调节内外气压平衡后，关闭止水夹。

（2）打开计算机相关软件，数据图像纵坐标选择 O_2 浓度（%，体积分数），横坐标选择时间，开启仪器采集数据，记录氧气浓度和压强变化情况。

（3）记录数据，分析讨论实验结果。

4）探究铁制品在酸性较强条件下的电化学腐蚀情况

（1）取两支试管，各加入 5mL $2mol \cdot L^{-1}$ 盐酸和 0.22g 铁粉，再向其中一支试管中加入少量炭粉，将两支试管同时连接两个压强传感器，打开仪器记录压强变化情况。

（2）取下三口瓶，用胶头滴管吸取 $2mol \cdot L^{-1}$ 盐酸，均匀润湿三口瓶内壁 2～3 次，将铁粉和炭粉的混合物加入三口瓶中,沿同一方向转动,使铁粉和炭粉的混合物均匀地黏附在三口瓶的内壁上,迅速塞紧各个单孔橡胶塞,打开止水夹调节内外气压平衡后,关闭止水夹。

（3）打开计算机相关软件,数据图像纵坐标选择 O_2 浓度(%,体积分数),横坐标选择时间,开启仪器采集数据,记录氧气浓度和压强变化情况。

（4）记录数据,并与实验1比较,分析讨论实验结果。

五、注意事项

（1）实验1中,注意 Y 形管要保证干燥。如果 Y 形管湿润,则铁粉与炭粉表面有水膜,将发生吸氧腐蚀,造成微小压强计右端液面上升,对后续液面变化的判断产生干扰。

（2）实验1中,在实验开始前倾倒酸液时一定要注意铁、炭混合物与酸不直接接触,以保证析氢腐蚀现象明显,后续吸氧腐蚀现象也能发生。

（3）实验1中,连接微小压强计和 Y 形管的橡胶管要尽可能长一些,防止倾倒 Y 形管时橡胶管折叠,导致实验现象不明显。

（4）实验2中,各单孔橡胶塞要尽可能迅速地塞入,防止析氢腐蚀导致的气压变化太快没有及时检测到。

六、讨论与研究

1. 理论推断

假设腐蚀发生在室温 25℃酸性环境中,通过能斯特方程计算非标准状态下的各电极电势。

析氢腐蚀的正极反应:

$$2H^+ + 2e^- =\!=\!= H_2\uparrow, \varphi_1 = \varphi^\ominus + \frac{0.059}{2}\lg\frac{c^2(H^+)}{p_{H_2}/p^\ominus}$$

吸氧腐蚀的正极反应:

$$O_2 + 4e^- + 4H^+ =\!=\!= 2H_2O, \varphi_2 = \varphi^\ominus + \frac{0.059}{4}\lg\left[\frac{p_{O_2}}{p^\ominus}\times c^4(H^+)\right]$$

析氢腐蚀和吸氧腐蚀的负极反应:

$$Fe - 2e^- =\!=\!= Fe^{2+}, \varphi_3 = \varphi^\ominus + \frac{0.059}{2}\lg c(Fe^{2+})$$

析出氢气时氢气压强与大气压强一致,即 $p_{H_2}=p^\ominus$;吸收氧气时氧气压强与大气压强一致,即 $p_{O_2}=p^\ominus$;故在非标准状态下,析氢腐蚀的正极电势:

$$\varphi_1 = \varphi^\ominus + \frac{0.059}{2}\lg c^2(H^+) = \varphi^\ominus + 0.059\lg c(H^+) = (-0.059pH)V$$

吸氧腐蚀的正极电势:

$$\varphi_2 = \varphi^\ominus + \frac{0.059}{4}\lg c^4(H^+) = \varphi^\ominus + 0.059\lg c(H^+) = (1.23-0.059pH)V$$

可见,两种类型的腐蚀,其正极电势都是关于 pH 的一次函数。当溶液中 Fe^{2+} 的浓度为 10^{-3}mol·L^{-1},即认定腐蚀已发生,此时可计算出负极电势 $\varphi_3 = -0.558V$,与 pH 无关。若以 pH 为横坐标、电势 φ 为纵坐标,则可以得到如图 3-23-5 所示的 φ-pH 关系曲线。

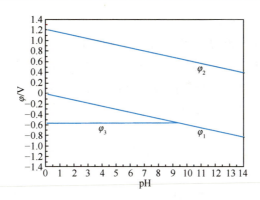

图 3-23-5　电势 φ-pH 关系曲线

由此可得出以下结论：

（1）在相同 pH 条件下，吸氧腐蚀正极电势始终大于析氢腐蚀正极电势，即在相同条件下，吸氧腐蚀比析氢腐蚀更易发生。

（2）随着 pH 不断增大，无论是哪种类型的腐蚀，其正极电势都不断降低，即腐蚀变得更加困难。

（3）在强酸性溶液中，析氢腐蚀正、负极存在较大的电势差。随着 pH 增大，电势差不断降低，在中性或弱碱性条件下，两极电势基本相同。说明析氢腐蚀主要在强酸性环境中发生，而吸氧腐蚀在酸性、中性及碱性条件下都能发生。

2. 如何定量测定铁的电化学腐蚀的 pH

利用自制铁电极和铂电极，置于混合酸体系中形成模拟铁腐蚀的原电池，向混合酸溶液中滴加混合碱，调节溶液的酸碱性，借助电压传感器和 pH 传感器连续测定不同 pH 下铁-铂原电池的电压变化情况，探究金属铁在不同酸碱性环境下发生的电化学腐蚀，定量测定相应的 pH。

其中，使用 $0.05\ mol \cdot L^{-1}$ 乙酸和 $0.05\ mol \cdot L^{-1}$ 盐酸的混合酸可以使溶液 pH 在突跃范围内变化平缓，提高电压- pH 的变化精度。在混合酸和混合碱中加入适量 NaCl，可降低铁-铂原电池的电阻，提高电压和溶液 pH 数据采集的稳定性。

仪器和材料：数据采集器、pH 传感器、滴数传感器、电压传感器、塑料滴定筒、铁架台（带铁夹）、烧杯、分析天平、磁力搅拌器、自制铁电极、213 型铂电极、移液管。

药品：混合酸溶液（$0.05\ mol \cdot L^{-1}$ 乙酸、$0.05\ mol \cdot L^{-1}$ 盐酸和 3% NaCl 溶液），混合碱溶液（$0.1\ mol \cdot L^{-1}$ NaOH 溶液和 3% NaCl 溶液）、酚酞溶液。

1）铁的电化学腐蚀情况模拟：原电池在不同酸碱环境下电压的测定

（1）将自制铁电极和铂电极、数据采集器及滴数传感器与电压传感器连接。用移液管准确移取 50.00mL 混合酸溶液于烧杯中，向其中滴加 2 滴酚酞溶液，向塑料滴定筒中加入一定体积的混合碱溶液。

（2）打开计算机相关软件，接通电源，打开磁力搅拌器开关，旋开塑料滴定筒旋塞，向盛有混合酸溶液的烧杯中滴加混合碱溶液，开始采集数据。

（3）采集数据至中和反应完全后，停止数据采集，得到电压-体积曲线。

(4) 重复进行平行实验 3 次。

2) 铁的电化学腐蚀情况模拟：原电池在不同酸碱环境下 pH 的测定

(1) 将数据采集器与滴数传感器和 pH 传感器连接。用移液管准确移取 50.00mL 混合酸溶液于烧杯中，向其中滴加 2 滴酚酞溶液，向塑料滴定筒加入一定体积的混合碱溶液。

(2) 打开计算机相关软件，接通电源，打开磁力搅拌器开关，旋开塑料滴定筒旋塞，向盛有混合酸溶液的烧杯中滴加混合碱溶液，开始采集数据。

(3) 采集数据至中和反应完全后，停止数据采集，得到 pH-体积曲线。

(4) 重复进行平行实验 3 次。

数据处理：利用相关电极电势数据（表 3-23-1），可以计算出上述酸性条件和碱性条件下铁发生电化学腐蚀的标准电动势，酸性条件下标准电动势为 $+1.676V$（$E_2^{\ominus}$），碱性条件下标准电动势为 $+1.278V$（$E_3^{\ominus}$）。

表 3-23-1　相关电极电势数据

酸性条件		碱性条件	
$Fe^{2+}+2e^-\!=\!=\!Fe$	$\varphi^{\ominus}(Fe^{2+}/Fe)=-0.447V$	$Fe(OH)_2+2e^-\!=\!=\!Fe+2OH^-$	$\varphi^{\ominus}[Fe(OH)_2/Fe]=-0.877V$
$2H^++2e^-\!=\!=\!H_2$	$\varphi^{\ominus}(H^+/H_2)=0V$	$O_2+2H_2O+4e^-\!=\!=\!4OH^-$	$\varphi^{\ominus}(O_2/H_2O)=+0.401V$
$O_2+4H^++4e^-\!=\!=\!2H_2O$	$\varphi^{\ominus}(O_2/H_2O)=+1.229V$		
总反应:$Fe+2H^+\!=\!=\!Fe^{2+}+H_2$　$E_1^{\ominus}$		总反应:$2Fe+O_2+2H_2O\!=\!=\!2Fe(OH)_2$　$E_3^{\ominus}$	
$2Fe+O_2+4H^+\!=\!=\!2Fe^{2+}+2H_2O$　$E_2^{\ominus}$			

将实验所得 50.00mL 混合酸中滴加一定体积的混合碱对应的电压-体积和 pH-体积数据曲线进行对比分析，并通过计算机软件处理曲线中关键数据（关键点:电压最低值和最高值及其所对应的 pH），可得到铁的电化学腐蚀在不同情况下的 pH。

实验结论：

(1) 在酸性（pH＜5.55）环境下，铁的析氢腐蚀和吸氧腐蚀同时发生，但两者存在竞争关系；当 pH＜1.70 时，析氢腐蚀较为显著；当 pH 为 1.70～5.55 时，铁的析氢腐蚀逐渐减弱，吸氧腐蚀逐渐增强。

(2) 在弱酸性至碱性（pH≥5.55）环境下，铁的析氢腐蚀基本消失，铁的电化学腐蚀以吸氧腐蚀为主。

3. 铁与酸直接反应生成氢气，铁发生析氢腐蚀也生成氢气，二者速率哪个快

铁与硫酸能够直接发生化学反应产生氢气，根据上述分析铁的析氢腐蚀也能产生氢气，那么实验 1 中导致微小压强计液面升降的氢气主要来自于哪一变化呢？

在微小压强计的另一端加上同样大小的 Y 形管，此 Y 形管一端中加入等质量的铁粉 4g（与原铁、炭混合物中铁粉的质量相同），另一端为等体积的 pH≈2 硫酸。实验时，同时倾斜两支 Y 形管，使硫酸与固体混合。铁粉与硫酸反应产生氢气，导致微小压强计左端液面下降；铁粉与炭粉的混合物和硫酸反应发生析氢腐蚀产生氢气，导致微小压强计右端液面下降。最终只需要观察微小压强计两端液面高度变化即可。

在相同的反应时间内，若微小压强计左端液面较低，则证明铁与硫酸直接反应（铁的化学

腐蚀)产生的氢气的量大于铁的析氢腐蚀产生氢气的量,即铁的化学腐蚀速率大于铁的析氢腐蚀速率;若微小压强计右端液面较低,则证明铁的析氢腐蚀产生氢气的量大于铁与硫酸直接反应(铁的化学腐蚀)产生的氢气的量,即铁的析氢腐蚀速率大于铁的化学腐蚀速率。

实验步骤:

(1) 在两支 Y 形管的一端分别加入铁、炭混合物(4g 铁粉、0.5g 炭粉)和 4g 纯铁粉,在两支 Y 形管的另一端分别加入 8mL pH≈2 硫酸。

(2) 按照图 3-23-6 连接装置,注意保证微小压强计两端液面高度一致。

(3) 同时倾斜两支 Y 形管,使硫酸与固体混合。

(4) 注意观察微小压强计液面变化。

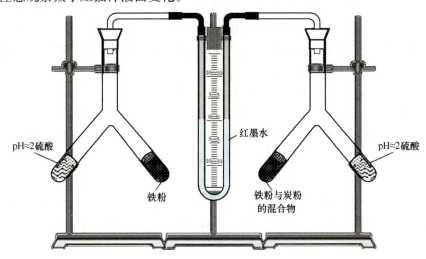

图 3-23-6　对抗实验装置

实验现象:右端导管液面比左端导管液面低。

实验结论:说明上述过程中产生的氢气主要来自析氢腐蚀,即铁的析氢腐蚀速率大于铁的化学腐蚀速率。

实验二十四　简单配合物的制备和性质

一、实验目的

(1) 了解铜氨配合物和银氨配合物的实验室制法和性质。

(2) 掌握两种配合物制备的实验演示操作。

二、实验原理

铜氨溶液的配制是在硫酸铜溶液中加入氨水或氢氧化钠溶液,首先析出氢氧化铜沉淀,由于铜氨配合物更加稳定,在溶液中滴加氨水使沉淀溶解,同时形成深蓝色的四氨合铜(Ⅱ)配离子。可以利用它在乙醇溶液中溶解度很小的特点获得四氨合铜(Ⅱ)配合物晶体。如果配位单元所处的配位平衡在一定条件下被打破,随着配位平衡的移动,铜氨配位单元也要解离。本实验中主要化学反应的离子方程式如下:

$$Cu^{2+} + 2OH^- \rule[0.5ex]{2em}{0.4pt} Cu(OH)_2 \downarrow$$

$$Cu^{2+} + 2NH_3 \cdot H_2O \rule[0.5ex]{2em}{0.4pt} Cu(OH)_2 \downarrow + 2NH_4^+$$

$$Cu(OH)_2 + 4NH_3 \cdot H_2O \rule[0.5ex]{2em}{0.4pt} [Cu(NH_3)_4]^{2+} + 2OH^- + 4H_2O$$

$$[Cu(NH_3)_4]^{2+} \rule[0.5ex]{2em}{0.4pt} Cu^{2+} + 4NH_3$$

银氨溶液的配制是在硝酸银溶液中逐滴加入氨水或氢氧化钠溶液,首先生成棕黑色氧化银沉淀,继续滴加氨水,沉淀溶解,同时形成无色的二氨合银(Ⅰ)配离子,制得银氨溶液。如果配位单元所处的配位平衡在一定条件下被打破,随着配位平衡的移动,银氨配位单元也要解离。本实验中主要化学反应的离子方程式如下:

$$2Ag^+ + 2OH^- \rule[0.5ex]{2em}{0.4pt} Ag_2O \downarrow + H_2O$$

$$2Ag^+ + 2NH_3 \cdot H_2O \rule[0.5ex]{2em}{0.4pt} Ag_2O \downarrow + 2NH_4^+ + H_2O$$

$$Ag_2O + 2NH_3 \cdot H_2O \rule[0.5ex]{2em}{0.4pt} 2[Ag(NH_3)_2]^+ + 2OH^-$$

$$[Ag(NH_3)_2]^+ \rule[0.5ex]{2em}{0.4pt} Ag^+ + 2NH_3$$

新制的银氨溶液可以发生银镜反应,二氨合银(Ⅰ)配离子是一种弱氧化剂,能将醛基氧化为羧酸(—CHO被氧化为—COOH),而Ag(Ⅰ)被还原为金属银。

三、实验用品

仪器和材料:烧杯、玻璃棒、胶头滴管、酒精灯、试管、容量瓶、量筒、铁架台、普通漏斗、滤纸、试剂瓶、托盘天平、试管夹、药匙。

药品:硫酸铜、硝酸银、浓氨水、硫酸溶液、氢氧化钠溶液、95%乙醇、蒸馏水、硫化钠、葡萄糖。

四、实验内容

1. 铜氨配合物的制备和性质

1) 铜氨配合物的制备

方法一:NaOH作沉淀剂

在试管中加入 5mL 0.1mol·L^{-1}硫酸铜溶液,缓慢滴加 0.1mol·L^{-1}氢氧化钠溶液,试管中逐渐生成蓝色絮状沉淀,滴加氢氧化钠溶液至蓝色絮状沉淀不再增加。在试管中滴加 25%浓氨水,边加边振荡,蓝色絮状沉淀慢慢溶解,溶液颜色变为深蓝色,但即使加入过量浓氨水,深蓝色溶液中还是会有少量浑浊。如果改为滴加 2mol·L^{-1}稀氨水,则溶液变为深蓝色更加困难,氢氧化铜沉淀更难溶解。

$$Cu^{2+}+2OH^-\!\!=\!\!=\!\!=\!Cu(OH)_2\downarrow$$

$$Cu(OH)_2+4NH_3\cdot H_2O\!\!=\!\!=\!\!=\![Cu(NH_3)_4]^{2+}+2OH^-+4H_2O$$

方法二:NH$_3$·H$_2$O 作沉淀剂

在试管中加入 5mL 0.1mol·L^{-1}硫酸铜溶液,滴加 2mol·L^{-1}稀氨水,溶液上方因 NH$_3$局部过浓变为深蓝色,天蓝色硫酸铜溶液与深蓝色铜氨溶液之间被蓝白色碱式硫酸铜和氢氧化铜的混合物分隔开。继续滴加稀氨水,边加边振荡,直至沉淀完全消失,溶液完全变为澄清的深蓝色。将稀氨水换为 25%浓氨水,只需要几滴便可使溶液变为澄清的深蓝色。

$$Cu^{2+}+2NH_3\cdot H_2O\!\!=\!\!=\!\!=\!Cu(OH)_2\downarrow+2NH_4^+$$

$$Cu(OH)_2+4NH_3\cdot H_2O\!\!=\!\!=\!\!=\![Cu(NH_3)_4]^{2+}+2OH^-+4H_2O$$

$$NH_4^++OH^-\!\!=\!\!=\!\!=\!NH_3\cdot H_2O$$

第一步反应中铵根离子的生成有利于氢氧化铜向铜氨配离子的转化。

利用上述两种不同的方法得到的铜氨配合物的外界其实是不同的,前者的外界主要是 OH$^-$,后者则主要为 SO$_4^{2-}$。

2)铜氨配合物的性质

(1)配位平衡的移动。

向以方法一制备的略微浑浊的深蓝色溶液中加入少量氯化铵,发现深蓝色溶液变澄清。

向以方法一制备的略微浑浊的深蓝色溶液中加入少量稀硫酸,发现深蓝色溶液很快变澄清。

$$Cu(OH)_2+4NH_3\cdot H_2O\!\!=\!\!=\!\!=\![Cu(NH_3)_4]^{2+}+2OH^-+4H_2O$$

加入氯化铵,溶液中铵根离子浓度升高,NH$_4^+$与上述反应的产物 OH$^-$结合,平衡向生成四氨合铜(Ⅱ)配离子的方向移动,溶液变澄清。加入稀硫酸,H$^+$与溶液中的 OH$^-$反应,同样促使平衡向生成四氨合铜(Ⅱ)配离子的方向移动,溶液变澄清。

向澄清的铜氨溶液中边振荡边滴加稀硫酸,开始时溶液澄清,稀硫酸达一定量后,溶液中开始析出浅蓝色沉淀。随着稀硫酸的滴加,浅蓝色沉淀越来越多,溶液深蓝色慢慢褪去,继续滴加稀硫酸,浅蓝色沉淀溶解,溶液变为澄清的天蓝色。

$$[Cu(NH_3)_4]^{2+}+2H^++2H_2O\!\!=\!\!=\!\!=\!Cu(OH)_2\downarrow+4NH_4^+$$

$$Cu(OH)_2+2H^+\!\!=\!\!=\!\!=\!Cu^{2+}+2H_2O$$

向制得的澄清铜氨溶液中滴加硫化钠溶液,立即生成黑褐色的硫化铜沉淀。随着硫化钠溶液的滴加,溶液的深蓝色逐渐褪去,最终变为无色。

$$[Cu(NH_3)_4]^{2+}+S^{2-}\!\!=\!\!=\!\!=\!CuS\downarrow+4NH_3\uparrow$$

S^{2-}与 Cu^{2+}结合生成沉淀,$K_{sp}=6.3\times10^{-36}$,上述反应的 $K=1/(K_{稳}\cdot K_{sp})=7.56\times10^{21}$。平衡常数非常大,说明四氨合铜(Ⅱ)离子很容易转化为黑褐色硫化铜沉淀,当铜离子沉淀完全时,上层清液变为无色。

（2）铜氨溶液的热稳定性。

用试管夹夹住装有少量铜氨溶液（铜氨溶液少量，防止加热时沸腾导致液体溢出），先在酒精灯上预热，然后用酒精灯外焰对准液体底部加热，加热至稍微沸腾，停止加热，发现试管底部及试管内壁上附有黑色难溶物质。熄灭酒精灯，倒出试管中溶液，在试管中加入少量稀硫酸，黑色物质溶解，再滴加少量氨水，溶液变为深蓝色，说明黑色难溶物质为 CuO。

$$[Cu(NH_3)_4]^{2+}+2H_2O \stackrel{\triangle}{=\!=\!=} Cu(OH)_2 \downarrow +2NH_3 \uparrow +2NH_4^+$$

$$Cu(OH)_2 \stackrel{\triangle}{=\!=\!=} CuO+H_2O$$

（3）铜氨配合物的析出。

选择极性较小的乙醇析出铜氨配合物晶体。四氨合铜（Ⅱ）配合物是离子晶体，在水中电离出离子，极性非常强，乙醇的极性弱于水的极性，乙醇的加入形成了乙醇-水的混合溶剂，离子化合物四氨合铜（Ⅱ）配合物在乙醇中的溶解度更小，因此容易析出。

向装有铜氨配合物的试管中逐滴加入 95% 乙醇，边滴加边振荡。随着乙醇的滴加，溶液中开始析出蓝色晶体，且不断增多。当溶液中存在大量蓝色晶体时，静置试管，上下分层，上层为无色澄清溶液，下层为深蓝色晶体，过滤即可得到铜氨配合物晶体。利用不同方法制得的铜氨配合物的外界不同，可通过滴定进行定性分析。

2. 银氨配合物的制备和性质

1）银氨配合物的制备

方法一：NaOH 作沉淀剂

在试管中加入 2mL 5% 硝酸银溶液，然后向试管中逐滴加入 $0.2mol \cdot L^{-1}$ 氢氧化钠溶液，生成棕黑色的氧化银沉淀，缓慢滴加氢氧化钠溶液，当滴入氢氧化钠溶液不再有沉淀生成时，边振荡边滴加 $2mol \cdot L^{-1}$ 稀氨水，直至产生的沉淀刚好完全溶解为止，制得银氨溶液。

$$2Ag^++2OH^- =\!=\!= Ag_2O \downarrow +H_2O$$

$$Ag_2O+4NH_3 \cdot H_2O =\!=\!= 2[Ag(NH_3)_2]^++2OH^-+3H_2O$$

方法二：$NH_3 \cdot H_2O$ 作沉淀剂

在试管中加入 2mL 5% 硝酸银溶液，然后向试管中滴加 $2mol \cdot L^{-1}$ 稀氨水，若采用硝酸酸化的硝酸银溶液，则刚滴加时溶液中产生少量白色沉淀，静置片刻白色沉淀转化为棕黑色沉淀，边振荡边继续滴加直至溶液澄清，制得银氨溶液。若采用未经硝酸酸化的硝酸银溶液，则先产生棕黑色沉淀，继续边滴加边振荡，溶液慢慢澄清。当氨水浓度过大时，有可能看不到沉淀；当氨水放置过久，空气中的 CO_2 溶解在氨水中，再滴加氨水会生成白色碳酸银沉淀，不会转化为黑色，继续滴加久置的氨水同样使沉淀溶解完全，得到澄清溶液。

$$2Ag^++2NH_3 \cdot H_2O =\!=\!= Ag_2O \downarrow +2NH_4^++H_2O$$

$$Ag_2O+4NH_3 \cdot H_2O =\!=\!= 2[Ag(NH_3)_2]^++2OH^-+3H_2O$$

$$[Ag(NH_3)_2]^+ \rightleftharpoons Ag^++2NH_3$$

$$2Ag^++CO_3^{2-} =\!=\!= Ag_2CO_3 \downarrow$$

$$2Ag^++2HCO_3^- =\!=\!= Ag_2CO_3 \downarrow +H_2O+CO_2 \uparrow$$

$$Ag_2CO_3+4NH_3 \cdot H_2O =\!=\!= 2[Ag(NH_3)_2]^++CO_3^{2-}+4H_2O$$

2）银氨配合物的性质

（1）银镜反应。

取一支洁净的试管，往里滴加 2 mL 5% 硝酸银溶液，逐滴加入 0.2 mol·L^{-1} 氢氧化钠溶液，直至 Ag$^+$ 完全沉淀为棕黑色的氧化银。然后在试管中逐滴加入 2 mol·L^{-1} 稀氨水，每加一滴都充分振荡，直至沉淀恰好完全溶解或者只剩余微量黑色氧化银沉淀，这一步的目的是防止过量的氨水影响银镜反应的发生。在制得的银氨溶液中滴加几滴 0.2 mol·L^{-1} 氢氧化钠溶液，目的是增大溶液中 OH$^-$ 的浓度，然后加入数滴 5% 葡萄糖溶液，不需水浴加热，静置，溶液慢慢变黄，又变黑，在试管内壁上慢慢析出银镜。

（2）银氨溶液的热稳定性。

用试管夹夹住装有少量银氨溶液（银氨溶液少量，防止加热时沸腾导致液体溢出），先在酒精灯上预热，然后用酒精灯外焰对准液体底部加热，加热至稍微沸腾，停止加热，试管底部有黑色粉末生成，滴加稀氨水振荡，黑色物质溶解。

五、注意事项

（1）浓氨水具有很强的挥发性和一定的腐蚀作用，气味非常刺鼻，要避免接触皮肤和眼睛，使用时注意通风。

（2）银镜反应的试管必须清洗干净，否则杂质会充当晶核，聚集银单质，从而影响试管壁的银附着，导致生成银镜的效果不理想。

（3）硝酸银溶液最好现用现配，且是否用蒸馏水配制、是否加硝酸酸化等因素都会对实验现象造成一定影响。

六、讨论与研究

1. 关于铜氨配合物的制备和性质

1）两种配制方法的比较：铵根离子对铜氨溶液配制的影响

有两种配制方法，一种是用氢氧化钠作沉淀剂配制铜氨溶液，平衡常数很小，用高浓度氨水也能得到铜氨溶液，但是转化率大为降低，造成药品浪费；另一种是用氨水作沉淀剂，平衡常数大得多，转化率很高。两种方法的区别是方法一中溶液中离子包含 Na$^+$，方法二中溶液中存在更多的 NH$_4^+$。

对反应进行热力学分析，发现没有 NH$_4^+$ 时，Cu(OH)$_2$ 和 NH$_3$·H$_2$O 反应的平衡常数很小

$$Cu(OH)_2 \Longrightarrow Cu^{2+} + 2OH^- \qquad\qquad K_{sp} = 2.2 \times 10^{-20}$$
$$Cu^{2+} + 4NH_3 \Longrightarrow [Cu(NH_3)_4]^{2+} \qquad\qquad K_{稳} = 2.1 \times 10^{13}$$
$$Cu(OH)_2 + 4NH_3 \Longrightarrow [Cu(NH_3)_4]^{2+} + 2OH^- \qquad K = K_{sp} \cdot K_{稳} = 4.62 \times 10^{-7}$$

K 的数量级为 10^{-7}，说明这个反应进行的程度很小，要促进反应进行，反应物浓度要很高才行。

当有 NH$_4^+$ 存在时，NH$_4^+$ 与产物中的 OH$^-$ 结合：

$$NH_4^+ + OH^- \Longrightarrow NH_3 \cdot H_2O$$

该反应的 $K = K_w / K_{NH_3 \cdot H_2O} = 3.2 \times 10^9$。则

$$Cu(OH)_2+2NH_3+2NH_4^+ \Longrightarrow [Cu(NH_3)_4]^{2+}+2H_2O$$
$$K=4.62\times10^{-7}\times3.2\times10^9=1.48\times10^3$$

这表明当有足量的 NH_4^+ 时，反应的平衡常数增大了 3.2×10^9 倍，显然反应更容易进行了。

实际反应产生的沉淀中有成分复杂的碱式硫酸铜，这种碱式盐的溶度积很难确定，因此无法知道碱式盐与氨水反应的平衡常数值。但碱式盐与氨水反应同样会释放出 OH^-，而 OH^- 和 NH_4^+ 结合成 $NH_3 \cdot H_2O$，对反应的促进作用是相同的，溶解反应较易进行。因此，NH_4^+ 的存在能使反应体系中的化学平衡向生成铜氨配离子的方向移动，大大提高反应进行的程度。实际上离子反应方程式应为

$$Cu(OH)_2+2NH_3+2NH_4^+ \Longrightarrow [Cu(NH_3)_4]^{2+}+2H_2O$$

配制银氨溶液时选用氨水作沉淀剂同理。此外，用氨水作沉淀剂，配制过程中还能形成 $NH_3 \cdot H_2O\text{-}NH_4^+$ 缓冲溶液，维持体系的 pH 基本不变，避免了 $Cu(OH)_2$ 的生成。

由此可以推断，当用方法一制取铜氨溶液时，若滴加过量氨水后溶液依然达不到澄清，可以滴加少量稀硫酸，振荡后溶液很快变澄清。$OH^-+H^+ \Longrightarrow H_2O$，同样促使反应平衡向生成 $[Cu(NH_3)_4]^{2+}$ 的方向移动，而且 H^+ 与过量的氨水反应生成 NH_4^+，也起到提高体系中 NH_4^+ 浓度的作用。但是酸不能过量，因为铜氨配离子在酸性溶液中难以稳定存在。

2) 铜氨配离子的形成和结构

实验结果表明四氨合铜(Ⅱ)配离子为平面四边形结构。用配合物的价键理论解释铜氨配离子的平面四边形结构如下：

Cu^{2+} 的价电子组态为 $3d^9$，若为平面四边形结构，则中心 Cu^{2+} 应为 dsp^2 杂化，3d 轨道上的一个单电子跃迁到 4p 能级的一个空轨道上，然后 Cu^{2+} 的空轨道发生 dsp^2 杂化，四个 NH_3 对四个空轨道进行配位，形成配位键。此时，中心离子有一个电子跃迁到 4p 轨道，而这个高能级轨道上的电子很容易失去，说明用价键理论解释的四氨合铜(Ⅱ)配离子不稳定，很容易失去电子，具有较强的还原性。而实际上四氨合铜(Ⅱ)离子稳定且不易被氧化，与理论解释不符，说明用价键理论解释四氨合铜(Ⅱ)配离子的几何构型是不合理的。

科学家测定了四氨合铜(Ⅱ)配离子的结构，发现它是平面四边形结构，而且溶液中的 Cu^{2+} 周围除了四个 NH_3 外，还有两个弱配位的 H_2O，为拉长的八面体结构，但 $Cu—O$ 键过长，H_2O 和 Cu^{2+} 基本无成键作用，拉长的八面体可以看成四配位平面四边形的四氨合铜(Ⅱ)配离子。此时要用晶体场理论来解释这一现象：

在八面体场中，各 d 轨道受到配体的电场作用不同，能量升高的幅度也不同，因此五个 d 轨道分裂为三重简并的 t_{2g} 轨道(d_{xy}、d_{xz}、d_{yz}，轨道波瓣不与配体正相对，能量升高较少)和二重简并的 e_g 轨道($d_{x^2-y^2}$、d_{z^2}，轨道波瓣与配体正相对，受电场作用大，能量升高较多)。中心 Cu^{2+} 的价电子组态为 $3d^9$，在八面体场中如果最后一个电子填在 $d_{x^2-y^2}$ 轨道，则 z 轴方向上的电子变少，中心离子对 z 轴上两个配体的吸引力变大，配体距中心离子更近，而 xoy 平面上的四个配体受排斥作用变大，距中心离子较远，因此形成压扁的八面体结构；如果最后一个电子填在 d_{z^2} 轨道，则情况刚好相反，z 轴方向上的两个配体受到的斥力大，距中心离子较远，形成拉长的八面体。

电子在简并轨道中的不对称占据会导致分子的几何构型发生畸变，从而降低分子的对称性和轨道的简并度，使体系的能量进一步下降，这种效应称为姜-泰勒(Jahn-Teller)效应。无

论采用哪一种几何畸变,都会引起能级的进一步分裂,消除简并,其中一个能级降低,从而获得额外的稳定化能。姜-泰勒效应不能指出究竟应该发生哪种几何畸变,但有实验证明,Cu(Ⅱ)的六配位配合物几乎都是拉长的八面体,这是因为在无其他能量因素影响时,形成两条长键、四条短键比形成两条短键、四条长键的总键能大。

2. 关于银氨配合物的制备和性质

1) 两种配制方法的比较

与铜氨溶液的配制一样,银氨溶液也可分别用 NaOH 和 $NH_3 \cdot H_2O$ 作沉淀剂。与铜氨溶液的配制不同,根据实验现象可以判断配制银氨溶液时用 NaOH 作沉淀剂是可行的。采用氢氧化钠作沉淀剂,实验现象更加明显,更容易解释,相比之下沉淀剂用氨水时可能会出现异常现象。

2) 采用氨水滴定硝酸银溶液制备银氨溶液时产生异常现象的原因

如果配制时采用的氨水放置过久,可能会吸收 CO_2 造成部分变质,滴入硝酸银溶液中首先生成白色的碳酸银沉淀,边滴加边振荡,发现白色沉淀溶解,溶液又变澄清。有实验发现,在制取银氨溶液时,只有少量的硝酸银与氨水生成氧化银,当氨水浓度过大时,可能整个过程都没有沉淀生成。原因可能是反应生成的铵根离子与氨水形成缓冲溶液,铵根离子抑制氨水电离出氢氧根离子,反应液的 pH 平缓升高,当银离子浓度降低到一定程度时不再生成氧化银。也有实验推断,当向硝酸银溶液中滴加氨水,反应液始终澄清,可能是原硝酸银溶液中含有少量 NH_4NO_3 杂质所致。同样,为了防止实验室中的硝酸银试剂变质,通常会采用稀硝酸酸化来提供酸性环境,因此向硝酸酸化的硝酸银试剂中滴加氨水溶液也可能会一直澄清。要想在制取银氨溶液时能观察到生成棕黑色沉淀和沉淀溶解的正常实验现象,建议选用现配的不加硝酸酸化的硝酸银试剂和现配的未变质的氨水。

3) 银氨溶液氧化醛基的催化机理

乙醛或葡萄糖与银氨离子反应的实质是 Ag^+ 作氧化剂,NH_3 分子结合只是起到缓冲作用,银氨离子缓慢释放 Ag^+,生成的 Ag 才能均匀沉积到试管内壁形成光亮的银镜。

实际上相同浓度的硝酸银与银氨溶液,前者的 Ag^+ 浓度更高,理应具有更强的氧化性,从热力学角度来看,硝酸银也可以氧化醛基,但事实上硝酸银不能氧化醛基。因为在热力学上能自发的反应,在动力学上可能难以发生,这就涉及这个氧化还原反应的动力学机理。

从反应机理的角度来看,醛基与银氨配离子反应涉及一个亲核加成过程,亲核试剂 OH^- 首先进攻葡萄糖分子中的羰基碳原子,形成一个不稳定的正四面体负离子,该负离子吸引溶液中银氨配离子解离出的 Ag^+,通过去氢脱银,完成醛基的氧化及 Ag^+ 的还原。

亲核加成:

$$\underset{R}{\overset{O^{\delta-}}{\underset{|}{\overset{\|}{C^{\delta+}}}}}\!\!-\!\!H + :OH^- \rightleftharpoons \underset{OH}{\overset{O^-}{\underset{|}{R-\overset{|}{C}-H}}} \tag{1}$$

氧化还原:

$$HO-\underset{\underset{R}{|}}{\overset{\overset{\cdot\cdot}{:O:}}{C}}(:H) + Ag^+ \xrightarrow{\text{慢}} O=\underset{\underset{R}{|}}{C}-OH + [AgH] \qquad (2)$$

$$[Ag\cdot\overset{+e^-}{\vdots}H] + Ag^+ + OH^- \xrightarrow{\text{快}} 2Ag + H_2O \qquad (3)$$

由此可知,增加 OH^- 浓度,有利于醛基形成正四面体负离子,促进醛基与 Ag^+ 结合,从而加快银镜反应速率。

虽然可以通过向银氨溶液中滴加几滴氢氧化钠溶液来提高银氨溶液的碱性,进而提高银镜反应的速率,甚至可以在不进行水浴加热的条件下更快地得到银镜,但存在如下问题:一是得不到光亮的银镜;二是有生成爆炸性物质氮化银(Ag_3N)的隐患。此外,这种特制的银氨溶液不能检验醛基,在较强的碱性条件下,丙酮会异构化为烯醇负离子,烯醇负离子具有很强的还原性,可以将 Ag^+ 还原为 Ag,也能发生银镜反应。

$$CH_3-\overset{\overset{O}{\|}}{C}-CH_3 \xrightleftharpoons{OH^-} [CH_3-\overset{\overset{O}{\|}}{C}-\bar{C}H_2 \longleftrightarrow CH_3-\overset{\overset{O^-}{|}}{C}=CH_2]$$

弱碱性条件下不会发生这些反应,因此不额外滴加氢氧化钠溶液,银氨溶液自身显弱碱性,能检验醛基。

实验二十五　金属活动性顺序的判断

一、实验目的

（1）通过设计合理的实验方案确定常见金属的活动性顺序，加深对金属活动性的理解。

（2）设计简易量热计并利用温度传感器测量金属与酸反应的反应热，判断常见金属活动性的顺序。

二、实验原理

金属活动性是指金属单质在水溶液中形成水合阳离子的趋势大小，可以通过测量金属与酸反应的反应热来比较常见金属的活动性顺序。

1. 量热计比热容的计算

$$Q_{热水} = Q_{冷水} + Q_{量热计} \tag{1}$$

$$Q_{热水} = c_水 m_水 \Delta T_1 = c_水 \rho_水 V_{热水} \Delta T_1 \qquad (\Delta T_1 = T_{热水} - T_终) \tag{2}$$

$$Q_{冷水} = c_水 m_水 \Delta T_2 = c_水 \rho_水 V_{冷水} \Delta T_2 \qquad (\Delta T_2 = T_终 - T_{冷水}) \tag{3}$$

$$Q_{量热计} = c_{量热计} \Delta T_2 \tag{4}$$

$$c_{量热计} = (Q_{热水} - Q_{冷水})/\Delta T_2 = (c_水 \rho_水 V_{热水} \Delta T_1 - c_水 \rho_水 V_{冷水} \Delta T_2)/\Delta T_2 \tag{5}$$

式中，$Q_{热水}$ 为热水放出的热量；$Q_{冷水}$ 和 $Q_{量热计}$ 分别为冷水和量热计吸收的热量；$m_水$ 为水的质量；ΔT 为温度的变化（常用终点温度减去初始温度，即 $\Delta T = T_f - T_s$，但为了计算方便，上式都将 ΔT 定义为正值）；$c_{量热计}$ 为量热计常数，单位 $J \cdot K^{-1}$，它代表量热计各部件（如杯体、搅拌器等）热容量的总和，即量热计每升高 1K 所需的热量。已知，水的比热容 $c_水$ 为 $4.184J \cdot g^{-1} \cdot ℃^{-1}$；水的密度 ρ 为 $1.00g \cdot cm^{-3}$。

2. 反应热的计算

对恒容过程而言

$$\Delta H_{体系} = \Delta U + \Delta pV \approx Q_V = -(Q_{溶液} + Q_{量热计})$$

具体如下：

$$Q_{溶液} = c_{溶液} m_{溶液} \Delta T = c_{溶液} \rho_{溶液} V_{溶液} \Delta T \tag{6}$$

$$Q_{量热计} = c_{量热计} \Delta T \tag{7}$$

$$-\Delta H_{体系} = Q_{溶液} + Q_{量热计} = c_{溶液} \rho_{溶液} V_{溶液} \Delta T + c_{量热计} \Delta T \tag{8}$$

式中，$Q_{溶液}$、$Q_{量热计}$ 和 $\Delta H_{体系}$ 分别为溶液的热变化、量热计的热变化和体系的反应焓变。为了便于计算，可以近似地认为 $1mol \cdot L^{-1}$ 盐酸溶液的比热容和密度与水的比热容和密度相等，即 $c_{溶液}$ 约为 $4.2J \cdot g^{-1} \cdot ℃^{-1}$，密度 $\rho_{溶液}$ 约为 $1.0g \cdot cm^{-3}$。

3. 热力学函数与标准电动势的关系

恒温恒压条件下，化学反应所组成的原电池的标准电动势和热力学函数的关系为

$$-nFE^\ominus = \Delta G^\ominus = \Delta H^\ominus - T\Delta S^\ominus \tag{9}$$

通常情况下，$T\Delta S^{\ominus}$ 的数值远小于 $\Delta H^{\ominus}$ 的数值，做粗略计算时可忽略，式(9)可变形为

$$-nFE^{\ominus} = \Delta H^{\ominus} \tag{10}$$

式中，n 为反应得失电子数；F 为法拉第常量，数值约为 96 485C·mol^{-1}。

在 n 相等的情况下，反应放热越多，标准反应焓 $\Delta H^{\ominus}$ 的绝对值的数值就越大，该反应所对应的标准电动势 $E^{\ominus}$ 数值越大，对应于该金属的标准电极电势 $\varphi^{\ominus}$ 越小，金属的活动性越强。因此，可以用反应放热的多少作为金属活动性的判断依据。实际测量过程中，也可以根据反应前后溶液温度的变化差值大小来判断对应的金属活动性。这是由于在溶液体积相等的情况下，反应放热越多，温度的变化就越大。

三、实验用品

仪器和材料：烧杯(500mL、100mL)、50mL 量筒、数据采集器(VENIER LabPro)、温度传感器、加热装置、搅拌装置、计算机及其相配套的软件、泡沫塑料、泡沫塑料盖板、白乳胶、裁纸刀、砂纸、切割工具。

药品：1mol·L^{-1} 盐酸、镁条、铝粉(分析纯)、锌片、还原铁粉(分析纯)。

四、实验内容

1. 简易量热计的组装

在 500mL 大烧杯底部垫泡沫塑料，使放入的 100mL 小烧杯杯口与大烧杯杯口相平。然后再在大、小烧杯之间填满碎泡沫塑料并加入适当稀释的白乳胶进行固定。根据小烧杯和大烧杯的口沿分布，制作含有卡槽的泡沫塑料盖板，在板中间开一个小孔，正好使温度传感器的探头可以通过，连接好传感器装置，如图 3-25-1 和图 3-25-2 所示。

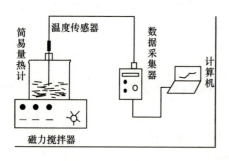

图 3-25-1　传感器连接装置示意图

图 3-25-2　传感器连接装置实物图

2. 测量并计算量热计的量热计常数

(1) 向组装完毕的量热计中加入 25mL 蒸馏水，用温度传感器测定水的温度。

(2) 在 3min 内每隔 30s 监测一次温度，确保溶液温度恒定。

(3) 向量热计中加入相同体积(25mL)温度已知的热水，打开磁力搅拌器进行搅拌。通过温度传感器实时监控混合物的温度，每隔 10s 记录一次溶液温度，将最高点的温度记为终点温度。进行三组平行实验，将数据记录在表 3-25-1 中。

表 3-25-1　量热计比热容测定数据记录($V_{冷水}=V_{热水}=25\text{mL}$)

编号	$T_{热水}$/℃	$T_{冷水}$/℃	$T_{终}$/℃	$Q_{热水}$/J	$Q_{冷水}$/J	$Q_{量热计}$/J	$c_{量热计}$/(J·K^{-1})	$c_{平均}$/(J·K^{-1})
1								
2								
3								

(4) 由实验原理部分式(5)可以计算量热计的平均比热容。

3. 测量并计算金属与酸的反应热

(1) 量取 25mL 1.0mol·L^{-1} 的盐酸溶液,倒入小烧杯中,同时开动磁力搅拌器进行搅拌,用温度传感器记录溶液的温度为初始温度,填入表 3-25-2 中。

(2) 用砂纸除去镁条、锌片表面的氧化膜,用切割工具进行粉碎,尽可能保证参加反应的各种金属粒子的大小相似。称取约 1.2g(约 0.05mol)经过处理的 Mg,迅速加入小烧杯中,及时盖上泡沫塑料盖板以防温度损失。

(3) 保持搅拌状态,观察计算机屏幕上溶液温度随时间变化的曲线,记录下曲线最高点的温度为终止温度;进行两组平行实验,将数据填于表 3-25-2 中。

(4) 按照类似步骤分别测量盐酸与过量的 Zn、Fe、Al 反应时的初始温度和终止温度,记录于表 3-25-2 中。

表 3-25-2　Mg、Al、Zn、Fe 与 HCl 反应数据记录($c_{盐酸}=1\text{mol·L}^{-1}$,$V_{盐酸}=50\text{mL}$)

金属	m/g	$T_{初}$/℃	$T_{终}$/℃	ΔT/℃	$\Delta H_{体系}$/(kJ·mol^{-1})	E/V	$E_{理论}$/V
Mg							2.37
Al							1.66
Zn							0.763
Fe							0.44

其中,构成原电池的理论电动势等于对应金属电对的标准电极电势的绝对值。

(5) 由实验原理部分可得,假设溶液中含 1mol 盐酸且全部反应完全,则其反应的焓变为 $\Delta H=-(c_{溶液}m_{溶液}\Delta T+c_{量热计}\Delta T)/(1\times0.05)$。$\Delta H$ 可近似为 $\Delta H^{\ominus}$,反应电动势 E 可近似为标准电动势 $E^{\ominus}$。

五、讨论与研究

1. 金属的活动性与电极电势

金属活动性是金属单质的属性,是指金属单质在水溶液中形成水合阳离子的趋势大小。金属单质在水中越易形成水合阳离子,其金属活动性越强,反之越弱。水溶液中金属失去电子形成低价态稳定的金属离子是沉淀溶解平衡过程,如式(11)所示,其中金属单质用 M 表示。当 $v_{溶解}>v_{沉积}$ 时,M 表面带负电,溶液带正电(图 3-25-3);当 $v_{溶解}<v_{沉积}$ 时,M 表面带正电,溶液带负电(图 3-25-4)。

$$M(s) \rightleftharpoons M^{z+}(aq)+ze^- \tag{11}$$

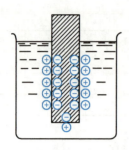 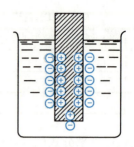

图 3-25-3　溶解反应速率大于沉积反应速率　　　图 3-25-4　溶解反应速率小于沉积反应速率

金属单质在水溶液中失去电子的难易程度可以用标准电极电势 $\varphi^\ominus$ 加以判断。金属的标准电极电势 $\varphi^\ominus$ 是指金属离子浓度（活度）为 $1mol\cdot L^{-1}$，温度为 298K 时金属单质与其在水溶液中形成的简单正价态离子所构成电对的电极电势。$\varphi^\ominus$ 值越小，表示该金属在水溶液中越易失去电子变成水合阳离子，其金属活动性越强。金属活动性顺序与各金属单质与其在水溶液中形成的简单正价态离子所构成电对的标准电极电势的大小顺序一致（表 3-25-3）。标准电极电势表适用于水溶液体系，$\varphi^\ominus$ 越小，电对的还原态越易失去电子生成相应的水合离子，则该金属为强还原剂；$\varphi^\ominus$ 越大，电对的氧化态越易得电子，则该金属阳离子为强氧化剂。$\varphi^\ominus$ 反映物质得失电子倾向的大小，与物质的数量无关；$\varphi^\ominus$ 与半反应的方向无关；$\varphi^\ominus$ 是热力学数据，与反应速率无关。其中，低价态离子是指在水溶液条件下存在的比较稳定的简单金属离子。

表 3-25-3　常见金属的标准电极电势与金属活动性顺序

电对	电极反应	标准电极电势/V	金属活动性顺序
Li(0)/Li(Ⅰ)	$Li \rightleftharpoons Li^+ + e^-$	−3.045	Li
Rb(0)/Rb(Ⅰ)	$Rb \rightleftharpoons Rb^+ + e^-$	−2.925	Rb
K(0)/K(Ⅰ)	$K \rightleftharpoons K^+ + e^-$	−2.925	K
Cs(0)/Cs(Ⅰ)	$Cs \rightleftharpoons Cs^+ + e^-$	−2.923	Cs
Ba(0)/Ba(Ⅱ)	$Ba \rightleftharpoons Ba^{2+} + 2e^-$	−2.900	Ba
Sr(0)/Sr(Ⅱ)	$Sr \rightleftharpoons Sr^{2+} + 2e^-$	−2.890	Sr
Ca(0)/Ca(Ⅱ)	$Ca \rightleftharpoons Ca^{2+} + 2e^-$	−2.87	Ca
Na(0)/Na(Ⅰ)	$Na \rightleftharpoons Na^+ + e^-$	−2.714	Na
Mg(0)/Mg(Ⅱ)	$Mg \rightleftharpoons Mg^{2+} + 2e^-$	−2.370	Mg
Be(0)/Be(Ⅱ)	$Be \rightleftharpoons Be^{2+} + 2e^-$	−1.850	Be
Al(0)/Al(Ⅲ)	$Al \rightleftharpoons Al^{3+} + 3e^-$	−1.660	Al
Mn(0)/Mn(Ⅱ)	$Mn \rightleftharpoons Mn^{2+} + 2e^-$	−1.180	Mn
Zn(0)/Zn(Ⅱ)	$Zn \rightleftharpoons Zn^{2+} + 2e^-$	−0.763	Zn
Cr(0)/Cr(Ⅲ)	$Cr \rightleftharpoons Cr^{3+} + 3e^-$	−0.74	Cr
Fe(0)/Fe(Ⅱ)	$Fe \rightleftharpoons Fe^{2+} + 2e^-$	−0.440	Fe
Cd(0)/Cd(Ⅱ)	$Cd \rightleftharpoons Cd^{2+} + 2e^-$	−0.403	Cd
Co(0)/Co(Ⅱ)	$Co \rightleftharpoons Co^{2+} + 2e^-$	−0.277	Co
Ni(0)/Ni(Ⅱ)	$Ni \rightleftharpoons Ni^{2+} + 2e^-$	−0.250	Ni
Sn(0)/Sn(Ⅱ)	$Sn \rightleftharpoons Sn^{2+} + 2e^-$	−0.136	Sn

续表

电对	电极反应	标准电极电势/V	金属活动性顺序
Pb(0)/Pb(Ⅱ)	$Pb \Longrightarrow Pb^{2+} + 2e^-$	−0.126	Pb
H(0)/H(Ⅰ)	$\frac{1}{2}H_2 \Longrightarrow H^+ + e^-$	0.000	H
Cu(0)/Cu(Ⅱ)	$Cu \Longrightarrow Cu^{2+} + 2e^-$	+0.337	Cu
Hg(0)/Hg(Ⅰ)	$2Hg \Longrightarrow Hg_2^{2+} + 2e^-$	+0.789	Hg
Ag(0)/Ag(Ⅰ)	$Ag \Longrightarrow Ag^+ + e^-$	+0.799	Ag
Pt(0)/Pt(Ⅱ)	$Pt \Longrightarrow Pt^{2+} + 2e^-$	+1.200	Pt
Au(0)/Au(Ⅲ)	$Au \Longrightarrow Au^{3+} + 3e^-$	+1.420	Au

在实际应用中,需要进一步区别金属活动性与金属性两个基本概念。元素的金属性是元素的性质之一,是指元素气态原子失去电子变成气态阳离子的趋势大小。电离能是判断元素金属性强弱的定量标度,影响电离能的主要因素包括原子半径、有效核电荷和电子所处的状态。元素的电离能越小,表示气态原子越易失去电子,元素的金属性越强。表 3-25-4 中列出了 Li、Na、K、Ca 这四种常见金属的标准电极电势和第一电离能,可以发现按照两种标准得到的大小顺序并不一致,即金属活动性和金属性是两个不同的概念。

表 3-25-4　Li、Na、K、Ca 四种金属的标准电极电势和第一电离能

金属	Li	Na	K	Ca
标准电极电势/V	−3.045	−2.714	−2.925	−2.870
第一电离能/eV	5.390	5.139	4.339	6.113

从能量的角度分析,金属在水溶液中的标准电极电势大小除与金属元素原子的电离能相关外,同时还与金属的升华能(固态单质变成气态原子所需的能量)、水合能(金属阳离子与水化合时所放出的能量)有关。以金属 M 为例,能量转化过程如图 3-25-5 所示。由盖斯定律可得,生成热 $\Delta H = \Delta H_1 + \Delta H_2 + \Delta H_3$,即电离能只是影响金属标准电极电势的因素之一,因此需要综合各种能量的总和进行判断(表 3-25-5)。

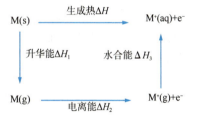

图 3-25-5　金属 M 的能量转化过程

表 3-25-5　Li、Na、K 三种金属的能量值　　　　　　（单位:kJ·mol^{-1}）

名称	Li	Na	K
升华能 ΔH_1	160.8	108.6	90.1
电离能 ΔH_2	519.4	495.0	418.1
水合能 ΔH_3	−506.8	−397.9	−318.3
生成热 ΔH	173.4	205.7	189.9

2. 实际电压值和理论电动势

在物理化学精确的电池电动势测量实验中,对于电极的处理(如 Cu-Zn 原电池中对于电

极的预处理)和测量方法的采用都有一定的要求。考虑到液体接界电势、溶液浓度变化以及电池内电阻等因素,在测量过程中不能直接使用电压表进行测量,而应该基于对消法的原理采用电位差计测量反应的电动势。

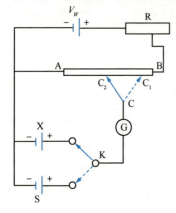

图 3-25-6　对消法示意图

其测量方法为:首先根据标准电池的电极电动势进行电位差计的标准化,即将 C 点移到与标准电池 S 电动势值相对应的刻度 C_1 处,将 K 与 S 相通,迅速调节可变电阻 R 直至 G 中无电流通过,此时 S 的电动势与 AC_1 的电动势等值反向对消,即校准了 AB 上的电势降。然后极性测定,固定 R,将 K 与 X 接通,迅速调节 C 至 C_2 点,此时 G 中无电流通过,此时 X 的电势与 AC_2 的电势降等值反向对消,C_2 点所标记的电势降数值即为 X 的电动势(图 3-25-6)。

为了避免采用电位差计进行测量的复杂程度,本实验所采用的方法是利用热力学反应焓变和电动势之间进行转化,从而通过测量某些活泼的金属与酸反应体系的热变化来求得对应金属的近似电极电势。由实验原理部分式(9)可得,能斯特方程构建了电化学量电动势(E)与热力学量反应焓变 ΔH 之间的桥梁。

由于金属的标准电极电势是指金属离子浓度为 $1\mathrm{mol} \cdot \mathrm{L}^{-1}$,温度为 298K 时金属单质与其在水溶液中形成的简单正价态离子所构成的电极电势,而金属在酸中反应时的浓度和温度并非恒定值,因此在实际测量过程中计算所得到的实际电动势值与理论电动势之间存在一定的差异。非标准状态的电极电势可以由能斯特方程求出,即 $\varphi = \varphi^{\ominus} + (RT/nF)\ln($氧化态/还原态$)$,体现了非标准状态电极与标准状态电极及浓度、温度偏离标准状态所引起的变化的关系式。体现在本实验中,氧化状态对应的是低价态金属阳离子的浓度,由于金属没有与酸完全反应,因此离子浓度并非 $1\mathrm{mol} \cdot \mathrm{L}^{-1}$,此外反应中的温度也发生了变化,最终导致了实际电动势值与理论电动势值的偏差。

此外,该实验方法仅适用于能和酸反应的活泼金属,对于 Cu、Hg 等在金属活动性顺序中靠后的金属而言,必须通过与活泼金属构成原电池的方法来测量反应的电动势。

3. 自制量热计的设计

量热计主要包括外筒、内筒、绝热圈、绝热盖、搅拌器五个部分。外筒往往选用热的不良导体作为材料(可选用瓷器、玻璃杯等),内筒材料同样需要不易导热的材料(可选用玻璃杯、保温杯以及塑料杯等),填充材料可以选用锯末、碎纸条、棉花以及聚苯乙烯塑料泡沫等。量热计在热交换实验中可以近似为孤立的绝热系统,从结构上要保证热交换只在系统内部进行,尽量减少由于传导、对流、辐射等方式使量热器向外界散发热量。

本实验内筒材料之所以选用玻璃烧杯而非常规的金属内壁的容器,主要是考虑到反应体系中的酸液会与金属发生反应。但是,由于玻璃的导热系数小于金属,因此从内外壁达到平衡的时间尽可能短的角度来看,玻璃内壁的效果不如金属内壁,且玻璃仪器易碎,自身吸热较多,因此自制量热计本身的设计还是存在一定的缺陷和可以改进的空间。

本实验填充材料之所以选择聚苯乙烯塑料泡沫,是因为文献中记载的几种非金属材料中塑料泡沫的导热系数(表 3-25-6)是最小的,所以在测量反应热的实验中能够尽可能地减少实验中热量的损失,从而减少实验误差。

表 3-25-6　几种非金属材料的导热系数

保温材料	温度/℃	导热系数/$(W \cdot m^{-1} \cdot K^{-1})$
软木	30	0.043 03
锯屑	20	0.046 52~0.058 15
棉花	100	0.069 78
厚纸	20	0.139 6~0.348 9
泡沫	20	0.041 0
玻璃	30	1.093 2

实验二十六　化学电池的制作与回收

作为一种轻便的能量转换器,化学电池在化学能与电能的相互转换中具有较高的能量转换效率,也可达到足够的能量密度。因此,现代社会的发展离不开化学电池。

一、实验目的

(1) 理解干电池、蓄电池、燃料电池、浓差电池和铝-空气电池等化学电池的工作原理。

(2) 通过电池的制作,了解电池发展过程,进一步体会化学科学的发展给人们生产、生活带来的巨大变化。

(3) 了解对废旧电池进行回收的化学方法,体会化学对环境保护、促进人类文明可持续发展的重要作用。

二、实验用品

仪器和材料:烧杯、玻璃棒、量筒、H形管、细玻璃管、橡胶管、橡胶塞、铁片、细铁丝网、铜片、铜电极、铜导线、锌片、铅片、碳棒、滤纸、电流表、电压表、磁力搅拌器、小电灯泡、发光二极管、微型玩具马达、废塑料盒(大、小各一)、塑料胶卷盒、羊皮纸、胶皮铜丝、2mL注射器、活性炭、锡纸(铝箔)、药匙。

药品:35%氢氧化钾溶液、6mol·L⁻¹盐酸、稀硫酸、1mol·L⁻¹硫酸铜溶液、1mol·L⁻¹硫酸锌溶液、20%氯化铵溶液、氯化钯、二氧化锰、石墨粉、氢气、氧气、食醋、葡萄酒、水果(橘子、苹果或猕猴桃)、蒸馏水、硝酸铜饱和溶液、饱和食盐水、过氧化氢溶液。

三、实验内容

1. 几种原电池的制作及性能比较

(1) 在250mL烧杯中倒入一些食醋或葡萄酒,插入铁片和铜片作为电极,如图3-26-1所示。用电压表测量并记录两电极(铁较铜活泼,铁为负极,铜为正极)间电压,并将小电灯泡接入电路观察现象。

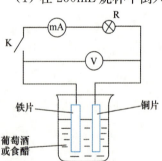

图 3-26-1　单液原电池示意图
mA. 电流表;V. 电压表;
K. 开关;R. 小灯泡

(2) 在250mL烧杯中倒入一些稀硫酸,插入锌片和铜片作为电极,装置与图3-26-1类似。操作也与(1)相同。

(3) 先将较小的塑料盒上半部分截去,并在该塑料盒的下底上剪出圆形,然后用胶带将羊皮纸粘在塑料盒外面,如图3-26-2(a)所示。然后,将较大的塑料盒上半部分也截去,按图3-26-2(b)把小盒放在大盒里。在大盒内放入作为正极的铜片,并加入适量的1mol·L⁻¹硫酸铜溶液;在小盒内放入作为负极的锌片,并倒入适量的1mol·L⁻¹硫酸锌溶液。

按操作(1),测量并记录锌、铜两电极间的电压,同时观察小灯泡能否发光。

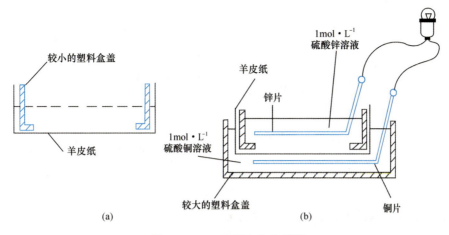

图 3-26-2　双液原电池示意图

（4）将橘子、苹果或猕猴桃一切为二，以锌片和铜片作为电极，按图 3-26-3 组成水果电池，测量并记录两电极之间电压，并接入小灯泡观察现象（由于电功率太小，可将几个水果电池串联接入电路）。

2. 干电池的制作

（1）取一块 60mm×90mm 的锌片（0.3mm 厚），剪成图 3-26-4(a) 所示的形状。然后将锌片卷成圆筒状放在塑料胶卷盒中，在胶卷盒盖子中间插入碳棒，如图 3-26-4(b) 所示。

（2）将 20g 二氧化锰及 20g 石墨粉混合均匀，加入 8mL 20% 氯化铵溶液，搅拌成糊状。

（3）把已在氯化铵水溶液中浸过的滤纸贴在成圆筒状的锌片的内侧。向立在中心的碳棒四周填入搅拌成糊状的二氧化锰和石墨粉的混合物，同时用玻璃棒尽可能压实一些，即成为干电池。

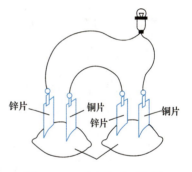

图 3-26-3　水果电池示意图

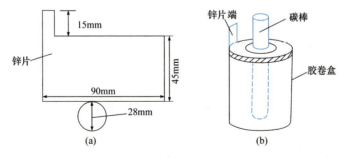

图 3-26-4　干电池示意图

3. 铅蓄电池的制作

在 250mL 烧杯中放入两块铅片（二氧化铅）作为电极，并倒入适量稀硫酸。将两电极接入外部直流电源充电（注意充电电压不必过高，几伏即可），如图 3-26-5 所示。

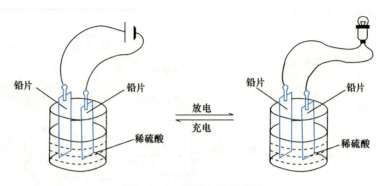

图 3-26-5　铅蓄电池示意图

充电后，将小灯泡接入，观察小灯泡的发光情况。

4. 燃料电池的制作

(1) 在与 H 形管相配的两个橡胶塞上分别装上铜电极（直径为 1～1.5mm）、导气的橡胶管，并在其中一个橡胶塞上装上一根导液管（可用废弃的圆珠笔芯，内径 1.5～2mm，长度比 H 形管短 1cm 左右），按图 3-26-6 搭好装置，检查气密性。

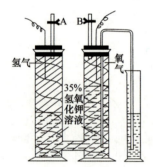

图 3-26-6　燃料电池示意图

(2) 电极的处理。

a. 称取 0.3g 氯化钯，在 500mL 大烧杯中用 300mL 水溶解。使用磁力搅拌器搅拌 60～90min，直到氯化钯全部溶解，溶液颜色由开始的深黄色转变为红褐色。

b. 将两块各为 30cm×10cm 的细铁丝网用 6mol·L^{-1}盐酸浸泡除锈。再分别用自来水、蒸馏水冲洗后，放入氯化钯溶液中浸泡 20min，最后溶液呈黑色。

c. 捞出经浸泡的铁丝网，用吸水纸吸干，然后将滤纸与铁丝网一起卷成（层状）圆柱形。

(3) 将卷成圆柱形的铁丝网（中间夹有滤纸）装入 H 形管的左右两管中，塞上橡胶塞，注意保持铜电极与铁丝网相接触。

(4) 向 H 形管中加入 35% 氢氧化钾溶液作为电解液，直至装置充满。

(5) 通过 A 管处橡胶管缓慢地将氢气充进 H 形管的左管，根据排入旁边量筒中的氢氧化钾溶液的体积来衡量充入氢气的体积，最终使充入的氢气大约为 40mL。拧紧 A 管处的螺丝夹。

(6) 通过 B 管处橡胶管缓慢地将约 20mL 氧气充进 H 形管的右管，拧紧 B 管处的螺丝夹。

(7) 用电压表测量该电池电压。注意：开始的 2h 内，每 15min 测量一次；接下来的 2h 内，每 30min 测量一次；以后则每 2h 测量一次。可以根据测量数据绘出电压随时间的变化曲线。

此电池的开路电压为 0.9～1.0V（理论电压为 1.23V）。当接入 20Ω 负载时，电路中的电流为 10～20mA（4h 内）。

5. 浓差电池的制作

(1) 准备一个 2mL 注射器,去掉针头和活塞,用胶帽堵住乳头。将注射器竖直悬挂,固定牢固(图 3-26-7)。

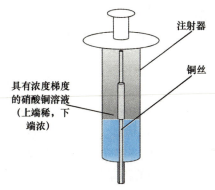

图 3-26-7 浓差电池示意图

(2) 剪下一根胶皮铜丝,去掉两端的胶皮,然后竖直插入注射器空筒中。

(3) 用滴管在注射器空筒中加入稀释 10 倍的硝酸铜饱和溶液,直至液面与铜丝上端裸露部分接触。

(4) 用长针头注射器从注射器空筒底部缓慢注入 0.3mL 硝酸铜饱和溶液,形成下层浓、上层稀的铜离子浓度梯度。

(5) 片刻后观察两层溶液中铜丝表面的颜色变化。

6. 铝-空气电池的制作

(1) 剪一块大约 15cm×15cm 大小的铝箔。

(2) 准备好饱和食盐水和滤纸,用饱和食盐水浸湿滤纸,然后放在铝箔上。

(3) 用药匙取用约 2mm 厚的活性炭铺在滤纸上,然后向活性炭上滴加饱和食盐水,确保活性炭整体都被浸湿,但是保证活性炭不与铝箔直接接触,完成类似三明治的三层结构(图 3-26-8)。

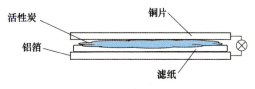

图 3-26-8 铝-空气电池截面图

(4) 准备好微型玩具马达,将一片铜片覆盖在活性炭上面,用导线将铝箔、微型玩具马达和铜片连接起来,即可看到微型玩具马达开始工作。

(5) 为了提供更多的氧气,还可以在活性炭中加入一定浓度的过氧化氢溶液,并加入少量的二氧化锰作为催化剂,则微型玩具马达的转速和持续时间将得到明显改善。

四、注意事项

（1）上述实验中电极的 4/5 要浸在溶液中，使用的小灯泡可以改用发光二极管或微型玩具马达，现象也明显。

（2）燃料电池制作时所用的氢气和氧气可预先储存在储气瓶或储气袋中；铁丝网的铁丝细一些，网眼小一些为好；H 形管也可用废弃的塑料针筒（两个 50mL，一个 25mL）。

五、讨论与研究

1. 新型原电池

若以铬酸溶液作电解液，锌片和包有塑料窗纱的碳棒分别作为负极和正极，重铬酸钾为去极剂（减少电极的极化现象），电池的电流稳定，可作为化学实验的电源。

铬酸溶液的配制：用 $3 \sim 4 mol \cdot L^{-1}$ 的稀硫酸溶解固体重铬酸钾，用玻璃棒搅拌至加入的重铬酸钾不再溶解。保持溶液具有适量过剩的重铬酸钾固体。

此化学电池的电压约为 1.5V。

2. 锌锰电池

前面制作的干电池称为锌锰电池。此干电池模拟装置产生电流的原理为

Zn 电极（−）失去电子：　　　$Zn - 2e^- = Zn^{2+}$　　　　　（氧化反应）

C 电极（＋）得到电子：　　　$2NH_4^+ + 2e^- = 2NH_3 + H_2$　　　（还原反应）

实际上，干电池正极周围还有二氧化锰。二氧化锰的作用是把正极上产生的 H_2 氧化成水，而其本身则被还原为 $MnO(OH)$。在干电池实验中可以看到，电流会迅速减小，这是碳棒上吸附一层氢气，内电阻增加而使反应停止的缘故。显然，没有二氧化锰的干电池是没有实用价值的。另外，干电池正极产生的 NH_3 会被糊状电解质中的 Zn^{2+} 吸收为 $Zn(NH_3)_2Cl_2$。因此，干电池工作时，负极的反应材料是锌，正极是二氧化锰，故它的学名为锌锰电池，输出电压是 1.5V。干电池中总反应可以大体表示为

$$Zn + 2MnO_2 + 2NH_4Cl = 2MnO(OH) + Zn(NH_3)_2Cl_2$$

3. 锂离子电池

锂离子电池实际上是一种锂离子浓度差电池，正、负两极由两种不同的锂离子嵌入化合物组成。锂电池的作用原理建立在正、负电极之间锂离子转移基础上：充电时，锂离子从正极脱嵌，经过电解质嵌入负极，负极处于富锂态，正极处于贫锂态；放电时过程正好相反，锂离子返回正极。在充放电过程中，锂离子往返于正、负极之间，因而也称为摇椅式电池。从充放电反应的可逆性看，锂离子电池反应被认为是一种理想的可逆反应。

锂离子电池的负极是碳素材料，正极是含锂的过渡金属氧化物，电解质是含锂盐的有机溶液，通常锂离子电池并不含金属锂。其电化学表达式为

$$(-)C_n \mid LiClO_4 - EC + DEC \mid LiMO_2(+)$$

正极反应：　　　　　　　$LiMO_2 \xrightarrow[\text{放电}]{\text{充电}} Li_{1-x}MO_2 + xLi^+ + xe^-$

负极反应：
$$nC + xLi^+ + xe^- \underset{放电}{\overset{充电}{\rightleftharpoons}} Li_xC_n$$

电池反应：
$$LiMO_2 + nC \underset{放电}{\overset{充电}{\rightleftharpoons}} Li_{1-x}MO_2 + Li_xC_n$$

式中，M 为 CO、Ni、Fe、W 等；正极化合物有 $LiCoO_2$、$LiNiO_2$、$LiMn_2O_4$、$LiFeO_2$、$LiWO_2$ 等；负极化合物有 Li_xC_6、TiS_2、WO_3、NbS_2、V_2O_5 等。

锂离子电池放电电压可达 $3.0 \sim 3.7V$，而 Ni-Cd 和 Ni-MH 电池为 $1.0 \sim 1.2V$，其质量与能量是 Ni-Cd 电池的 2 倍，Ni-MH 电池的 1.5 倍。锂离子电池能量密度大、质量轻、体积小、循环寿命长、无记忆效应、加之不使用 Ni、Cd，环境效益好，符合现代电池的发展趋势。

这里所指的锂离子电池是二次锂离子电池（二次电池即可反复充电的电池，干电池则称为一次电池）。自 20 世纪 90 年代初期问世以来以其高能量密度、长循环寿命、符合环保要求而受到重视，被广泛应用于便携式计算机、移动电话、录像机、照相机等领域，锂离子电池在电动汽车、航空航天和军事领域的应用研究也正在积极开展。目前，锂电池正朝着轻量、高能、超薄的方向发展，采用聚合物（高分子材料）做电池的电极、电解质材料的研究成为重要的发展方向。新型锂离子电池的研制已发展成为包括材料科学、能源科学、电化学和高分子科学等多学科交叉的研究领域。

4. 燃料电池

按燃料化学成分的不同，又有氢、一氧化碳、联氨、醇和烃等类型。按电解液的性质不同，则又有碱性、酸性、熔融盐、固体电解质、高聚物电解质、离子交换膜等类。具体的，如碱性氢氧燃料电池、磷酸型燃料电池、高温固体氧化物燃料电池、熔融碳酸盐燃料电池、醇类燃料电池等。

本实验中制作的属于碱性氢氧燃料电池。这种电池用 $35\% \sim 50\%$ 氢氧化钾溶液为电解液，钯为催化电极，在常温下工作。该种电池的优点是氧在碱性溶液中的电化学反应速率比酸性溶液中大。因此，可有较大的电流密度和输出功率。电池中阴阳两个电极室的电化学反应和电极间的物质传递，可表示如下：

阳极室：

阴极室：
$$2e^- + \frac{1}{2}O_2 + H_2O \longrightarrow OH^- + OH^-$$

在电极之间，OH^- 的传质方向用"⇧"号表示，而水的传质方向则用"⇩"号表示。

燃料通过电池的方法产生电力有许多优点。首先，尽管从原理上讲，燃料电池和原电池一样，放电时发生氧化还原反应，把化学能转化为电能。但由于燃料在电池中不是发生发光放热的化学反应，而是直接将反应的自由能变（ΔG）转变为电能，故能量的转换效率要比燃烧反应的焓变（ΔH）转变成电能的"热电站"高得多，前者大于 80%，而后者最多不超过 40%。

其次，燃料在电池中使用以前，一般都经过了对有害物质的分离处理，它不像"热电站"所用的燃料那样，在燃烧时产生大量的烟、雾、尘和有害气体，因而燃料电池对环境不会造成污染。另外，由于电池的活性物质是连续不断地通入，而产物是连续排出的，故燃料电池可连续供电。因此，科学家预言，燃料电池将成为 21 世纪世界上获得电力的重要途径。

燃料电池单电池的输出电压为 0.5～1.3V，在实际应用中，燃料电池并不是以单电池的形式存在，为满足用户的使用需求，需将多个单电池组合起来构成电池组。

燃料电池的研究和应用正以极快的速度在发展。碱性燃料电池(AFC)已在宇航领域广泛应用；磷酸燃料电池(PAFC)是民用燃料电池的首选者，其作为中型电源的应用进入了商业化阶段；熔融碳酸盐燃料电池(MCFC)也已完成工业实验阶段；固体氧化物燃料电池(SOFC)是未来大规模清洁发电站的优选对象；质子交换膜燃料电池(PEMFC)是最具前途的交通工具的动力，其在固定电站、电动车、军用特种电源、可移动电源等方面都有广阔的应用前景，尤其是电动车的最佳驱动电源。世界上几乎所有的经济发达国家都在投巨资研究开发燃料电池技术。美国政府及众多企业每年投资达数亿美元，以 UTC(联合技术公司)及其派生出的IFC(国际燃料电池公司)技术最为先进。其他欧洲各国如德国、意大利、法国、荷兰等以及日本、中国、巴西、印度、韩国等国家，由政府或与企业界合作，也在燃料电池研究与应用上取得诸多进展。我国早在 20 世纪 50 年代就开展了燃料电池方面的研究，并于 70 年代和 90 年代两次掀起研究高潮，取得了一定的成果。但总体来说，我国燃料电池研究与国外的研究水平和实际应用相比还有一定的距离。

5. 浓差电池

浓差电池是电化学电池的一种，其电动势来源于电池体系中某种物质的浓度梯度，其总的过程是一种物质从高浓度状态向低浓度状态转移。前面制作的浓差电池因电解质硝酸铜溶液浓度不同而形成，属于电解质浓差电池，其电化学表达式为

$$(-)\ Cu(s)\ |\ Cu^{2+}(c_2)\ |\ Cu^{2+}(c_1)\ |\ Cu(s)\ (+)$$

式中，c 为电极附近溶液中的铜离子浓度，且 $c_1 > c_2$。

根据能斯特方程，Cu^{2+} 浓度较大端的电极电势较高，因此在电池中作正极；Cu^{2+} 浓度较小端的电极电势较低，在电池中作负极。

正极反应：$Cu^{2+}(aq, c_1)+2e^- \longrightarrow Cu(s)$

负极反应：$Cu(s) \longrightarrow Cu^{2+}(aq, c_2)+2e^-$

电池反应：$Cu^{2+}(aq, c_1) \longrightarrow Cu^{2+}(aq, c_2)$

因此，负极上的铜失去电子变成铜离子，正极附近的铜离子得到电子，在正极上沉积为金属铜。

6. 铝-空气电池

铝-空气电池是化学电池的一种，构造原理与干电池相似，所不同的只是它的氧化剂取自空气中的氧。以铝-空气电池为例，它是以铜片、铝片分别作为电池的正、负极，氯化钠溶液作为电解液，电子在负极产生后通过外电路来到正极，氧气在正极消耗电子。

正极反应：$O_2(g)+2H_2O(l)+4e^- \longrightarrow 4OH^-(aq)$

负极反应：$\qquad$ $Al(s)+3OH^-(aq)\longrightarrow Al(OH)_3(s)+3e^-$

电池反应：$\qquad$ $4Al(s)+3O_2(g)+6H_2O(l)\longrightarrow 4Al(OH)_3(s)$

可以采取措施增大铝-空气电池的电压和电流。根据电池反应方程式，氧气的量会影响该电池的性能。因此，可以在活性炭中加入过氧化氢和微量二氧化锰以修饰电池正极材料，保持氧气的量，即可提高空气电池的性能。

7. 废弃电池对环境的污染

人们日常所用的普通干电池主要有酸性锌锰电池和碱性锌锰电池两类，它们都含有汞、锰、镉、铅、锌等各种金属物质。还有广泛应用的镍氢电池，其中虽然不含汞、铬、铅，但含有大量的镍、钴等金属元素。这些电池的组成物质在使用过程中，被封存在电池壳内部，并不会对环境造成影响。废旧电池被遗弃后，电池的外壳会慢慢腐蚀，其中的重金属物质会逐渐渗入水体和土壤，并通过各种途径进入人的食物链。例如，鱼虾吃了含有重金属的浮游生物后，重金属在鱼虾体内积蓄，人再吃了这样的鱼虾后，重金属就会在人体内积蓄，并且难以排除，随时间的推移达到一定量之后会损害人的神经系统、造血功能和骨骼，甚至可致癌。

电池产品对环境的污染主要是酸、碱等电解质溶液和重金属的污染。一粒纽扣电池可污染60万升水，等于一个人一生的饮水量；一节电池烂在地里，能够使一平方米的土地失去利用价值。废电池污染的特点是生产多少废弃多少；集中生产，分散污染；短时生产，长期污染。可见，废电池的回收利用是刻不容缓的，更是艰巨的。

8. 废旧电池的拆解与回收

废旧电池被遗弃后造成的环境污染和资源浪费十分严重。以化学方法对废旧电池进行回收利用是节约资源、保护环境的重要举措，可以体现化学对环境保护、促进人类文明可持续发展的重要作用。

以圆柱形镍氢电池为例，废旧电池的拆解与回收步骤如下：

戴好护目镜和手套，去除镍氢电池外装塑料膜，用剪刀或其他尖锐器具在靠近正极一侧的柱面上轻轻扎一个小洞（操作时避免将正极头堵住，防止意外），沿着小洞慢慢将电池壳挑开；用钳子夹住被挑开的外壳，环绕式地将外壳剥离；取出内部的材料，用稀硫酸清洗。电池拆解完成后，得到电池内芯，电池内芯由正极材料、负极材料和隔膜三者重叠卷曲而成。与外壳中凸起部分相连的为正极，与凹陷部分相连的为负极。其中，正极材料中的主要物质为Ni、$Ni(OH)_2$、$NiOOH$、CoO，负极材料中的主要物质为储氢材料，因此要对正极的镍、钴元素进行分离回收。在废旧电池中，理论上电量已耗尽，主要为$Ni(OH)_2$，而$NiOOH$较少；CoO作为电极添加剂仍然存在。选择硫酸作为浸出液对正极材料进行浸出，可以通过加热或加入少量过氧化氢溶液提高反应速率，减少反应时间。浸出液中主要有Ni^{2+}和Co^{2+}两种离子，根据电极中钴元素的含量分次加入适量过二硫酸铵（以免过二硫酸铵在酸性介质中因分解而损耗），搅拌，将Co^{2+}氧化为Co^{3+}。然后加入氢氧化钠溶液控制$pH=4$左右，溶液变成深红褐色，观察发现有红褐色沉淀$[Co(OH)_3]$。过滤后得到深绿色溶液，向溶液中滴加碳酸钠溶液可得到浅绿色沉淀$(NiCO_3)$，即得到具体的回收产物。

实验二十七　几种抗酸胃药抗酸效果的比较

一、实验目的

（1）了解抗酸胃药的作用机理和几种常见抗酸胃药的抗酸原理。

（2）通过数字化实验，比较抗酸胃药碳酸氢钠片、氢氧化铝片、铝碳酸镁片的抗酸效果。

二、实验原理

1. 胃酸过多

胃液的主要成分有胃酸、胃蛋白酶原、黏液性蛋白等。正常人体的胃液含量为 10～100mL，pH 为 0.9～1.5。机体还会不断分泌和排出胃酸，使胃酸总量处于动态平衡，分泌量为每天 1.5～2.5L。若胃液总量大于 100mL，则提示胃酸过多，可能引发胃溃疡和十二指肠溃疡，出现胃部灼烧感、吞酸、反胃、吐酸水等症状。

2. 抗酸胃药

抗酸胃药的主要作用机理是利用其有效成分对胃酸进行适量中和，治疗胃酸过多，使胃液 pH>3，缓解胃酸过多引起的疼痛。评价抗酸胃药抗酸效果的指标有：

（1）具有较快的中和速度和较长的作用时间，控制胃液 pH 的时间至少应达 1h。

（2）酸中和能力。中和能力应适中，控制胃液的 pH 为 3～5 最适宜。pH 过高，人体的调节机制会使胃酸反弹，导致胃酸分泌更多；pH 过低，则不能收到良好的中和效果，对胃酸过多症状没有明显的缓解。

3. pH 的测量

检测抗酸胃药抗酸效果的传统方法是将甲基橙作为指示剂，观察加入抗酸胃药前后溶液的颜色变化，或者用 pH 试纸测定加入抗酸胃药前后溶液 pH 的变化，但该类方法均属于定性分析。本实验采用数字化实验，利用 pH 传感器检测抗酸胃药中和胃酸过程中溶液 pH 的变化，有利于定量比较不同抗酸胃药的抗酸效果。pH 传感器是数字化手持技术的常用仪器之一，pH 传感器电极内部含两个半球结构，一个装有氢离子浓度一定的基准溶液，另一个置于电极底部，是一种对氢离子敏感的半透膜。两者之间的电势差就是电极输出的电压，包含了待测溶液的酸碱度信息。由此实现了将溶液 pH 转化为电信号，最终将数据以曲线形式呈现在计算机上。在实验中运用手持技术，可以直观呈现出反应过程中 pH 的变化曲线，体现反应的微观过程。

4. 几种市售抗酸胃药的基本信息及与盐酸的反应

表 3-27-1 列出了几种市售抗酸胃药的基本信息及与盐酸的反应。

表 3-27-1　几种市售抗酸胃药的基本信息及与盐酸的反应

抗酸胃药	规格及成分	用量（成人）	与盐酸的反应
碳酸氢钠片	0.5g/片，每片含 0.5g NaHCO₃	一次 1～2 片 每日 3 次	$NaHCO_3 + HCl = NaCl + H_2O + CO_2\uparrow$

续表

抗酸胃药	规格及成分	用量(成人)	与盐酸的反应
氢氧化铝片 (胃舒平)	0.4g/片,每片含 0.245g Al(OH)$_3$	一次 2～4 片 每日 3 次	$Al(OH)_3+3HCl\!=\!\!=\!\!=\!AlCl_3+3H_2O$
铝碳酸镁片 (胃达喜)	1.0g/片,每片含 0.5g Al$_2$Mg$_6$(OH)$_{16}$CO$_3$·4H$_2$O	一次 1～2 片 每日 3 次	$Al_2Mg_6(OH)_{16}CO_3 \cdot 4H_2O+18HCl\!=\!\!=\!\!=$ $2AlCl_3+6MgCl_2+21H_2O+CO_2\uparrow$

三、实验用品

仪器和材料:计算机及数据处理软件(如 Logger Pro 软件)、数据采集器、pH 传感器、50mL 烧杯、磁力搅拌器、磁子、塑料注射器、两通阀、洗瓶、研钵、药匙、称量纸、吸水纸。

药品:碳酸氢钠片、氢氧化铝片、铝碳酸镁片、$0.032mol \cdot L^{-1}$ 盐酸(pH 约为 1.5)、蒸馏水。

四、实验内容

本实验选取碳酸氢钠片、氢氧化铝片、铝碳酸镁片三种抗酸胃药,采用动态滴加盐酸的方式模拟胃酸的动态分泌,同时利用 pH 传感器测定抗酸胃药中和胃酸过程中的 pH,比较三种抗酸胃药的抗酸效果。

1. 搭建实验装置

按图 3-27-1 所示搭建实验装置,然后将 pH 传感器连接到数据采集器的接口,通过 USB 接口将数据采集器与计算机相连,图 3-27-2 为已搭建完成的实验装置实物图。

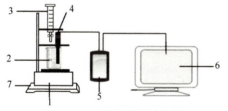

图 3-27-1　实验装置示意图

1.磁力搅拌器;2. 50mL 烧杯;3.带两通阀的塑料注射器;
4. pH 传感器;5.数据采集器;6.计算机;7.铁架台

图 3-27-2　实验装置实物图

2. 打开数据处理软件

以 Logger Pro 3.8.4 软件为例:

(1)校正。采用一点校准。将 pH 传感器探头放到蒸馏水中进行校正,点击"实验"→"校准"→"一点校准"→输入蒸馏水的 pH→点击"完成"。

(2)设置参数。设置采样频率为 1s,采集时长为 2000s。

(3)设置横、纵坐标。横坐标为时间,单位为 s,纵坐标为 pH。

3. 进行测量

(1)洗涤、润洗塑料注射器。将塑料注射器与两通阀连接,用蒸馏水清洗注射器,清洗后在注射器中加入少量盐酸,润洗三次。

（2）调节塑料注射器的滴加速度。在塑料注射器中加入少量盐酸,打开塑料注射器的阀门,调节其滴速为 1mL·min^{-1}（每分钟 20～25 滴）。调节完毕后,将剩余盐酸从上口倒出,保持注射器下端旋钮角度,将已调节好的空塑料注射器固定在铁架台上,待实验开始时再注入盐酸。

（3）取一片碳酸氢钠片,用研钵将其研磨成粉末,称取碳酸氢钠片的质量为单次服用剂量的 1/5。

（4）量取 20mL 盐酸于 50mL 烧杯中,打开磁力搅拌器进行搅拌。

（5）将盐酸从上口注入塑料注射器,同时点击"采集"按钮,迅速将碳酸氢钠片粉末加入烧杯中。当注射器中盐酸的量不足时,应注意及时补充盐酸。

（6）采集至 2000s 后,停止采集,得到数据表和数据图。

（7）分别取一片氢氧化铝片和铝碳酸镁片,同样研磨成粉末并称取单次服用剂量的 1/5,其他步骤同上。

4. 整理仪器

实验结束,整理好仪器,清理干净实验台。

五、注意事项

（1）pH 传感器探头部分极易损坏,需确保 pH 传感器玻璃球被溶液浸没,但位置不能太低,以免磁子与玻璃球相撞。

（2）pH 传感器每次测量前都要用蒸馏水清洗并用吸水纸吸干,最后用完后要清洗干净并放回缓冲溶液中。

（3）在实验测量的过程中应尽量避免其他干扰,如震动等。

六、讨论与研究

1. 关于本实验的药品用量

本实验选择量取的盐酸初始体积为 20mL,抗酸胃药称取的是单次服用剂量的 1/5,主要考虑以下因素:

（1）在朱庆等（2020）的实验方案中,量取的是 100mL pH 约为 1.5 的盐酸,抗酸胃药采用的是说明书上的推荐用量（按成人计,下同）。但在实验过程中,100mL 盐酸的用量偏大。同时抗酸胃药粉末较轻,加入的量过多时,容易团聚在溶液表面,使反应体系不均一,导致抗酸胃药不能充分与盐酸接触,迅速进行反应。加快搅拌速度可以适度改善溶液不均一的问题,但搅拌速度过快会导致磁子与 pH 传感器碰撞。基于以上分析,尝试等比例减少实验试剂与药品的用量。

（2）不同剂量的抗酸胃药消耗盐酸的理论计算。

不同剂量的抗酸胃药消耗盐酸的理论计算见表 3-27-2。

表 3-27-2　不同剂量的抗酸胃药消耗盐酸的理论计算

抗酸胃药用量	量取盐酸的初始体积/mL	理论消耗盐酸的体积/mL		
		碳酸氢钠片	氢氧化铝片	铝碳酸镁片
推荐用量	100.00	186.01	588.94	467.19
1/2 推荐用量	50.00	93.01	294.47	233.60
1/3 推荐用量	33.33	62.00	196.31	155.73
1/4 推荐用量	25.00	46.50	147.24	116.80
1/5 推荐用量	20.00	37.20	117.79	93.44
1/6 推荐用量	16.67	31.00	98.16	77.87

根据理论计算结果可以看出,随着抗酸胃药使用剂量的减少,三种抗酸胃药理论消耗盐酸的体积也等比例减少。减少抗酸胃药的用量一方面可以节约盐酸的用量,另一方面在保证实验环境相同的情况下尽可能扩大中和模拟过程。但还应注意到量取盐酸的初始体积也随之等比例减少,若体积过少,则整个溶液的液面过低,pH 传感器底部的玻璃球不能充分浸没。因此,需综合考虑实验操作中的多种因素,进行系列实验探究,找到实验效果最佳的条件。

（3）系列实验结果。

先后进行了 1/2、1/3、1/4 等一系列剂量的实验效果的探索,实验结果显示盐酸体积与抗酸胃药的使用量均为原来的 1/5 时实验效果最佳。因此,本实验中量取盐酸的初始体积为 20mL,称取抗酸胃药的质量是单次服用剂量的 1/5。

2. 关于氢氧化铝片中和胃酸的效果

完成上述三组实验后会发现加入氢氧化铝片粉末的盐酸溶液其 pH 并没有显著变化,烧杯底部仍有大量粉末,但氢氧化铝确实是可以中和胃酸过多的药物。为什么实验结果与理论分析不一致呢?

在使用说明书中,抗酸胃药氢氧化铝片服用的频率为一日 3 次,即 8h 一次,而在本实验中的反应时间较短。因此,再次采用上述实验方案（盐酸:20mL,氢氧化铝片:单次服用剂量的 1/5）进行了氢氧化铝中和胃酸的 8h 跟踪实验,此时改用 500mL 烧杯,实验结果如图 3-27-3 所示。加入氢氧化铝粉末后溶液 pH 出现小幅上升,但随后出现下降趋势。这是因为氢氧化铝是难溶的弱电解质,在水溶液中电离出的 OH^- 较少,溶液中的酸会中和电

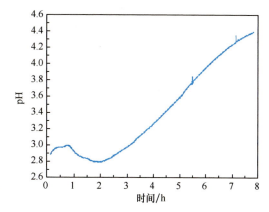

图 3-27-3　氢氧化铝片中和胃酸 8h 实验 pH 变化曲线

离出的少量 OH^-,促使氢氧化铝继续缓慢电离,但由于氢氧化铝电离出 OH^- 的速度小于滴加盐酸的速度,因此在本实验中 pH 出现了下降的趋势。随着反应的进行,氢氧化铝释放出的 OH^- 逐渐增多,使溶液的 pH 逐渐升高。反应开始 2h 后,盐酸溶液的 pH 出现了较明显的上升趋势。

由该实验结果可以看出,氢氧化铝确实可以用来中和胃酸,但起效时间较长。而氢氧化铝中和盐酸的反应速率也与反应温度有关。进行本实验的室温约为 25℃,人体温度约为 36.5℃,高于室温,因此实际上在人体中氢氧化铝中和胃酸的速率要大于实验所得结果。总的来说,与碳酸氢钠和铝碳酸镁相比,氢氧化铝能够缓慢持久地中和胃酸且效果温和,但考虑到其起效时间较长及 Al^{3+} 的相关副作用,该药物在临床使用中逐渐被其他抗酸胃药所取代。

3. 胃酸的产生

胃酸的主要成分是 HCl,HCl 中的 H^+ 是由胃壁细胞内水的分解产生的,H^+ 在细胞膜质子泵(PP)的作用下,消耗一定的能量,逆浓度梯度进入胃腔的分泌小管,同时胃腔内的 K^+ 进入细胞内,H^+ 与 K^+ 的交换是 1∶1 的电中性交换。胃壁细胞内含有丰富的碳酸酐酶(CA),当 H^+ 被质子泵泵出后,留在胃壁细胞内的 OH^- 与细胞代谢产生的 CO_2 在碳酸酐酶的催化下生成 HCO_3^-,HCO_3^- 在胃壁细胞膜上通过离子通道转运出细胞,并经细胞间隙进入血液,与 Na^+ 形成 $NaHCO_3$。而血浆中的 Cl^- 进入胃壁细胞内,再通过细胞膜上的离子通道进入胃腔,与 H^+ 形成 HCl。胃壁细胞分泌胃酸的基本过程如图 3-27-4 所示,其中涉及的主要化学反应有

$$H_2O(l) \xrightleftharpoons{PP} H^+(aq) + OH^-(aq)$$

$$OH^-(aq) + CO_2(g) \xrightleftharpoons{CA} HCO_3^-(aq)$$

$$H^+(aq) + Cl^-(aq) \xrightleftharpoons{ATP} HCl(aq)$$

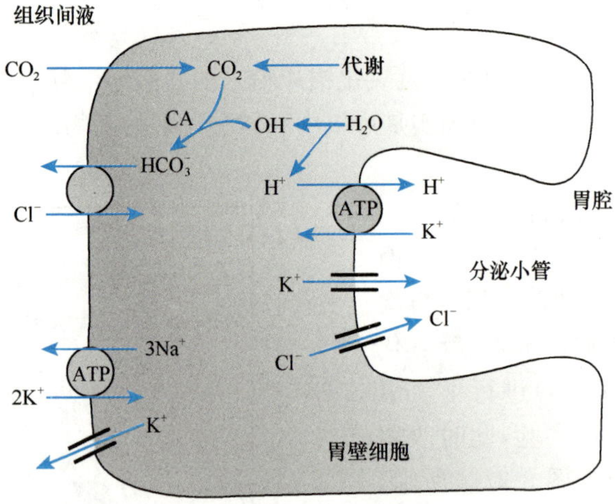

图 3-27-4 胃壁细胞分泌胃酸的基本过程

4. 新型抗酸胃药——铝碳酸镁

传统的抗酸胃药,如碳酸氢钠、氢氧化铝、硅酸镁等,虽然能减轻症状,但都具有一定的不良反应:碳酸氢钠在中和胃酸时产生的二氧化碳可能引起腹胀,胃溃疡患者应慎用,还可能引起继发性胃酸分泌增加、碱中毒等症状;氢氧化铝反应后产生的 Al^{3+} 会引起便秘;镁盐会引起腹泻。随着人们的不断研究,抗酸胃药已经逐渐从单一的化合物转为复合物,以提高抗酸效果并减少副作用,铝碳酸镁就是人们研发出的一种新型抗酸药。

铝碳酸镁又称碱式碳酸铝镁，化学式为 $Al_2Mg_6(OH)_{16}CO_3 \cdot 4H_2O$，其结构为层状。层状结构一方面可以保持性质稳定不变质；另一方面由于表面积大，抗酸效果优良，是一种较为理想的抗酸胃药。目前铝碳酸镁已广泛应用于治疗慢性胃炎及其他与胃酸有关的胃部不适症状，如胃痛、胃灼热感、酸性嗳气、饱胀等。

实验二十八　茶叶中有效成分的提取

一、实验目的

（1）通过茶叶和咖啡中有效成分的提取了解固、液相分离方法。

（2）掌握吸滤、萃取、分液、升华等实验操作。

二、实验原理

咖啡因（caffeine）化学式为 $C_8H_{10}N_4O_2 \cdot H_2O$（1,3,7-三甲基-2,6-二氧嘌呤），是具有绢丝光泽的一种白色针状晶体。其结构式为

$100℃$时晶体失去结晶水后开始升华，$120℃$时升华显著，至$178℃$时升华很快。无结晶水时的熔点为$235℃$，能溶于水（2%）、乙醇（2%）、苯（1%）、氯仿（12.5%）等。

由于其在氯仿中溶解度较大，可通过萃取茶叶的水浸渍液提取咖啡因。根据其易升华的性质，可用升华法进一步提纯咖啡因。

茶多酚是由 30 种以上的酚类物质组成的混合物。其中，儿茶素（又名儿茶酚）含量最高，在茶多酚总量中占 60%～80%。其结构式为

结构式中 Z_1 表示—H 或—OH；Z_2 表示—H 或

。

茶多酚在乙酸乙酯中溶解度较大，并且能与重金属作用产生沉淀，故可用沉淀、萃取等方法提取茶多酚。也可用此方法从细、粗咖啡中提取咖啡因作为对照实验。

三、实验用品

仪器和材料：烧杯（50mL、100mL、200mL）、50mL 量筒、150mL 分液漏斗、布氏漏斗、抽滤瓶、酒精灯、点滴板、真空泵（或水流吸气泵）、托盘天平、剪刀、铁架台、滤纸。

　　药品:饱和石灰水、5%氢氧化钠溶液、氨水、2mol·L⁻¹硫酸、盐酸、氯仿、乙酸乙酯、茶叶(当年新茶,隔年陈茶)、咖啡(粗,细)、氢氧化钙固体、氯酸钾固体、酸性碘-碘化钾试剂。

四、实验内容

　　1. 从茶叶中提取咖啡因和茶多酚

　　方法一:热水浸渍法

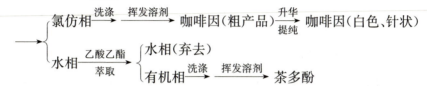

　　(1) 称取 5.0g 茶叶,剪碎,浸渍于盛有 200mL 蒸馏水的烧杯中[1]。

　　(2) 加热煮沸约 0.5h。

　　(3) 过滤[2]。

　　(4) 用 30mL 氯仿分三次(15mL、8mL、7mL)萃取滤液,合并氯仿相,先用 5%氢氧化钠溶液洗涤,再用适量水洗涤[3]。

　　(5) 挥发掉有机溶剂[4],得粗咖啡因。

　　(6) 用 30mL 乙酸乙酯分三次(15mL、8mL、7mL)萃取氯仿萃取过的水相。

　　(7) 用适量水洗涤萃取液。

　　(8) 挥发有机溶剂,即得茶多酚。

　　方法二:碱液浸渍法

茶叶＋石灰水＋氢氧化钙 →(煮沸)

　　(1) 称取 5.0g 茶叶,用剪刀剪碎。

　　(2) 将茶叶放入盛有 200mL 饱和石灰水的烧杯中。

　　(3) 向烧杯中投入 2.0g 氢氧化钙固体。

　　(4) 煮沸 30min 后过滤。

　　(5) 将过滤所得清液用 30mL 氯仿分三次萃取(15mL、8mL、7mL)。

　　(6) 合并有机相,先用 5%氢氧化钠溶液洗涤,再用适量水洗涤。

　　(7) 将洗涤后的氯仿相挥发溶剂[4]可得粗咖啡因。

　　(8) 将过滤所得固相用 100mL 硫酸溶液(2mol·L⁻¹)转溶,搅拌 10min 以上。

　　(9) 过滤,弃去固相。

　　(10) 滤液用乙酸乙酯萃取,共 30mL 分三次(15mL、8mL、7mL)。

　　(11) 洗涤有机相,挥发溶剂[4]可得茶多酚。

将实验所得数据填入表 3-28-1。

表 3-28-1 从茶叶中提取咖啡因和茶多酚实验数据记录

方法	茶叶种类	质量/g	咖啡因		茶多酚	
			质量/g	含量/%	质量/g	含量/%
一	陈茶	5.0				
	新茶	5.0				
二	陈茶	5.0				
	新茶	5.0				

2. 咖啡因的升华提纯和定性检验

(1) 升华提纯咖啡因。在底部留有咖啡因的烧杯中部平放一张定性滤纸，用酒精灯（或煤气灯）隔着石棉网加热烧杯待其升华，冷却后取下滤纸，可观察到滤纸上附着白色针状晶体。

(2) 咖啡因定性检验原理。

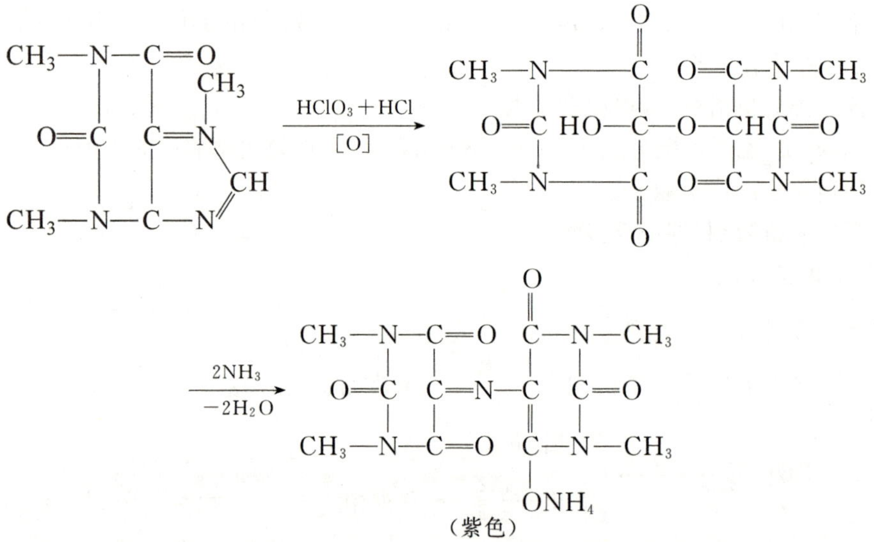

（紫色）

(3) 粗咖啡因的定性检验。取少量粗产品于干燥的点滴板上，喷上酸性碘-碘化钾试剂，可见到有棕色、红紫色和蓝紫色物质生成（棕色表示有咖啡因存在，红紫色表示有茶碱存在，蓝紫色表示有可可碱存在）。

(4) 咖啡因的定性检验。取少量提纯后的咖啡因，加 1mL 盐酸溶解，加0.1g氯酸钾，在通风橱中加热蒸发，待干，冷却后滴加氨水数滴，溶液变为紫色。

3. 从咖啡中提取咖啡因

为比较茶叶和咖啡两种饮品中咖啡因的含量，还可以从咖啡中提取咖啡因。

咖啡＋水 $\xrightarrow{煮沸}$ $\xrightarrow{过滤}$
- 固相（弃去）
- 液相 $\xrightarrow{氯仿萃取}$ 有机相 $\xrightarrow{洗涤}$ $\xrightarrow{挥发}$ 咖啡因

（1）称取 5.0g 咖啡放在装有 200mL 水的烧杯中。

（2）煮沸 20min[5]。

（3）过滤。

（4）滤液用 30mL 氯仿分三次萃取,分别为 15mL、8mL、7mL。

（5）洗涤。

（6）挥发溶剂可得咖啡因。

将实验所得数据填入表 3-28-2。

表 3-28-2　从咖啡中提取咖啡因实验数据记录

咖啡品种	质量/g	咖啡因	
		质量/g	含量/%
细(雀巢)	5.0		
粗(Maxim)[6]	5.0		

五、实验注释

[1] 用研钵研细的茶叶会因其颗粒过小而影响过滤,所以本实验改用剪刀剪碎。

[2] 过滤效率可能不太理想,此时可及时更换滤纸或先离心再过滤。

[3] 有时有机相乳化较为严重,此时可用饱和食盐水洗涤,并可延长静置时间,必要时可离心。

[4] 可水浴加热,温度不宜太高,以恰好使有机物沸腾为准。

[5] 如咖啡较粗,煮沸时间可适当延长。

[6] 粗咖啡的咖啡因产率没有细咖啡的高,可能原因是粗咖啡的浸渍效果不如细咖啡的好。

六、讨论与研究

1. 茶叶中的天然物质

茶是我国的传统饮品,茶具有的种种功能都与茶叶中所含的天然物质有关。茶的鲜叶中含有 75%～80% 的水分,干叶中水分含量为 20%～25%。干叶中包含许多种化合物,分为蛋白质、茶多酚、生物碱、氨基酸、碳水化合物、矿物质、维生素、色素、脂肪和芳香物质等。

茶叶中的生物碱类包括咖啡因、茶碱、可可碱、腺嘌呤等。茶叶中咖啡因含量最高,占 2.5%～5.5%。泡茶时有 80% 的咖啡因能溶于水中,是苦味成分之一。咖啡因是弱碱性化合物,易溶于氯仿、水、热苯等。咖啡因具有提神醒脑、消除疲劳之功效。咖啡因是嘌呤的衍生物,化学名称为 1,3,7-三甲基-2,6-二氧嘌呤,其结构式与茶碱、可可碱类似。

嘌呤(purine)　　茶碱(guanine)　　可可碱(adenine)

茶叶中的氨基酸具有独自的特点,包含一种在其他生物中没有的氨基酸——茶氨酸。氨基酸在茶叶中有二三十种,包括多种人体必需的氨基酸。在茶叶的氨基酸中,茶氨酸的含量最高,占氨基酸总量的一半以上,具有甜味和鲜爽味。它和其他氨基酸通过种种途径参与茶叶香味的形成,从而影响茶叶的品质水平。

茶叶中有约 30 种矿物质,主要成分是钾,约占矿物质总量的 50%,磷约占 15%,其次是钙、镁、铁、锰、氯、铝,还有微量成分,如锌、铜、氟、钠、镍等。与其他植物相比,茶叶中钾、氟、铝等含量很高。夏天流汗过多时,喝茶可以补充矿物质及水分,故喝茶解渴是有根据的。

茶叶中含有 10 多种维生素(A、B_1、B_2、B_3、B_5、B_6、C、D、E、K、…),其中 A、D、E、K 属于脂溶性维生素,不溶于水,故难以从喝茶中摄取,不过可由茶叶制成的糕点中获得。而其他维生素则为水溶性,可从饮茶过程中获得。一个人每天喝三到五杯的绿茶可获得足够的维生素 C,在蔬菜水果不足的地方是相当重要的。

茶叶中的脂肪类包括磷脂、硫脂、糖脂、甘油三酯等,都是人体必需的脂肪酸,是脑磷脂、卵磷脂的主要组成部分。此外还有香气成分,成品茶中被确认的香气成分达 700 种。不同的茶类,其香气成分的种类和含量不同。

茶一般可以分为红茶、绿茶、花茶、乌龙茶、紧压茶五种,其中绿茶的主要成分是维生素以及具有药理作用的茶多酚、生物碱、脂多糖、黄酮、水分及灰分等。

2. 茶多酚

茶叶中健康功能最大、含量很高的成分是茶多酚。茶多酚是茶叶中 30 多种酚类化合物的总称,是多酚类化合物的复合体。茶多酚包括儿茶素、黄酮类、花青素和酚酸四大类物质。茶多酚的含量占茶叶嫩梢干总质量的 20%~35%。

在茶多酚总量中,儿茶素约占 70%,它是决定茶叶色、香、味的重要成分。

黄酮类物质又称花黄素,是形成绿茶汤色的主要物质之一,含量占干物质总量的 1%~2%;花青素呈苦味,如果花青素多,茶叶品质不好,造成红茶发酵困难、绿茶滋味苦涩;茶叶中酚酸含量较低,包括没食子酸、茶没食子素、绿原酸、咖啡酸等。

茶多酚含有很多的多酚性羟基,易氧化成醌类而提供质子 H^+,具有很强的抗氧化性。茶多酚对活性氧自由基有很强的清除作用,其清除能力比维生素 E 和维生素 C 强得多。其中,儿茶素清除氧自由基的能力是维生素 C 的 67 倍,茶多酚复合体清除氧自由基的能力是维生素 C 的 64 倍。茶多酚的主要功能有:抗脂质过氧化,预防衰老;降"三高"(高血压、高血糖、高血脂),有助于抑制心血管疾病,具有强心功能;有助于预防和抗癌;能保护肾脏和肝脏;有助于预防和治疗辐射伤害;具有防龋固齿、清除口臭的作用;能减轻烟酒对人体的损伤;舒缓肠胃紧张,具有防炎止泻和利尿的作用以及抗菌抗病毒作用;能降脂助消化;促进维生素 C 的吸收,防止坏血病;改进人体对铁的吸收,有效防止贫血;还有美容护肤、提神解乏、提高免疫力等功能。

作为一种天然抗氧化剂,茶多酚还可用于肉类、鱼类、面类食品、食用植物油、动物油等的抗氧化保鲜。

实验二十九 偶氮染料的制备与应用风险探究

很早以前,人们就利用某些动植物中的有色物质来印染丝绸织物。但天然染料品种稀少,价格昂贵。19世纪中期,煤焦油工业兴起以后,人们才发现了合成染料。目前使用的染料都是由芳香或杂环化合物合成的。

偶氮染料是一种重要的有机染料,它是由偶氮基连接两个芳环形成的一类化合物。偶氮染料可以通过重氮盐(ArN_2^+)与酚类(ArOH)或芳胺($ArNH_2$)发生偶联反应进行制备(Ar 表示芳基)。

文身墨水是偶氮染料在生活中的常见用途。但是一些青少年在缺乏对文身健康风险认知的情况下做出文身的决定,为未来埋下隐患。

Ⅰ 油溶黄的制备

油溶黄(oil yellow),又称1904油溶黄。性状特点:黄色粉末,不溶于水,微溶于乙醇,溶于丙酮和苯,易溶于油脂和矿物油。其色泽鲜艳,是一种有机颜料,多用于皮鞋油、地板蜡、油脂等的着色以及礼花焰火、透明漆的制造。

一、实验目的

探索利用芳胺的氨基反应特性合成有用的偶氮染料油溶黄的实验方法。

二、实验原理

苯胺在冷的强酸存在条件下和亚硝酸作用生成重氮化合物,重氮化合物与酚类在碱性条件下反应生成偶氮化合物。本实验是由苯胺经重氮化后与 β-萘酚在碱性条件下偶合而生成油溶黄。反应方程式为

$$C_6H_5-NH_2+NaNO_2+2HCl \xrightarrow{0\sim5℃} C_6H_5-N_2Cl+NaCl+2H_2O$$

$$C_6H_5-N_2Cl+\beta-C_{10}H_7OH \xrightarrow{NaOH} C_6H_5-N=N-C_{10}H_6OH+H_2O+NaCl$$

三、实验用品

仪器和材料:锥形瓶、烧杯、试管、抽滤瓶、布氏漏斗、b形管、量筒、玻璃棒、滴管、滤纸、白色棉布、天平等。

药品:$6mol \cdot L^{-1}$ 稀盐酸、10%氢氧化钠溶液、10%亚硝酸钠溶液、苯胺、β-萘酚、冰等。

四、实验内容

(1) 在一个50mL锥形瓶中,加入1mL苯胺和10mL稀盐酸,放入盛有冰水的500mL烧杯中,冷却至5℃以下。另外,在一试管中加入10mL亚硝酸钠溶液,将试管同样放入冰水中冷却。然后把试管中亚硝酸钠逐滴加入锥形瓶中,振荡混匀后取10mL放入另外一烧杯中,待用。

(2) 取1.5g β-萘酚于50mL烧杯中,加入氢氧化钠溶液约20mL,溶解混匀后取10mL放入另一烧杯中待用。

（3）操作（2）的烧杯用冰水冷却，然后逐滴加入操作（1）的锥形瓶中，振荡使其充分反应，将生成的橙黄色固体抽滤、洗涤并干燥。

（4）取干燥后的油溶黄测定其熔点（理论熔点为134℃）。

（5）把白色棉布放入操作（2）中另取的10mL溶液中，充分浸湿后用玻璃棒绞干并展开，然后在操作（1）中另取的10mL溶液中浸泡，棉布被染色后拿出来用水洗净、干燥。

五、注意事项

（1）苯胺有毒，实验时应尽量避免与皮肤接触或吸入其蒸气。

（2）重氮化反应时，酸要过量，不然会引起自偶合反应，即生成的重氮盐和未反应的芳胺偶合。

$$C_6H_5\text{—}N_2Cl+C_6H_5\text{—}NH_2 \longrightarrow C_6H_5\text{—}N=N\text{—}NH\text{—}C_6H_5+HCl$$

（3）亚硝酸钠也要过量，否则也会引起自偶合反应。

（4）反应温度必须在5℃以下，因为重氮盐在低温下较稳定，若温度过高，亚硝酸也会分解。

Ⅱ 甲基橙的制备

甲基橙的化学名称为对二甲氨基偶氮苯磺酸钠，为橙黄色粉末或鱼鳞状结晶，几乎不溶于乙醇，溶于水得橙色溶液，是一种最常用的pH指示剂，室温时变色范围为pH 3.1～4.4（红～橙黄）。

一、实验目的

通过甲基橙的制备，了解重氮反应和偶合反应的操作及反应条件控制。

二、实验原理

甲基橙可由对氨基苯磺酸（盐）经重氮化反应后，再与 N,N-二甲基苯胺的乙酸盐在弱碱性介质中偶合得到。反应原理如下：

$$H_2N\text{—}C_6H_4SO_3+NaNO_2+2HCl \xrightarrow{0\sim5℃} ClN_2C_6H_4SO_3+NaCl+2H_2O$$

$$C_6H_5\text{—}N(CH_3)_2 + HO\text{—}\underset{\underset{O}{\|}}{C}\text{—}CH_3 \longrightarrow [C_6H_5\text{—}NH(CH_3)_2]O\text{—}\underset{\underset{O}{\|}}{C}\text{—}CH_3$$

$$\overset{+}{N_2}C_6H_4SO_3^- + [C_6H_5\text{—}\overset{+}{N}H(CH_3)_2]^-O\text{—}\underset{\underset{O}{\|}}{C}\text{—}CH_3 \xrightarrow{\text{偶合}}$$

$$[^-O_3SC_6H_4\text{—}N=N\text{—}C_6H_4\text{—}\overset{+}{N}(CH_3)_2]^-O\text{—}\underset{\underset{O}{\|}}{C}\text{—}CH_3 \xrightarrow{\text{质子迁移}}$$

$$[^-O_3SC_6H_4\text{—}\overset{+}{N}=N\text{—}C_6H_4\text{—}N(CH_3)_2]^-O\text{—}\underset{\underset{O}{\|}}{C}\text{—}CH_3 \xrightarrow{\text{NaOH}}$$

（红色）

$$NaO_3SC_6H_4\text{—}N=N\text{—}C_6H_4\text{—}N(CH_3)_2$$

（甲基橙，橙色）

三、实验用品

仪器和材料:烧杯、试管、滴管、玻璃棒、布氏漏斗、抽滤瓶、滤纸、天平等。

药品:对氨基苯磺酸、N,N-二甲基苯胺、无水乙酸、浓盐酸、$2mol \cdot L^{-1}$盐酸、10%氢氧化钠溶液、饱和食盐水、亚硝酸钠固体、冰等。

四、实验内容

1. 重氮化

(1) 在100mL烧杯中放入2g对氨基苯磺酸晶体,加10mL 5%氢氧化钠溶液,在热水中温热使其溶解,再冷却至室温。

(2) 在上述溶液中加入0.8g亚硝酸钠,溶解后在搅拌下将该混合物分批滴入装有13mL冰水和2.5mL浓盐酸的烧杯中(温度保持在5℃以下),可看到有对氨基苯磺酸重氮盐的细粒状白色晶体生成。

(3) 为了保证反应完全,继续在冰水中放置15min。

2. 偶合

(1) 在一支试管中加入1.3mL N,N-二甲基苯胺和1mL冰醋酸,充分振荡混合。

(2) 边搅拌边将此溶液慢慢加入上面的对氨基苯磺酸重氮盐的溶液中,加完后继续搅拌10min,此时有红色酸性沉淀生成。

(3) 在搅拌下慢慢加入15mL 10%氢氧化钠溶液,反应物变为橙色,粗制的甲基橙呈细粒状沉淀析出。

(4) 将(3)的反应物加热到沸腾,使粗产品全部溶解,稍冷后放入冰水中冷却,待甲基橙全部析出,抽滤,用饱和食盐水洗涤两次。

(5) 取少许抽滤后的滤饼加水溶解得橙色溶液,加酸颜色变红,再加碱则颜色由红变橙,最后变为黄色。

五、注意事项

(1) 重氮化反应时,对氨基苯磺酸应用碱溶液使其转变为水溶性盐而溶解。

(2) 为了使对氨基苯磺酸完全重氮化,必须不断搅拌。

(3) 重氮化反应温度应控制在5℃以下,否则重氮盐水解成苯酚,降低产率。

(4) 亚硝酸钠不能过量,否则会引起一系列副反应。可用淀粉-碘化钾试纸检验亚硝酸钠是否过量。

$$2NO_2^- + 2I^- + 4H^+ \longrightarrow I_2 + 2NO\uparrow + 2H_2O$$

淀粉遇碘变蓝。这时可加少量尿素除去过量的亚硝酸钠。

$$CO(NH_2)_2 + 2NO_2^- + 2H^+ \longrightarrow CO_2\uparrow + 2N_2\uparrow + 3H_2O$$

(5) 抽滤后的产品烘干时,温度常为65~75℃,也可用乙醇、乙醚洗涤加速干燥。

Ⅲ   偶氮染料文身墨水的风险探究

一、实验目的

(1) 了解不同品质文身墨水的性质差异,体验运用化学知识、技能认识科学风险的过程。

(2) 了解文身墨水可能带来的健康隐患,发展科学决策能力。

二、实验原理

1. 文身墨水的成分

文身墨水中的某些成分(如重金属元素、多环芳香烃、偶氮化合物等)可能会对人体产生不利影响。例如,蓝色墨水中的常见成分酞菁蓝(图 3-29-1)为铜配合物,当生物体内的铜累积到一定数量,尤其是在肝、脑、肾脏等组织中沉积过多时,就会导致肝硬化、神经失调、肾脏损伤等。可通过焰色反应定性检验文身墨水中的铜元素。

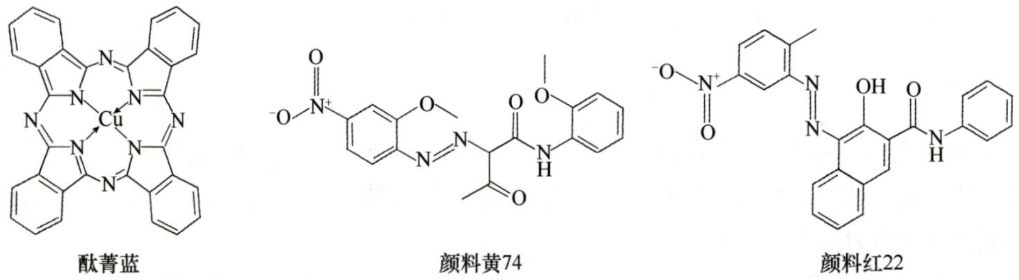

酞菁蓝   颜料黄74   颜料红22

图 3-29-1   三种颜料的结构式

各种颜色的文身墨水中还常有偶氮化合物,如颜料黄 74、颜料红 22 中含有偶氮键(—N═N—),这类物质与动物体接触后会逐渐渗入,与体内新陈代谢中产生的还原性物质作用,偶氮双键被还原断裂,变成氨基产生芳香胺:

$$—N═N—\ \longrightarrow\ —NH_2$$

芳香胺常在动物体内的远隔部位(肝、膀胱、乳腺或结肠等)诱发肿瘤,在体内通过代谢作用而使细胞的脱氧核糖核酸(DNA)发生变化,成为人体病变的诱发因素。

2. 文身墨水的颗粒大小

文身墨水中的颜料颗粒直径为 10~5000nm,且黑色颜料的颗粒最小,白色颜料的颗粒最大。部分文身墨水颗粒直径小于 100nm,属于纳米颗粒。由于文身墨水长期存在于人体内,纳米颗粒可以穿透皮肤,从而进入血液,在器官中沉积,危害人体健康。

三、实验用品

仪器和材料:试管、50mL 烧杯、滴管、载玻片、光学显微镜、滤纸、托盘天平、酒精灯、喷雾瓶、塑料杯、玻璃棒。

药品:黑色/黄色/蓝色高档文身墨水、黑色/黄色/蓝色/红色低档文身墨水、10%猪肝研磨液、3%过氧化氢溶液、铜钱草、蒸馏水。

四、实验内容

1. 文身墨水中的铜元素

用量筒量取 2mL 各种颜色的文身墨水于喷雾瓶中,向点燃的酒精灯喷射,观察火焰颜色。

实验现象:在黑色、蓝色、黄色三种文身墨水的焰色反应中,仅有蓝色墨水的火焰呈绿色,且低档墨水比高档墨水的火焰更绿。

2. 文身墨水的颗粒大小

(1) 用标准滴管取 1 滴(约 0.05mL)高档文身墨水(黄色)于量筒中,再加入蒸馏水至 30mL,即稀释约 60 倍。

(2) 用纱布擦净载玻片,用滴管滴 3 滴墨水稀释液。

(3) 将载玻片置于显微镜下,观察颗粒大小。

(4) 将高档墨水替换成低档墨水(黄色),在不改变显微镜放大倍率的条件下,重复步骤 (1)～(3)。

实验现象:高档文身墨水的颗粒在显微镜下较为清晰,说明其颗粒直径通常大于 200nm;但低档墨水的颗粒难以辨识,说明其颗粒直径通常小于 200nm。

3. 文身墨水的着色性

(1) 用圆规在滤纸上画出三个半径分别为 0.5cm、1.0cm、1.5cm 的同心圆。

(2) 用滴管吸取高档或低档文身墨水,分别滴在滤纸的两个圆心处。

(3) 置于太阳光下 10～20min,待其自然晒干,观察两种墨水的扩散和着色情况。

实验现象:同时滴下高、低档文身墨水后,低档墨水滴迅速扩散,而高档墨水扩散缓慢。晒干后可看到高档墨水的扩散半径在 0.5cm 以内,而低档墨水的扩散半径在 1.0cm 以上,即高档墨水比低档墨水的扩散范围小。并且在晒干后,高档墨水的颜色饱和度和光泽度更好,且不易剥离和脱落。

4. 文身墨水对细胞活性的影响

(1) 称取 5g 猪肝,用小刀切碎并放入研钵中研磨后倒入烧杯中,加入 50mL 蒸馏水配成 10% 猪肝研磨液。

(2) 取 3 支离心管编号为 1、2、3,并分别加入 5 滴猪肝研磨液。在离心管 1 中加入 10 滴高档文身墨水,离心管 2 中加入 10 滴低档文身墨水,离心管 3 中加入 10 滴蒸馏水(作为对照),静置 50min。

(3) 取 3 支试管编号为 1、2、3,分别加入 3 mL 3% 过氧化氢溶液,然后将 3 支离心管中的液体同时倒入对应编号的试管中,观察产生气泡的速率。

实验现象:未加入文身墨水的试管中气泡高度最高,反应速率最快,加有高档墨水的试管中气泡上升高度其次,低档墨水最低。

5. 文身墨水对植物生长的影响

（1）用量筒量取 4mL 红色低档文身墨水于小烧杯中，加水配制成 40mL 溶液，转入塑料杯中。另取一个塑料杯加入 40mL 自来水，作为对照实验。

（2）在两个塑料杯中加入等量的铜钱草，并滴入 2 滴营养液，观察植物在 5 天内的生长状态。

实验现象：在培养的第一天，两个塑料杯中的铜钱草生长情况均良好。到培养的第五天时，清水中的铜钱草生长态势仍保持良好，但红色文身墨水中的铜钱草生长缓慢甚至枯萎。

五、注意事项

（1）文身墨水成分复杂且着色性较好，要避免与皮肤接触。

（2）光学显微镜的分辨率为 200～700nm，选用颗粒较大的白色或黄色墨水观察效果较好。

六、讨论与研究

1. 重氮化反应和偶联反应

重氮和偶氮化合物都含有—N＝N—偶氮基官能团，该官能团两端都与烃基相连的化合物称为偶氮化合物；若该官能团的一端与烃基相连，另一端与其他非碳原子（CN^- 例外）或原子团相连，则称为重氮化合物。

第一胺（氨分子中的一个氢原子被烃基取代生成的化合物，又称伯胺）在冷的强酸存在下和亚硝酸作用生成重氮化合物的反应称为重氮化反应。

$$\langle\bigcirc\rangle-NH_2 \xrightarrow{NaNO_2,HCl,0\sim5℃} \langle\bigcirc\rangle-\overset{+}{N}≡NCl^-$$

氯化重氮苯

重氮盐在弱酸、中性或弱碱性溶液中与芳胺或酚类作用，由偶氮基—N＝N—将两个分子偶联起来，生成偶氮化合物的反应称为偶联反应。

$$\langle\bigcirc\rangle-\overset{+}{N}≡N: + \langle\bigcirc\rangle-\overset{..}{N}(CH_3)_2 \xrightarrow{-H} \langle\bigcirc\rangle-N=N-\langle\bigcirc\rangle-N(CH_3)_2$$

偶联反应一般总是在氨基（或羟基）的对位上发生，不会在其间位上发生。

偶氮基—N＝N—是一种生色基团，含有该基团的化合物都是有颜色的物质，常用作染料。分子内具有一个或几个偶氮基的合成染料称为偶氮染料。为了改善颜色和提高染色效果，偶氮染料必须含有成盐的基团如酚羟基、氨基、磺酸基和羧基等。

偶氮染料是纺织工业染料中品种最多、应用最广的一类合成染料，在所有已知染料品种中，偶氮化合物要占半数以上。

2. 有关偶氮染料及其代谢产物的化学结构与毒性关系的讨论

偶氮染料是人工合成的偶氮化合物，其分子结构中含有偶氮键（—N＝N—）。偶氮染料的生物毒性是由于其分解还原产物——芳香胺，但并不是所有的偶氮染料都会产生具有致突变性和致癌性的芳香胺。已有研究发现，只有当偶氮染料分子结构中含有联苯胺或苯二胺才有此特性,即联苯胺和苯二胺是偶氮染料致突变作用的有效部分。

对于苯二胺,研究发现在其分子环状结构上增加一个甲基($-CH_3$)或亚硝基($-NO$),可增强它们的致突变力。但是如果增加一个亚硫酸根(SO_3^{2-})、羧基($-COOH$)或乙基($-C_2H_5$)取代氨基上的氢,则其致突变力明显降低。对于联苯胺,许多官能基团也会影响其致突变力。研究发现化学结构与致突变力之间有下列关系:①这些芳香胺都不是直接诱变剂,都需要代谢活化才能表现其诱变性;②在分子环状结构上加亚硝基或被卤素取代,则会使其转变成直接诱变剂;③由联苯胺或以联苯胺为基体的偶氮染料与金属离子如铜离子(Cu^{2+})结合形成的复合物,其致突变力明显降低甚至消失,但仍具有染料的特性;④与联苯胺有关的芳香胺中只有 N-羟基-3-二苯胺和 3,3,5,5-四甲基联苯胺无突变能力,说明在环状结构的邻位上用烷基取代氢,则其致突变力明显受影响。因此,发展具有染料特性但没有生物毒性的偶氮染料是染料工业的新课题。

3. 文身墨水中的金属成分

大多数文身墨水都是金属盐基颜料,但这些颜料的用途并不仅限于皮肤。虽然这些颜料通常被认为不会对人体健康造成影响,但是由文身中的无机金属盐导致人体内的不良反应屡见不鲜。

天然黑色墨水主要从磁铁矿和乌石(氧化铁)或炭粉中提取而来,黑色颜料中的金属成分主要是铁。

矿物中的蓝色颜料包括碱式碳酸铜(蓝铜矿)、硫酸锶(天青石)、硅酸钙铜(埃及蓝)、酞菁蓝、氧化铝钴等。铜基颜料比钴基颜料更稳定、毒性更小,含钴的蓝色文身颜料更容易引起荨麻疹、肉芽肿和假淋巴瘤反应。

棕色颜料的主要成分是赭石,赭石是由氧化铁和黏土混合而成。在棕色颜料中,含量较高的金属是铁和铝,也可能含有少量有毒元素如锰、铅、锑。

绿色颜料的生产原料主要是氧化铬,也可能来源于其他化合物,如铜盐(酞菁蓝和孔雀石)、铬酸铅(铬黄)和普鲁士蓝。这种颜料中含有的钴会导致皮肤过敏,如慢性皮炎或疱疹样皮炎。

灰色颜料通常由炭粉制得,可认为是黑色的渐变色。灰色颜料中的金属含量较低,存在的金属主要为铝、铜和铁。

红色颜料是最常引起皮肤过敏(如肉芽肿、湿疹)的颜色。红色常由硫化汞制得,也可能来源于硫化镉、硒化镉以及氧化铁(铁锈)和水合铁(赭石红)。在红色颜料中,铝、钡和铁是含量最高的金属,还含有微量的镉和汞。

紫色颜料中的金属盐主要含锰,但锰较少引起皮肤过敏。除锰外,部分紫色颜料中还含有钒。

黄色颜料是由硫化镉制成的,这种化合物具有光导性,因而当黄色墨水暴露在阳光下时容易产生皮肤过敏或肿胀。但黄色墨水中只存在微量镉,对人体健康造成危害的风险可能性也较低。

白色颜料的主要成分为二氧化钛,是从天然存在的锐钛矿和金红石中提取得到的,取代了以往所用的硫酸钡或碳酸铅。白色墨水中的主要金属成分为铝,铅和钡的含量较低。

文身在世界范围内越来越流行,但注入皮肤内的无机色素成分会引起慢性或全身性病症,从而对人体健康造成影响。在各类文身墨水中,铝、钡、铜、铁是主要的金属元素,还常含有铬、镍和钴等致敏金属。由于文身长久地与人体皮肤接触,从而在体内积累,因此有必要对文身墨水的成分进行更深入的分析与评判。

4. 有关元素分析技术的讨论

本实验中运用焰色反应对文身墨水中的重金属元素进行定性鉴定。焰色反应是指某些金属或其挥发性化合物在火焰中灼烧时使火焰呈现特征颜色的反应。而在定量分析领域,20世纪 60 年代以前主要以经典的化学分析为主,随着现代分析化学的发展逐渐以仪器分析为主,各种先进的多元素分析技术能够实现主、次、痕量及超痕量元素的分析。例如,电感耦合等离子体原子发射光谱、电感耦合等离子体质谱和 X 射线荧光光谱技术是目前地质样品、食品安全、文物研究等领域元素分析的主要支撑技术。原子吸收光谱、原子荧光光谱虽然大多逐渐被现代多元素同时分析技术所取代,但仍然是多元素分析系统中重要的配套技术。以下对目前较常用的几种仪器分析技术做简要介绍。

1) 电感耦合等离子体原子发射光谱

电感耦合等离子体原子发射光谱(inductively coupled plasma atomic emission spectrometry, ICP-AES)是以电感耦合等离子体为激发光源的原子发射光谱分析技术。原子发射光谱法是以测量物质内部能级跃迁时的辐射波长和强度为基础的光学分析法。应用 ICP-AES 时,组成物质成分的各种化合物或单质在等离子体的高温条件下解离为原子或离子,激发辐射出各种不同特征波长的复合光,经过单色仪分光记录后,得到一系列代表组分中各元素的特征谱线,根据其特征光谱的波长可进行定性分析,根据光谱的强度可进行定量分析。

ICP-AES 最主要的优点是具有很强的抗干扰能力,在很大程度上克服了经典光谱中存在的严重的基体干扰效应,一般可不用内标法或加添加剂,并且精密度好、准确度较高。但是 ICP-AES 灵敏度远低于 ICP-MS,且谱线复杂,光谱干扰较严重。

2) 电感耦合等离子体质谱

电感耦合等离子体质谱(inductively coupled plasma mass spectrometry, ICP-MS)是以等离子体为离子源的无机质谱分析技术。样品通常以水溶液的气溶胶形式引入氩气流中,然后进入由射频能量激发的处于大气压下的氩等离子体中心区。等离子体中心通道的高温使样品去溶剂化、气化、解离和电离。部分等离子体经过不同的压力区进入真空系统,在真空系统内,正离子被拉出并按照其质荷比分离。检测器将离子转换成电子脉冲,然后由积分测量线路计数。电子脉冲的大小与样品中分析离子的浓度有关。自然界出现的每种元素都有一个或几个同位素,每个特定同位素离子给出的信号与该元素在样品中的浓度呈线性关系。通过与已知的标准或参考物质比较,可实现未知样品的痕量元素定量分析。

ICP-MS 能够实现多元素快速分析,可在数十秒内定量分析元素周期表中几乎所有金属元素及一些非金属元素。同时 ICP-MS 灵敏度高,被公认为目前检出限最低的多元素分析技术。但 ICP-MS 的基体效应较大,需用内标法校正,且设备昂贵,制样复杂,仪器需要消耗大量氩气。

3) X 射线荧光光谱

X 射线荧光光谱(X-ray fluorescence spectrometry, XRF)是基于对 X 射线照射样品后所产生的特征 X 射线荧光的波长与强度进行定性、定量分析的仪器分析方法,是各种无机材料中主成分分析最重要的分析技术。X 射线是一种波长较短的电磁辐射,能量范围为 0.1~100keV。用 X 射线管发出的一次 X 射线照射样品,样品中元素的内层电子受其激发可产生特征 X 射线荧光,或者称为二次 X 射线。通过测量和分析样品产生的 X 射线荧光,即可对被测样品中的元素进行定性和定量分析。

XRF 适用于各类固体样品中主、次、痕量元素的同时测定,测定的浓度范围宽。同时样品制备简单,分析过程不破坏样品,便于进行无损分析。但是 XRF 检出限不够低,不适用于分析超轻元素,同时定量分析校准依赖标准样品,分析液体程序较为麻烦。

4) 原子吸收光谱

原子吸收光谱(atomic absorption spectrometry, AAS)是基于蒸气相中待测元素的基态原子对其共振线辐射的吸收强度来测定样品中该元素含量的一种仪器分析方法。在通常情况下,原子处于基态。当特征辐射(如空心阴极灯锐线光源)通过原子蒸气时,基态原子从入射辐射中吸收能量,由基态跃迁到激发态,原子发生共振吸收,产生该种原子特征的原子吸收光谱。吸光度与样品中待测元素的含量成正比,可通过测量吸光度进行定量分析。

AAS 选择性好、技术发展成熟、应用范围广,且检测成本较低。但是 AAS 主要用于单元素分析,一次只能测定一种元素,分析效率低。同时难熔元素、稀土元素等易形成难解离氧化物,原子化效率低。

元素分析是分析科学研究方向中一个重要而活跃的研究领域,它可以为人们提供有关目标化合物更全面的信息。不同的分析技术具有不同的适用性与局限性,因而需要根据样品的特点进行权衡和选择。

实验三十　废弃泡沫塑料的性质及再利用

一、实验目的

(1) 了解废弃泡沫塑料的主要成分、性质及再利用的可能性。

(2) 形成保护环境的意识和观念。

二、实验原理

塑料有多种类型,其中一种发泡塑料的主要成分是聚苯乙烯(expanded polystyrene, EPS),即由 $5\%\sim10\%$ 的聚苯乙烯树脂和 $90\%\sim95\%$ 的空气构成。其物理性质表现为:材质轻、保温和缓冲性能好,在苯、甲苯、氯仿、环己烷、四氢呋喃等溶剂中能够溶解,在醇、酚、己烷中不溶解。

发泡塑料可以通过两种方式进行回收:物理回收(溶剂回收)和化学回收(热解回收)。废弃发泡塑料完全分解的产物成分大致为:52% 苯乙烯单体,19.5% 甲基苯乙烯,13.6% 甲苯,11.7% 苯乙烷,3.3% 异丙苯(均指质量分数)。另外,可以通过溴水褪色与否验证苯乙烯的生成。

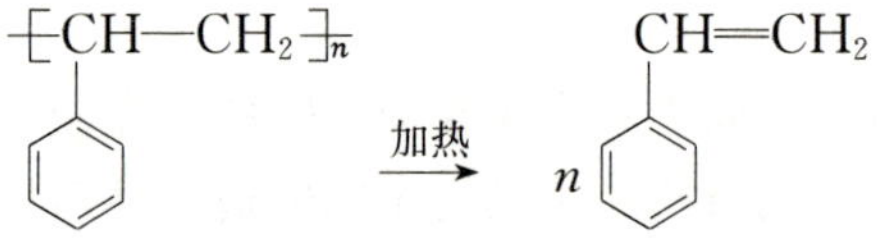

$$\left[CH-CH_2\right]_n \xrightarrow{\text{加热}} n \quad CH=CH_2$$

三、实验用品

仪器和材料:试管、具支试管、100mL 烧杯、玻璃导管、洗瓶、酒精灯、乳胶管、橡胶塞、气唧、水浴锅、铁架台和铁夹。

药品:丙酮、四氯化碳、氯仿、乙醇、石蜡油、0.1%高锰酸钾溶液、10%硫酸、聚苯乙烯发泡塑料。

四、实验内容

1. 溶解性实验

取大小约为 $2cm\times2cm$ 的小块发泡塑料三块,在三个烧杯中依次倒入 15mL ①水;②氯仿;③丙酮。将发泡塑料投入三个烧杯中,观察所发生的现象。取②的液体,向其中加入乙醇溶液,观察现象。

2. 简易物理回收再利用过程

物理消泡:将一块大小约 $5cm\times5cm$、厚约 3cm 的发泡塑料放入 20mL 丙酮溶液中,观察发泡塑料的体积变化。

物理分离:用药匙将已消泡的发泡塑料从丙酮溶液中舀出。

重新起泡:将从丙酮溶液中舀出的发泡塑料沾少量水后捏成球状,放入沸水中,观察现象。

3. 发泡塑料的热分解

（1）将大块发泡塑料用小刀切成 5mm×5mm 左右的小块，紧密地铺在试管的底部，并紧贴试管壁，放入 120～140℃ 的石蜡油浴中加热。待发泡塑料体积明显缩小后取出试管，冷却至室温。观察发泡塑料的形状。

（2）将冷却后体积缩小的发泡塑料装入具支试管（约 2mL 的高度），参照图 3-30-1 搭好装置。在另一支具支试管中加入 1mL 左右的 0.1% 高锰酸钾溶液及 1mL 10% 硫酸溶液（也可换成 1% 溴的四氯化碳溶液进行此实验）。最后用盛有四氯化碳的洗瓶进行尾气吸收，洗瓶后端用蘸有乙醇的棉花塞住。实验前检查装置气密性。

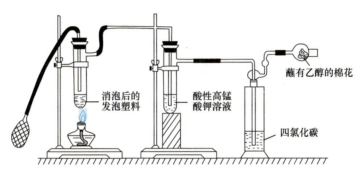

图 3-30-1　发泡塑料的热分解

（3）点燃酒精灯，观察发泡塑料的变化。持续加热 5～6min，观察所发生的现象。待有大量白雾生成时，用气唧进行鼓气并保证气流非常缓慢（为什么）。观察盛有酸性高锰酸钾溶液的试管中发生的现象。

五、注意事项

（1）在进行加热消泡时，把小块的发泡塑料放入小试管中，然后置于石蜡油浴中，能较快地得到消泡后的产物。原因是小试管的管壁比烧杯壁更薄。学生实验时，消泡后的塑料原料可由教师提前大量制备。由于聚苯乙烯的熔点是 150℃，为防止空气污染应尽量注意控制实验时的温度。也可用直接加热的方法进行消泡：在试管中加入少量发泡塑料小块，在离煤气灯火焰 1～2cm 处加热，可获得同样的消泡聚苯乙烯塑料。

（2）聚苯乙烯发泡塑料热分解的加热时间不宜过长，火焰温度持续过高会使炭化结焦现象严重，并且增加非主要产物的含量。故适宜使用酒精灯加热，加热时间约 5min 即可。

（3）应待反应仪器冷却至室温后再拆卸装置，避免有机物的大量挥发。

（4）清洗热解后试管的方法：将作为尾气吸收的四氯化碳迅速倒入反应结束后冷却的试管中，振荡后用试管刷小心地刷去污物，把废液倾入废液桶后一并处理。注意应在通风环境下进行。对于试管底部的炭化部分，加入少量的稀硝酸用试管刷刷去即可。

（5）整个实验过程要用到一些易挥发的有机药品和有毒、易燃的物质，加热过程一定要在通风环境中进行，避免有害物质的吸入，实验结束时要有序地按废弃物处理方法进行结束工作。

（6）建议此实验 3～4 人一组合作进行。

六、讨论与研究

1. 塑料的分类

塑料是以树脂为主要成分,在一定温度和压力下塑造成一定形状,并在常温下能保持既定形状的高分子有机材料。树脂是指受热时通常有软化或熔融范围,软化时受外力作用具有流动性,常温下呈固态或半固态或液态的有机聚合物。广义地讲,在塑料工业中作为塑料基本材料的任何聚合物都可称为树脂。

按塑料的物理化学性能可分热塑性塑料和热固性塑料两种。热塑性塑料的典型品种有聚乙烯、聚丙烯、聚苯乙烯以及聚酰胺、聚甲醛、聚碳酸酯等。热固性塑料的典型品种有酚醛、环氧、氨基、不饱和聚酯、呋喃等。在需要隔热、耐磨、绝缘、耐高压电等的恶劣环境中使用的塑料,大部分是热固性塑料。

按塑料的来源,其制成品可分新塑料制成和再生塑料制成两种。值得注意的是,经常使用再生塑料袋盛装食品会给人们身体带来很大损害,影响人们的健康。现在市面上使用的黑、红、蓝等深色塑料袋,大都是用回收的废旧塑料制品重新加工而成,不能装食品,超薄塑料袋(厚度在 0.025mm 以下)也是禁止装食品的。一般无毒的塑料袋呈乳白色、半透明或无色透明,有柔韧性,手摸时有润滑感,表面似有蜡;而有毒的塑料袋颜色浑浊或呈淡黄色,手感发黏。无毒塑料袋密度比水小,可浮出水面,有毒塑料袋密度比水大,会沉入水里。无毒塑料袋用力一抖,发声清脆;有毒者则声音闷涩。

2. 不同塑料的鉴定方法

可以采用不同的溶剂对不同类型的塑料进行简单的鉴别,如表 3-30-1 所示。

表 3-30-1　三种不同塑料的溶解性

材料	乙酸乙酯	环己酮	三氯甲烷
聚乙烯	不溶解	不溶解	不溶解
聚氯乙烯	不溶解	溶解	不溶解
聚苯乙烯	溶解	溶解	溶解

另外,还可通过燃烧法进行鉴别(表 3-30-2)。用小火燃烧塑料试样,观察塑料在火中和火外时的燃烧现象,同时注意熄火后,熔融塑料的落滴形式及气味。

表 3-30-2　三种不同塑料的燃烧性能

材料	燃烧性能	火焰状态	气化物气味
聚氯乙烯	阻燃,离开火焰后即熄灭	火焰及烟色底部呈绿色,尖部呈黄色	火灭后有盐酸的刺激气味
聚乙烯	在火焰中燃烧,离开火焰则缓慢熄灭或依旧燃烧	火焰及烟色为橙黄色,燃烧时不断有熔融物向下滴	有石油气味
聚苯乙烯	易引燃,离开火焰后继续燃烧	火焰为橙黄色,冒黑烟,有黑炭末飞向空中	有苯乙烯的臭味

3. 聚苯乙烯塑料简介

聚苯乙烯是无色透明珠状或粒状热塑性树脂,无臭无味,密度约为 $1.05\text{g}\cdot\text{cm}^{-3}$,熔融温度为 $150℃$,热分解温度为 $310℃$。聚苯乙烯塑料是当今世界上应用最广泛的塑料之一。

聚苯乙烯泡沫塑料大部分都是一次性使用,数以百万吨的白色垃圾散于自然界中,既不能腐烂转化,又不能自行降解而消失。这样,一方面造成严重的环境污染;另一方面造成宝贵的不可再生资源的浪费。我国从 20 世纪 80 年代末期开始起步研究废弃塑料的回收再利用技术,进入 90 年代以后,研究开始活跃起来,但技术产业化率还很低,每年大约仅有 15% 的废弃塑料得到回收,其余大都被掩埋。聚苯乙烯泡沫的密度很小,因此体积非常庞大,会占用大面积土地,而且当泡沫塑料进入土壤以后,基本上不会被微生物降解,使土壤中的空气、水分、养分等不能正常循环交换,而且它还会逐渐释放出一些有害物质,从而影响生态系统的正常循环,使掩埋处及其周围的土地土质变差。

4. 聚乙烯塑料的热分解

验证聚乙烯(PE)热解气体可燃:

(1) 将剪碎的聚乙烯塑料袋放至天平上,称取约 1.5g 碎塑料,疏松地填充入大试管,约加至试管的 1/2 处。另称取 1g 左右的氧化铝放入试管作为催化剂,塞上带有尖嘴管的橡胶塞,尖嘴管的内径不宜太小,以 2~3mm 较好,内径过小不易点燃。

(2) 点燃酒精灯加热试管底部,约 1min 后,塑料开始变形、熔化,加热 3~5min 时,逐渐有白雾生成,此时可在试管口点燃气体,火焰呈明亮的黄色。可持续燃烧,火焰稳定。若以溴的四氯化碳溶液或酸性高锰酸钾溶液做检验,可以看到有明显的褪色现象,验证了单体乙烯的产生,如图 3-30-2 所示。

本实验用于废弃塑料的化学降解,缺点是残余的固化产物难以处理,需用酸溶液和丙酮溶液先后浸泡较长时间(一周左右),然后可用玻璃棒轻轻刮出固化物。

碎塑料和
氧化铝

图 3-30-2　单体乙烯的燃烧

5. 聚氯乙烯塑料

聚氯乙烯(PVC)是由氯乙烯在引发剂作用下聚合而成的热塑性树脂。它用途广泛,是目前世界上仅次于聚乙烯的第二大塑料产品。

单体氯乙烯有致癌性,所以聚氯乙烯塑料中如果氯乙烯单体含量高的话,则会对人体造成危害。现在发达国家在生产保鲜膜或食品包装袋时已不再使用聚氯乙烯树脂做原料,尤其禁止使用苯结构类增塑剂来加工聚氯乙烯食品包装袋。油类食品如用聚氯乙烯塑料袋包装,塑料袋的有害物质会溶解到油脂中,对食品造成污染,因此油类食品尽量不要用聚氯乙烯做的薄膜塑料袋盛装。在超市和食品店购买熟食制品时,要谨慎使用覆盖在食品上的塑料纸。

识别聚氯乙烯塑料还可以采用铜丝燃烧的方法。首先,将多根铜丝的一端绕成螺旋状,在火中烧成红热。然后,将铜丝与实验用塑料薄膜接触,再把蘸有该塑料成分的铜丝重新放回火焰中。这时需仔细观察,如果出现绿色火焰,则说明这种塑料中含有氯元素,属于聚氯乙烯类材料。相反,如果火焰的颜色没有出现绿色,则说明在这类塑料制品中不含有氯元素,属于其他类塑料。

第四部分　中学化学定量与测定实验研究

化学教学不仅要使学生能定性认识物质,还要使其能定量把握物质的属性。这一部分选入的 8 个实验,实验内容不囿于传统,注意联系社会生活、环境保护,实验原理和实验操作则不超过化学课程标准对中学化学教学的要求。将有关数据获取的测定操作、实验结果的处理和实验原理及相关内容有机结合,有助于将科学方法、科学态度的教育落到实处,进一步提升将要从事中学化学教学工作的大学生、硕士研究生进行实验教学的能力。这也正是第四部分所安排实验的目的。

实验三十一　阿伏伽德罗常量的测定

1mol 任何物质所含的基本单元数称为阿伏伽德罗常量,用符号 N_A 表示。N_A 的值随着实验精确度的提高而不断被修改。1974 年前的 N_A 为 $6.022\ 045\ 3\times10^{23}\ mol^{-1}$;1974 年利用高纯度的单晶硅测得 N_A 为 $6.022\ 094\ 3\times10^{23}\ mol^{-1}$;1986 年国际推荐值为 $6.022\ 136\ 7\times10^{23}\ mol^{-1}$。但一般化学计算中均常用其近似值 $6.02\times10^{23}\ mol^{-1}$。测定阿伏伽德罗常量的方法有很多种,所得结果都很接近。本实验的目的是通过实验探究活动了解测定阿伏伽德罗常量的原理和方法。

Ⅰ　单分子膜法

一、实验原理

将硬脂酸[$CH_3\!\leftarrow\!CH_2\!\rightarrow_{16}\!COOH$]苯溶液滴在水面上,并立即展开。当苯挥发后,硬脂酸就留在水面上。由于硬脂酸分子中的羧基是亲水基,而长链的烷基是疏水基,因而羟基的一头钻进水里,烷基则伸出水面。当硬脂酸分子扩散而布满水面时,它们便相互靠拢,全部分子都竖立起来,形成一个单分子膜。

可利用以下公式计算阿伏伽德罗常量(N_A):

$$N_A=\frac{MSV}{mAV_d(d-1)}$$

式中,M 为硬脂酸的摩尔质量,$284\mathrm{g\cdot mol^{-1}}$;$S$ 为单分子膜的面积(水槽中水的表面积),cm^2;V 为实验中配制的苯溶液的总体积,mL;m 为实验中所称取的硬脂酸的质量,g;A 为每个硬脂酸分子的有效截面积,$2.2\times10^{-15}\ cm^2$;V_d 为每滴硬脂酸苯溶液的体积,mL;d 为滴在水面的硬脂酸苯溶液的滴数。

二、实验用品

仪器和材料:50mL 烧杯、100mL 容量瓶、10mL 量筒、2mL 吸量管、1mL 吸量管、水槽、滴管、喷灯(或酒精灯)、分析天平、内卡规、直尺。

药品:硬脂酸、苯。

三、实验内容

1. 准备工作

（1）硬脂酸苯溶液的制备。用一只干燥的小烧杯准确称取 20mg 或 40mg 硬脂酸,以少量苯溶解后,注入 100mL 容量瓶中。再用苯冲洗烧杯数次,每次都将洗液倒入容量瓶中。最后往容量瓶中加苯定容到刻度线,摇匀即可。

（2）在喷灯或酒精灯上将玻璃管拉成尖嘴很细的滴管,使每毫升苯溶液的滴数为 50～100 滴。

（3）仔细擦洗水槽,彻底清除油污(用去污粉或纯碱水刷洗后,再用水漂洗数次)。

2. 实验操作

1）测定水槽中水平面的直径

用内卡规从三个不同方位准确量出水槽的内径,取其平均值,从而得出准确的半径 r。然后在水槽上做记号,以后每次实验盛水至记号处。对于水槽的选择,直径应尽可能大一些。

2）测定液滴的体积 V_d

用洗净并且经实验用的硬脂酸苯溶液荡洗过的 1mL 吸量管准确吸取 1mL 配好的硬脂酸苯溶液于小量筒(也需用实验用的硬脂酸苯溶液荡洗过)中。再用选定的滴管吸取硬脂酸苯溶液,逐滴转移到另一容器内,转移完 1mL 硬脂酸苯溶液,记录滴数,体积(1mL)除以所滴出的总滴数即为每滴硬脂酸苯溶液的体积 V_d(也可如此重复 2～3 次操作,取平均值)。

3）测定硬脂酸苯溶液的滴数

用上述胶头滴管,吸入已配制好的硬脂酸苯溶液,按测定液滴体积时的角度,从水槽中心位置的上方向水面滴液。滴液不宜太快。往水面上滴入一滴,待苯全部挥发,硬脂酸扩散至看不到油珠时,再滴入第二滴。如此逐滴滴入。当硬脂酸苯溶液扩散减慢时,更需细心观察,谨慎操作。直到滴入一滴后,硬脂酸苯溶液不再扩散,而呈透明镜状时为止。记下滴到水面的硬脂酸苯溶液的滴数 d,进行重复实验,将先后几次实验的数据填入表 4-31-1。

表 4-31-1　单分子膜法实验数据记录

V/mL	m/mg	2r/cm	V_d/mL	d	N_A/mol^{-1}
100					
100					
100					
100					
100					
100					
平均					

3. 数据处理

设 $V=100\text{mL}, m=20\text{mg}=20\times10^{-3}\text{g}, 2r=19.5\text{cm}, V_d=\dfrac{1}{75}\text{mL}, d=25$,则

$$N_A = \frac{M\pi r^2 V}{mAV_d(d-1)} = \frac{284 \times 3.14 \times \frac{19.5^2}{4} \times 100}{20 \times 10^{-3} \times 2.2 \times 10^{-15} \times 1/75 \times (25-1)} = 6.02 \times 10^{23} (\text{mol}^{-1})$$

四、注意事项

(1) 实验所用的硬脂酸和苯,应尽可能用纯度较高的分析纯试剂,因苯里含有少量水,事前可用无水氯化钙脱水。

(2) 要用分析天平准确称量硬脂酸。配制的硬脂酸苯溶液的浓度应为$20\text{mg} \cdot 100\text{mL}^{-1}$左右,不能太大。此外,由于苯容易挥发,容量瓶内配制好的硬脂酸苯溶液应随用随取,用后塞紧瓶塞。

(3) 胶头滴管的尖嘴拉得越细越好,使每毫升苯溶液的滴数在100滴以上,效果较好。胶头滴管也可用一个长$6\sim7\text{cm}$的细玻璃管。其一端套上胶头,另一端连一段橡胶管,再在橡胶管的另一头接上一支医用$7^\#$注射针头来代替。使用这样的装置,1mL硬脂酸苯溶液估计约有70滴。

(4) 水槽的内径应尽量大些,水槽一定要洗净,不能有油脂和碱存在。重复实验应使用同一个水槽。如换用不同的水槽,则应重新测量内径,做好记号。第一次使用后的水槽,要用热肥皂水或去污粉擦洗器壁,冲洗干净后,再进行重复实验。如果不洗净,则造成的实验误差较大。

(5) 在往水槽里滴入硬脂酸苯溶液时,一定要等苯挥发后,再滴下一滴,尤其是最后$1\sim2$滴溶液扩散得很慢,必须耐心观察,待滴下溶液不再扩散才停止滴液。

若此实验中把水槽放在高亮度投影仪上滴,硬脂酸苯溶液的扩散看得更清楚,效果更好。

Ⅱ 电 解 法

一、实验原理

用两块已知质量的铜片作阴、阳极,用强度为$I(\text{A})$的稳恒直流电电解硫酸铜溶液,经时间$t(\text{s})$后

阴极反应:　　　　　　$Cu^{2+} + 2e^- =\!=\!= Cu$　　　（铜片增量$\Delta m\text{g}$）

阳极反应:　　　　　　$Cu - 2e^- =\!=\!= Cu^{2+}$　　　（铜片减量$\Delta m'\text{g}$）

理论上无副反应时$\Delta m = \Delta m'$。铜片增量、减量的部分分别为$\frac{\Delta m}{63.5}\text{mol}$和$\frac{\Delta m'}{63.5}\text{mol}$,而阴、阳极通过的电量$Q(\text{C})$为$It$。根据一个铜离子所带电量为$2 \times 1.60 \times 10^{-19}\text{C}$,可以导出$1\text{mol}$铜所含原子数

$$N_A = \frac{It \times 63.5}{\Delta m \times 2 \times 1.60 \times 10^{-19}}$$

$$N_A' = \frac{It \times 63.5}{\Delta m' \times 2 \times 1.60 \times 10^{-19}}$$

二、实验用品

仪器和材料：100mL 烧杯、250mL 烧杯、500mL 容量瓶、搅拌器、分析天平、直流稳压电源（24V 可调）、电流表、500Ω 滑动变阻器、开关、秒表。

药品：98% 浓硫酸、95% 乙醇、五水硫酸铜晶体、铜片（3cm×5cm）两块。

三、实验内容

（1）用烧杯称取五水硫酸铜 125g，先用一定量蒸馏水溶解，再缓缓加入 16mL 密度为 1.84g·cm^{-3} 的浓硫酸。把溶液转移到 500mL 容量瓶中，洗涤烧杯几次，将洗液一并注入容量瓶内，然后定容至 500mL。

（2）取两块 3cm×5cm 的薄铜片，分别用细砂纸擦去表面氧化物，用水冲洗后，再用 95% 乙醇棉球擦净其表面可能附着的铜屑。晾干并用分析天平精确称量（精确到 1mg），记录到表 4-31-2 中。

（3）取 100mL 烧杯，加入约 80mL 上述硫酸铜溶液。将上述称量过的两块铜片分别作为阴、阳极，两极间距约 2cm，并使每块铜片的 2/3 浸没在硫酸铜溶液中，如图 4-31-1 所示。

（4）使用 10V 直流电。合上开关，迅速调节滑动变阻器，使电路电流稳定在 100mA 左右，同时按动秒表计时。电解约 60min（计时要准确），拉下开关，停止电解，并将准确的电解时间填入表 4-31-2。

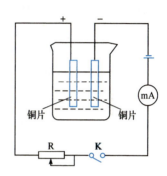

图 4-31-1　电解法测定阿伏伽德罗常量

mA. 电流表；K. 开关；R. 滑动变阻器

表 4-31-2　电解法实验数据记录

电极质量/g	阴极	阳极
	电解前： 电解后：	电解前： 电解后：
	$\Delta m=$	$\Delta m'=$
电流强度 I/A		
电解时间 t/s		
N_A	$\dfrac{It\times 63.5}{\Delta m\times 2\times 1.60\times 10^{-19}}=$	$\dfrac{It\times 63.5}{\Delta m'\times 2\times 1.60\times 10^{-19}}=$

（5）取出阴、阳极铜片，在水中漂洗后，再用 95% 乙醇浸洗。晾干，精确称量并记录数据。注意操作中不要让镀上去的铜脱落。

（6）整理数据，并计算出阿伏伽德罗常量。

四、注意事项

（1）铜片电极洗净后，不能用手指触及，以免电极沾上油污，影响铜电解时析出。

（2）电解时温度控制在 20～35℃。在整个电解过程中，可调节电阻使电流强度尽可能保持不变。

实验三十二　物质相对分子质量的测定

一、实验目的

了解物质相对分子质量的测定原理和方法,掌握分别处于气态、液态和固态的三种物质相对分子质量的测定技能。

二、实验用品

仪器和材料:洗气瓶或集气瓶、分液漏斗、圆底烧瓶、平底烧瓶、烧杯、酒精灯或煤气灯、大试管、温度计、搅拌器、移液管、扭力天平、铁架台及附件、铝箔、针、石棉网、棉线。

药品:浓硫酸、2~4mol·L^{-1}盐酸、四氯化碳、苯、萘、石灰石(块状)、碳酸氢钠、冰块(自制)。

三、实验内容

1. 二氧化碳相对分子质量的测定

通过测定二氧化碳的体积和质量,利用气体密度法求气态物质的相对分子质量和化学式。按图 4-32-1 装置进行配制和组装。

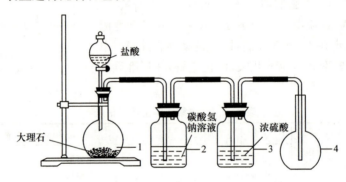

图 4-32-1　二氧化碳相对分子质量的测定
1.二氧化碳制气装置；2、3.洗气瓶；4.二氧化碳

(1) 称量带橡胶塞的洁净干燥的空烧瓶的质量,记为 W_1(精确至 0.1g,下同)。

(2) 用盐酸与大理石反应制取二氧化碳气体,经碳酸氢钠、浓硫酸处理后通入烧瓶片刻。

(3) 烧瓶收集满二氧化碳后,塞紧橡胶塞,然后称量,再收集一次,使两次称量达恒重,记为 W_2。

(4) 拔出橡胶塞,向烧瓶内注水至满,塞好橡胶塞再称量,记为 W_3。

(5) 记下温度 T 和大气压 p。

(6) 计算。

烧瓶体积:

$$V = \frac{W_3 - W_1}{1.0}$$

烧瓶中空气的质量:

$$W_{空气} = \frac{pVM_{空气}}{RT}$$

二氧化碳的质量:

$$W_{CO_2} = W_2 - (W_1 - W_{空气})$$

二氧化碳的相对分子质量：
$$M_{CO_2} = \frac{W_{CO_2}RT}{pV}$$

2. 四氯化碳相对分子质量的测定

利用有机化合物四氯化碳受热易挥发的性质测定其体积和质量,通过公式计算该化合物的相对分子质量。

按图 4-32-2 组装仪器。

(1) 烧杯中放入 200mL 水,加热至沸腾。

(2) 取一干燥、洁净的烧瓶,与封口的铝箔、棉线一起称量,记为 W_1(精确至 0.1g,下同)。

(3) 向已称量好的烧瓶中加入 2～3mL 四氯化碳,用铝箔和棉线将瓶口封好,用针在铝箔上扎一小孔。然后将烧瓶放入盛有沸水的烧杯中(图 4-32-2),使烧瓶尽可能多地没入沸水中,加热使烧杯里的水保持沸腾。仔细观察四氯化碳的变化,待四氯化碳完全气化,充满整个烧瓶。

(4) 将烧瓶取出,冷却至室温(此时瓶内四氯化碳气体被冷却凝结成液体),将烧瓶外壁擦干,称量,记为 W_2。

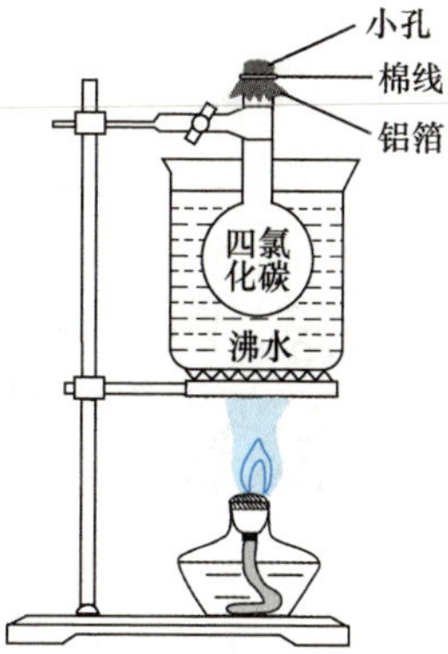

图 4-32-2 四氯化碳相对分子质量的测定

(5) 将烧瓶中的四氯化碳液体倒出,向其中注水至满,水的体积即为烧瓶的体积(V)。

(6) 计算四氯化碳的相对分子质量。

根据计算公式

$$pV = nRT \qquad n = \frac{W_2 - W_1}{M}(M \text{ 为四氯化碳的摩尔质量})$$

得

$$M = \frac{RT(W_2 - W_1)}{pV} = \frac{0.082 \times 373(W_2 - W_1)}{V} \qquad (T = 273.16 + 100 = 373.16K)$$

3. 萘相对分子质量的测定

利用物质凝固点降低法来测定非电解质的相对分子质量。非电解质稀溶液的凝固点降低与溶液的质量摩尔浓度(1000g 水中含溶质的物质的量)成正比。

$$\Delta t_{凝} = k_{凝}\, b$$

式中,$\Delta t_{凝}$ 为凝固点降低数值;$k_{凝}$ 为凝固点降低常数;b 为质量摩尔浓度。

几种常用溶剂的凝固点降低常数如表 4-32-1 所示。

表 4-32-1 几种常用溶剂的凝固点降低常数

溶剂	水	苯	乙酸	三氯甲烷
凝固点降低常数	1.858	5.12	3.9	4.68
纯溶剂的凝固点/℃	0	5.48	16.6	−63.5

由表 4-32-1 可知,若在 1000g 苯中溶解 1mol 萘,温度降到 5.48℃并不凝结,降到 0.36℃ 苯才凝结成固体。据此,在盛有 1000g 苯的烧杯中加萘,并将该烧杯放在冷冻剂中(或冰水中),当温度降低到 0.36℃时凝结,则这时所加入萘的克数就是萘的摩尔质量,该数值也就是萘的相对分子质量。

具体实验步骤如下:

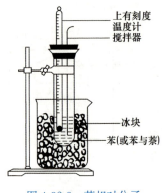

图 4-32-3 萘相对分子
质量的测定

按图 4-32-3 组装实验装置。

(1) 准确量取 25mL 苯放入大试管中,使温度计水银球部位浸入苯中,记录为 t℃。

(2) 测定纯苯的凝固点。向盛有水的烧杯中加冰块,并不断搅拌试管中苯液,每隔 30s 记一次温度,当接近苯的凝固点(5.4℃)时停止搅拌。待苯液过冷到凝固点以下约 0.5℃,再继续搅拌。当开始出现晶体时,苯液温度将迅速上升(因有热量放出),直到温度不再随时间改变相对恒定时,记下温度,即苯的凝固点(可再做一次求其平均值)。

(3) 苯-萘溶液凝固点的测定。将事先称好的 1.5g 萘放入盛有 25mL 苯的大试管中,按图 4-32-3 组装好。搅拌使萘溶解,按测苯的凝固点的方法测出苯-萘溶液的凝固点。凝固点仍是取其过冷后温度回升时所达到的最高温度,重复两次取平均值。

(4) 计算。通过凝固点降低数值 $\Delta t_{凝}$ 求出萘的相对分子质量

$$M = \frac{k_{凝} \times c \times 1000}{\Delta t_{凝} \times W}$$

式中,c 为物质的量浓度;W 为溶剂质量;$\Delta t_{凝}$ 为凝固点降低数值。

实验三十三　生活污水中化学需氧量的测定

一、实验目的

（1）了解化学需氧量的基本含义。

（2）学习酸性高锰酸钾法测定水的化学需氧量的方法,掌握移液管使用和滴定的基本技能。

二、实验原理

化学需氧量（chemical oxygen demand,COD）又称化学耗氧量,是表示水体或污水污染程度的重要综合性指标之一,也是环境保护和水质监测中经常需要测定的项目。通常可利用化学氧化剂（如高锰酸钾）将废水中可氧化物质（如有机物、亚硝酸盐、亚铁盐、硫化物等）氧化分解,然后根据残留的氧化剂的量计算出氧的消耗量。COD 的值越高,说明水体污染程度越重。COD 的测定方法,不仅有高锰酸钾高温氧化法,也包括高锰酸钾低温氧化法（测量氧吸收量）和重铬酸钾氧化法。化学需氧量常由于氧化剂的种类、浓度及氧化条件等的不同,而对有机物质的氧化率不同。因此,在排水中存在有机物的情况下,必须在同一条件下测定才可进行对比。

本实验采用酸性高锰酸钾法测定 COD。在酸性条件下,向被测水样中定量加入高锰酸钾溶液。加热水样,使高锰酸钾与水样中有机污染物充分反应,过量的高锰酸钾则可加入一定量的草酸钠还原。最后用高锰酸钾溶液返滴过量的草酸钠（对于反应较慢或溶解较慢的固体试样采用返滴定法可以得到较满意的结果）,由此计算水样的 COD。涉及的主要化学反应方程式如下：

$$4MnO_4^-（过量）+5C+12H^+ \Longrightarrow 4Mn^{2+}+5CO_2\uparrow+6H_2O（100℃）$$

$$2MnO_4^-（剩余）+5C_2O_4^{2-}（过量）+16H^+ \Longrightarrow 2Mn^{2+}+10CO_2\uparrow+8H_2O（65\sim85℃）$$

$$5C_2O_4^{2-}（剩余）+2MnO_4^-（滴定液）+16H^+ \Longrightarrow 2Mn^{2+}+10CO_2\uparrow+8H_2O（65\sim85℃）$$

三、实验用品

仪器和材料：酸式滴定管、锥形瓶、250mL 容量瓶、分析天平、电炉。

药品：3mol·L^{-1}硫酸、高锰酸钾溶液、5％硝酸银溶液、草酸钠固体。

四、实验内容

1. 标定高锰酸钾溶液

（1）准确称取 0.42g 左右草酸钠溶于少量蒸馏水中,转移至 250mL 容量瓶中定容,计算此草酸钠标准溶液的浓度。

（2）取 20.00mL 草酸钠标准溶液于 250mL 锥形瓶,加 10.00mL 3mol·L^{-1}硫酸酸化,加热至 70~80℃,趁热用高锰酸钾滴定。记录高锰酸钾的用量,根据反应方程式计算高锰酸钾溶液的浓度。

2. 水样的测定

取适量水样(V_s)于 250mL 锥形瓶中,用蒸馏水稀释至 100mL,加 10mL 3mol·L^{-1}硫酸,再加入 5%硝酸银溶液 5mL 以除去水样中的 Cl$^-$(当水中 Cl$^-$浓度很小时,可以不加硝酸银),摇匀后准确加入已标定的高锰酸钾溶液 10.00mL(V_1),将锥形瓶置于沸水浴中加热 30min,氧化需氧污染物。稍冷后(约 80℃),加草酸钠标准溶液 10.00mL,摇匀(此时溶液为无色),在 70~80℃水浴中用高锰酸钾溶液滴定至微红色,30s 内不褪色即为终点,记录高锰酸钾溶液用量(V_2)。

在 250mL 锥形瓶中加入蒸馏水 100mL 和 3mol·L^{-1}硫酸 10mL,移入草酸钠标准溶液 10.00mL,摇匀,在 70~80℃水浴中,用高锰酸钾溶液滴定至微红色,30s 内不褪色即为终点,记录高锰酸钾的用量(V_3)。

在 250mL 锥形瓶中加入蒸馏水 100mL 和 3mol·L^{-1}硫酸 10mL,在 70~80℃水浴中,用高锰酸钾溶液滴定至溶液呈微红色,30s 内不褪色即为终点,记录高锰酸钾的用量(V_4)。

按下式计算化学需氧量 COD$_{Mn}$:

$$COD_{Mn} = \{[(V_1+V_2-V_4)f-10.00]c_{Na_2C_2O_4} \times 16.00 \times 1000\}/V_s$$

式中,$f=10.00/(V_3-V_4)$,即每毫升高锰酸钾相当于 fmL 草酸钠标准溶液;V_s 为水样的体积;16.00 为氧的相对原子质量。

五、注意事项

(1)常温下高锰酸钾和草酸钠的反应速率缓慢,因此滴定的速度不宜过快,若滴定过快,部分高锰酸钾将来不及与草酸钠反应,从而在酸性溶液中分解。

$$4MnO_4^- + 4H^+ = 4MnO_2 + 3O_2 + 2H_2O$$

为加快反应,可加热溶液(但温度不宜过高,温度过高易引起草酸钠的分解)。此外,Mn^{2+} 对高锰酸钾和草酸钠的反应有促进作用,所以反应速率逐渐加快。

(2)高锰酸钾的颜色较深,液面的弯月面下沿不易看出,滴定管读数时应以液面的上沿最高线为准。

(3)本实验在加热氧化有机污水时完全敞开。如果水样中易挥发性化合物含量较高,应使用回流冷凝装置加热,否则结果偏低。此外,水样中 Cl$^-$ 在酸性高锰酸钾中能被氧化,会使结果偏高。

污水水样中有机物的种类繁多。主要含有烃类、脂肪、蛋白质以及挥发性物质(如乙醇、丙酮等)的生活污水和工业废水中的有机物可以被氧化 90%以上,但像吡啶、甘氨酸等有机物则难以被氧化。在实际测定中,氧化剂种类、浓度和氧化条件等对测定结果均有影响,所以必须严格规定操作步骤进行分析,并在报告结果时注明所用的方法。

六、讨论与研究

需氧污染物一般指本身无毒,但在微生物作用下分解时需要消耗大量溶解氧的物质,主要是有机物,如碳水化合物、脂肪、蛋白质、氨基酸等。需氧污染物的存在,有可能使水中溶解氧大量减少甚至耗尽,使水质恶化。这是由于水中缺氧时,厌氧菌大量繁殖,在无氧条件下利用有机物作养料。在厌氧呼吸等一系列复杂的过程中,常伴有硫化氢、氨等带有恶臭的气体产生。

人们通常用单位体积的水中需氧物质生化分解过程所消耗的氧量,即生化需氧量或在规定条件下用强氧化剂处理水样时,有机物所需要消耗该氧化剂的量——化学需氧量作为水体中需氧有机物含量的指标。

生化需氧量(biochemical oxygen demand,BOD)是指一定条件下,水中有机物由微生物作用进行生化氧化,在一定时间内所消耗溶解氧的量,单位为 $mg \cdot L^{-1}$。微生物分解有机物的过程缓慢,若将可分解的有机物全部分解,需要 100 天以上的时间,温度不同分解的速度也不一样。目前国内外普遍采用的标准为:20℃,生化氧化时间五天,这样测得的结果称为五日生化需氧量,以 BOD_5 或 BOD_5^{20} 表示。$BOD_5 < 1mg \cdot L^{-1}$ 表示水体清洁;$> 4mg \cdot L^{-1}$ 表示已受污染,数值越大,污染越严重。

化学需氧量,指水样在规定条件下用强氧化剂处理时,有机物所需要消耗该氧化剂的量,以所消耗的溶解氧的量为标准,单位为 $mg \cdot L^{-1}$。根据所用氧化剂的种类,在测定 COD 时,可分为高锰酸钾法和重铬酸钾法,报告 COD 时,一定要注明测定方法。

中华人民共和国国家标准《污水综合排放标准》(GB 8978—1996)规定 1997 年 12 月 31 日之前建设的城镇二级污水处理厂处理后的水的 COD 值一级标准为 $60mg \cdot L^{-1}$,二级标准为 $120mg \cdot L^{-1}$;其他排污单位的水的 COD 值一级标准为 $100mg \cdot L^{-1}$,二级标准为 $150mg \cdot L^{-1}$,三级标准为 $500mg \cdot L^{-1}$。我国某些工业废水、城市污水中 BOD_5 与 COD 值如表 4-33-1 所示。

表 4-33-1　我国某些工业废水、城市污水中 BOD_5 与 COD 值

污水类型	$BOD_5/(mg \cdot L^{-1})$	$COD/(mg \cdot L^{-1})$
石油加工厂	200~250	75~200
焦化厂	1420~2070	5245~7778
皮革厂	220~2250	
造纸厂		2077~2767
印染厂	350	1100
一般城市污水	38~65	111~162
混有工业废水的城市污水	83~207	395~828

COD 与 BOD 比较,COD 的测定不受水质条件限制,测定时间短,而 BOD 测定时间长,对毒性大的废水因微生物活动受到限制而难以测定。但 COD 不能表示微生物所能生化氧化的有机物量,而且化学氧化剂不能氧化全部有机物,反而把某些还原性无机物也氧化了。因此,采用 BOD_5 作为有机污染程度的指标较为合适,在水质条件限制不能做 BOD 测定时,可用 COD 代替。在水质相对稳定的条件下,COD 与 BOD 之间去污的选择顺序如下:重铬酸钾法 $COD > BOD_{20} > BOD_5 >$ 高锰酸钾法 COD。

实验三十四　食醋中乙酸含量的测定

一、实验目的

(1) 了解食醋中乙酸的含量。

(2) 掌握利用酸碱中和反应测定酸的浓度。

(3) 学习电导率传感器、数据采集器及配套软件的使用。

(4) 测定乙酸的电导率随温度的变化。

二、实验原理

1. 指示剂的选择

邻苯二甲酸氢钾($KHC_8H_4O_4$, 简写为 KHP)易制得纯品, 在空气中不吸水, 容易保存, 摩尔质量较大, 是一种较好的基准物质, 标定反应如下:

$$\text{邻苯二甲酸氢钾} + NaOH \Longrightarrow \text{邻苯二甲酸钾钠} + H_2O$$

反应产物是二元弱碱, 在水溶液中显碱性, 可选用酚酞作指示剂。

利用酸碱中和反应, 用 NaOH 溶液滴定乙酸(HAc), 标定反应如下:

$$NaOH + HAc \Longrightarrow NaAc + H_2O$$

也可用酚酞作指示剂。

2. 导电性与电导率

导电性是水溶液的一个重要属性。利用水溶液的导电性, 人们可以研究溶质在溶液中的溶解行为, 监测溶液中的反应情况, 设计原电池或进行电镀等。电导率是物质传送电流的能力, 是电阻率的倒数。物质水溶液能够导电是因为其中含有可以自由移动的离子。一般来说, 离子浓度越大, 溶液的导电能力越强。升高温度, 强电解质溶液的导电能力基本不变, 因为强电解质是完全电离的, 升高温度离子的浓度没有变化; 升高温度, 弱电解质溶液的导电能力增强, 因为弱电解质是部分电离的, 升高温度, 弱电解质的电离程度增大, 则离子的浓度增大, 所以导电能力增强。

三、实验用品

仪器和材料: 100mL 烧杯、250mL 锥形瓶、1000mL 试剂瓶、100mL 容量瓶、碱式滴定管、5mL 移液管、10mL 移液管、酒精灯、分析天平、托盘天平、电导率传感器、数据采集器、计算机。

药品: 食醋、酚酞、邻苯二甲酸氢钾、NaOH 固体、5%乙酸、蒸馏水、冰水。

四、实验内容

1. NaOH 溶液的配制

在天平上用小烧杯快速称取 4.0g NaOH 固体, 加水约 100mL, 使其全部溶解。转移到干净的试剂瓶中, 用水稀释至 1000mL, 用橡胶塞塞住瓶口, 充分摇匀, 贴上标签。

2. NaOH 溶液的标定

准确称取邻苯二甲酸氢钾 0.4~0.5g 于 250mL 锥形瓶中,加入 20~30mL 水,温热使其溶解。冷却后加 1~2 滴酚酞,用刚配的 NaOH 溶液滴定至呈微红色,半分钟不褪色,即为终点。平行滴定三份,计算 NaOH 标准溶液的浓度,其相对平均偏差不应大于 0.2%。

3. 食醋中乙酸含量的测定

用移液管准确移取 4.00mL 食醋,放入 100mL 容量瓶中,用蒸馏水稀释至刻度,摇匀。吸取 10mL 稀食醋溶液至锥形瓶中,加约 20mL 蒸馏水,2 滴酚酞,用标定的 NaOH 溶液滴定。

相同测定平行进行三次,计算相对平均偏差。

4. 数据记录与处理

将实验过程中的数据记录在表 4-34-1 和表 4-34-2 中,并进行相应计算。

表 4-34-1　NaOH 溶液浓度的标定

项目 \ 序号	1	2	3
$m_{(KHP+称量瓶)}$ 倾出前/g			
$m_{(KHP+称量瓶)}$ 倾出后/g			
m_{KHP}/g			
V_{NaOH} 终读数/mL			
V_{NaOH} 始读数/mL			
V_{NaOH}/mL			
c_{NaOH}/(mol·L^{-1})			
$\bar{c}_{NaOH}$/(mol·L^{-1})			
偏差 $|d_i|$			
相对平均偏差/%			

表 4-34-2　食醋中乙酸含量的测定

项目 \ 序号	1	2	3
V_{NaOH} 终读数/mL			
V_{NaOH} 始读数/mL			
V_{NaOH}/mL			
c_{HAc}/(mol·L^{-1})			
$\bar{c}_{HAc}$/(mol·L^{-1})			
偏差 $|d_i|$			
相对平均偏差/%			
c_{HAc}/[g·(100mL)$^{-1}$]			

5. 乙酸电导率随温度的变化

(1) 将数据采集器、电导率传感器、计算机三者连接。选择电导率传感器的量程为 0～2000μS·cm^{-1}，双击打开"Logger Pro 3.9"软件。

(2) 设置实验采集参数。在"实验"中选择"数据采集"，采集模式：基于时间模式；频率：每秒 7～8 样本。

(3) 将盛有 5％乙酸的小烧杯放在 40～50℃热水浴中保温 3～5 min，将电导率传感器的电极、温度传感器的探头插入溶液中，点击"开始"，自动采集和记录溶液的电导率和温度。然后将盛有 5％乙酸的小烧杯放在冰水浴中，监测电导率和温度的变化。最后将盛有 5％乙酸的小烧杯拿出来放在室温条件下，继续测量和记录溶液的电导率和温度的变化。

(4) 利用 Logger Pro 3.9 软件采集数据画出的图，观察温度对乙酸电导率的影响。

五、注意事项

(1) 加蒸馏水时应使水沿锥形瓶瓶壁流下，否则食醋稀溶液会产生泡沫而影响结果。

(2) 蒸馏水很"干净"，但蒸馏水中溶解有二氧化碳，如果不加处理，其中所溶解的二氧化碳将对测定结果造成误差。所以将蒸馏水煮沸冷却（除去二氧化碳）后再使用，效果更佳。

(3) 在测定食醋的含酸量时，由于溶液呈黑棕色，指示剂的颜色变化不是非常明显，影响实验结果的精确性。可以考虑两种方法进行改进。第一种方法是用蒸馏水稀释以冲淡颜色，当食醋与蒸馏水的体积比为 1:100 时虽仍有淡棕色，但滴定终点时颜色的突变还是比较明显，效果较好；第二种方法是用活性炭脱色，若使用活性炭粉末直接脱色，则容易导致活性炭粉末在过滤时透过滤纸仍留在食醋中，影响后续实验的进行。可以取一试管加入一定量的食醋和活性炭粉末，用橡胶塞塞紧后振荡，脱色一定时间后用一团棉花从上往下塞，上层溶液则是脱色后的食醋溶液。使用活性炭颗粒可以直接进行脱色，效果好，实验现象明显。其缺陷是脱色时间比较长，将近 3h。

六、讨论与研究

1. 食醋中总酸量

食醋中酸的成分是多种有机酸，其中以乙酸和乳酸的含量为最高，二者分别代表了挥发酸和不挥发酸，本实验实际测定的是食醋中的总酸量。

用传统的滴定法测定食醋中的总酸量时，发现总酸量结果偏低。其原因是乳酸与氢氧化钠的反应较为缓慢，按照常规滴定的方法将不能全部中和其中的乳酸及其他高碳酸。可采用通常的滴定法滴定样品至终点，固定全部乙酸及绝大部分乳酸，再通过加热煮沸，除掉酯类，最后加入过量的碱，以硫酸返滴得到总酸含量。

具体步骤如下：取食醋 10mL，稀释 10 倍后，取稀释液 10mL，按传统方法准确滴定至终点，加热煮沸 5min（沸腾时开始计时），加入 0.1mol·L^{-1}氢氧化钠溶液5～10mL，以标准硫酸滴定液回滴过量的氢氧化钠溶液至终点。记录消耗氢氧化钠溶液的总体积及标准硫酸的体积，计算总酸（以乙酸计）含量，同时做试剂空白（10mL 蒸馏水代替稀乙酸溶液，用上述方法滴定）实验。实验中发现试剂空白值非常低，可忽略不计。

以上操作步骤中,滴定后加热煮沸是关键,但加热多长时间最合适仍须进一步探索。原则上采用将酯类除掉所需的最短时间为宜。另外第一步滴定不宜过量,以防酯类干扰。加入过量的碱的量应确保足以中和剩余的乳酸。当食醋中含有大量高沸点酯类时,此法会引起较大误差。

2. 总酸量测定的简易方法——微型滴定

该方法仍以标准方法原理为基础,即 $HAc + NaOH \Longrightarrow NaAc + H_2O$,并以酚酞为指示剂。测定前,先分别用氢氧化钠标准溶液和食醋分别标定好两支注射器的液滴体积($mL \cdot 滴^{-1}$),再进行滴定。最后根据消耗氢氧化钠标准溶液的滴数和浓度 c 计算乙酸的含量$[g \cdot (100mL)^{-1}]$,具体步骤如下:

(1) 取干燥、洁净的 5mL 量筒,小心地滴加水至 1.0mL 处作为起点(不要溅湿量筒上部筒壁),将吸有氢氧化钠的注射器垂直插入量筒内(不要触器壁),逐滴滴加 0.5mL,记下滴数。再滴加 0.5mL,记下滴数,取平均值(滴 $\cdot$ mL^{-1})。

(2) 食醋样品液滴体积的标定方法与氢氧化钠相同。标定好后,只要针头不变,溶液浓度不变,液滴体积就是一个定值,以后可直接使用,不再标定。

(3) 将两支标定好液滴体积的注射器针头取掉,分别吸取乙酸和氢氧化钠标准溶液(防止产生气泡),套上针头,针头向上排净气泡,再向下排液体以冲洗针头。

(4) 将吸有乙酸的注射器针头垂直插入洁净的试管中,滴加 10 滴乙酸,加 1mL 蒸馏水进行稀释,用多用滴管加 1 滴酚酞指示剂,摇匀。

(5) 将吸有氢氧化钠标准溶液的注射器针头垂直插入试管内(不得接触管壁),逐滴滴加,边滴边摇,直到溶液呈淡红色,30s 内不褪色为止。记下消耗氢氧化钠标准溶液的滴数。在原试管中再加 10 滴乙酸,用氢氧化钠重复滴定一次。如此可连续进行多次平行测定。计算乙酸的含量$[g \cdot (100mL)^{-1}]$。

该方法重现性好,准确度较理想,且仪器简单、操作方便快速、节约试剂、污染小、所用仪器便于携带。可作为一种简易测定法供质检部门就地取样化验,也可供消费者使用。

该方法误差的来源主要是液滴的大小是否均匀。在操作时只要注意排净气泡,垂直滴加,速度不要过快,不要接触管壁,就可得到大小均匀的液滴,从而可减小误差。若使用微量注射器和 5mL(或 15mL)的锥形瓶,液体体积就可直接读出,使操作和计算更简便,准确度还会再提高。

该方法也可推广于其他物质的微型滴定分析,特别是液体试样以 $g \cdot (100mL)^{-1}$ 表示结果的分析,如水的总硬度的测定、过氧化氢含量的测定等。对固体物质也可以称取一定量试样,溶解并稀释至一定体积,再用微型滴定法测定。

3. 实验测量数据的评价

在重复测量次数有限,数据较少的实验中,一般计算结果的平均值 $\bar{x}$、平均偏差 $\bar{d}$ 和相对平均偏差 $R\bar{d}$ 就足以表示实验测量值的集中和分散程度。

1) 误差

误差是指测量值 x_i 与真实值 x_t 之间的差值。

$$E_i = x_i - x_t$$

$$相对误差 = \frac{绝对误差}{真实值} \times 100\% \qquad E_R = \frac{E_i}{x_t} \times 100\%$$

误差 E 的数值越大，说明测量值 x_i 偏离真实值越远。

2) 偏差

偏差是指测量值 x_i 与平均值 $\bar{x}$ 之间的差值，又称离差。

$$d_i = x_i - \bar{x}$$

$$相对偏差 = \frac{绝对偏差}{平均值} \times 100\% \qquad d_R = \frac{d_i}{\bar{x}} \times 100\%$$

3) 平均偏差和相对平均偏差

在实际工作中对于一组测量数据的分析常采用平均偏差 $\bar{d}$，相对平均偏差表示为 $R\bar{d}$。

$$\bar{d} = \frac{|d_1| + |d_2| + |d_3| + \cdots + |d_i|}{n}$$

$$R\bar{d} = \frac{\bar{d}}{\bar{x}} \times 100\%$$

实验三十五　海带中碘的测定

一、实验目的

(1) 了解测定海带中碘含量的原理和方法,体验运用化学知识、技能解决实际问题的过程。

(2) 加深对碘元素化学性质的理解。

二、实验原理

海带中碘元素约有 88.3% 以碘离子(I^-)形式存在,10.3% 以有机碘的形式存在,1.4% 以碘酸根离子(IO_3^-)形式存在。采用加热灼烧的方法使海带灰化,再以蒸馏水浸取,可以有效地将有机碘转变为 I^-,并可以将 I^- 浸取至溶液里。当 I^- 被蒸馏水从灰分中浸出后,用过量溴水将其氧化成 IO_3^-。

$$I^- + 3Br_2 + 3H_2O = IO_3^- + 6Br^- + 6H^+$$

过量的溴可煮沸除去,然后加入过量的碘化钾溶液,将 IO_3^- 定量转化为游离碘。

$$IO_3^- + 5I^- + 6H^+ = 3I_2 + 3H_2O$$

最后,用硫代硫酸钠($Na_2S_2O_3$)标准溶液滴定释出游离碘。

$$I_2 + 2S_2O_3^{2-} = 2I^- + S_4O_6^{2-}$$

则海带中碘的质量分数为

$$w_I = \frac{V \times c \times 126.9 \times \frac{1}{6} \times \frac{1}{1000}}{m} \times 100\%$$

式中,V 为滴定中所消耗的硫代硫酸钠标准溶液的体积;c 为硫代硫酸钠标准溶液的浓度;m 为海带的质量。

三、实验用品

仪器和材料:250mL 烧杯、量筒(10mL、100mL 各 1 个)、250mL 锥形瓶、碱式滴定管、胶头滴管、表面皿、玻璃棒、漏斗、酒精灯或煤气灯、铁蒸发皿、分析天平、铁架台、铁圈、三脚架、泥三角、滴定管架、火柴、滤纸。

药品:1mol·L^{-1} 硫酸、10% 碘化钾溶液、0.03mol·L^{-1} 硫代硫酸钠标准溶液、20% 甲酸钠溶液、甲基橙指示剂、饱和溴水、0.5% 淀粉指示剂、蒸馏水、海带。

四、实验内容

1. 灼烧

将洗净、风干的市售海带剪碎后称量(约 5g),然后转入铁蒸发皿中,置于煤气灯上加热灼烧,并用玻璃棒不断翻搅,使所有海带碎片受热均匀,直至变为灰白色的灰分。

2. 碘离子的浸取

将灰分转移到烧杯中,依次分别用 40mL、20mL、10mL 蒸馏水熬煮(每次约 5min)。每次熬煮后倒出上层清液,抽滤。将三次浸取液及滤液合并入锥形瓶中,总体积不宜超过 30mL。

3. 氧化

在锥形瓶中加入 3～5 滴甲基橙指示剂,用 1mol·L⁻¹硫酸中和并酸化(过量 2mL),加入饱和溴水,直至振荡后仍保持淡黄色,加热煮沸至淡黄色消失,再煮 2min。稍冷,加入 20％甲酸钠溶液 5mL(为什么),煮沸 2min。冷却至室温,加入 4mL 1mol·L⁻¹硫酸和 10mL 10％碘化钾溶液,摇匀后盖上表面皿,于暗处静置 10min。

4. 滴定

用约 0.03mol·L⁻¹(以实验过程中实际标定的数值为准)硫代硫酸钠标准溶液滴定上述溶液。滴定过程中,当溶液由橙黄色变为浅黄色时,加入 2mL 淀粉指示剂(为什么不在滴定前就加入),继续滴加硫代硫酸钠标准溶液至溶液的蓝色消失。记录所用硫代硫酸钠标准溶液的体积。

按以上步骤重复三次。

5. 数据记录与处理

将实验过程中的数据记录在表 4-35-1 中,并计算海带中碘的质量分数平均值。

表 4-35-1　实验数据记录与处理

数据　　　项目	编号	1	2	3
海带质量/g				
$Na_2S_2O_3$ 标准溶液体积	始读数/mL			
	终读数/mL			
	$V_{Na_2S_2O_3}$/mL			
$Na_2S_2O_3$ 标准溶液浓度 $c_{Na_2S_2O_3}$/(mol·L⁻¹)				
碘质量分数/％				
碘质量分数平均值/％				

五、注意事项

(1) 实验所用海带应是已经风干的干海带。因为碘在海带中主要以碘化钠形式存在,碘化钠熔点很高,在加热灼烧时因为没有水存在,空气中的氧气不会氧化 I⁻,所以因转化为游离碘而挥发损失的 I⁻很少,但以有机碘形式存在的碘元素则易转变为游离碘而损失。

(2) 清洁海带时尽量避免水洗。因为海带浸泡于水中 5min,其所含的碘会损失很多,当浸泡 30min 后将损失 82.4％的碘。清洁时可以用刷子把干海带表面的附着物刷净,也可以用海水清洗海带再自然风干。

（3）为使实验结果更为精确，蒸发皿中的灰分移至烧杯中后，用蒸馏水将冷却后的蒸发皿进行冲洗，洗液倒入烧杯中。

（4）冷却锥形瓶中溶液时可以采用冷水浴以节省时间。

（5）溶液中加入过量碘化钾溶液后要盖上表面皿并于暗处静置10min，再进行滴定。这样做的目的是使 IO_3^- 与 I^- 充分反应，稳定所生成的碘单质，尽量减少因挥发而损失的碘量。在滴定静置10min后的溶液前，先用蒸馏水冲洗表面皿和锥形瓶内壁，洗液移入锥形瓶里，以减少因挥发而损失的碘量。

（6）为减少滴定过程中碘的挥发，应尽量缩短滴定所用的时间，因此所用的硫代硫酸钠标准溶液的浓度可以稍大一些。

六、讨论与研究

1. 测定海带中碘质量分数的方法

目前测定海带中碘质量分数的方法很多，有萃取分光光度法、碘蓝分光光度法、PVC膜碘离子选择电极测定法、非抑制电导检测离子色谱法、催化比色法等，概括起来可分为滴定分析法、离子选择性电极法、分光光度法、电化学法、中子活化法、ICP光谱法、质谱法等。

本实验的优点是操作简单，所用试剂常见；不足是灰化浸出海带中碘分时，碘损失较多。为使碘元素更有效地浸出，可以在蒸发皿中的海带完全炭化后移入马弗炉中，升温至650℃并保温30min。温度过高或灼烧时间太长都会使碘挥发损失；温度太低或灼烧时间太短，有机质分解不完全，测定结果偏低。加热灼烧海带时还可以在海带中加入混合熔剂（碳酸钠与氧化锌按质量比7∶3混合）以使海带中的碘元素得到更有效地保留。

2. 标准硫代硫酸钠溶液的配制和标定

（1）固体硫代硫酸钠试剂（$Na_2S_2O_3 \cdot 5H_2O$）通常会有一些杂质，且易风化和潮解，因此硫代硫酸钠标准溶液采用标定法配制。

硫代硫酸钠溶液不够稳定，容易分解。水中的二氧化碳、细菌和光照都能使其分解，水中的氧气也能将其氧化。故配制硫代硫酸钠溶液时，最好采用新煮沸并冷却的蒸馏水，以除去水中的二氧化碳和氧气并杀死细菌；加入少量碳酸钠使溶液呈弱碱性，以抑制硫代硫酸钠的分解和细菌的生长；储于棕色瓶中，放置几天后再进行标定。

通常采用重铬酸钾作为基准物，以淀粉为指示剂，用间接碘量法标定硫代硫酸钠溶液。因为重铬酸钾和硫代硫酸钠的反应产物有多种，不能按确定的反应式进行，故不能用重铬酸钾直接滴定硫代硫酸钠。而应先使重铬酸钾与过量的碘化钾反应，析出与重铬酸钾计量相当的 I_2。再用硫代硫酸钠溶液滴定 I_2，反应方程式如下：

$$Cr_2O_7^{2-} + 6I^- + 14H^+ =\!=\!= 2Cr^{3+} + 3I_2 + 7H_2O$$
$$I_2 + 2S_2O_3^{2-} =\!=\!= 2I^- + S_4O_6^{2-}$$

$Cr_2O_7^{2-}$ 与 I^- 的反应速率较慢，为了加快反应速率，可控制溶液酸度为 $0.2\sim0.4\,mol \cdot L^{-1}$，同时加入过量的碘化钾，并在暗处放置一定时间。在滴定前，须将溶液稀释以降低酸度，防止硫代硫酸钠在滴定过程中遇强酸而分解。

（2）配制 $0.03\,mol \cdot L^{-1}$ 硫代硫酸钠溶液 500mL：称取3.0g五水硫代硫酸钠，溶于

500mL 新煮沸的冷蒸馏水中，加 0.02g 碳酸钠，保存于棕色瓶中，放置一周后进行标定。

硫代硫酸钠溶液的标定：用移液管吸取 20.00mL 重铬酸钾标准溶液于 250mL 锥形瓶中，加 5mL 6mol·L^{-1}盐酸，再加入 10mL 100g·L^{-1}碘化钾。摇匀后盖上表面皿，于暗处放置 5min。然后用 100mL 水稀释，用硫代硫酸钠溶液滴定至浅黄绿色后加入 2mL 淀粉指示剂，继续滴定至溶液蓝色消失并变为绿色即为终点。平行测定三次，计算硫代硫酸钠标准溶液的浓度和相对平均偏差。

注意：①重铬酸钾与碘化钾的反应需要一定的时间才能进行得比较完全，故需放置约 5min；②淀粉指示剂应在临近终点时加入，而不能加入得过早，否则将有较多的 I_2 与淀粉指示剂结合，而这部分 I_2 在终点时解离较慢，造成终点拖后。

3. 加入甲酸钠的目的

海带灰中含有碳酸钾，实验中用稀硫酸中和并酸化锥形瓶中的滤液至弱酸性，对其后加入溴水的氧化反应有利，因为溴水将 I^- 氧化为 IO_3^- 是在酸性介质中进行的。而在实验中加入甲酸钠的目的是除去反应中残余的未被煮去的 Br_2。因为整个溶液体系是酸性的，加入甲酸钠后生成甲酸，甲酸能与 Br_2 发生反应：$Br_2 + HCOOH \rightleftharpoons CO_2 + 2H^+ + 2Br^-$，可以除去残余的少量 Br_2。而且甲酸不与溶液中的其他物质反应，因此对最后的实验结果不会产生影响。

4. 有关的电极电势

碘的电势图($\varphi^\ominus$/V)如下：

$$\varphi^\ominus_{Br_2/Br^-} = 1.065V$$

$$\varphi^\ominus_{S_4O_6^{2-}/S_2O_3^{2-}} = 0.08V$$

$$\varphi^\ominus_{Cr_2O_7^{2-}/Cr^{3+}} = 1.33V$$

实验三十六　植物中维生素 C 的测定

一、实验目的

了解新鲜果蔬中维生素 C 测定的原理方法,熟悉实验室测定维生素 C 的操作。

二、实验原理

维生素 C 为酸性己糖衍生物,是烯醇式己糖内酸酯,有 L、D 型异构体,易溶于水和乙醇,具有很强的还原性,在酸性条件下较为稳定。在中性溶液中,向含有维生素 C 的溶液里滴入 $FeCl_3$ 溶液后,溶液呈紫色;在碱性条件下,维生素 C 可以使亚甲基蓝溶液由蓝色变为无色。维生素 C 与 $FeCl_3$ 的反应为

维生素 C 与亚甲基蓝的反应如下:

氧化型亚甲基蓝(蓝色)　还原型亚甲基蓝(无色)

据此可对溶液中维生素 C 的存在进行定性检测。

另外,维生素 C 与碘反应具有以下定量关系:

$$\underset{\begin{array}{c}CH_2OH\\|\\HO-C-H\\|\\H-C\\HO-C\\HO-C\\|\\C\\\|\\O\end{array}}{} \quad O \quad +I_2 =\!=\!= 2HI+ \quad \underset{\begin{array}{c}CH_2OH\\|\\HO-C-H\\|\\H-C\\O=C\\O=C\\|\\C\\\|\\O\end{array}}{} \quad O$$

当溶液中有淀粉存在时,淀粉遇过量的碘呈蓝色。在本实验中以 1.0% 淀粉溶液作指示剂,用碘-碘化钾的乙醇溶液作滴定剂,对溶液中维生素 C 的含量进行定量测定。

此外,由于具有强还原性,维生素 C 能破坏致癌物质亚硝酸盐,因此具有明显的解毒作用。

三、实验用品

仪器和材料:150mL 锥形瓶 3 个、容量瓶(100mL、250mL)、移液管(1mL、2mL、25mL)、量筒、酸式滴定管、漏斗、滤纸、研钵、扭力天平(或精确到 0.01g 的天平)。

药品:1.0% 盐酸、3mol·L^{-1} 盐酸、1.0% 氯化铁溶液、饱和碳酸钠溶液、无水乙醇、1.0% 淀粉溶液、1.0% 亚甲基蓝溶液、碘、碘化钾、磺酰胺、萘酰胺、维生素 C 药片、辣椒、松针、西红柿(新鲜)。

四、实验内容

1. 准备工作

1)磺酰胺试液的配制

1g 磺酰胺溶于 100mL 3mol·L^{-1} 的盐酸中即可。

2)萘酰胺试液的配制

0.10g 萘酰胺溶于 100mL 蒸馏水中即可。

3)碘溶液的配制

分别称取 0.5g 碘和碘化钾,分别溶于 50mL 乙醇和水中,然后把两种溶液混合,加水稀释至 500mL。

4)维生素 C 溶液的配制

取市售维生素 C 药片 5 粒(0.1g·粒$^{-1}$),称量后研细。称取总质量的 1/5 溶于 50mL 1.0% 盐酸中,转移至 250mL 容量瓶,以 1.0% 盐酸定容至刻度,摇匀,制成维生素 C 溶液。

5)材料的准备和处理

(1)把待测的辣椒、松针、西红柿用温水洗净,室温下晾干。

(2)称取松针 5g,剪碎,置研钵中,加入 3mL 左右 1.0% 盐酸,研磨浸取,并重复操作 3~5 次,直至松针呈浅黄绿色丝状,浸取液移入 100mL 容量瓶中,以 1.0% 盐酸定容至刻度,摇匀,制成松针提取液。

（3）分别称取 7g 辣椒和 25g 西红柿,剪碎置研钵中,研磨、浸取、离心分离、定容操作同上,分别制成辣椒、西红柿的提取液各 100mL。

2. 实验操作

1）维生素 C 的解毒作用

（1）在两个洁净的试管中各加入 0.1％亚硝酸钠溶液 2mL,然后分别滴入 5 滴磺酰胺试液与萘酰胺试液,两个试管中都呈红色,表示有亚硝酸盐存在。

（2）另取两个洁净试管,各放入亚硝酸钠稀溶液 2mL,再各放入研碎的市售维生素 C 一粒,振荡混匀。向两支试管中分别滴加磺酰胺试液和萘酰胺试液 5 滴,结果两支试管都不出现红色,表示亚硝酸盐已不存在或含量甚微,无法检测出。

2）维生素 C 的定性检测

（1）依次取维生素 C 的溶液及松针、辣椒、西红柿的提取液各 3mL,用碳酸钠溶液调至弱碱性(pH 为 8～9)后,分别滴入一滴亚甲基蓝溶液,可观察到其蓝色褪去。

（2）依次量取上述四种溶液各 3mL,均以碳酸钠溶液调至中性后,向其中各滴入两滴氯化铁溶液,溶液呈紫色。

从上述现象可以得出定性结论:在松针、辣椒、西红柿中含有较为丰富的维生素 C。

3）维生素 C 的定量测定

（1）绘制工作曲线。分别移取 1.00mL、2.00mL、3.00mL、4.00mL、5.00mL、6.00mL、7.00mL、8.00mL 维生素 C 溶液,各加 5mL 淀粉溶液,分别以碘-碘化钾的乙醇溶液滴定至溶液呈灰蓝色,记录各次所用滴定剂体积,再重复滴定两次,最后取平均值,数据均记入表 4-36-1。

表 4-36-1　实验数据记录

$V_{维生素C}$/mL		0	1	2	3	4	5	6	7	8
V_{I_2}/mL	1									
	2									
	3									
$\overline{V}_{I_2}$/mL										

根据表中数据在图 4-36-1 中用作图法绘制工作曲线。

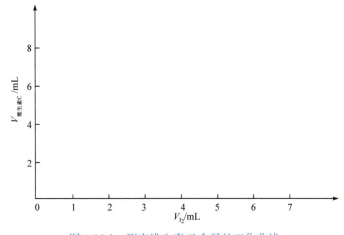

图 4-36-1　测定维生素 C 含量的工作曲线

(2) 松针、辣椒及西红柿中维生素 C 的定量测定。按下表中各试剂的用量对辣椒、松针、西红柿提取液进行滴定(操作同上),记录各溶液所用滴定剂体积,再由所做的工作曲线查得各自所对应的维生素 C 溶液的体积,并计算每千克物质所相当的维生素 C 药片的粒数,数据一并记入表 4-36-2。

表 4-36-2   实验数据记录与处理

材料	松针			辣椒			西红柿		
质量 W/g	5.0			7.0			25.0		
次数/次	1	2	3	1	2	3	1	2	3
$V_{溶液}/mL$	25	25	25	25	25	25	25	25	25
$V_{淀粉}/mL$	5	5	5	5	5	5	5	5	5
V_{I_2}/mL									
$\overline{V}_{I_2}/mL$									
相应的 $V_{维生素C}/mL$									
每千克物质所相当的 维生素 C 药片粒数/粒									

注:此处每千克物质所相当的维生素 C 药片粒数为:$V_{维生素C} \times \dfrac{0.122}{250} \times 4 \times \dfrac{1000}{0.122W}$,即 $\dfrac{V_{维生素C}}{W} \times 16$

五、注意事项

(1) 本实验对滴定剂(碘的乙醇溶液)的浓度没有严格的限制,但是在滴定维生素 C 溶液及各提取液时所用的滴定剂的浓度必须保持一致;另外,如有必要可对滴定剂进行适当稀释,以增大滴定剂的使用体积,从而减小实验过程中的读数误差。

(2) 维生素 C 具有强还原性,易被氧化,故必须尽量提高操作速度。

(3) 在维生素 C 的定量测定中,也可根据最小二乘法计算结果绘制出工作曲线,根据计算绘出的工作曲线能更准确地反映隐藏在实验数据中的规律。

六、讨论与研究

1. 维生素

维生素是维持生物正常生命过程所必需的一类有机物质,其主要功能是调节物质代谢。许多辅酶或辅基含有维生素成分,参与生物体的各种代谢活动。人体对维生素的需要量非常小,但它却是十分重要的,因为维持正常生理功能离不了它。和激素不同,维生素不是体内内分泌腺分泌的,有些维生素是由肠内寄生的细菌制造的,有些则必须通过食物来供给。

长期缺乏任何一种维生素,都会导致相应的疾病。不同的维生素对应着不同的细胞功能,所以缺乏不同的维生素导致的症状也不相同。例如,缺乏维生素 A,视网膜不能很好感受弱光,在暗处不能辨别物体,可导致夜盲症;缺乏维生素 D,骨骼的磷酸钙少,骨质变松,可导致软骨病,所以维生素 D 又称为抗软骨病维生素;缺乏维生素 B_1,神经受到影响,还有可能导致脚气病……

迄今已发现并得到公认的维生素有十几种。这些维生素可分成脂溶性和水溶性两大类。脂溶性维生素有维生素 A 族(A_1、A_2、胡萝卜素),维生素 D 族(D_2、D_3、D_4、D_5 等),维生素 E 族(α、β、γ、δ-生育酚)和维生素 K 族(K_1、K_2、K_3 等);水溶性维生素有维生素 B 族(B_1、B_2、B_6、B_{12} 等),维生素 C(抗坏血酸)等。水溶性维生素可以在中学化学实验室条件下进行检测。

2. 维生素 C

维生素 C 于 1928 年被发现,它对治疗及预防坏血病有特殊功效,故称为抗坏血酸。

维生素 C 为无色晶体,熔点为 190~192℃,味酸,溶于水及乙醇,水溶液呈酸性。不耐热,容易被光及空气氧化,微量金属离子可加速其氧化,在酸性溶液中较在碱性溶液中稳定。维生素 C 是人类营养中最重要的维生素之一。它能促进各种支持组织及细胞间黏合物的形成;还能促进体内氧化作用,其发生的氧化还原反应在人体内起传递氢的作用;参与促进或调节体内氨基酸、叶酸、胆固醇以及糖等诸多物质的代谢;保持正常的生理机能。缺乏维生素 C,毛细血管的脆性和透过性增大,身体很多地方容易出血和骨质脆弱,如齿龈出血,关节内出血肿痛;有创口或骨折时,难以复原。另外,缺乏维生素 C 还会导致贫血、抵抗力差,容易传染疾病。

正常情况下,成人每日须摄取维生素 C 75mg,大剂量维生素 C 可用于疾病的辅助治疗,预防感冒和癌症(据称,维生素 C 对人体亚硝胺的形成有阻抑作用)。过量的维生素 C 不会引起中毒,达到饱和[人体空腹血浆维生素 C 含量约 $1.4 \text{mg} \cdot (100\text{g})^{-1}$]后,大部分维生素 C 会随尿排出体外,部分则被降解。

新鲜的蔬菜水果中都含有丰富的维生素 C,如每 100g 辣椒中所含维生素 C 可达 200mg。猕猴桃、橘子等水果中的含量更高。动物性食物中含量较少。维生素 C 在消化道中很容易被吸收,摄入的几乎完全被吸收。人体虽有储存维生素 C 的功能,却不能自身合成,必须由食物提供。因此,对常见新鲜果蔬中维生素 C 的存在进行检测是很有意义的。

实验三十七　中和反应过程中溶液 pH 和温度的变化

一、实验目的

（1）了解 pH 传感器、温度传感器的使用，体验收集和处理实验数据的方法。

（2）利用 pH 传感器测定不同的酸与碱反应过程中的 pH 和温度的变化，理解酸碱反应的现象与实质。

（3）比较不同类酸碱中和反应中 pH 变化情况，选择合适的指示剂，体会滴定终点。

二、实验原理

酸碱中和反应实质为

$$H^+ + OH^- \Longrightarrow H_2O$$

随着滴定的进行，溶液中氢离子浓度发生变化，pH 也相应变化。酸碱滴定曲线是以酸碱中和滴定过程中滴加酸（或碱）的体积为横坐标，以溶液 pH 为纵坐标绘出的溶液 pH 随酸（或碱）的滴入而变化的曲线。它描述了酸碱中和滴定过程中溶液 pH 的变化情况，其中酸碱滴定终点附近的 pH 突变情况对于酸碱滴定中如何选择指示剂具有重要的意义。

三、实验用品

仪器和材料：酸式滴定管、碱式滴定管、pH 传感器、数据采集器、磁力搅拌器、计算机（Logger Pro 3.9 软件）、100mL 烧杯、玻璃棒、注射器。

药品：$0.1000 mol \cdot L^{-1}$ NaOH 溶液、盐酸（待测，约 $0.1 mol \cdot L^{-1}$）、乙酸（待测，约 $0.1 mol \cdot L^{-1}$）、磷酸（待测，约 $0.1 mol \cdot L^{-1}$）、蒸馏水、酚酞指示剂、甲基橙指示剂。

四、实验内容

1. 准备工作

将 pH 传感器、温度传感器、数据采集器与计算机相连，双击打开"Logger Pro 3.9"软件。

取 pH=4.00 的标准缓冲溶液约 30 mL 于 100 mL 烧杯中，将 pH 传感器探头浸没于溶液中，对 pH 传感器进行校准。

2. 强碱（氢氧化钠）中和一元强酸（盐酸）过程中溶液 pH 和温度的变化

（1）取 40 mL 盐酸待测液于 100 mL 烧杯中，并将烧杯置于磁力搅拌器上，再将 pH 传感器插入溶液中。

（2）将盛有氢氧化钠标准溶液的碱式滴定管置于铁架台上，下端略低于烧杯口。

（3）依次打开磁力搅拌器、"Logger Pro 3.9"软件，开始采集数据，当 pH 出现突跃时，继续滴定 NaOH 溶液，记录中和反应完全时 NaOH 溶液的体积。待数据稳定后，停止采集。

3. 强碱（氢氧化钠）中和一元弱酸（乙酸）过程中溶液 pH 和温度的变化

将实验内容 2(1)中的待测液换成乙酸，按照上述步骤进行乙酸待测液的平行滴定，记录中和反应完全时 NaOH 溶液的体积，保存相关数据。

4. 强碱(氢氧化钠)中和多元酸(磷酸)过程中溶液 pH 和温度的变化

将实验内容 2(1)中的待测液换成磷酸,将指示剂换成同时加入的甲基橙和酚酞,按 2 中的操作步骤,用 $0.1000mol \cdot L^{-1}$ 氢氧化钠溶液滴定 10.00mL 同浓度的磷酸(可同时加入 30.00mL 蒸馏水)。与 2 不同的是,滴定过程中出现两次指示剂的变色(橙变黄,黄变微红),即出现两次滴定突跃,因此在两次变色前后每次滴入氢氧化钠溶液的体积要小。记录两次滴定终点时 NaOH 溶液的体积。

五、注意事项

(1) 实验中所需的氢氧化钠溶液必须现配现用。

(2) 滴定过程中若用蒸馏水冲淋烧杯内壁,所测 pH 会有所不同。

(3) 滴定管的读数应读至小数点后第二位。为了减小读数误差,可将滴定管垂直固定,注入或放出溶液后需静置 1min 左右再读数。读数时视线与液面处于同一水平面上,对于无色或浅色溶液,读取溶液弯月面最低点处所对应的刻度;而对于弯月面看不清的有色溶液,可读取液面两侧的最高点处。初读数与终读数必须用同一种方法读取。

六、讨论与研究

1. pH 及 pH 试纸、pH 计

1909 年,丹麦生理学家索仑生(Sorensen)提出用溶液中氢离子浓度的负对数值表示水溶液的酸度,即 pH。

测定溶液 pH 通常有两种方法,最简便但较粗略的方法是用 pH 试纸,分为广范和精密 pH 试纸两种。广范 pH 试纸的变色范围是 pH=1～14、9～14 等,只能粗略确定溶液的 pH。精密 pH 试纸可以较精确地测定溶液的 pH,其变色范围是 2～3 个 pH 单位。例如,有 pH=1.4～3.0、0.5～5.0、5.4～7.0、7.6～8.5、8.0～10.0、9.5～13.0 等许多种精密 pH 试纸,可根据待测溶液的酸、碱性选用某一范围的试纸。测定的方法是将试纸剪成小条,用镊子夹一小条试纸(不可用手拿,以免污染试纸),用玻璃棒蘸少许溶液与试纸接触,试纸变色后与标准比色板对照,估读出所测 pH。切不可将试纸直接放入溶液中,以免污染样品溶液。也可将试纸小条放在白色点滴板上观察和估测。试纸要存放在有盖的容器中,以免受到实验室内各种气体的污染。

另一方法是用 pH 计(又称酸碱计、酸碱检测仪)。这是利用 pH 指示电极以电位法测定溶液 pH 的仪器,是专为使用离子选择性电极而设计的一种精密的电子毫伏计。

2. 酸碱指示剂

酸碱指示剂是一类在特定的 pH 范围内,随溶液的 pH 改变而变色的化合物,通常是有机弱酸或有机弱碱。当溶液的 pH 发生变化时,指示剂由于结构的改变而发生颜色的改变。若以 HIn 表示弱酸型指示剂,其在溶液中的平衡可以简单表示如下:

$$HIn + H_2O \Longrightarrow H_3^+O + In^-$$

$$K_{HIn} = [In^-][H_3^+O]/[HIn]$$

$$K_{HIn}/[H_3^+O]=[In^-]/[HIn]$$

显然,指示剂的颜色转变依赖于比值[In⁻]/[HIn],[In⁻]代表碱色的深度;[HIn]代表酸色的深度。

例如,酚酞为无色的二元弱酸,当溶液的 pH 逐渐升高时,酚酞先给出一个质子 H⁺,形成无色的离子;再给出第二个质子 H⁺ 并发生结构的改变,成为具有共轭体系醌式结构的红色离子,第二步解离过程的 $pK_{a_2}=9.1$。

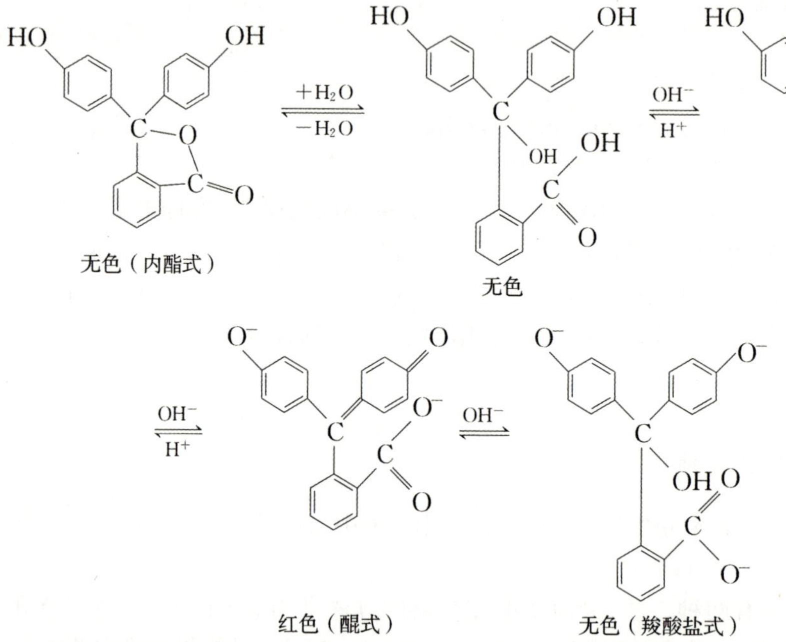

无色（内酯式）　　　　无色　　　　无色

红色（醌式）　　　　无色（羧酸盐式）

上述转变过程是可逆过程。当溶液的 pH 降低时,平衡向生成无色的酚酞分子的方向移动;当溶液的 pH 升高到一定数值时,平衡向生成红色酚酞离子的方向移动。根据实验测定,当溶液的 pH 小于 8 时酚酞呈无色;当溶液的 pH 大于 10 时酚酞呈红色。溶液的 pH 从 8 到 10 是酚酞逐渐由无色变为红色的过程,称为酚酞的"变色范围"。但在浓度足够大的碱溶液中,酚酞有可能转化为无色的羧酸盐式。

又如,甲基橙是有机色素,能溶于水,呈黄色,用作 pH 指示剂,变色范围的 pH 为 3.1～4.4,颜色由红变黄。

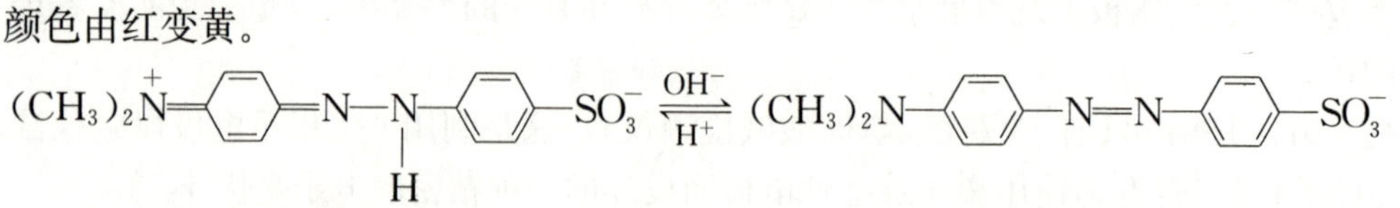

红色（醌式）　　　　$pK_a=3.4$　　　　黄色（偶氮式）

此外,还有百里酚蓝(变色范围的 pH 为 1.2～2.8)、溴酚蓝(变色范围的 pH 为 3.1～4.6)、甲基红(变色范围的 pH 为 4.4～6.2)、溴百里酚蓝(变色范围的 pH 为 6.0～7.6)、百里酚酞(变色范围的 pH 为 9.4～10.6)等。人们还将指示剂浸在纸上,做成试纸,常用的有石蕊试纸、pH 试纸。

3. 化学计量点时的 pH

在酸碱滴定的过程中,溶液中氢离子随着滴定剂加入而逐渐变化的情况可用相应的滴定曲线直观地表示出来。当滴定剂与被滴定物之间的反应定量完成,即滴定到达计量点时,溶液 pH 用 pH_{ep} 表示。正确地确定 pH_{ep} 是准确进行酸碱滴定的关键,通常借助酸碱指示剂此时的颜色变化予以确定。不同类型的滴定曲线具有各自不同的变化规律及特征,而不同的指示剂又具有不同的变色范围。

以 $0.1000mol \cdot L^{-1}$ 氢氧化钠滴定 $20.00mL$ 等浓度的盐酸为例,设滴定中加入氢氧化钠溶液的体积为 $V(mL)$,整个滴定过程可按下面四个阶段来考虑。

1) 滴定前($V=0mL$)

溶液的 pH 由 c_{HCl} 决定,即

$$c_{H^+} = 0.1000mol \cdot L^{-1} \qquad pH = 1.00$$

2) 滴定开始至化学计量点之前($V < V_0$)

随着滴定剂的加入,溶液中氢离子浓度取决于剩余盐酸的浓度。

$$
\begin{aligned}
c_{H^+} &= \frac{V_0 - V}{V_0 + V} \times 0.1000 \\
&= \frac{20.00 - 19.98}{20.00 + 19.98} \times 0.1000 \qquad (V = 19.98mL) \\
&= 5.0 \times 10^{-5} (mol \cdot L^{-1}) \\
&\qquad\qquad pH = 4.30
\end{aligned}
$$

3) 化学计量点时($V = V_0$)

酸碱恰好完全反应,溶液呈中性,氢离子来自水的解离。

$$c_{H^+} = c_{OH^-} = 1.0 \times 10^{-7} mol \cdot L^{-1}$$
$$pH = 7.00$$

4) 计量点后($V > V_0$)

溶液的 pH 由过量氢氧化钠的浓度决定,即

$$
\begin{aligned}
c_{OH^-} &= \frac{V - V_0}{V + V_0} \times 0.1000 \\
&= \frac{20.02 - 20.00}{20.02 + 20.00} \times 0.1000 \quad (V = 20.02mL) \\
&= 5.0 \times 10^{-5} (mol \cdot L^{-1}) \\
pOH &= 4.30 \qquad pH = 9.70
\end{aligned}
$$

4. 滴定曲线示例

在滴定过程中,溶液的 pH 随着滴定剂加入的量(或滴定百分数)的变化而变化的过程可以用滴定曲线予以形象化的描述。图 4-37-1 和图 4-37-2 分别表示氢氧化钠滴定一元酸(盐酸和乙酸)、多元酸(磷酸)的滴定曲线。

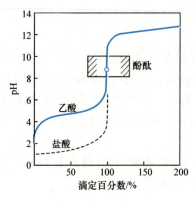

图4-37-1　0.1000mol·L⁻¹氢氧化钠
滴定 0.1000mol·L⁻¹盐酸和乙酸
的滴定曲线

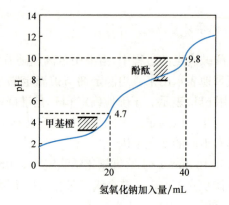

图 4-37-2　氢氧化钠溶液滴定磷酸
的滴定曲线

实验三十八　探究化学反应速率的影响因素

一、实验目的

（1）了解浓度、温度、催化剂、pH 对化学反应速率的影响。

（2）了解氧气传感器的使用方法，熟悉使用氧气传感器，学习同页面多张图形比较等显示方法和保存数据方法。

（3）学会控制变量、处理数据的方法，学习定量描述反应速率的方法。

二、实验原理

化学反应速率是以单位时间内的反应物浓度的减少或生成物浓度的增加来表示的，化学反应的本性决定反应速率。此外，外界条件（浓度、温度、催化剂、pH 等）也影响化学反应速率。对任意一个化学反应

$$aA + bB \rightleftharpoons cC + dD$$
$$v = kc_A^m c_B^n$$

由初始速率可求得速率常数和反应级数。

1. 浓度对化学反应速率的影响

过二硫酸铵与碘化钾的反应是一个慢反应。反应式如下：
$$(NH_4)_2S_2O_8 + 3KI \rightleftharpoons (NH_4)_2SO_4 + K_2SO_4 + KI_3 \tag{1}$$
其离子方程式为
$$S_2O_8^{2-} + 3I^- \rightleftharpoons 2SO_4^{2-} + I_3^- $$
其反应的速率方程可表示如下：
$$v = kc_{S_2O_8^{2-}}^m c_{I^-}^n \tag{2}$$
式中，v 为该温度下的瞬时速率；k 为速率常数；$c_{S_2O_8^{2-}}$ 为反应物 $S_2O_8^{2-}$ 的瞬时浓度；c_{I^-} 为反应物 I^- 的瞬时浓度；m 为 $S_2O_8^{2-}$ 的反应级数；n 为 I^- 的反应级数。

此反应在 Δt 时间内平均速率可表示为
$$v = -\frac{\Delta c_{S_2O_8^{2-}}}{\Delta t}$$

可以近似地用平均速率代替瞬时速率，即
$$v = kc_{S_2O_8^{2-}}^m c_{I^-}^n \approx -\frac{\Delta c_{S_2O_8^{2-}}}{\Delta t} = v_{平均}$$

为了测定 Δt 时间内 $S_2O_8^{2-}$ 浓度的变化，在混合过二硫酸铵和碘化钾的同时，加入一定量已知浓度并含有淀粉（用作指示剂）的硫代硫酸钠（$Na_2S_2O_3$）溶液，这样在反应（1）进行的同时进行以下反应：
$$2S_2O_3^{2-} + I_3^- \rightleftharpoons S_4O_6^{2-} + 3I^- \tag{3}$$
反应（3）进行得很快，反应（1）中所产生的 I_3^- 会立即与硫代硫酸钠反应，所以一段时间以内，看不到 I_3^- 与淀粉作用产生的蓝色；但一旦硫代硫酸钠耗尽，则微量的 I_3^- 就和淀粉反应使溶液呈现特有的蓝色，记录溶液变蓝所用的时间 Δt。

由反应(1)和反应(3)可知

$$\Delta c_{S_2O_8^{2-}} = \frac{\Delta c_{S_2O_3^{2-}}}{2}$$

$$v_{平均} = -\frac{\Delta c_{S_2O_8^{2-}}}{\Delta t} = -\frac{\Delta c_{S_2O_3^{2-}}}{2\Delta t} = -\frac{c_{S_2O_3^{2-},始}}{2\Delta t} \tag{4}$$

2. 温度对化学反应速率的影响

温度对化学反应速率有明显的影响,反应速率常数 k 与反应温度 T 一般有以下关系(由阿伦尼乌斯经验式推出):

$$\lg k = A - \frac{E_a}{2.303RT}$$

式中,E_a 为反应的活化能;R 为摩尔气体常量;T 为热力学温度。

若保持其他条件不变,只改变反应温度,由反应所用时间 Δt_1 和 Δt_2,通过以下关系:

$$\frac{v_1}{v_2} = \frac{k_1 c_{S_2O_8^{2-}}^m c_I^n}{k_2 c_{S_2O_8^{2-}}^m c_I^n} = \frac{\dfrac{\Delta c_{S_2O_8^{2-}}}{\Delta t_1}}{\dfrac{\Delta c_{S_2O_8^{2-}}}{\Delta t_2}}$$

可得出 $\dfrac{k_1}{k_2} = \dfrac{\Delta t_2}{\Delta t_1}$,从而求出不同温度下的速率常数 k。

求出不同温度下的 k 值后,若以 $\lg k$ 对 $\dfrac{1}{T}$ 作图,得一直线,进而可由直线斜率 $-\dfrac{E_a}{2.303R}$ 求得反应的活化能 E_a。

3. 催化剂、pH 对化学反应速率的影响

过氧化氢分解反应速率受催化剂、pH 等外部条件的影响。在定性分析化学反应速率的影响因素的基础上,也可以定量地控制化学反应速率。过氧化氢分解反应可以通过氧气传感器检测反应产生氧气的速率,从而判断反应的快慢。反应式如下:

$$2H_2O_2 =\!=\!= 2H_2O + O_2 \uparrow$$

在密闭容器内,随着反应的进行,气体浓度不断增大。利用氧气传感器测量、记录氧气随时间变化的数据并绘制氧气量-时间曲线,随后进行线性拟合得曲线斜率。根据曲线斜率即可判断反应速率的快慢。曲线斜率越大,反应速率越快。

三、实验用品

仪器和材料:量筒(50mL、10mL)、100mL 烧杯、试管、玻璃棒、温度计、秒表、氧气传感器、数据采集器、计算机、取样瓶。

药品:$0.2mol \cdot L^{-1}$ 碘化钾溶液、$0.2mol \cdot L^{-1}$ 过二硫酸铵溶液、$0.2mol \cdot L^{-1}$ 硫酸铵溶液、$0.2mol \cdot L^{-1}$ 硝酸钾溶液、$0.01mol \cdot L^{-1}$ 硫代硫酸钠溶液、0.2% 淀粉溶液、10% 过氧化氢溶液、$0.5mol \cdot L^{-1}$ 三氯化铁溶液、$0.5mol \cdot L^{-1}$ 氯化铜溶液、$0.5mol \cdot L^{-1}$ 硫酸铜溶液、

1mol·L^{-1}硫酸、1 mol·L^{-1}氢氧化钠溶液、二氧化锰。

四、实验内容

1. 浓度对化学反应速率的影响

室温下,分别用3个量筒量取20mL 0.2mol·L^{-1}碘化钾溶液、4mL 0.2%淀粉溶液、8mL 0.01mol·L^{-1}硫代硫酸钠溶液(每种试剂所用的量筒都要贴上标签,以免混乱),倒入100mL烧杯中,搅匀,然后用另一个量筒量取20mL 0.2mol·L^{-1}过二硫酸铵溶液,迅速加入该烧杯中,同时按动秒表,并不断用玻璃棒搅拌,待溶液出现蓝色时,立即停止秒表,记下反应的时间和温度。

用相同的方法按表4-38-1中所列各种试剂用量进行另外四次实验。记下每次实验的反应时间,为了使每次实验中离子强度和总体积不变,不足的量分别用0.2mol·L^{-1}硝酸钾溶液和0.2mol·L^{-1}硫酸铵溶液补足。

表 4-38-1　浓度对化学反应速率的影响　　　　　　　　（室温____℃）

实验数据	实验编号	1	2	3	4	5
所取溶液体积 V/mL	0.2mol·L^{-1}(NH$_4$)$_2$S$_2$O$_8$ 溶液	20	10	5	20	20
	0.2mol·L^{-1}KI 溶液	20	20	20	10	5
	0.01mol·L^{-1}Na$_2$S$_2$O$_3$ 溶液	8	8	8	8	8
	0.2%淀粉溶液	4	4	4	4	4
	0.2mol·L^{-1}KNO$_3$ 溶液	0	0	0	10	15
	0.2mol·L^{-1}(NH$_4$)$_2$SO$_4$ 溶液	0	10	15	0	0
反应物的起始浓度 c/(mol·L^{-1})	(NH$_4$)$_2$S$_2$O$_8$ 溶液					
	KI 溶液					
	Na$_2$S$_2$O$_3$ 溶液					
反应开始至溶液显蓝色时所需时间 Δt/s						
反应的平均速率 $v_{平均}$/(mol·L^{-1}·s^{-1})						

结论(浓度对化学反应速率的影响):_____。

2. 温度对化学反应速率的影响

按表4-38-1中实验编号4各试剂的用量,在分别比室温高10℃、20℃的温度条件下,重复上述实验。操作步骤为:将碘化钾溶液、淀粉溶液、硫代硫酸钠溶液和硝酸钾溶液放在100mL烧杯中混匀,过二硫酸铵溶液放在另一烧杯中,将两份溶液放在恒温水浴中升温,待升到所需温度时,将过二硫酸铵溶液迅速倒入碘化钾等混合溶液中,同时按动秒表并不断搅拌,当溶液刚出现蓝色时,立即停止秒表,记下反应时间和反应温度。

将这两次实验编号为6、7的数据和编号4的数据记录在表4-38-2中,并求出不同温度下的反应速率常数。

表 4-38-2　温度对化学反应速率的影响

实验编号	反应温度 $t/℃$	反应时间 $\Delta t/s$	反应的平均速率 $v/(mol \cdot L^{-1} \cdot s^{-1})$	反应速率常数 $k/[k]$
4				
6				
7				

结论(温度对化学反应速率的影响):_____。

3. 催化剂种类对化学反应速率的影响

(1) 组装实验装置,将计算机、数据采集器、氧气传感器三者相连接;双击"Logger Pro 3.9"软件,设置实验参数,采集模式:定频,采集频率:每秒 1 个,时间:300s。

(2) 在锥形瓶中加入 20mL 10%过氧化氢溶液,再加入 2mL 0.5mol·L^{-1}氯化铁溶液,插入氧气传感器。点击"开始",启动数据采集,检测氧气变化情况,绘制氧气量-时间曲线。待采集 300s 后,停止采集。保存实验数据。

(3) 按上述实验步骤,采集加入 2mL 0.5mol·L^{-1}氯化铜溶液、2mL 0.5mol·L^{-1}硫酸铜溶液后的氧气变化数据,保存文件,进行实验数据比较。

结论(催化剂种类对化学反应速率的影响):_____。

4. pH 对化学反应速率的影响

(1) 组装实验装置,将计算机、数据采集器、氧气传感器三者相连接,双击"Logger Pro 3.9"软件,设置实验参数,采集模式:自动,采集频率:每秒 1 个,时间:300s。

(2) 在取样瓶中加入 20mL 10%过氧化氢溶液,再分别加入 1mL 1mol·L^{-1}氢氧化钠溶液、2mL 0.5mol·L^{-1}氯化铁溶液,插入氧气传感器。点击"开始",启动数据采集,检测氧气变化情况,绘制氧气量-时间曲线。待采集 300s 后,停止采集。保存实验数据。

(3) 在取样瓶中加入 20mL 10%过氧化氢溶液,再分别加入 1mL 1mol·L^{-1}硫酸、2mL 0.5mol·L^{-1}氯化铁溶液,插入氧气传感器。点击"开始",启动数据采集,检测氧气变化情况,绘制氧气量-时间曲线。待采集 300s 后,停止采集。保存文件,进行实验数据比较。

结论(pH 对化学反应速率的影响):_____。

五、注意事项

(1) 取用 6 种试剂的量筒分开专用,否则由于量筒混用,各试剂混合,影响显色时间,使得时间缩短。

(2) 若先加过二硫酸铵溶液,最后加碘化钾溶液,则先加的过二硫酸铵会与硫代硫酸钠先反应,影响实验结果。

(3) 加入过二硫酸铵溶液时,动作要快。若缓慢加入过二硫酸铵,就会减缓 $S_2O_8^{2-}$ 与 I^- 的反应(速率),则 $S_2O_8^{2-}$ 先与 $S_2O_3^{2-}$ 反应,影响实验结果。

(4) 实验中有关溶液可用量筒量取,不一定要使用移液管精确取用。这是因为本实验中的数据是用来作图的,所得结果一般都是所作直线的斜率,所以不使用移液管来精确量取有关溶液的体积对实验所得结果没有太大影响,可见误差是相对的。

六、讨论与研究

1. 反应速率的计算

本实验中为什么可由反应溶液出现蓝色时间的长短来计算反应速率? 溶液变蓝后,烧杯中的反应是否也就停止了?

由反应(1)、(3)可以得出 $S_2O_8^{2-}$ 减少的量为 $S_2O_3^{2-}$ 减少的量的 1/2,由于在 Δt 时间内 $S_2O_3^{2-}$ 全部耗尽,因此 $\Delta c_{S_2O_3^{2-}}$ 实际上就是反应开始时硫代硫酸钠的浓度。在本实验中每份混合液中硫代硫酸钠起始浓度都是相同的,因而 $\Delta c_{S_2O_3^{2-}}$ 也是不变的。这样,只要记下反应开始到溶液出现蓝色的时间 Δt 就可以计算一定温度下的平均反应速率。

$$v_{平均} = -\frac{\Delta c_{S_2O_8^{2-}}}{\Delta t} = -\frac{\Delta c_{S_2O_3^{2-}}}{2\Delta t} = -\frac{c_{S_2O_3^{2-},始}}{2\Delta t}$$

所以本实验可由反应溶液出现蓝色时间的长短来计算反应速率。溶液变蓝后,烧杯中的反应没有停止,只是 $S_2O_3^{2-}$ 与 I^- 的反应停止了。

2. 反应级数及速率常数的获得

1) 计算法

分别选取 c_{I^-} 或 $c_{S_2O_8^{2-}}$ 相同的两组数据,由不同 v 值可求出该反应的级数 m、n。

固定 $c_{S_2O_8^{2-}}$,只改变 c_{I^-} 时,则

$$\frac{v_1}{v_2} = \frac{\Delta t_2}{\Delta t_1} = \frac{kc_{S_2O_8^{2-}}^m c_{1,I^-}^n}{kc_{S_2O_8^{2-}}^m c_{2,I^-}^n} = \frac{c_{1,I^-}^n}{c_{2,I^-}^n} = \left(\frac{c_{1,I^-}}{c_{2,I^-}}\right)^n$$

由上式可求出 n。

同理,固定 c_{I^-},只改变 $c_{S_2O_8^{2-}}$,可求出 m。

当 m 和 n 固定后,由 $k = \dfrac{v}{c_{S_2O_8^{2-}}^m c_{I^-}^n}$,则可求出该反应的速率常数 k。

2) 作图法

对(2)式两边取对数,得

$$\lg v = m\lg c_{S_2O_8^{2-}} + n\lg c_{I^-} + \lg k$$

当 c_{I^-} 不变时,以 $\lg v$ 对 $\lg c_{S_2O_8^{2-}}$ 作图,可得一直线,该直线的斜率即为 m;当 $c_{S_2O_8^{2-}}$ 不变时,以 $\lg v$ 对 $\lg c_{I^-}$ 作图,可得 n;求出 m、n 后,可求得该反应速率常数 k。

3. 硫代硫酸钠的作用

在本实验中,加入硫代硫酸钠的作用是什么? 过二硫酸铵会直接把硫代硫酸钠氧化吗? 实验中硫代硫酸钠的用量过多或过少对实验结果的影响如何?

加入硫代硫酸钠的作用是延缓显色时间,从而间接地测定反应速率。

根据电对 I_2/I^-、$S_4O_6^{2-}/S_2O_3^{2-}$、$S_2O_8^{2-}/SO_4^{2-}$ 的标准电极电势 $\varphi_{I_2/I^-}^{\ominus}=0.545V$，$\varphi_{S_4O_6^{2-}/S_2O_3^{2-}}^{\ominus}=0.09V$，$\varphi_{S_2O_8^{2-}/SO_4^{2-}}^{\ominus}=2.00V$，有

$$\varphi_{S_2O_8^{2-}/SO_4^{2-}}^{\ominus}-\varphi_{S_4O_6^{2-}/S_2O_3^{2-}}^{\ominus}>\varphi_{S_2O_8^{2-}/SO_4^{2-}}^{\ominus}-\varphi_{I_2/I^-}^{\ominus}$$

根据氧化还原反应首先发生于电极电势值相差较大的两个电对之间的一般规律，似乎应该是 $S_2O_8^{2-}$ 首先氧化 $S_2O_3^{2-}$ 而非 I^-。但是由于 $S_2O_8^{2-}$ 与 I^- 的反应速率远大于 $S_2O_8^{2-}$ 与 $S_2O_3^{2-}$ 的反应速率，因此结果是 $S_2O_8^{2-}$ 首先与 I^- 反应。

4. 氧气传感器的工作原理

氧气传感器又称氧电池，目前达到实用化水平的氧气传感器主要有氧化物半导体型、浓差电池型、极限型、伽伐尼式。一般来说，在恒定工作压力和恒定温度条件下，氧电池产生的电压值与氧浓度呈正比关系，通过数据采集器进一步放大、处理可以显示为氧气浓度的变化。氧气传感器也是最常见的传感器之一，其产量占全部气体传感器的 40%，位居气体传感器的首位，仅汽车工业用氧气传感器就达到数千万只。由于氧气传感器主要用于空气中氧气浓度的测定，因此氧气传感器使用的默认环境应该是空气。在化学教学中除了使用氧气传感器进行空气中氧气浓度的测定，还可以将其用于混合气体中氧气浓度的测定。

实验三十九　乙醇与钠的反应

一、实验目的

（1）理解测定乙醇分子结构的原理。

（2）比较乙醇与钠的反应和水与钠的反应在反应速率方面的差异。

（3）了解压强传感器和红外热成像仪的使用，提高对图像、实验数据的分析、处理能力。

二、实验原理

1. 乙醇的结构

乙醇的分子式为 C_2H_6O，有两种同分异构体，分子结构分别为

$$
\begin{array}{cc}
\begin{array}{c}
\quad H \quad\ H \\
\quad | \quad\ | \\
H-C-C-OH \\
\quad | \quad\ | \\
\quad H \quad\ H
\end{array}
&
\begin{array}{c}
\quad H \quad\quad\quad H \\
\quad | \quad\quad\quad | \\
H-C-O-C-H \\
\quad | \quad\quad\quad | \\
\quad H \quad\quad\quad H
\end{array} \\
(a) & (b)
\end{array}
$$

结构（a）中有两种 H，数量比为 $1:5$；结构（b）中只有 1 种 H。

无水乙醇与金属钠的反应如下：

$$2CH_3CH_2OH + 2Na \longrightarrow 2CH_3CH_2ONa + H_2 \uparrow$$

如过量的钠与乙醇反应，通过压强传感器，可检测反应前后由于 H_2 造成的压强变化，换算为 H_2 的量，从而推算出 1mol 乙醇分子中有几摩尔氢原子可以被取代，就可以确定乙醇分子的结构。

2. 红外热成像仪

红外热成像技术是通过红外探测器接收被测目标发出的红外辐射，再由信号处理系统将其转化为被测目标的热图像的一种技术。红外热成像技术可以将被测目标的热量分布转化为可视图像，并在屏幕上以灰度级或伪色彩显示。实验者通过观察热图像，可以直观地了解被测目标的温度分布场。

过去，红外热成像仪的价格非常昂贵，但近年来出现了小巧便携、相对廉价的产品，使其应用于化学实验更加可行。便携式红外热成像仪可以连接手机后使用，热图像显示在手机屏幕上。

与传统的测温工具相比，红外热成像仪的优势如下：①遥感测温，不需要接触被测物体即可远程测量温度，避免干扰和影响结果，保护实验者安全，尤其适合测量微型化学实验或不易直接接触的反应的温度；②视觉呈现，以图像和颜色的形式表现被测范围的温度分布，可以直观地发现各部位温度的差异，尤其适合比较化学反应各体系、各部位间的温度差异；③实时测量，可以实时测量正在发生热量变化的目标，并实时将图像传输到手机进行分析，尤其适合观察化学反应吸放热、热传导的动态过程。

三、实验用品

仪器和材料：小试管（或青霉素瓶）、尖嘴管、1mL 注射器、250mL 蒸馏烧瓶、压强传感器、

数据采集器、铁架台及附件、酒精灯、火柴、镊子、小刀、滤纸、红外热成像仪、智能手机、升降台、培养皿。

药品：金属钠、无水乙醇、煤油、蒸馏水。

四、实验内容

1. 乙醇与钠反应现象的观察与产物的定性检验

反应的简易安全装置如图 4-39-1 所示，整个实验过程如图 4-39-2 所示。实验步骤如下：

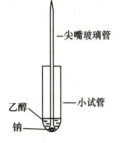

（1）向小试管（或青霉素瓶）中加入少量无水乙醇。再取一小块钠放入试管中，则钠块沉入试管底部，并与乙醇反应产生气泡。

（2）将尖嘴玻璃管的大头朝下插入乙醇中，并使其罩住钠块，则钠块在玻璃管内与乙醇继续反应，产生的气体从玻璃管上口排出。

（3）不用验纯（尖嘴管内的少量空气可很快被生成的氢气排出），直接在尖嘴玻璃管的上口点燃气体，可燃烧，现象明显。此时用干燥洁净的小烧杯罩在火焰上方，结合使用澄清石灰水，以检验燃烧产物为水，从而确定生成的气体是氢气。

图 4-39-1 乙醇与钠反应的简易安全装置

（4）由于尖嘴管内的溶液中乙醇钠的浓度比外部的高得多，致使尖嘴管内出现白色絮状沉淀（或白色蜡状固体），这种白色物质是乙醇钠。如果将反应容器放入冷水中冷却，则更有利于沉淀的形成。

（1）加乙醇和钠块　（2）插入滴管　（3）点燃气体　（4）观察乙醇钠固体

图 4-39-2 乙醇与钠的反应过程

乙醇钠固体包围钠块会使反应变慢或停止。遇此情况时只需将尖嘴玻璃管稍稍提高一点并轻轻振动，让其中的固体及溶液全部掉下，与试管中的大量稀溶液相混合，则钠块周围的白色蜡状固体或白色浑浊物在大量稀溶液中溶解消失，反应又变得很快，直到完毕。

2. 乙醇分子结构式的测定

（1）将蒸馏烧瓶烘干。

（2）将蒸馏烧瓶、注射器、压强传感器连接成如图 4-39-3 所示的装置，检查装置气密性。

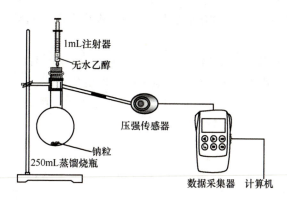

图 4-39-3　测定乙醇分子结构实验装置

（3）取出少量金属钠，用滤纸、小刀除去表面油污和氧化层，用小刀割出约 0.3g 的小钠块，并将其割成钠粒，迅速放于蒸馏烧瓶中，塞好橡胶塞。取 0.2mL 无水乙醇于注射器中。

（4）将乙醇一次性注入蒸馏烧瓶中，使其与钠粒反应。反应进行 2min 后，产生的气泡渐趋于平缓，用酒精灯晃动微热 15s，确保钠及其表面的乙醇钠溶解。待采集到的示数基本不变（约 9min），停止数据采集，读出反应前后的压强。平行做两次实验，得到数据及图像，完成表 4-39-1。

表 4-39-1　乙醇与钠反应实验数据记录

温度：　　　　大气压：　　　　乙醇用量：

加热时间	10s			15s			20s		
	1	2	平均	1	2	平均	1	2	平均
初始压强/kPa									
最大压强/kPa									
平衡压强/kPa									
H_2产生的压强/kPa									
相对误差/%									

注：H_2产生的压强＝平衡压强－初始压强

（5）重复步骤（3）、（4），将酒精灯加热时间改为 10s、20s，其他操作相同，得到数据及图像。

（6）记录有关数据，完成表 4-39-1。

（7）根据理想气体状态方程 $pV=nRT$，结合无水乙醇的量，计算出 H_2 的理论值，计算相对误差。同时根据数据确定乙醇的分子结构。

$$p_{H_2,理论}=\frac{V_{乙醇}\rho RT}{V_{蒸馏烧瓶}M_{乙醇}\times 2}$$

式中，$V_{蒸馏烧瓶}$ 可用水测量；乙醇密度 $\rho=0.7894g\cdot cm^{-3}$。

3. 比较钠分别与乙醇和水反应时的速率差异

（1）在两个培养皿中分别加入等体积的无水乙醇和蒸馏水至高度约 5mm。

（2）用小刀切两块大小（绿豆大）、形状均相同的金属钠。

（3）将红外热成像仪架在两个培养皿上方，用升降台调节高度，使两个培养皿都进入红外热成像仪的拍摄画面。

（4）打开红外热成像仪的录像功能，用镊子将两块金属钠同时放入盛有无水乙醇和蒸馏水的两个培养皿中，用红外热成像仪拍摄反应时的温度变化。

（5）用红外热成像仪自带的"点测温"功能测量钠与无水乙醇、钠与水反应时的表面温度（将测温点移到金属钠的位置），比较温度差异。

五、注意事项

（1）实验 2 装置的气密性要好。

（2）考虑到蒸馏烧瓶的承压能力和实验安全，压强值控制在 20kPa 内比较合适，故无水乙醇的量不宜过多，实验用量为 0.20mL。

（3）金属钠的用量是实验的关键。由于在将钠块切成钠粒过程中部分钠会被氧化，故钠的实际用量要超过理论计算量。

（4）取用无水乙醇和钠珠的速度要快，减少乙醇挥发和钠被空气氧化的速度。

（5）加热时是微热，注意实验操作时尽量保证酒精灯加热高度一致。

（6）反应结束后，应加入过量的乙醇使剩余的金属钠反应掉，不能直接加水冲洗。

六、讨论与研究

（1）在实验 1 中，如果看不到上述乙醇钠白色固体，其原因可能是：①钠块过小或乙醇用量过大；②反应导致溶液温度过高，而乙醇钠的浓度有限，此时可将反应容器放入冷水中冷却。

（2）乙醇和水都能与钠反应，产物都有 H_2，但是二者反应的剧烈程度不同，钠与乙醇反应较为温和，钠与水反应较为剧烈。乙醇与水的结构相似

$$CH_3CH_2-O-H \qquad H-O-H$$

烷基为斥电子基，能够增大羟基上氧的电子云密度，使羟基中的 O—H 键结合得更为牢固，因此乙醇的酸性比水弱，与钠反应较为温和。因为乙醇的酸性比水弱，故其共轭碱乙醇钠的碱性比氢氧化钠强。乙醇钠遇水即分解为氢氧化钠和乙醇。

除醇是一种有机弱酸外，经常使用的酚酞也是一种有机弱酸。酚酞的分子式为 $C_{20}H_{14}O_4$。当 pH<8.2 时，酚酞呈 4,4-二羟基三苯甲醇-2-羧酸的内酯结构，无色，不溶于水，溶于有机溶剂；当 pH>10.0 时，内酯开环而生成二钠盐，发生重排，酚酞呈醌式结构而表现为红色。反应式如下：

无色 (内酯式结构)　　　　　　　　　　红色 (醌式结构)

使酚酞结构发生变化的因素有温度、强碱环境和强氧化环境。温度升高可以使酚酞的弱碱溶液由红色变为无色,强碱性条件和强氧化剂都会使酚酞由无色变为红色,前两种因素引起的变化是可逆的,后者是不可逆的。

(3) 实验 2 中,当反应进行一段时间后,生成的冻状物乙醇钠(熔点 300℃)会包裹住钠珠,使反应速率骤减,剩余的乙醇无法继续反应。此时对蒸馏烧瓶微微加热,钠及其表面的乙醇钠会发生共熔,使反应继续,但是加热时间会影响实验效果。加热时间过短,乙醇钠不能完全熔化,实验效果不明显;加热时间过长则使较多的乙醇挥发,不能与钠充分反应,也会给实验带来较大误差。同时,当蒸馏烧瓶受热时,空气膨胀、乙醇挥发均会造成密闭容器内气体压强升高;一经冷却,空气冷却、乙醇蒸气液化,蒸馏烧瓶内压强又迅速下降。为了确定实际加热过程中,蒸馏烧瓶中空气受热膨胀以及乙醇挥发而造成的实验误差,可设计两组空白对照实验:

a. 空烧瓶加热 15s。得到数据及图像后发现:虽然体系受热会导致气体膨胀而引起压强增大,但只要冷却时间超过 6min,初始压强和最终压强差异不大,即冷却 6min 之后再采集数据,可基本消除空气造成的误差。

b. 空烧瓶中加入 0.2mL 无水乙醇,分别加热 15s、30s。得到数据及图像后发现:若加热 30s,烧瓶压强迅速上升到最高点,一停止加热,压强迅速减小,说明乙醇产生的蒸气压过大,乙醇挥发量较多,因而造成氢气的产率较低;若加热 15s,压强值缓慢上升,停止加热后,压强值下降的变化值较小。说明控制好加热时间,可以完全熔化乙醇钠,促进反应继续进行,还能有效减少乙醇挥发量,提高氢气的产率。

实验四十 反应级数的测定

一、实验目的

(1) 学会利用观察计时法和色度传感器法测量反应突变时间。

(2) 学习通过控制变量法进行数学建模,学会通过数据处理计算各反应物对应的反应级数。

二、实验原理

质量作用定律仅适用于基元反应。需要设计动力学实验,测量非基元反应化学反应速率方程中反应级数 n 的数值。

1. 测量反应突变时间

本实验所采用的非基元时钟反应,在酸性条件下利用 Fe^{3+} 氧化 I^-,并添加少量的硫代硫酸钠作为限制剂,以淀粉(starch)溶液作为 I_3^- 显色的指示剂。该化学反应过程如下:

$$Fe^{3+}(aq) + S_2O_3^{2-}(aq) \longrightarrow [Fe(S_2O_3)]^+(aq) \tag{1}$$

$$2Fe^{3+}(aq) + 3I^-(aq) \longrightarrow 2Fe^{2+}(aq) + I_3^-(aq) \tag{2}$$

$$I_3^-(aq) + 2S_2O_3^{2-}(aq) \longrightarrow 3I^-(aq) + S_4O_6^{2-}(aq) \tag{3}$$

$$2I_3^-(aq) + 淀粉 \longrightarrow 淀粉\text{-}I_5^- + I^-(aq) \tag{4}$$

各反应物混合初始阶段,由于简单的配位反应先于 Fe^{3+} 和 I^- 的复杂氧化反应发生,因此少量 Fe^{3+} 和 $S_2O_3^{2-}$ 优先形成紫色的配合物 $[Fe(S_2O_3)]^+$,抑制了 Fe^{3+} 氧化 I^- 的过程,从而无法生成 I_3^-,如式(1);与此同时,即便生成了 I_3^-,由于 $S_2O_3^{2-}$ 比 I^- 具有更强的还原性,又可将 I_3^- 还原为 I^-,如式(3),因此能够在一段时间内限制 I_3^- 的生成。同时,根据软硬酸碱理论,Fe^{3+} 属于硬酸,$S_2O_3^{2-}$ 属于软碱,二者虽然因为配位作用容易结合,但是结合产物并不稳定,容易分解;随着式(3)中 $S_2O_3^{2-}$ 被逐渐消耗掉,$[Fe(S_2O_3)]^+$ 中的 $S_2O_3^{2-}$ 从配合物中重新分解出来,溶液就会由浅紫色慢慢变为无色。当 $S_2O_3^{2-}$ 被完全消耗时,反应(1)和反应(3)停止,反应(2)和反应(4)即刻发生,溶液颜色由无色突变为蓝色。因此,可以采用肉眼观察颜色变化或者利用数字传感器记录颜色突变过程,得到反应突变时间 Δt(从反应物混合初始到 $S_2O_3^{2-}$ 完全消耗所需要的总时间)。

2. 初始反应速率法

在化学反应速率测定的相关实验中,往往采用初始反应速率法简化实验的测定难度。在本实验反应的初始阶段,其他反应和逆反应等因素对所需测量的 Fe^{3+} 氧化 I^- 反应的干扰程度较小,硫代硫酸钠在反应中被完全消耗,且加入硫代硫酸钠的物质的量浓度比其他两种反应物小一个数量级。由式(1)~(3)知,可以用 $S_2O_3^{2-}$ 的初始反应总浓度随时间的变化量来表示该氧化还原反应的初始反应速率:

$$v_0 \approx -\frac{\Delta c_{Fe^{3+}}}{\Delta t} = \frac{c_{0,S_2O_3^{2-}}}{\Delta t} \tag{5}$$

式中,$\Delta c_{Fe^{3+}}$ 为 Fe^{3+} 浓度在反应初期的变化量。式(2)反应发生时,Fe^{3+} 浓度的变化量恰好等于式(1)中从配合物中分解出的 Fe^{3+} 变化量,则将式(2)初始反应速率的测定转变为式(2)反应速率的测定。如果用 Δt 表示颜色突变时间,那么 $\Delta c_{Fe^{3+}}$ 则表示在 Fe^{3+} 浓度在这段时间内的减少量。

继续采用初始反应速率法，通过 Fe^{3+} 初始浓度 $c_{0,Fe^{3+}}$ 和 I^- 初始浓度 c_{0,I^-} 来表示该氧化还原反应的初始反应速率 v_0：

$$v_0 = kc_{0,Fe^{3+}}^x c_{0,I^-}^y = \frac{c_{0,S_2O_3^{2-}}}{\Delta t} \tag{6}$$

式中，$c_{0,Fe^{3+}}$ 的反应级数为 x，c_{0,I^-} 的反应级数为 y。

采用控制变量法，保证 $Na_2S_2O_3$ 的初始浓度为定值，改变 Fe^{3+} 或 I^- 的初始反应浓度，测量反应突变时间 Δt，对 Fe^{3+} 或 I^- 的初始反应浓度作图，通过数学建模对图像进行拟合，可求得各反应物的反应级数。

三、实验用品

仪器和材料：容量瓶（100mL、250mL）、250mL 锥形瓶、玻璃棒、烧杯、针管注射器（1mL、50mL）、量筒、胶头滴管、分析天平、色度传感器、数据采集器、计算机、（磁力搅拌）恒温装置。

药品：63% 浓硝酸溶液、五水合硫代硫酸钠晶体、碘化钾、硝酸钾（分析纯）、可溶性淀粉、九水合硝酸铁晶体。

四、实验内容

1. 溶液的配制

1）2% 淀粉溶液的配制

称取 2g 可溶性淀粉，溶于烧杯中，加少量水搅拌成糊状。加入 100mL 沸水，搅拌稀释至透明液体状，备用。

2）溶液 A 和溶液 B 的配制

以 I^- 浓度对化学反应速率的影响为例配制溶液 A 和 B（方案一）。

配制溶液 A：分别称取 0.0180g 五水合硫代硫酸钠和 60.6g 硝酸钾，溶于 600mL 蒸馏水中，匀速搅拌直至全部溶解。取用六个 250mL 锥形瓶并编号 A1～A6，用 100mL 容量瓶分别量取六份 100mL 混合溶液至六个锥形瓶中。依据锥形瓶编号由小到大，称取六份质量区间在 0.0996～0.2656g 的碘化钾固体，分别溶解于锥形瓶中，充分搅拌直至全部溶解，备用。

配制溶液 B：量取浓硝酸 18.3mL 并用蒸馏水稀释，将溶液全部转移至 250mL 容量瓶中定容后转移至烧杯中。称取 0.6565g 九水合硝酸铁晶体溶于稀硝酸溶液中（每 100mL 溶液中含有 0.2626g 九水合硝酸铁晶体），充分搅拌至全部溶解，贴上标签 B，备用。

$S_2O_3^{2-}$ 浓度和 Fe^{3+} 浓度变化时溶液的配制过程与上面相似，按比例分别改变 $S_2O_3^{2-}$ 浓度（方案二）和 Fe^{3+} 浓度（方案三）即可，具体加入量可参考表 4-40-1。

表 4-40-1　溶液 A 和溶液 B 的配制参考表　　[单位：g·(100mL)$^{-1}$]

溶液组成 方案	溶液 A		溶液 B
	碘化钾	五水合硫代硫酸钠	九水合硝酸铁
方案一	0.0996～0.2656	0.0075	0.2626
方案二	0.2500	0.0025～0.0200	0.2626
方案三	0.2500	0.0075	0.1616～0.5656

2. 反应突变时间 Δt 的测量

下面以 I^- 初始浓度变化对化学反应速率的影响为例,用两种方法分别测量反应突变时间 Δt。

1) 方法一:使用色度传感器测量反应突变时间

同时取用编号为 A1 的 A 溶液和 B 溶液,保持两个锥形瓶处于 30℃ 水浴恒温条件,向 A1 溶液中添加 2mL 配制好的淀粉溶液,搅拌均匀。用一干燥洁净的针管注射器吸取 1mL 溶液 A1 并转移至比色皿中,将比色皿置于色度传感器中;用另一干燥洁净的针管注射器吸取 1mL 溶液 B,匀速注射到比色皿内。注射完毕后迅速关闭外盖,收集并观察数据,记录溶液 A1 与溶液 B 混合时吸光度的变化图像,观察体系吸光度有明显突跃现象时的反应突变时间 Δt_1。进行三组平行实验,求得平均值 $\Delta t_{平均}$。依次取用编号为 A2~A6 的溶液 A,重复上述操作,保存图像,记录数据于表 4-40-2 中。

表 4-40-2　碘离子初始浓度不同时的反应突变时间

$c_{0,S_2O_3^{2-}} = $ _____ mmol · L^{-1},$c_{0,Fe^{3+}} = $ _____ mmol · L^{-1}

实验编号		1	2	3	4	5	6
	m_{KI}/g						
	$c_{0,KI}/(mol \cdot L^{-1})$						
方法一	$\Delta t_1/s$						
	$\Delta t_2/s$						
	$\Delta t_3/s$						
	$\Delta t_{平均}/s$						
方法二	$\Delta t_1/s$						
	$\Delta t_2/s$						
	$\Delta t_3/s$						
	$\Delta t_{平均}/s$						

2) 方法二:使用观察计时法测量反应突变时间

同时取用编号为 A1 的 A 溶液和 B 溶液,保持两个锥形瓶处于 30℃ 水浴恒温条件,向 A1 溶液中添加 2mL 配制好的淀粉溶液,搅拌均匀。用一干燥洁净的针管注射器吸取 10mL 溶液 A1 并将其转移至 50mL 烧杯中,采用磁力搅拌恒温装置加热烧杯中的溶液并控制温度为 30℃。用另一干燥洁净的针管注射器吸取 10mL 溶液 B 并将其匀速注入上述烧杯中,注射完毕时迅速按下秒表。观察反应体系,记录溶液发生颜色突变所需要的反应突变时间 Δt。进行三组平行实验,求得平均值 $\Delta t_{平均}$。依次取用编号为 A2~A6 的溶液 A,重复上述操作,记录数据于表 4-40-2 中。

$S_2O_3^{2-}$ 初始反应浓度变化以及 Fe^{3+} 初始浓度变化对于化学反应速率的影响的测量过程与上面相似,数据记录表格可以仿照表 4-40-2 设计。

3. 数据的处理

1) $S_2O_3^{2-}$ 浓度变化对化学反应速率的影响

在实验原理部分定性地解释了 $S_2O_3^{2-}$ 在反应体系中仅起到抑制作用。同时,对式(5)进行变形后可发现,若所拟合的 $c_{0,S_2O_3^{2-}}$-Δt 图像为经过原点的直线(一次函数图像),则证明当 $S_2O_3^{2-}$ 的初始浓度变化时,反应突变时间也成倍增长,其比值即图像斜率 $1/v_0$ 为定值,则也可通过实验计算初始反应速率 v_0 与 $S_2O_3^{2-}$ 的浓度无关,从而验证 $S_2O_3^{2-}$ 的抑制作用。

采用控制变量法,即控制 Fe^{3+} 和 I^- 的初始反应浓度不变,仅改变 $S_2O_3^{2-}$ 的初始浓度 $c_{0,S_2O_3^{2-}}$,测量反应突变时间 $\Delta t_{平均}$,对 $S_2O_3^{2-}$ 的初始浓度 $c_{0,S_2O_3^{2-}}$ 作图,对图像进行拟合,观察所得图形并进行解释。

2) 碘离子和 Fe^{3+} 浓度变化对化学反应速率的影响

用反应突变时间分别对 I^- 初始浓度或 Fe^{3+} 初始浓度作图,对图像进行拟合,计算反应级数,并结合理论值对两种方法进行误差分析。

五、注意事项

(1) 由于实验过程中无法均匀搅拌,因此配制的淀粉溶液的浓度要适当增大一些(通常使用 1% 的淀粉溶液就足够灵敏)。同时,在实际操作中向 A 溶液和 B 溶液中都滴加淀粉溶液并混合均匀,以期减少因混合不均而造成的测量误差。

(2) A 溶液中加硝酸钾的目的是保持该溶液中离子浓度约为 $1mol \cdot L^{-1}$,尽可能地减少因为离子浓度所造成的误差;B 溶液中加硝酸钾的目的同样是保持溶液中离子浓度为 $1mol \cdot L^{-1}$,同时抑制 Fe^{3+} 的水解。但是在实际操作中,为了最大限度保证每个锥形瓶中含有的混合成分浓度相同,溶解后溶液总体积应该略大于 600mL(考虑到转移溶液的过程中有一定的损失)。

(3) 色度传感器的使用要遵循使用规则,反应之前需要根据使用说明进行空白样的校准,并且将信号调节到 430nm 处最合适,这是因为此波长仪器所检测到吸光度的变化最为明显;传感器时间间隔一般设定为 0.33s 或者 0.25s,时间长度设定为 100s。

(4) 针管注射器的针管应该插入溶液内部高度约一半的位置,以保证溶液 A 和溶液 B 能够尽量充分混合;同时,注射速度要保持相对一致,以尽量减小实验误差。

六、讨论与研究

1. 非基元反应的反应级数

基元反应是辨别化学反应方程式和化学反应速率方程二者区别的核心概念。基元反应是指由反应物分子(或离子、原子以及自由基等)直接碰撞发生相互作用而生成产物的反应,若干基元反应之和构成了某一化学反应的反应机理。化学反应方程式,是从宏观计量式的角度去探讨反应物与产物之间可能存在的计量关系,可以通过理论进行推导;化学反应速率方程,则是尝试从化学反应速率的角度出发去验证微观反应机理,必须通过实验方法建立。速率方程(也称为质量作用定律)之所以只适合于基元反应是因为只有基元反应才真正代表了反应物分子间的相互作用,而总化学反应方程式则代表了反应的总体计量关系而非反应历程;简单反应的速率方程可以由反应方程式直接推导得出,是因为经过实验验证其化学计量方程式与其基元反应方程式一致。

可见,结合具体的动力学实验方可深刻地理解反应速率常数 k 和反应级数 n 的概念。速率常数 k 的物理意义为单位浓度下的反应速率,用来判断同反应级数的基元反应的相对快慢;k 值与反应物浓度无关,却是温度的函数。反应级数 n 则是指参与反应的各反应物浓度指数之和;反应级数越高,反应受浓度的影响越大。

常见的一级反应:

$$H_2O_2 \longrightarrow H_2O + 1/2O_2$$

$$N_2O_5 \longrightarrow 2NO_2 + 1/2O_2$$

$$C_{12}H_{22}O_{11}(蔗糖) + H_2O \longrightarrow C_6H_{12}O_6(葡萄糖) + C_6H_{12}O_6(果糖)$$

常见的二级反应:

$$CO + NO_2 \longrightarrow CO_2 + NO$$

$$S_2O_8^{2-} + 3I^- \longrightarrow 2SO_4^{2-} + I_3^-$$

$$2HI \longrightarrow H_2 + I_2$$

$$CH_3COOC_2H_5 + OH^- \longrightarrow CH_3COO^- + C_2H_5OH$$

常见的三级反应:

$$2NO + O_2 \longrightarrow 2NO_2$$

$$2NO + H_2 \longrightarrow N_2O + H_2O$$

当然,反应级数不一定是整数,也有可能是分数或者负数等。例如,凡反应速率与浓度无关(与浓度的零次方成正比)的均属零级反应,多为在表面上发生的多相反应,N_2O 在金(Au)粉表面的热分解、酶的催化反应、光敏反应等往往都是零级反应。又如,Cl_2 和 H_2 反应生成 HCl 的反应为一级半反应。

2. 一种可能的反应机理

已有研究证实,Fe^{3+} 与 I^- 在水溶液中发生的氧化还原反应的初始速率与 Fe^{3+} 浓度成正比,与 I^- 浓度的平方成正比。该反应的初始反应速率方程可表示为

$$v_0 = \frac{c_{0,S_2O_3^{2-}}}{\Delta t} = kc_{0,Fe^{3+}}c_{0,I^-}^2 \tag{7}$$

该水溶液反应体系中存在 I_2^-,因此可以进一步推断出该反应中可能存在的一种微观反应机理为

$$Fe^{3+}(aq) + I^-(aq) \xrightarrow{k_1} [FeI]^{2+}(aq) \tag{8}$$

$$Fe^{3+}(aq) + I^-(aq) \xrightarrow{k_2} [FeI]^{2+}(aq) \tag{9}$$

$$[FeI]^{2+}(aq) + I^-(aq) \xrightarrow{k_3} Fe^{2+}(aq) + I_2^-(aq) \tag{10}$$

$$2I_2^-(aq) \xrightarrow{k_4} I_3^-(aq) + I^-(aq) \tag{11}$$

其中,式(10)为速控步骤,反应很慢,k_3 很小,则总反应速率为该基元反应速率:

$$v = k_3 c_{[FeI]^{2+}} c_{I^-} \tag{12}$$

假设中间产物 I_2^- 和 $[FeI]^{2+}$ 的浓度在整个反应中是近似不变的,即 $dc_{I_2^-}/dt \approx 0$, $dc_{[FeI]^{2+}}/dt \approx 0$。

于是有

$$k_4 c_{I_2^-}^2 - k_3 c_{[FeI]^{2+}} c_{I^-}^2 = 0 \tag{13}$$

$$k_1 c_{Fe^{3+}} c_{I^-} - k_2 c_{[FeI]^{2+}} - k_3 c_{[FeI]^{2+}} c_{I^-} = 0 \tag{14}$$

由式(14)得

$$c_{[FeI]^{2+}} = k_1 c_{Fe^{3+}} c_{I^-} / (k_2 + k_3 c_{I^-})$$

当满足 $k_2 \gg k_3 c_{I^-}$ 时

$$c_{[FeI]^{2+}} = k_1 c_{Fe^{3+}} c_{I^-} / k_2 \tag{15}$$

将式(15)代入式(12)中,得到总反应速率方程为

$$\nu = (k_3 k_1 / k_2) c_{Fe^{3+}} c_{I^-}^2 \tag{16}$$

3. 淀粉遇碘的显色反应

淀粉是一种天然有机高分子物质,它是由几百个到几千个 $C_6H_{10}O_5$ 的单体形成的。通常的淀粉都是直链淀粉和支链淀粉的混合物,其中直链淀粉的含量占 20%～30%。遇碘溶液时,直链淀粉呈蓝色,支链淀粉呈紫红色。

碘和淀粉的显色除吸附原因外,主要是碘分子恰巧嵌入直链淀粉的螺旋空隙中,借范德华力结合成为包合物的缘故,每个碘分子与 6 个葡萄糖单元配合,随聚合度或相对分子质量的增加,包合物颜色的变化由无色、淡红色、紫色到蓝色,对应不同的多糖种类(表 4-40-3)。

表 4-40-3　淀粉聚合度对应碘包合物的颜色

葡萄糖单元聚合度	3.8	7.4	12.9	18.3	20.2	29.2	34.7 以上
包合物颜色	无色	淡红色	红色	棕红色	紫色	蓝紫色	蓝色
对应的多糖	无色糊精		红糊精		支链淀粉、紫糊精	支链淀粉和直链淀粉混合物	直链淀粉

常温下,I_2 浓度不低于 10^{-7} g·mL^{-1},可溶性淀粉浓度在 5×10^{-5} g·mL^{-1} 左右即可形成浅蓝色。若在同条件下再加入 I^-,且 I^- 浓度不低于 10^{-4} g·mL^{-1},则显色反应更明显。而且 I^- 浓度越高,显色灵敏度越高。溶液的酸碱性和温度等条件也会影响淀粉遇到碘的显色反应,已经证实在温度较低(45℃以下)和弱酸性条件(pH=3～5)下淀粉的显色效果最好。

放置时间过久的淀粉溶液遇碘通常不呈蓝色,原因可能是淀粉溶液已经变质或发生了水解反应,即淀粉转变成糊精后再变成麦芽糖或葡萄糖。可采取滴入甲酰胺或者加入氯化锌的方法延长保质期,一旦发现淀粉溶液变质则需要重新配制。

4. $S_2O_3^{2-}$ 的结构和常见反应

$S_2O_3^{2-}$ 结构中,每个硫原子以 sp^3 杂化轨道成键,硫硫共价键是由两个硫原子分别提供一个电子构成的,而并非存在硫硫配位键。硫元素的平均氧化数为 +2,其中配位硫原子的氧化数为零价,中心硫原子的氧化数为 +4。这是因为氧的电负性是 3.44,硫的电负性是 2.58,处于诱导效应中心的硫原子具有较大的电正性,则硫硫键中的电子应该偏向中心硫原子;此外,$S_2O_3^{2-}$ 中的硫硫键键长小于单质硫中硫硫键的键长,因此结构中含有相当程度的 d-pπ 配键,配位硫原子把电子填充到中心硫原子的 3d 轨道上。在式(3)中,氧化剂 I_2 夺得的 $S_2O_3^{2-}$ 中心硫原子的电子,使中心硫原子的氧化数变为 +5,而不是夺得配位硫原子的电子。

硫代硫酸钠是一个中等强度的还原剂,可用于碘量的滴定分析,常被纺织工业和造纸工业用作脱氯剂。

$$2Na_2S_2O_3 + I_2 \xrightarrow{\quad\quad} Na_2S_4O_6 + 2NaI$$

$$Na_2S_2O_3 + 4Cl_2 + 5H_2O \xrightarrow{\quad\quad} 8HCl + 2NaHSO_4$$

在溶液中，$S_2O_3^{2-}$ 能与一些金属离子如 Ag^+、Cu^{2+}、Cd^{2+}、Hg^{2+} 和 Pb^{2+} 等配位形成稳定的配位化合物。

$$Cu^{2+}(aq) + 2S_2O_3^{2-}(aq) \longrightarrow [Cu(S_2O_3)_2]^{2-}(aq)$$

$$Cd^{2+}(aq) + 2S_2O_3^{2-}(aq) \longrightarrow [Cd(S_2O_3)_2]^{2-}(aq)$$

$$AgBr(s) + 2S_2O_3^{2-}(aq) \longrightarrow [Ag(S_2O_3)_2]^{3-}(aq) + Br^-(aq)$$

基于这个性质，摄影业可用 $S_2O_3^{2-}$ 作定影剂，以溶去感光胶片上未起作用的溴化银；本实验中也是利用 $S_2O_3^{2-}$ 与 Fe^{3+} 形成配位化合物，从而对 Fe^{3+} 氧化 I^- 的反应起到抑制作用。

此外，在医学上，硫代硫酸钠可供外用，以治疗疥疮及其他皮肤病，如湿疹、干癣等。铅、铋、汞、砷及氰化物中毒时，注射硫代硫酸钠可以解毒。

第五部分 附 录

附录1 我国化学试剂的等级标志

级别	标志中文	代号	瓶签颜色
一级品	保证试剂、优级纯	G. R.	绿色
二级品	分析试剂、分析纯	A. R.	红色
三级品	化学纯	C. P.	蓝色
四级品	实验试剂医用	L. R.	棕色或其他颜色
	生物试剂	B. R. 或 C. R.	黄色或其他颜色

附录2 危险药品的分类、性质和管理

危险药品是指受光、热、空气、水或撞击等外界因素的影响,可能引起燃烧、爆炸的药品或具有强腐蚀性、剧毒性的药品。常用危险药品按危险性可分为以下几类来管理:

类别		举例	性质	注意事项
爆炸品		硝酸铵、苦味酸、三硝基甲苯	遇高热、摩擦、撞击等,引起剧烈反应,放出大量气体和热量,产生猛烈爆炸	存放于阴凉、低下处。轻拿、轻放
易燃品	易燃液体	丙酮、乙醚、甲醇、乙醇、苯等有机溶剂	沸点低,易挥发,遇火则燃烧,甚至引起爆炸	存放于阴凉处,远离热源。使用时注意通风,不得有明火
	易燃固体	赤磷、硫、萘、硝化纤维	燃点低,受热、摩擦、撞击或遇氧化剂,可引起剧烈连续燃烧、爆炸	同上
	易燃气体	氢气、乙炔、甲烷	因撞击、受热引起燃烧。与空气按一定比例混合,则会爆炸	使用时注意通风。如为钢瓶气,不得在实验室存放
	遇水易燃品	钠、钾	遇水剧烈反应,产生可燃气体并放出热,此反应会引起燃烧	保存于煤油中,切勿与水接触
	自燃物品	白磷	在适当温度下被空气氧化、放热,达到着火点而引起自燃	保存于水中
氧化剂		硝酸钾、氯酸钾、过氧化氢、过氧化钠、高锰酸钾	具有强氧化性,遇酸、受热,与有机物、易燃品、还原剂等混合时,因反应引起燃烧或爆炸	不得与易燃品、爆炸品、还原剂等一起存放
剧毒品		氰化钾、三氧化二砷、升汞、氯化钡、六六六	剧毒,少量侵入人体(误食或接触伤口)引起中毒,甚至死亡	专人、专柜保管,现用现领,用后的剩余物,不论是固体或液体都应交回保管人,并应设有使用登记制度
腐蚀性药品		强酸、氟化氢、强碱、溴、酚	具有强腐蚀性,触及物品造成腐蚀、破坏,触及人体皮肤引起化学烧伤	不要与氧化剂、易燃品、爆炸品放在一起

附录 3　常用酸、碱的浓度

试剂名称	密度/(g·cm^{-3})	质量分数/%	物质的量浓度/(mol·L^{-1})	试剂名称	密度/(g·cm^{-3})	质量分数/%	物质的量浓度/(mol·L^{-1})
浓硫酸	1.84	98	18	氢溴酸	1.38	40	7
稀硫酸	1.06	9	2	氢碘酸	1.70	57	7.5
浓盐酸	1.19	38	12	冰醋酸	1.05	99	17.5
稀盐酸	1.03	7	2	稀乙酸	1.04	30	5
浓硝酸	1.41	68	16	稀乙酸		12	2
稀硝酸	1.2	32	6	浓氢氧化钠	1.44	~41	~14.4
稀硝酸	1.06	12	2	稀氢氧化钠	1.08	8	2
浓磷酸	1.7	85	14.7	浓氨水	0.91	~28	14.8
稀磷酸	1.05	9	1	稀氨水	0.98	3.5	2
浓高氯酸	1.67	70	11.6	氢氧化钙水溶液		0.15	
稀高氯酸	1.12	19	2	氢氧化钡水溶液		2	~0.1
浓氢氟酸	1.13	40	23				

附录 4　常用酸、碱溶液的配制

溶液	物质的量浓度（近似值）/(mol·L^{-1})	配制
浓盐酸	12	$d=1.19$　38%（质量分数）
稀盐酸	6	浓盐酸∶水=1∶1（体积比）
稀盐酸	2	6mol·L^{-1}HCl∶水=1∶2（体积比）
浓硫酸	18	$d=1.84$　98%（质量分数）
稀硫酸	3	浓硫酸∶水=1∶5（体积比）
稀硫酸	1	3mol·L^{-1}H$_2$SO$_4$∶水=1∶2（体积比）
浓硝酸	16	$d=1.41$　68%（质量分数）
稀硝酸	6	浓硝酸∶水=5∶7（体积比）
稀硝酸	2	6mol·L^{-1}HNO$_3$∶水=1∶2（体积比）
冰醋酸	17.5	$d=1.05$　99%（质量分数）
稀乙酸	6	冰醋酸∶水=7∶13（体积比）
稀乙酸	2	6mol·L^{-1}HAc∶水=1∶2（体积比）
浓氨水	14.8	$d=0.91$　28%（质量分数）
稀氨水	6	浓氨水∶水=2∶3（体积比）
稀氨水	2	6mol·L^{-1}NH$_3$(aq)∶水=1∶2（体积比）
氢氧化钠	6	NaOH　240g·L^{-1}
氢氧化钾	3	KOH　168g·L^{-1}
氢氧化钡	0.2	Ba(OH)$_2$·8H$_2$O　60g·L^{-1}，过滤
石灰水	0.02	饱和石灰水澄清液

注:d 为相对密度(指与4℃时水的密度相比较而得),没有单位

附录 5 气体在水中的溶解度

气体	温度/℃	溶解度/[mL·(100mL 水)$^{-1}$]	气体	温度/℃	溶解度/[mL·(100mL 水)$^{-1}$]	气体	温度/℃	溶解度/[mL·(100mL 水)$^{-1}$]
H_2	0	2.128	N_2	0	2.33	O_2	0	4.89
	30	1.699		40	1.42		25	3.16
CO	0	35.37	NO	0	7.34	H_2S	0	437
	20	23.19		60	2.37		40	186
CO_2	0	171.3	NH_3	0	1130	Cl_2	10	310
	20	87.8		20	680		30	177
SO_2	0	22.8						

附录 6 主要干燥剂可用来干燥的气体

干燥剂	可干燥的气体							
$CaCl_2$	N_2	O_2	H_2	HCl	CO_2	CO	SO_2	CH_4
P_2O_5	N_2	O_2	H_2		CO_2	CO	SO_2	CH_4
H_2SO_4	N_2	O_2			CO_2	CO		Cl_2
CaO								NH_3
KOH								NH_3

附录 7 可燃性气体的燃点和混合气体的爆炸范围(在 1atm^① 下)

在工业生产和化学实验中,有时会遇到一些可燃性气体与空气或氧气的混合气体在点火或其他条件下会发生爆炸。以下列出这些气体的燃点和混合气体的爆炸范围,以供参考。

气体(蒸气)		燃点/℃	混合物的爆炸限度(气体的体积分数)/%	
名称	化学式		与空气混合	与氧气混合
一氧化碳	CO	650	12.5~75	13~96
氢气	H_2	585	4.1~75	4.5~95
硫化氢	H_2S	260	4.3~45.4	
氨	NH_3	650	15.7~27.4	14.8~79
甲烷	CH_4	537	5.0~15	5.4~59.2

———————

① 1atm=1.013 25×10^{5}Pa

续表

气体(蒸气)		燃点/℃	混合物的爆炸限度(气体的体积分数)/%	
名称	化学式		与空气混合	与氧气混合
甲醇	CH_3OH	427	6.0~36.5	
乙烯	C_2H_4	450	3.0~33.5	3~80
乙烷	C_2H_6	510	3.0~14	4~50
乙醇	C_2H_5OH	558	4.0~18	
乙炔	C_2H_2	335	2.3~82	2.8~93
乙醚	$C_4H_{10}O$	343	1.8~40	
苯	C_6H_6	538	1.4~8.0	

附录8 某些混合气体的爆炸极限

气体名称	气体成分						爆炸极限/%(在空气中)	
	CO_2	O_2	CO	H_2	CH_4	N_2	下限	上限
水煤气	6.2	0.3	39.2	49.2	2~3	3.0	6.9	69.5
高炉煤气	9~12	0.2~0.4	26~30	1.5~3.0	0.2~0.5	55~60	40~50	60~70
半水煤气	7.0	0.2	32.0	40.0	0.8	20.0	8.1	70.5
焦炉煤气	1.5~3	0.3~0.8	5~8	55~60	23~27	3~7	6.0	30.0
发生炉煤气	6.2	0	27.3	12.4	0.7	53.4	20.3	73.7

附录9 常用试纸的制备

试纸名称(颜色)	制备方法	用途
石蕊试纸(红、蓝两色)	用热的乙醇处理市售的石蕊,除去夹杂的红色素,倾去浸液;将1份残渣与6份水浸煮并不断摇荡,滤去不溶物。将滤液分成两份,1份加稀 H_3PO_4 或稀 H_2SO_4 至变红;另1份加稀 NaOH 至变蓝。然后将滤纸条分别浸入这两种溶液中;取出后在避光、无酸碱蒸气的房间里晾干	红色试纸遇碱性溶液变蓝;蓝色试纸遇酸性溶液变红(分别储于带塞的试剂瓶中,下同)
酚酞试纸(白色)	1.0g 酚酞+100mL 95%乙醇,摇荡溶液,加 100mL 水,将滤纸条浸入溶液中;取出,在无氨蒸气的室内晾干	遇碱性溶液变成深红色
乙酸铅试纸(白色)	将滤纸条浸入 10%$Pb(Ac)_2$ 溶液中,取出后,在无 H_2S 气体的房间里晾干	用于检出痕量的 H_2S,作用时变黑
淀粉-碘化钾试纸(白色)	3g 可溶性淀粉+25mL 水,搅匀,倾入 225mL 沸水,随加随搅→+1g KI+1g $Na_2CO_3 \cdot 10H_2O$→+水(→500mL)。将滤纸条浸入溶液中,取出晾干	用于检出氧化剂,特别是游离卤素,作用时变蓝

附录10　常用酸碱指示剂的配制

指示剂名称 （通称）	指示剂 本身性质	室温时变色范围 （pH）	配制方法	每10mL试液 用的滴数
甲基黄	碱	红 2.9～4.0 黄	1.0g+1L 90％乙醇	1
甲基橙	碱	红 3.1～4.4 黄	0.10g+100mL 水	1
甲基红	碱	红 4.4～6.2 黄	0.02g+60mL 乙醇+40mL 水	1
石蕊	酸	红 4.5～8.3 蓝	1.0g+50mL 水,静置一昼夜后过滤;在滤液中+30mL 95％乙醇+水(→100mL)	
中性红	碱	红 6.8～8.0 黄橙	0.01g+50mL 乙醇+50mL 水	1
酚酞	酸	无色 8.0～9.6 红	0.05g+50mL 乙醇+50mL 水	1～3

附录11　特种试剂的配制

试剂名称	配制方法	备注
银氨溶液	1.5mL 2％ $AgNO_3$+(滴入)2％ NH_3(aq),振荡,至生成的沉淀完全溶解为止	现用现配,储于棕色瓶中
费林试剂	A 液:3.5g $CuSO_4 \cdot 5H_2O$+100mL 水 B 液:17g $KNaC_4H_4O_6 \cdot 4H_2O$+15～20mL 热水+20mL 25％NaOH+水(→100mL)	A、B 液分别储存;临用前取 A、B 液等量混合
席夫试剂 (品红亚硫酸溶液)	①0.50g 品红的盐酸盐晶体+100mL 热水,冷却后,通入 SO_2,使溶液呈无色+水(→500mL);②0.20g 品红的盐酸盐晶体+100mL 热水,冷却后,+2g $NaHSO_3$+2mL 浓HCl,搅匀后,至红色褪去	①、②法中当配制完毕时,如呈粉红色,可加入 0.5g 活性炭,搅拌后过滤;试剂储于严密的棕色瓶中
淀粉溶液	1g 可溶性淀粉+10mL 水,搅匀,边搅拌边加入 20mL 热水中,煮沸 1min;冷却,过滤	现用现配,如保存可加入 0.5g KI 和2～3 滴氯仿
淀粉-碘化钾溶液	100mL 淀粉溶液+1g KI	不得显蓝色,现用现配
漂白粉溶液	1g 漂白粉+水(→100mL)→搅匀,取上层清液	现用现配
次氯酸钠溶液	含 10％～14％(质量分数)有效氯	用时与等量水混合
钼酸铵试剂	45g $(NH_4)_6Mo_7O_{24} \cdot 4H_2O$ 或 40g 纯 MoO_3+[70mL NH_3(aq)+140mL 水];完全溶解后,再缓缓加入 250mL 浓 HNO_3 和 500mL 水的混合液中,随加随搅拌,最后加水(→1L)。放置 1～2d,倾取上层清液备用	
奈斯勒试剂 $K_2[HgI_4]$	2.5g $HgCl_2$+10mL 热水,慢慢加入 5g KI+5mL 水的溶液中,振荡,至生成的红色沉淀不溶解为止→冷却→氢氧化钾溶液(15g KOH+30mL 水)+水(→100mL)→加入上面的 $HgCl_2$ 溶液 0.5mL,振荡;将上述溶液静置一昼夜,倾取上层清液备用	储于棕色瓶中,用橡胶塞塞紧

续表

试剂名称	配制方法	备注
溴水($Br_2 + H_2O$)	在带有良好磨口塞的玻璃瓶内,将市售溴约50g(16mL)注入1L水中。在2h内不断剧烈振荡;每次振荡之后微开塞子,使积聚的溴蒸气放出。在储存瓶底总有过量的溴。将溴水倒入试剂瓶时剩余的溴应留于储存瓶中而不倒入试剂瓶(倾倒溴和溴水时应在通风橱中进行)	为了防止操作时被溴蒸气灼伤,应戴上乳胶或橡胶手套,也可以将凡士林涂于手上
碘液($I_2 + H_2O$)	将1.3g碘和5g碘化钾溶解在尽可能少量的水中,待碘完全溶解后(充分搅动),再加水稀释至1L。如此所配成的碘液浓度约为0.01mol·L^{-1}	

附录12 一些无机物质常用的俗名

类别	俗名	主要成分或化学式	类别	俗名	主要成分或化学式
钠的化合物	硫化碱	Na_2S	钙的化合物	电石	CaC_2
	食盐	$NaCl$		生石灰、煅烧石灰	CaO
	小苏打、食用苏打、重碱	$NaHCO_3$		熟石灰、消石灰	$Ca(OH)_2$
	苏打、纯碱	Na_2CO_3		碱石灰、钠石灰	$NaOH$ 与 $Ca(OH)_2$ 的混合物
	苛性钠、苛性碱、火碱、烧碱	$NaOH$			
	山柰	$NaCN$		方解石	$CaCO_3$
	水玻璃、泡花碱	Na_2SiO_3		白垩	$CaCO_3$
	智利硝石、钠硝石	$NaNO_3$		石灰石	$CaCO_3$
	硼砂	$Na_2B_4O_7 \cdot 10H_2O$		大理石	$CaCO_3$
	芒硝、皮硝	$Na_2SO_4 \cdot 10H_2O$		漂白粉、氯化石灰	$Ca(OCl)Cl$
	大苏打、海波	$Na_2S_2O_3 \cdot 5H_2O$		萤石、氟石	CaF_2
钾的化合物	钾碱、草碱	K_2CO_3		挪威硝石	$Ca(NO_3)_2$
	苛性钾	KOH		石膏、生石膏	$CaSO_4 \cdot 2H_2O$
	钾硝石、火硝、土硝	KNO_3		烧石膏、熟石膏、巴黎石膏	$CaSO_4 \cdot \frac{1}{2}H_2O$
	灰锰氧	$KMnO_4$			
	光卤石	$KCl \cdot MgCl_2 \cdot 6H_2O$		磷灰石、磷矿粉	$3Ca_3(PO_4)_2 \cdot CaF_2$
	黄血盐	$K_4[Fe(CN)_6] \cdot 3H_2O$		过磷酸钙、普钙	$Ca(H_2PO_4)_2$ 与 $CaSO_4 \cdot 2H_2O$ 的混合物
	赤血盐	$K_3[Fe(CN)_6]$			
镁的化合物	白苦土、烧苦土	MgO			
	卤水	$MgCl_2$		重钙	$Ca(H_2PO_4)_2$
	菱镁矿	$MgCO_3$		重石	$CaWO_4$
	泻盐、苦盐	$MgSO_4 \cdot 7H_2O$			

续表

类别	俗名	主要成分或化学式	类别	俗名	主要成分或化学式
锶的化合物	天青石	$SrSO_4$	砷的化合物	砒霜、白砒	不纯的 As_2O_3 或 As_4O_6
	锶垩石	$SrCO_3$		信石	As_2O_3
铝的化合物	矾土	$Al_2O_3 \cdot nH_2O$		雄黄	As_2S_2 或 As_4S_4
	刚玉、刚石	Al_2O_3		雌黄、砒黄	As_2S_3
	冰晶石	Na_3AlF_6	锑的化合物	锑白、锑华	Sb_2O_3 或 Sb_4O_6
	明矾	$K_2SO_4 \cdot Al_2(SO_4)_3 \cdot 24H_2O$		辉锑矿、闪锑矿	Sb_2S_3
碳及其化合物	石墨	C	铜的化合物	赤铜矿	Cu_2O
	木炭	C		辉铜矿	Cu_2S
	金刚石	C		孔雀石、铜绿	$Cu(OH)_2 \cdot CuCO_3$
	碳酸气、干冰	CO_2		胆矾、蓝矾	$CuSO_4 \cdot 5H_2O$
硅的化合物	石英、硅石	SiO_2	锌的化合物	锌白、锌氧粉	ZnO
	燧石、打火石	SiO_2		红锌矿	ZnO
	沙子	SiO_2		闪锌矿	ZnS
	水晶	SiO_2		菱锌矿	$ZnCO_3$
	玛瑙	SiO_2		皓矾、锌矾	$ZnSO_4 \cdot 7H_2O$
				锌钡白、立德粉	$ZnS \cdot BaSO_4$
	金刚砂	SiC	汞及其化合物	水银	Hg
	硅胶	$mSiO_2 \cdot nH_2O$		三仙丹	HgO
铅的化合物	密陀僧、黄丹	PbO		辰砂、朱砂、丹砂	HgS
	铅丹、红铅	Pb_3O_4		雷汞	$Hg(ONC)_2$
	方铅矿	PbS		甘汞	Hg_2Cl_2
	铅白	$2PbCO_3 \cdot Pb(OH)_2$		升汞	$HgCl_2$
	铅矾	$PbSO_4$	铬的化合物	铬绿	Cr_2O_3
氮的化合物	笑气	N_2O		铬黄	$PbCrO_4$
	硇砂	NH_4Cl		红矾、红钾钒	$K_2Cr_2O_7$
	硝铵	NH_4NO_3		（钾）铬矾	$K_2SO_4 \cdot Cr_2(SO_4)_3 \cdot 24H_2O$
	硫铵	$(NH_4)_2SO_4$			
	硝酸	HNO_3		铵铬矾	$(NH_4)_2SO_4 \cdot Cr_2(SO_4)_3 \cdot 24H_2O$
	王水	3 体积浓 HCl 与 1 体积浓 HNO_3 的混合溶液			

类别	俗名	主要成分或化学式	类别	俗名	主要成分或化学式
铁的化合物	铁丹、土红	Fe_2O_3	铁的化合物	毒砂	FeAsS
	赤铁矿	Fe_2O_3		绿矾	$FeSO_4 \cdot 7H_2O$
	磁铁矿	Fe_3O_4		（钾）铁矾	$K_2SO_4 \cdot Fe_2(SO_4)_3 \cdot 24H_2O$
	褐铁矿	$2Fe_2O_3 \cdot 3H_2O$		（钾）亚铁矾	$K_2Fe(SO_4)_2 \cdot 6H_2O$
	菱铁矿	$FeCO_3$		铵铁矾	$(NH_4)_2SO_4 \cdot Fe_2(SO_4)_3 \cdot 24H_2O$
	普鲁士蓝	$Fe_4[Fe(CN)_6]_3 \cdot xH_2O$		铵亚铁矾、莫尔盐	$(NH_4)_2Fe(SO_4)_2 \cdot 6H_2O$
	滕氏蓝	$Fe_4[Fe(CN)_6]_3 \cdot xH_2O$			
	黄铁矿、硫铁矿	FeS_2			

附录 13　一些有机化合物常用的俗名

俗名	化学名称	化学式（结构简式）
沼气	甲烷	CH_4
氯仿（哥罗芳）	三氯甲烷	$CHCl_3$
碘仿	三碘甲烷	CHI_3
四氯化碳	四氯甲烷	CCl_4
氯化苦	三氯硝基甲烷	CCl_3NO_2
电石气	乙炔	C_2H_2
木精（木醇）	甲醇	CH_3OH
酒精（火酒）	乙醇	C_2H_5OH
甘醇	乙二醇	$HOCH_2CH_2OH$
甘油	丙三醇	$C_3H_5(OH)_3$
冰片（龙脑）	莰醇	
水杨醇（柳醇）	邻羟基苯甲醇	
福尔马林	35%~40%甲醛（水溶液）	HCHO
水杨醛	邻羟基苯甲醛	
糠醛	呋喃甲醛	

续表

俗名	化学名称	化学式(结构简式)
樟脑	莰酮	
蚁酸	甲酸	$HCOOH$
醋酸	乙酸(28%~60%)	CH_3COOH
冰醋酸	乙酸(无水)	CH_3COOH
草酸	乙二酸	$HOOCCOOH$
酒石酸	二羟基丁二酸	$[CH(OH)COOH]_2$
乳酸	2-羟基丙酸	$CH_3CH(OH)COOH$
苹果酸	羟基丁二酸	$HO-CHCOOH$ $\qquad \mid$ CH_2COOH
吐酒石	酒石酸锑氧基钾	$CH(OH)COO(SbO)$ $\mid$ $CH(OH)COOK$
柠檬酸 (枸橼酸)	2-羟基丙烷-1,2,3-三羧酸	CH_2COOH $\quad \mid$ $HO-CCOOH$ $\quad \mid$ CH_2COOH
安息香酸	苯甲酸	
水杨酸	2-羟基苯甲酸	
阿司匹林	乙酰水杨酸	
硬脂酸	十八(烷)酸	$CH_3(CH_2)_{16}COOH$
软脂酸	十六(烷)酸	$CH_3(CH_2)_{14}COOH$
琥珀酸	丁二酸	$HOOCCH_2CH_2COOH$
石炭酸	苯酚	
来苏儿	甲苯酚(三种异构体混合物)	$CH_3-C_6H_4OH$
焦性没食子酚	1,2,3-苯三酚	
苦味酸	2,4,6-三硝基苯酚	
甘氨酸	氨基乙酸	H_2NCH_2COOH
醋酐	乙酸酐	$(CH_3CO)_2O$

续表

俗名	化学名称	化学式(结构简式)
苯酐	邻苯二甲酸酐	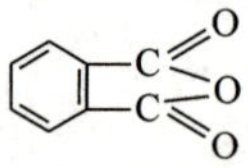
乙醚	二乙醚	$C_2H_5OC_2H_5$
大茴香醚	苯甲醚	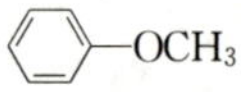
阿尼林油 (阿尼林)	苯胺	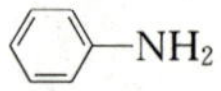
糖精	邻磺酰苯酰亚胺	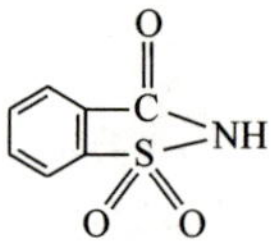
凡士林	液体和固体石蜡烃的混合物	
火棉	硝酸纤维素	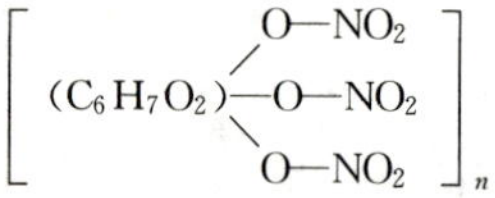 $\left[(C_6H_7O_2) \begin{matrix} O-NO_2 \\ O-NO_2 \\ O-NO_2 \end{matrix} \right]_n$
石油皂	烷基磺酸钠	$R-SO_3Na$
光气	碳酰氯	$COCl_2$
TNT	三硝基甲苯	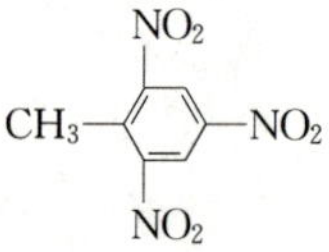
味精	谷氨酸(一)钠	$HOOCCH(NH_2)CH_2CH_2COONa$
香蕉水	由酯(如乙酸乙酯、乙酸丁酯、乙酸戊酯)、酮(如丙酮、甲乙酮)、醇(如乙醇、丁醇)、芳烃(如苯、甲苯)等混合配制而成	
六六六	六氯环己烷	$C_6H_6Cl_6$
滴滴涕 (二二三,DDT)	双对氯苯基三氯乙烷	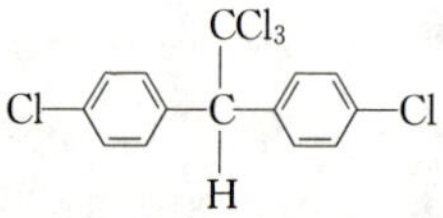

附录14　灼热温度的估计

灼热物体颜色	估计温度/℃
暗红色开始(物体被遮光时可看到)	接近600
暗红色	700
樱桃红色	850
浅红色	950
黄色	1100
白色	1300
炫目的白色	1500

注:根据灼热物体的颜色,可以粗略地估计其温度

附录 15 莫氏硬度表、物质的硬度

硬度是物质的一种物理性质,是指该物质抵抗某些外来机械作用,特别是刻划作用的能力。通常采用莫氏硬度表(选定 10 种矿物,给出其各自的硬度值,作为标准系列)表示其相对的硬度。但现行的标度常用以下 15 种矿物为标准系列,使用时请加以注意。

硬度值	原有标度		现行标度	
	矿物	化学式	矿物	化学式
1	滑石	$3MgO \cdot 4SiO_2 \cdot H_2O$	滑石	$3MgO \cdot 4SiO_2 \cdot H_2O$
2	石膏	$CaSO_4 \cdot 2H_2O$	石膏	$CaSO_4 \cdot 2H_2O$
3	方解石	$CaCO_3$	方解石	$CaCO_3$
4	萤石	CaF_2	萤石	CaF_2
5	磷灰石	$CaF_2 \cdot 3Ca_3(PO_4)_2$	磷灰石	$CaF_2 \cdot 3Ca_3(PO_4)_2$
6	正长石	$K_2O \cdot Al_2O_3 \cdot 6SiO_2$	正长石	$K_2O \cdot Al_2O_3 \cdot 6SiO_2$
7	石英	SiO_2	透明石英	
8	黄玉	$(AlF)_2SiO_4$	石英或钨铬钴合金	
9	刚玉	Al_2O_3	黄玉	
10	金刚石	C	石榴石	$Al_2O_3 \cdot 3FeO \cdot 3SiO_2$
11			熔融氧化锆	ZrO_2
12			熔融氧化铝	Al_2O_3
13			碳化硅	SiC
14			碳化硼	B_4C
15			金刚石	C

附录 16 洗涤液的种类和配制方法

(1) 铬酸洗液(重铬酸钾-硫酸洗液,或简称为洗液)广泛用于玻璃仪器的洗涤。常用的配制方法有以下四种:

a. 取 100mL 工业浓硫酸置于烧杯内,小心加热,然后慢慢加入 5g 重铬酸钾粉末,边加边搅拌,待全部溶解后冷却,储于有玻璃塞的细口瓶内。

b. 称取 5g 重铬酸钾粉末置于 250mL 烧杯中,加水 5mL,尽量使其溶解。慢慢加入浓硫酸 100mL,边加边搅拌。冷却后储存备用。

c. 称取 25g 重铬酸钾,在加热条件下溶于 50mL 自来水中,慢慢加入工业硫酸 450mL(边加边用玻璃棒搅拌),冷却至室温备用。

d. 称取 200g 重铬酸钾,溶于 100mL 自来水中,慢慢加入工业硫酸 1500mL(边加边搅拌),冷却至室温备用。

(2) 浓盐酸(工业用):可洗去水垢或某些无机盐沉淀。

(3) 5%草酸溶液:用数滴硫酸酸化,可洗去高锰酸钾的痕迹。

(4) 5%~10%磷酸三钠($Na_3PO_4 \cdot 12H_2O$)溶液:可洗去油污物。

(5) 30%硝酸溶液:洗涤 CO_2 测定仪器及微量滴管。

(6) 5%～10%乙二胺四乙酸二钠溶液：加热煮沸可洗去玻璃仪器内壁的白色沉淀物。

(7) 尿素洗涤液：为蛋白质的良好溶剂，适用于洗涤盛蛋白质制剂及血样的容器。

(8) 酒精与浓硝酸混合液：最适合于洗涤滴定管，在滴定管中加入 3mL 酒精，然后沿管壁慢慢加入 4mL 浓硝酸（密度为 $1.4g \cdot cm^{-3}$），盖住滴定管管口，利用所产生的氧化氮洗涤滴定管。

(9) 有机溶剂：如丙酮、乙醇、乙醚等可用于洗去油脂、脂溶性染料等污痕。二甲苯可洗去油漆的污垢。

(10) 氢氧化钾的酒精溶液和含有高锰酸钾的氢氧化钠溶液：是两种强碱性的洗涤液，对玻璃仪器的侵蚀性很强，清除容器内壁污垢，洗涤时间不宜过长。使用时应小心慎重。

上述洗涤液可多次使用，但是使用前必须将待洗涤的玻璃仪器先用水冲洗多次，以除去肥皂、去污粉或各种废液。若仪器上有凡士林或羊毛脂时，应先用软纸擦去，然后用乙醇或乙醚擦净后才能使用洗液，否则会使洗涤液迅速失效。例如，肥皂水、有机溶剂（乙醇、甲醛等）及少量油污皆会使重铬酸钾-硫酸洗液变绿，降低洗涤能力。

附录 17　实验室安全及防护知识

1. 实验室安全知识

在化学实验室中，经常与毒性很强、有腐蚀性、易燃烧和具有爆炸性的化学药品直接接触，通常使用易碎的玻璃和瓷质的器皿，以及在煤气、水、电等高温电热设备的环境下进行工作。因此，必须十分重视安全工作。

(1) 进入实验室开始工作前，应了解煤气总阀门、水阀门及电闸所在处。离开实验室时，一定要将室内检查一遍，应将水、电、煤气的开关关好，门窗锁好。

(2) 使用煤气灯时，应先将火柴点燃，一手执火柴靠近灯口，一手慢开煤气阀。不能先开煤气阀，后燃火柴。灯焰大小和火力强弱，应根据实验的需要来调节。用火时，应做到火着人在，人走火灭。

(3) 使用电器设备（如低、高压直流电源、调压变压器、烘箱、恒温水浴、离心机、电炉等）时，绝不可用湿手或在眼睛旁视时开关电闸和电器开关。检查电器设备是否漏电时，应将手背轻轻触及仪器表面。凡是漏电的仪器，一律不能使用。

(4) 使用浓酸、浓碱，必须极为小心地操作，防止溅失。用移液管量取这些试剂时，必须使用洗耳球，绝对不能用口吸取。若不慎溅在实验台或地面上，必须及时用湿抹布擦洗干净。如果触及皮肤，应立即治疗。

(5) 使用可燃物，特别是易燃物（如乙醚、丙酮、乙醇、苯、金属钠等）时，应特别小心。不要大量放在桌上，更不应放在靠近火焰处。只有在远离火源时，或将火焰熄灭后，才可大量倾倒这类液体。低沸点的有机溶剂不能在火焰上直接加热，只能在水浴上利用回流冷凝管加热或蒸馏。

(6) 如果不慎倾出了相当量的易燃液体，则应按下列方法处理：

a. 立即关闭室内所有的火源和电加热器。

b. 关门，开启小窗及窗户。

c. 用毛巾或抹布擦拭洒出的液体,并将液体拧到大的容器中,再倒入带塞的玻璃瓶中。

（7）用油浴操作时,应小心加热,不断用温度计测量,不要使温度超过油的燃烧温度。

（8）易燃和易爆炸物质的残渣（如金属钠、白磷、火柴头）不得倒入污物桶或水槽中,应收集在指定的容器内。

（9）废液,特别是强酸和强碱不能直接倒在水槽中,必须集中后统一处理。

（10）毒物应按实验室的规定办理审批手续后领取,使用时严格操作,用后妥善处理。

2. 实验室灭火法

实验中一旦发生火灾,切不可惊慌失措,应保持镇静。首先立即切断室内一切火源和电源,然后根据具体情况积极正确地进行抢救和灭火。常用方法有以下几种：

（1）在可燃液体燃着时,应立刻拿开着火区域内的一切可燃物质,关闭通风器,防止扩大燃烧。若着火面积较小,可用石棉布、湿布、铁片或沙土覆盖,隔绝空气使之熄灭。但覆盖时要轻,避免碰坏或打翻盛有易燃溶剂的玻璃器皿,导致更多的溶剂流出而再着火。

（2）乙醇及其他可溶于水的液体着火时,可用水灭火。

（3）汽油、乙醚、甲苯等有机溶剂着火时,应用石棉布或沙土扑灭。绝对不能用水,否则反而会扩大燃烧面积。

（4）金属钠着火时,可把沙子倒在它的上面。

（5）导线着火时不能用水及二氧化碳灭火器,应切断电源或用四氯化碳灭火器。

（6）衣服被烧着时切忌奔走,可用衣服、大衣等包裹身体或躺在地上滚动灭火。

（7）发生火灾时应注意保护现场。较大的着火事故应立即报警。

某些物质燃烧时应用的灭火剂

燃烧物质	应用灭火剂	燃烧物质	应用灭火剂
苯胺	泡沫、二氧化碳	醚类（低沸点175℃以下）	泡沫、二氧化碳
乙炔	水蒸气、二氧化碳	磷	沙、二氧化碳、泡沫、水
丙酮	泡沫、二氧化碳、四氯化碳	赛璐珞	水
硝基化合物	泡沫	纤维素	水
氯乙烷	泡沫、二氧化碳	橡胶	水
钾、钠、钙、镁	沙	煤油	泡沫、二氧化碳、四氯化碳
松香	水、泡沫	漆	泡沫
苯	泡沫、二氧化碳、四氯化碳	蜡	泡沫
重油、润滑油、植物油、石油	喷射水、泡沫	石蜡	喷射水、二氧化碳
松节油	喷射水、泡沫	二硫化碳	泡沫、二氧化碳
火漆	水	醇类（高沸点175℃以上）	水
醚类（高沸点175℃以上）	水	醇类（低沸点175℃以下）	泡沫、二氧化碳

3. 实验室急救

在实验过程中不慎发生受伤事故,应立即采取适当的急救措施。

(1) 受玻璃割伤及其他机械损伤:首先必须检查伤口内有无玻璃或金属等的碎片,然后用硼酸水洗净,再涂擦碘酒或红汞水,必要时用纱布包扎。若伤口较大或过深而大量出血,应迅速在伤口上部和下部扎紧血管止血,立即到医院诊治。

(2) 烫伤:一般用浓的(90%~95%)乙醇消毒后,涂上苦味酸软膏。如果伤处红痛或红肿(一级灼伤),可擦医用橄榄油或用棉花蘸乙醇敷盖伤处;若皮肤起泡(二级灼伤),不要弄破水泡,防止感染;若伤处皮肤呈棕色或黑色(三级灼伤),应用干燥无菌的消毒纱布轻轻包扎好,急送医院治疗。

(3) 强碱(如氢氧化钠、氢氧化钾)、钠、钾等触及皮肤而引起灼伤时,应先用大量自来水冲洗,再用5%硼酸溶液或2%乙酸溶液涂洗。

(4) 强酸、溴等触及皮肤而致灼伤时,应立即用大量自来水冲洗,再用5%碳酸氢钠溶液洗涤。

(5) 如酚触及皮肤引起灼伤,可用乙醇洗涤。

(6) 煤气中毒时,应到室外呼吸新鲜空气,严重时应立即到医院诊治。

(7) 汞容易由呼吸道进入人体,也可以经皮肤直接吸收而引起积累性中毒。严重中毒的征象是口中有金属味,呼出气体也有气味;流唾液,打哈欠时疼痛,牙床及嘴唇上有硫化汞的黑色;淋巴结及唾腺肿大。若不慎中毒,应送医院急救。急性中毒时,通常用炭粉或呕吐剂彻底洗胃,或者食入蛋白(如1L牛奶加三个鸡蛋清)或蓖麻油解毒并使之呕吐。

(8) 触电:触电时可按下述方法之一切断电路。

a. 关闭电源。

b. 用干木棍使导线与被害者分离。

c. 使被害者和土地分离,急救时急救者必须做好防止触电的完全措施,手和脚必须绝缘。

附录18 部分常用仪器的简单绘图方法

仪器名称	画法			仪器名称	画法		
	第一步	第二步	第三步		第一步	第二步	第三步
试管				集气瓶			
烧杯				酒精灯			

续表

仪器名称	画法			仪器名称	画法		
	第一步	第二步	第三步		第一步	第二步	第三步
烧瓶				漏斗			
长颈漏斗				铁架台 铁圈 铁夹			
导管				带有 导管的 橡胶塞			
水槽				蒸发皿			
导管接头				石棉网			

参考文献

北京师范大学无机化学教研室,等.2001.无机化学实验.3版.北京:高等教育出版社.

北京师范大学无机化学教研室,等.2003.无机化学.4版.北京:高等教育出版社.

编集委員會.2002.新観察・実験大事典［化學編］①②③.東京:東京書籍株式會社.

卜部吉庸,永川元.1998.図説化學(改訂4版).東京:東京書籍株式會社.

曹世源,蒋士奇,周世臣,等.1984.中学化学教师手册.沈阳:辽宁人民出版社.

曹忠良,王珍云.1983.无机化学反应方程式手册.长沙:湖南科学技术出版社.

長倉三郎,竹内敬人.2003.化學Ⅰ、化學Ⅱ.東京:東京書籍株式會社.

陈淑贤.2012."实验预习学案"的编制及举例.化学教学,(1):43-45.

陈秀娟,洪清娟.2021.碳酸钠及碳酸氢钠性质实验装置改进与教学实践.化学教学,(9):62-66.

陈燕,孙锡凤.1997.氨氧化实验中非铂催化剂的研究.高等函授学报(自然科学版),(6):57-58.

陈耀亭,刘知新,薛人虎,等.1987.中学化学教材教法.北京:北京师范大学出版社.

《大学化学》编辑部.2012.今日化学.北京:高等教育出版社.

党育红,郭毅,刘建中.1993.再议氨的催化氧化实验.教学仪器与实验,(5):11-12.

邓峰,钱扬义,陈徽,等.2008.化学教师对手持技术在教学中应用所持态度的调查研究.化学教育,(4):50-52,60.

邓峰,钱扬义,林耿勉.2007.手持技术在酸碱滴定中的应用研究.教学仪器与实验,(1):12-14.

邓峰,钱扬义.2006.利用手持技术对学生学习溶解氧认知过程初探——信息技术研究性学习中的应用.化学教育,(6):32-34.

迪安J A.1991.兰氏化学手册.13版.尚久方,操时杰,辛无名,等译.北京:科学出版社.

丁小勤.2013.高中化学演示实验在突破难点知识中的应用.化学教学,(4):65-66.

董春叶,高清廉.1988.全封闭组合式实验装置的研究.齐齐哈尔师范学院学报(自然科学版),(3):61-64.

杜雪莲,孙耀祖.2011.pH值对氢氧化铝晶相及微结构的影响.郑州大学学报,119(5):38-41,45.

范杰.2001.化学实验论.太原:山西科学技术出版社.

付小勤.2012.初三化学若干演示实验的改进.化学教学,(3):49-51.

傅献彩,沈文霞,姚天扬,等.2011.物理化学(下册).5版.北京:高等教育出版社.

盖立春,郑长龙,秦玫.2012.专家-新手教师化学课堂"实验教学行为组合"结构特征的比较.化学教育,33(11):85-87,94.

高妙添.2008.运用"手持技术"在技术课程中实施研究性学习——新安中学数字化学习活动的组织与实施.化学教育,(8):25-27,57.

高清廉,董春叶.1990.全封闭式毒气实验研究的新进展.哈尔滨师范大学自然科学学报,(4):53-54.

郭炳焜,徐徽,王先友,等.2002.锂离子电池.长沙:中南大学出版社.

郭依玲,丁伟.2019.弱酸根离子与铜离子双水解反应的实验探究.化学教育,40(3):92-96.

郭卓群,郑学仪.1982.酚酞指示剂在酸中的颜色问题.化学教育,(3):60,63.

胡芳,孙锡凤.1995.新法制甲烷的研究.高等函授学报(自然科学版),(6):54-55,57.

胡满成,张昕.2001.化学基础实验.北京:科学出版社.

胡志刚.2001.浅谈制取$Fe(OH)_2$实验的改进.实验教学与仪器,(6):9.

华彤文,王颖霞,卞江,等.2013.普通化学原理.4版.北京:北京大学出版社.

黄建彬.2002.工业气体手册.北京:化学工业出版社.

黄静,王星乔,丁伟.2009.甲烷制备反应机理及最佳条件的再探讨.教学仪器与实验,(8):21-23.

稽雷高.2015.铜氨溶液配制的全方位探究.化学教与学,(3):66-68.

江敏.1997.化学教学中的实验方法——谈实验设计与对学生思维能力的培养.化学教育,(6):6-11.

江世忠.2006.利用手持技术探究甲烷的温室效应.化学教育,(12):40-41.

江苏省教委教研室.2000.中学化学实验改革与创新.南京:南京师范大学出版社.

金立藩.1986.中学化学教材教法.南京:江苏科学技术出版社.

金立藩,张德钧.1987.中学化学实验大全.南京:江苏科学技术出版社.

李冰,周剑雄,詹秀春.2011.无机多元素现代仪器分析技术.地质学报,85(11):1878-1916.

李广洲,任红艳,龚正元.2012.化学课程与教学研究(1979—2009).南京:南京师范大学出版社.

李嘉音.1979.试论中学化学基本概念的教学——化学概念的形成、巩固和发展.化学教学,(1):7-9.

李景宁.2011.有机化学.5版.北京:高等教育出版社.

李娟,凌一洲,李德前.2019.利用延时摄影技术观察铜铁置换反应.化学教学,(10):67-69.

李俊生,赵琳,孙晶,等.2014.对丁达尔效应的研究.化学教学,(1):44-47.

李苏霖,龚正元.2023.运用延时摄影技术探究碳酸钠、碳酸氢钠与酸的反应.化学教学,(1):74-77.

李先栓.2011.银氨溶液呈碱性的探究.化学教学,(1):73-76.

梁慧姝,郑长龙.1999.化学实验论.南宁:广西教育出版社.

林建芬,钱扬义.2015.运用数字化手持技术对金属电化学腐蚀探究实验的改进.中学化学教学参考,(Z1):51-52.

林美凤.2001.铝与酸、碱反应的实验探索及理论研究.化学教育,(12):35-36,22.

凌一洲.2018.例谈可视化技术在基础实验中的应用.化学教学,(5):51-56.

凌一洲,李鹜,王谦,等.2019.红外热成像技术在化学实验中的应用.化学教育,(17):81-85.

刘旦初.2009.化学与人类.3版.上海:复旦大学出版社.

刘怀乐.2012.给人教版《化学与技术》中的演示实验加几个注释.化学教育,33(10):82-84.

刘建英.2013.丁达尔效应再探究.化学教育,(9):69-71.

刘天扬,于新颖,寻延滨,等.2017.抗酸药关键质量属性表征与质量评价.中国药品标准,18(1):13-15.

刘正贤.1986.乙醇催化脱水制乙烯.化学教学,(5):21-22.

刘正贤.1994.中学化学实验大全.上海:上海教育出版社.

刘知新.1985.化学实验教学的几个原则问题.化学教育,(3):41-43.

刘知新.1991.基础化学实验大全(上、下).北京:北京教育出版社.

刘知新.2009.化学教学论.4版.北京:高等教育出版社.

陆燕海,林肃浩.2010.硫酸铝遇碳酸钠、碳酸氢钠时水解-沉淀产物的探索.化学教育,31(7):74-75.

吕善荣.2021.利用pH传感器和光传感器探究氢氧化铝的两性.化学教学,408(3):79-83.

倪嘉舟,詹奕霏,张婷.2019.数字化实验探究抗酸药的抗酸能力.化学教与学,498(6):88-90,87.

裴爱德斯 H A J.1957.化学实验室安全手册.郑小陶,郑希诗,译.北京:科学出版社.

彭蜀晋,林长春.2002.科学教育论.成都:四川人民出版社.

钱扬义,陈健斌,吴宗志,等.2003.利用掌上实验室(Lad in Hand)进行溶解氧的探究.化学教育,(11):41-43.

钱扬义,陈健斌,吴宗志,等.2003.在掌上实验室探究酒精灯火焰温度——得出不同的结论.化学教育,(1):21,39-41.

钱扬义,陈健斌,吴宗志,等.2004.应用"手持技术"测定不同物质溶解于水时溶液的温度变化——现代高科技与学科教学的整合研究.中学化学教学参考,(4):25-26.

钱扬义,吴东燕,王琴,等.2005.利用手持技术探究影响大气"温室效应"的因素.化学教学,(5):23-25.

邵恩裕,李国栋,欧忠平.1998.环境化学.南京:南京师范大学出版社.

沈理明.1997.氨的喷泉实验.化学教学,(4):8-10.

施其康,刘正贤.1979.学生可以做好《阿伏伽德罗常数的测定》.化学教学,(2):28-29,31.

宋心琦.2011.化学实验教学问题.中学化学教学参考,(11):3-6.

宋心琦.2012.化学实验教学改革建议之一.化学教学,(4):5-7,10.

宋心琦.2012.化学实验教学改革建议之二.化学教学,(5):5-7.

眭苏奇,钱扬义.2008.运用手持技术测量丙酮摩尔质量.大学化学,(5):41-43.

孙公望.1981.中学化学实验.江苏教育,(3):24-27.

孙公望.1985.中学化学演示实验.南京:江苏人民出版社.

孙公望,孙德泉.1980.铝在氧中燃烧的实验.江苏教育,(8):31.

孙影.2011.利用SPSS 17.0探讨制备氢氧化铁胶体的最佳实验条件.化学教育,(3):59-62.

孙志宽.1987."卤素活动性比较"演示实验的改进.化学教育,(6):48.

孙志宽.1996.中学化学实验教学研究.杭州:杭州大学出版社.

谈小强.2012.关于钢铁腐蚀的理论探讨和实验分析.化学教学,(5):47-48.

王宝权.2013.蜡烛燃烧实验的探究与改进.化学教学,(12):45-47.

王策三.2004.认真对待"轻视知识"的教育思潮——再评由"应试教育"向"素质教育"转轨提法的讨论.北京大学教育评论,(3):6-24.

王程杰,李桂林.2009.铝片长毛实验中几个问题的解惑.化学教学,(4):5-7.

王春.2021.利用手持技术探究铁的电化学腐蚀实验.化学教育,42(11):82-85.

王鉴.2004.合作学习的形式、实质与问题反思——关于合作学习的课堂志研究.课程·教材·教法,(8):30-36.

王景明.1986.简明化学实验手册.济南:山东教育出版社.

王克勤,逯俊玲,左志军.2003.酒精灯加热温度的测定研究.化学教学,(11):42-43.

王娜,白新瑞.2008.新教材中乙酸乙酯制取实验的改进.化学教育,(9):59-60.

王西甫.2010.燃烧条件的探究实验设计.化学教学,(5):20-21.

王希通.1988.中和热与分子量测定实验.化学教育,(1):40-42.

王希通,王世显.1988.要把电视师专无机化学实验课的学习与提高中学化学教学质量联系起来.化学教育,(3):29-31.

魏锐,宋石珺,王磊,等.2008.Fe^{3+}在水溶液中的水解平衡和配位平衡.化学教育,(1):69-70.

魏锐,王磊.2008.掌上移动实验室在科学教育中的应用.中国现代教育装备,(10):166-169.

文庆城.2003.化学实验教学研究.北京:科学出版社.

翁伟彬,芦岳锋.2013."乙炔的制取与性质"实验的疑义与探索.化学教育,(4):91-92.

吴俊明.1997.中学化学实验研究导论.南京:江苏教育出版社.

吴俊明.2013.关于化学实验教学现代化的几个问题(上).化学教学,(10):5-7,11.

吴俊明.2013.关于化学实验教学现代化的几个问题(下).化学教学,(11):3-8.

吴永仁,等.1990.中国中学教育百科全书(化学卷).沈阳:沈阳出版社.

伍强,杨化贵,赵贤祥,等.2022.制取银氨溶液异常实验现象的探究.化学教育,43(19):102-104.

武汉大学.2006.分析化学.5版.北京:高等教育出版社.

西南师范大学化学系.1986.中学化学教学法.北京:高等教育出版社.

西南师范大学化学系.1986.中学化学教学法实验.北京:高等教育出版社.

夏尧盛,孙锡凤.1998.乙烯的实验室制法及性质检验实验的改进.高等函授学报(自然科学版),(4):62.

向玉耀,万华明.2009.铝热反应实验的改进.化学教育,(12):67.

肖中荣,周萍.2019.再谈碳酸钠和盐酸反应的实验改进.化学教学,(10):54-57.

熊言林.2002.探索性化学实验的设计原则、内容及其教学模式.化学教育,(4):42-44.

熊言林 . 2004. 化学教学论实验 . 合肥:安徽大学出版社 .

熊言林 . 2004. 化学实验设计的思路和策略. 实验教学与仪器,(10):22-24.

徐昳,凌一洲,任红艳,等 . 2019. 基于科学风险认知的文身墨水系列探究实验 . 化学教育,40(19):88-92.

薛慰灵 . 1997. 绿色化学——对环境更友善的化学 . 化学教育,(9):1-5.

严宣申 . 2012. 化学原理选讲 . 北京:北京大学出版社 .

杨承印 . 1999. 喷泉实验烧瓶充满之因素研究 . 中学化学教学参考,(1):73.

杨承印,王立刚 . 1997. 过氧化钠使红色酚酞溶液褪色的实验分析 . 化学教育,(2):31-32.

杨明生,关强 . 2012. 中学化学实验教学研究的现状分析报告. 化学教育,(1):59-61.

杨先昌,刘春峰 . 1992. 化学实验学 . 南昌:江西教育出版社 .

曾昭琼 . 2005. 有机化学实验 . 3 版 . 北京:高等教育出版社 .

张磊,王璇,孙美华 . 2021. 基于传感器检测探究盐酸与碳酸钠溶液的反应 . 化学教学,(6):74-77.

张婉佳,杜东双,李燕红 . 2011. 电解水演示实验的探究 . 化学教育,(7):56-58,63,65,78.

郑长龙 . 2001. 化学实验及其教学改革——化学实验改革的新特点 . 中学化学教学参考,(11):1,5-6.

郑长龙 . 2002. 化学实验教学论 . 北京:高等教育出版社 .

郑长龙,梁慧姝 . 1995. 化学实验问题及其确定的方法论 . 化学教育,(3):4-6.

郑志信 . 2010. 对"红光照射硫酸铜溶液和氢氧化铁胶体实验"的探究 . 化学教育,(7):76-77.

中国教育学会化学教学研究会秘书处 . 1987. 全国中学化学实验集锦 . 杭州:浙江教育出版社 .

中华人民共和国教育部 . 2020. 普通高中化学课程标准(2017 年版 2020 年修订). 北京:人民教育出版社 .

中华人民共和国教育部 . 2022. 义务教育化学课程标准(2022 年版). 北京:北京师范大学出版社 .

《中学化学教师手册》编写组 . 1986. 中学化学教师手册 . 上海:上海教育出版社 .

《中学教师化学手册》编委会 . 1981. 中学教师化学手册 . 北京:科学普及出版社 .

《中学教师化学手册》编委会 . 1985. 基础化学实验大全 I 实验基础 . 北京:科学普及出版社 .

钟金汤 . 2004. 偶氮染料及其代谢产物的化学结构与毒性关系的回顾与前瞻 . 环境与职业医学,(1):58-62.

周伟 . 2004. 乙烯与高锰酸钾溶液反应浅探 . 化学教学,(9):9-10.

朱华英,邱艳 . 2007. 乙炔制取实验的探究 . 化学教学,(9):14-15.

朱庆,钱扬义,黄倩莹,等 . 2020. 应用手持技术数字化实验比较抗酸药的抗酸性 . 教育与装备研究,36(4):81-85.

朱彦博,刘业涵,任红艳 . 2022. 双水解反应的可视化创新实验设计——以碳酸钠和硫酸铝的反应为例 . 化学教学,(7):57-61.

Haynes W M. 2014. CRC Handbook of Chemistry and Physics. 95th ed. Boca Raton:CRC Press.

Hogsberm T,Loeschner K,Löf D,et al. 2011. Tattoo inks in general usage contain nanoparticles. British Journal of Dermatology,165(6):1210-1218.

Ling Y,Chen P,Wang J,et al. 2021. Design,implementation,and evaluation of a scientific modeling course on concentration cells. Journal of Chemical Education,98(4):1163-1173.

Ling Y,Xiang J,Chen K,et al. 2020. Integrating aesthetics education into chemistry education:students perceive,appreciate,explore,and create the beauty of chemistry in scientific photography activity. Journal of Chemical Education,97(6):1556-1565.